高等学校应用型经济管理专业“十三五”规划精品教材

生产系统建模与Simio仿真

黄庚保　主编

華中科技大學出版社
http://www.hustp.com
中国 · 武汉

内 容 提 要

本书旨在通过与系统仿真项目现实解决步骤相一致的顺序，对系统仿真尤其是离散系统仿真的基本概念、原理、方法进行深入浅出的讲解，结合针对性非常强的小模型，将新一代全 3D 系统仿真软件 Simio 的概念、特点及使用方法分散到各章节进行讲解，使读者在动手操作中循序渐进地掌握理论与技巧。最后通过对典型系统模型实例的构建，帮助读者更进一步对仿真软件 Simio 使用和项目解决方法融会贯通。

本书可供高等院校的本科生、研究生作为系统仿真课程（离散系统仿真课程，生产制造业、物流业、服务业等系统仿真课程）的教材，也可作为各相关行业系统仿真分析与优化的工具书与参考书。

图书在版编目(CIP)数据

生产系统建模与 Simio 仿真/黄庚保主编. —武汉：华中科技大学出版社，2020. 1（2021.3重印）
高等学校应用型经济管理专业“十三五”规划精品教材
ISBN 978-7-5680-5379-2

Ⅰ. ①生… Ⅱ. ①黄… Ⅲ. ①生产管理-系统建模-高等学校-教材 ②生产管理-系统仿真-高等学校-教材 Ⅳ. ①F273-39

中国版本图书馆 CIP 数据核字(2019)第 289389 号

生产系统建模与 Simio 仿真
Shengchan Xitong Jianmo yu Simio Fangzhen

黄庚保 主编

策划编辑：陈培斌
责任编辑：朱建丽
封面设计：刘 婷
责任校对：李 弋
责任监印：周治超

出版发行：华中科技大学出版社（中国 · 武汉） 电话：(027)81321913
武汉市东湖新技术开发区华工科技园 邮编：430223

录 排：华中科技大学惠友文印中心
印 刷：武汉市首壹印务有限公司
开 本：787mm×1092mm 1/16
印 张：17.75 插页：1
字 数：455 千字
版 次：2021 年 3 月第 1 版第 2 次印刷
定 价：48.00 元

序　言

有幸阅读黄庚保老师团队编撰的关于 Simio 系统仿真软件应用的书籍，并受邀为书作序，倍感荣幸。

接触系统仿真还是在 2002 年，我在上海交通大学读硕士研究生的时候，当时系统仿真还是很冷门的，在国内高校都很少听说系统仿真这门技术，更不用说专门的仿真教学了，工业界的实际应用少之又少，到现在我还清晰地记得一个人从无锡跑到上海交通大学的昂立书店找到仅有的一本仿真入门书籍而欢呼雀跃的样子。若干年后，由于工作关系，我需要对物流系统和制造系统进行优化，于是重新对仿真技术进行学习和应用实践，并在 ITPUB 和仿真论坛担任管理员期间对系统仿真这门学科进行推广，也结识了很多朋友。和那时相比，无论是用户对仿真工具价值的认知程度，还是企业应用的深度和广度，现在都有很大的提升，学习仿真的人数也增加很多。

系统仿真是解决动态、复杂系统问题的核心技术。自 1963 年美国学者 K. D. Tocher 编写的《仿真的艺术》一书宣告该学科诞生，系统仿真技术的研发和行业应用一直是在持续发展中，我切实感受到最近几年该学科有了质的飞跃：仿真从底层编程到图形化的逻辑构建；从二维表现、伪三维表现到现在的同步三维；从单机本地应用到系统间通信、实时交互、硬软集成；从单机仿真实验到多核处理器实验、计算机集群云计算；从没有优化能力到启发式优化器应用及更多的数据密集的优化概念；从实验设计、手工试错到自动化实验，排序优选算法的实施；和其他系统的集成，比如和 GIS(地理信息系统)、VR(虚拟现实)的集成。

从技术层面来说，仿真学科是多学科跨领域结合发展起来的，它从很多领域(比如计算机图形学、统计学、软件工程学、计算机科学、运筹学，优化理论不一而足)汲取“营养”而获得了新的应用能力。它是目前科学研究和工程实践使用的方法论，即实验归纳(第一范式)、模型推演(第二范式)、仿真模拟(第三范式)和数据密集型科学(第四范式)中重要的一种研究方式。仿真领域的研究在近几年也大有和潮流技术(大数据、机器学习、IoT(物联网)、CPS(信息物理系统)等)进行借鉴和融合的趋势，相信在国内，系统仿真除了在传统制造领域、物流领域有长足发展以外，在未来的工业 4.0 领域、服务领域、金融行业和公共决策领域都大有所为。

无锡迅合信息科技有限公司在国内开展仿真咨询业务的六年期间，可喜的是系统仿真应用的理念开始慢慢扎根于实际，客户针对复杂问题都有尝试系统仿真的意愿，虽然更多的业务需求还是来自欧美大公司和国内大公司，但是中小企业随着业务扩大和业务复杂性的增加也对系统仿真技术有了切实的需求。这就意味着学校必须要提供更多能够熟练应用系统仿真技术的人才。广西科技大学是最早几个尝试使用 Simio 系统仿真软件进行教学的学校，并且持续多年在工业工程学科建设过程中结合 Simio 系统仿真软件进行仿真教学，默默耕耘，走出了“重理论更重实践”的特色教学之路，培养了无数的工业工程优秀人才。

虽然基于对象的仿真基本概念并不新颖，但是绝大多数产品需要非常高的专业编程要求，这无疑给学习和实际项目应用带来了阻碍。Simio 系统仿真软件最大的创新是“使用图形化的过程描述创建智能仿真对象的系统和方法”，图形化使得用户能够专注于构思模型流程和抽象过程，提高处理实际问题的能力，而非编程本身，这点是非常重要的。国内多个仿真应用专家的研究表明，仿真应用的推广和应用障碍在于人才方面的缺乏，主要是因为传统仿真软件的技术门槛太高，学习过于费时，太难使用。仿真的普及必须以培养人才、教育大众为首要任务。仿真界对于未来仿真发展一个主流的声音就是，“仿真模型的用户角色应该从专家转变到公司普通管理层和决策层、一般的工程师”，Simio 系统仿真软件直观的 3D 设计、高度的订制化功能、高效的建模效率、较短的学习时间，使得实现成为可能。值得一提的是，我与 Simio LLC 公司的技术总裁 David Sturrock 先生在 2013 年有过一段非常精彩的谈话，他提到了 Simio 系统仿真软件满足一个现代的、优秀仿真软件必备的特点：稳定、速度快、开放性和连接性、应用专属的特色、容易学习和容易实施、即时优化、纠错的可视性、可开发性。在这些方面 Simio 系统仿真软件都达到了一流水平。他评论道：“从大的图景上讲，Simio 系统仿真软件的发展基于两个重要驱动。一是创新意志驱动，我们的目的是开发出市场上最优秀、最实用的系统仿真软件和基于仿真的高级计划排程产品。我们不会停止创新的步伐，直到成为市场的领导者；我们开发出了基于仿真的高级计划调度产品（RPS 版本），我们正在集中力量使其成为 APS 市场最出色的调度产品。二是敏捷开发、客户驱动。Simio 系统仿真软件的开发是完全由客户驱动的，我们无时无刻地和客户保持联系。用户的要求无论巨细，都是我们改进的源动力”。我相信这也正是广西科技大学、南开大学、华中科技大学、浙江大学、四川大学等上百所大学选用 Simio 系统仿真软件作为教学和科研软件的理由之一。

本书共分 18 个章节，第 1～9 章全面地讲解了生产系统建模的重要性、Simio 系统仿真软件的关键概念、Simio 动画、常用函数，以及针对用户界面逐个深入地讲解软件功能，用户可以快速掌握“面向对象”的建模方法，学习采用流程扩展模型的功能，和外部数据源进行交互，查看和分析仿真实验结果等。第 10～18 章选用了 9 个模型实例，由浅入深、手把手地教读者使用 Simio 系统仿真软件构建特定问题的系统模型，不仅仅是告诉读者搭建模型的方法，更融入了作者团队的实际教学经验和思想结晶，而且应用面不局限于制造领域，还包含了更多服务领域的内容。本书题材丰富，构思新颖，是不可多得的学习 Simio 系统仿真软件的教材。

系统仿真是一门实践性很强的学科，切不能纸上谈兵、坐而论道，必须亲身体验，而这本书恰恰是一本提供实践的入门书籍。希望读者可以从本书的 Simio 基础概念开始，一步一步深入理解 Simio 的使用方法，并通过在工作过程中的实际应用来提高对仿真应用价值的认识，切切实实解决企业面临的问题，从而成为仿真技术的传播者和倡导者。

本书适合作为高等院校进行生产系统仿真、物流系统仿真等课程的学习教材，适合工业工程、物流工程、管理科学的本科生、研究生，以及工业界、服务业中需要解决工程系统设计和优化方面问题的专业人士使用，也适合希望继续深入学习 Simio 系统仿真软件开发和在此基础上进行更多二次开发的高级开发人员参考。

我非常乐意把这本优秀的教材推荐给读者，本书将带领读者走进神奇的虚拟世界。

想要了解更多有关 Simio 系统仿真软件的使用和注册信息，详情请登录 www. simio. com。

无锡迅合信息科技有限公司

2019 年 8 月

前　言

认识、研究和开发一个系统可以通过理论推导或实物实验来实现，但是对于一些复杂的系统，如有的因为无法得到数学模型，又有的因为很多条件的限制，还有的因为实物实验做起来实在太困难，而需要借助模拟仿真来建立一个系统。

以往的系统仿真软件，或是需要较高的专业基础，如编程基础，或是无法更加直观形象地表现仿真内容。而由美国 Simio LLC 公司研发的新一代基于“智能对象”技术的全 3D 仿真模拟软件 Simio 则是对以往的系统仿真软件所存在的问题进行了优化并实现了创新。Simio系统仿真软件能建立并自动执行一个动态模型系统，以便人们观察整个系统的运行，同时 Simio 系统仿真软件能够将系统用 3D 动画的形式展现出来，它提供了对动画的多角度跟踪模式，使得模型在动画演示时更加生动和直观。Simio 系统仿真软件中的 Processes 视窗所展示或定义的过程逻辑，其实就是可视化的代码，用步骤序列刻画的流程图也是结构化的，程序里的嵌套语句、循环语句等都能在 Simio 系统仿真软件中找到相应的表达式。

然而，纵使 Simio 系统仿真软件的优势非常明显，但如果缺乏母语支持或缺乏合适的教材，同样影响对 Simio 系统仿真软件的了解和学习，甚至会打击初学者对 Simio 系统仿真软件学习的自信心。因此，推广这个出色的软件，使同行能够更简单明了、更有层次性地对 Simio 系统仿真软件进行了解并学会利用 Simio 系统仿真软件进行仿真建模，这是我编写这本书的初衷。

另一方面，虽然工业工程号称以机械工程、电子工程等技术为基础，以工业工程的理论、方法为纽带，以运筹学、人因工程学、设施规划、计算机技术及现代集成制造技术等为工具，培养能够对企业生产系统等进行规划、设计、评价和创新的技术与管理相结合的现代制造业高级管理人才和物流专门人才，但是大部分工业工程专业对“工具”的重视是不足的，尤其是对基于计算机技术的先进工具更为忽视。因此，很多工业工程专业的毕业生只能从事一些基础的工作，而无法从事更高层次、更有技术含量的工作。反观机械相关专业、土木相关专业甚至生化相关专业的学生，他们都至少精通一种先进的计算机软件，为今后的就业与职业发展提供了极大的帮助。为了改变大多数工业工程专业学生的现状，精通一种计算机软件是必须的。在多种先进技术中，与工业工程联系最密切的，能够从整体上概括工业工程的相关知识和用途的，能够从细节上对工业工程的相关应用领域进行深入研究的，系统仿真是方法之一。而说到系统仿真，现在最适合学习的软件就是 Simio。

本书编写思路：尝试从学生自身理解的角度来编写，让学生提出问题和找到解决方法。若有错漏之处和建议，请致函 E-mail：h_gb@163.com。

广西科技大学经济与管理学院
黄庚保
2019 年 10 月

目　录

第1章 生产系统建模

1.1 生产系统

1.1.1 生产系统与生产

生产系统(Production System)生产过程是在保证人员、设备和设施安全的基础上,按照预定的品质、价格和数量的要求,在预定日期最大经济地将输入资源转换为期望产出,主要将输入资源转换为期望产出的过程。而转换的过程可分为实体类(如制造业)、位置类(如运输业)、交换类(如零售业)、存储类(如仓储业)、生理类(如医疗照护)、资讯类(如通信业)等类型。

生产系统由人和机器构成,是能将一定输入转化为特定输出的有机整体。使转化过程具有增值性是生产系统的基本功能。增值是描述输入系统的成本与系统输出所形成的价值之间的差额。

生产:将投入的生产要素转换成有效产品和服务的活动。

生产要素:生产过程投入的各种生产资源,如人员、材料、资源、设备、能源。

生产阶段:按工艺加工性质划分的局部生产过程。

工序:是指一个或几个工人在一个工作地上对一个或几个劳动对象连续进行的生产活动,按其作用可分为工艺工序、检验工序、运输工序等,是组成生产过程的最基本单位。

工作地:由一定场地面积、机器设备和辅助工具组成,是对劳动对象进行生产活动的地点。

1.1.2 系统与复杂系统

古希腊原子论创始人德谟克利特在《世界大系统》中提出:"任何事物都是在联系中显现出来的,都是在系统中存在的,系统联系规定每一事物,而每一联系又是反映系统的联系的总貌。""按照某些规律结合起来,互相作用、互相依存的所有实体的集合或总和。"

传统系统的系统原理由输入、输出、控制三个要素组成,如图1-1所示。

复杂系统是具有中等元素数目并基于局部信息做出行动的智能性、自适应性主体的系

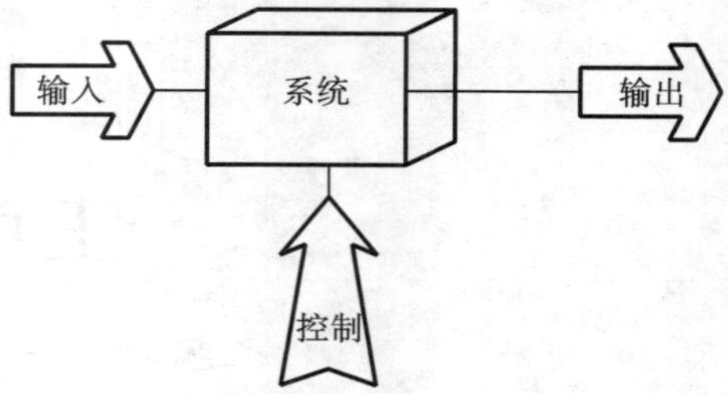

图 1-1　系统原理图

统，其分类如下。

(1) 简单系统：元素数目特别少，用较少的变数来描述。

(2) 无组织的“复杂”系统：大量个体之间的行为是独立的，其间的耦合是微弱的，或随机的，即只能用统计的方法去分析。

(3) 有组织的复杂系统：个体之间相互影响，存在着强烈的耦合作用。

(4) 巨系统：是指构成系统的子系统或称之为元素的数量非常庞大的系统。例如，1 mol 分子物质就含有 6×10^{23} 个分子；组成一个城市系统的人口数量可能达到数十万个、数百万个甚至上千万个。

1.1.3　生产过程结构的分类

什么是生产过程？生产过程是指从投料开始，经过一系列的加工，直至成品生产出来的全部过程。在生产过程中，主要是劳动者运用劳动工具，直接或间接地作用于劳动对象，使之按人们预定目的变成工业产品。例如，机械加工生产，其生产过程是将原材料转变为机械产品的全部过程。企业作为一个系统，它的基本活动是供、产、销；系统的主要功能是生产合格的产品，创造产品的使用价值和附加价值，并作为商品出售以满足社会需求。生产管理的对象是生产过程。

生产过程是指围绕完成产品生产的一系列有组织的生产活动的运行过程，所以生产管理就是对生产过程进行计划、组织、指挥、协调、控制和考核等一系列管理活动的总称。

结构：按照生产过程组织的构成要素，可以将生产过程分为物流过程、信息流过程和资金流过程。

(1) 物流过程：采购过程、加工过程或服务过程、运输(搬运)过程、存储过程等一系列过程既是物料的转换过程和增值过程，也是一个物流过程。

(2) 信息流过程：在生产活动中，将其有关的原始记录和数据，按照需要加以收集、处理并使之朝一定方向流动的数据集合的过程。

(3) 资金流过程：在财务系统中资金流是指营销渠道成员间商品实物及所有权因转移而发生的资金往来流程。生产过程的资金流是以在制品和各种原材料、辅助材料、燃料设备等实物形式出现的，在仿真系统中的财务(Financials)一般仅仅涉及闲置成本(Capital Costs)和使用成本(Resource Costs)。

1.1.4　物流系统

美国物流管理协会对物流的定义为:“物流是为满足消费者需求而进行的对原材料、中间库存、最终产品及相关信息从起始地到消费地的有效流动与存储的计划、实施与控制的过程。”该定义具体突出了物流的四个关键组成部分:实质流动、实质存储、信息流动和管理协调。

物流的理论发展是循序渐进的。美国物流管理协会于2002年1月发布了一个新定义:物流是供应链的运作中,以满足客户要求为目的,对货物、服务和相关信息在产出地和销售地之间实现高效率和低成本的正向和反向的流动和存储所进行的计划、执行和控制的过程。新定义相对于旧定义有多处改动:第一是以满足客户要求,而不是客户需求,供需是宏观经济学理论的概念,满足客户要求则更具体了;第二对货物、服务和相关信息,对产出地和销售地之间实现高效率和低成本的正向和反向的流动、存储所进行的计划和流行的动作。原来没有反向,现在把反向也放进来了。

1.1.5　物流的分类

我们可以按照不同的标准对物流系统进行分类。

1. 物流发生的位置

按物流发生的位置,物流系统可分为企业内部物流系统和企业外部物流系统。

1)企业内部物流系统

例如,制造企业所需原材料、能源、配套协作件的购进、存储、加工直至形成半成品及成品,最终进入成品库的物料、产品流动的全过程。

2)企业外部物流系统

例如,对于制造企业,物料、协作件从供应商所在地到制造企业仓库为止的物流过程,从成品库到各级经销商,最后送达最终用户的物流过程,都属于企业的外部物流系统。

2. 物流运行的性质

根据物流运行的性质,物流系统可以分为供应物流系统、生产物流系统、销售物流系统、回收物流系统和废弃物流系统。

1)供应物流系统

该系统是指从原材料、燃料、辅助材料、机械设备、外协件、工具等从供应商处的订货、购买开始,通过运输等中间环节,直到收货人收货入库为止的物流过程。供应物流系统通过采购行为使物资从供货单位转移到用户单位,一般是生产企业进行生产所需的物资供应活动。

2)生产物流系统

该系统是指从原材料投入生产起,经过下料、加工、装配、检验、包装等作业直至成品入库为止的物流过程。生产物流的运作过程基本上是在企业内部完成。流动的物品主要包括原材料、在制品、半成品、产成品等,物品在企业范围内的仓库、车间、车间内各工序之间流动,贯穿于企业的基本生产。辅助生产、附属生产等生产工艺流程的全过程,是保证生产正常进行的必要条件。生产物流的运作主体是生产经营者,部分生产物流业务可以延伸到流通领域，例如，第三方物流所提供的流通加工。

3）销售物流系统

该系统是指成品由成品库（或企业）向外部用户直接出售，或经过各级经销商直到最终消费者为止的物流过程。从事销售物流运作的经营主体可以是销售者、生产者，也可以是第三方物流经营者。

4）回收物流系统

该系统是指物品运输、配送、安装等过程中所使用的包装容器、装载器具、工具及其他可以再利用的废旧物资的回收过程中发生的物流过程。回收物流主要包括边角余料，金属屑，报废的设备、工具形成的废金属和失去价值的辅助材料等。

5）废弃物流系统

该系统是指对废弃杂物的收集、运输、分类、处理等过程中产生的物流过程。废弃杂物一般包括伴随产品生产过程产生的副产品、废弃物，以及生活消费过程中产生的废弃物等。废弃物流通常由专门的经营者经营，国外亦有第三方物流经营者参与废弃物流作业过程的实例。

1.2 系统建模与仿真

1.2.1 系统建模

建模是为了构造一个系统的模型，在模型上进行实验成为十分有效的系统分析研究手段。模型是对系统某些本质的描述，是现实系统中的某些特性的抽象，以某种形式对系统的表现。模型分为物理模型、数学模型、非形式模型三大类。

物理模型：按比例的现实缩影，沙盘模型，图形。

数学模型：运用数理逻辑方法和数学语言建构的科学或工程模型。

非形式模型：是对模型本质的说明和猜想。

系统建模主要用于三个方面：分析和设计实际系统、预测或预报实际系统的某些状态的未来发展趋势、对系统实行最优控制。

1. 分析和设计实际系统

例如，工程界在分析设计一个新系统时，通常先进行数学仿真和物理仿真实验，最后再到现场做实物实验。数学仿真比物理仿真简单、易行。用数学仿真来分析和设计一个实际系统时，必须有一个描述系统特征的模型。对于许多复杂的工业控制过程，建模往往是最关键和困难的任务。对社会和经济系统的定性或定量研究也是从建模着手的。例如，在人口控制论中，建立各种类型的人口模型，改变模型中的某些参量，可以分析研究人口政策对人口发展的影响。

2. 预测或预报实际系统的某些状态的未来发展趋势

预测或预报基于事物发展过程的连贯性。例如，根据以往的测量数据建立气象变化的数学模型,用于预报未来的气象。

3. 对系统实行最优控制

运用控制理论设计控制器或最优控制律的关键或前提是有一个能表征系统特征的数学模型。在建模的基础上,再根据极大值原理、动态规划、反馈、解耦、极点配置、自组织、自适应和智能控制等方法,设计各种各样的控制器或控制律。人们可以根据不同的用途和目的建立不同的模型。但建立的任何模型都只是实际系统原型的简化,因为既不可能也没必要把实际系统的所有细节都列举出来。如果在简化模型中能保留系统原型的一些本质特征,那么就可认为模型与系统原型是相似的,是可以用于描述原系统的。因此,实际建模时,必须在模型的简化与分析结果的准确性之间做出适当的折中,这是建模常常遵循的一条原则。

1.2.2 仿真

仿真的本意是指在现实系统上不存在的情况下对系统的或活动本质的实现。

“建模—实验—分析”提出,“仿真是一种基于模型的活动”。

仿真的三个基本活动:系统建模、仿真建模、仿真实验。

仿真的三个要素:系统、模型、计算机。

人类认识、研究、开发一个系统可以通过理论推导或实物实验进行,但是对于一些复杂的系统,例如,有的因为无法得到数学模型,又有的因为存在很多条件的限制,还有的因为实物实验做起来实在太困难,这就需要借助模拟仿真来建立一个系统。

仿真,也称为模拟,是利用模型复现实际系统中发生的本质过程,并通过对系统模型的实验来研究存在的或设计中的系统。这里所指的模型包括物理的和数学的,静态的和动态的,连续的和离散的各种模型。而这里所指的系统也同样广泛,如电气、机械、化工、水力及热力等系统,也包括社会、经济、生态、管理等系统。

另外,仿真是实时地对现实世界的流程和系统的运作进行模拟,仿真包含人为地产生系统的“历史”,并通过观察这些“历史”数据来获得对它所代表的现实系统运作的推断。仿真是解决很多现实世界问题不可或缺的工具。仿真被用于描述和分析系统的行为,提出关于现实系统的 What-If 问题,并帮助实现系统的设计。

仿真的本质是解决需求和供给在时间和数量上的匹配,它是对有限资源分配、占用、释放方式进行研究的实验工具,是对复杂系统的运作规律用计算机进行有选择、有针对性地表达,并通过有目的的实验进行系统改善的一门技术。

最后,仿真作为一门独立学科至今已有 70 多年的历史,如今也不仅应用于航空、航天或各种高端武器系统的研制部门,还广泛应用于通信、交通运输、化工、机械制造等领域。尤其是近 20 年来,随着系统工程与科学的飞速发展,仿真技术已从传统所属的工程领域发展到非工程领域,在教育培训系统、能源系统、城市规划系统、环境生态系统、生物医学系统等也得到了广泛的应用。

仿真又包括系统仿真。所谓系统仿真,就是根据系统分析的目的,在分析系统各要素及其相互关系的基础上,建立能描述系统结构或行为过程的,且具有一定逻辑关系或数量关系的仿真模型,据此进行实验或定量分析,以获得正确决策所需的各种信息。

系统仿真的发展大致可分为两个阶段:第一个阶段是 20 世纪 40 年代至 70 年代,这是传统系统仿真缓慢发展的阶段；第二个阶段是20世纪80年代至今，这是复杂系统仿真发展的阶段。两个阶段的主要区别在于建模在系统仿真中的受重视程度。

系统仿真有以下四个方面的作用：

(1) 仿真的过程也是实验的过程，而且还是系统地收集和积累信息的过程，尤其是对一些复杂的随机问题，应用仿真技术是提供所需信息的唯一令人满意的方法；

(2) 对一些难以建立物理模型和数学模型的对象系统，可通过仿真模型，顺利地解决预测、分析和评价等系统问题；

(3) 通过系统仿真，可以把一个复杂系统分解成若干个子系统以便于分析；

(4) 通过系统仿真，能启发新的思想或产生新的策略，还能暴露出原系统中隐藏着的一些问题，以便及时解决。

系统仿真是以系统技术、相似原理、信息技术及其应用所在领域有关技术为基础，以仿真器和计算机为工具，利用系统模型对现有的或是正在设计甚至是还在设想阶段的系统进行动态研究的一门综合性技术，是对实际系统不存在或已存在的情况，构造出能够反映系统基本特性又符合研究要求的系统模型，并对系统进行研究，揭示已有系统和未来系统的内在性质、运行规律等。图1-2所示的是一般情况下的系统仿真流程图。

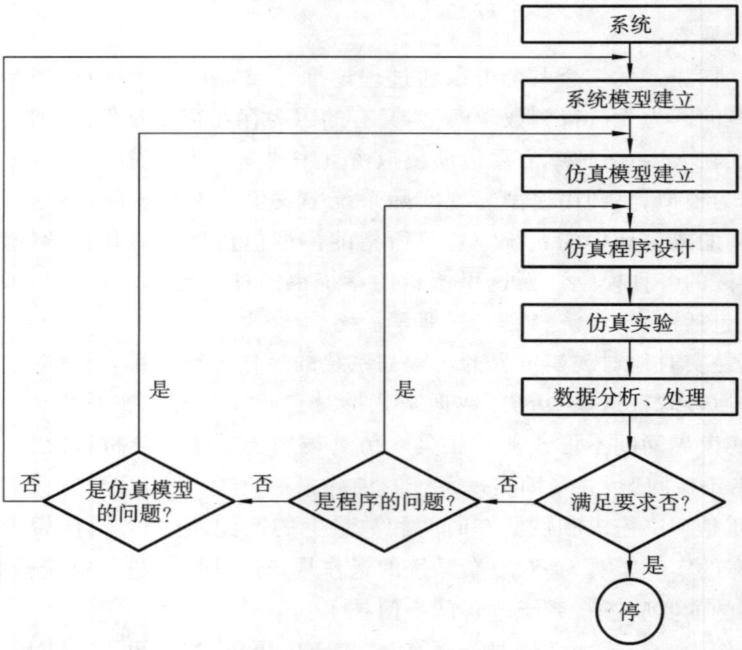

图1-2 系统仿真流程图

1.2.3 系统建模与仿真过程

1. 建模活动的步骤

建模活动是具有特殊形式的人与外界的相互作用，它是由以下两个步骤组成的。

(1) 模型的建立或形式化，产生一个现实世界系统的模型，它是人类通过一种抽象的表示方法以获得对自然现象的充分理解。

(2) 对形式化模型进行分析与利用,以便掌握按照人类的意志对现实系统进行控制的方法。

系统建模与仿真是指构造现实系统的模型和在计算机上演示并获得校验的复杂过程,建模与仿真过程如图1-3所示。

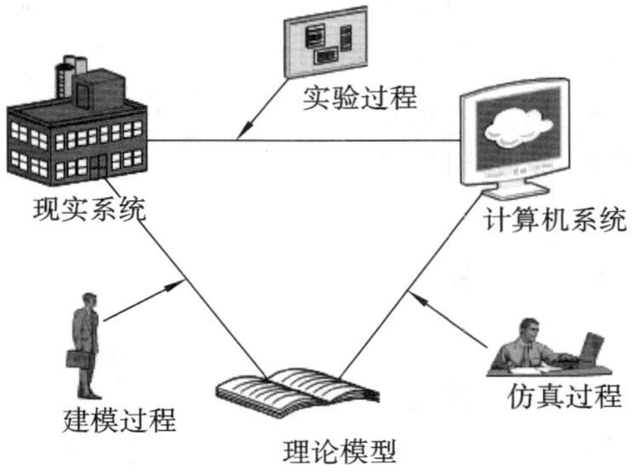

图1-3 建模与仿真过程

2. 仿真过程的步骤

仿真过程:将现实系统放到计算机上进行仿真,要经历以下8个步骤。

(1) 系统定义:按系统仿真的目的来确定所研究系统的边界及约束条件。

(2) 建立数学模型:将实际系统抽象为数学表达式或流程图。

(3) 模型变换:将系统的数学模型转换为计算机能处理的仿真模型。

(4) 设计仿真实验:给定系统外部输入信号,设定相关参数和变量等。

(5) 模型加载:将转换后的仿真模型以程序形式输入到计算机中。

(6) 仿真实验:在计算机中对仿真系统进行各种规定的实验。

(7) 模型校验:按系统应达到的性能要求对模型进行修改和检验。

(8) 提交仿真报告:对仿真的数据进行分析、整理,提供仿真的最终结果报告。

1.3 常用建模方法与过程

1.3.1 常用建模方法

1. 机理法建模

根据生产过程中实际发生的变化机理,写出有关的平衡方程。例如,物质平衡方程,能量平衡方程,动量平衡方程,反映流体流动、传热、传质、化学反应等基本规律的运动方程,物性参数方程和某些设备的特性方程等,从中获得所需的数学模型。

用机理法建模的首要条件是生产过程的机理必须为人们充分掌握,这样可以比较确切地对其进行数学描述。模型应该尽量简单,保证达到合理的精度。当用机理法建模时,出现模型中某些参数难以确定的情况或用机理法建模太烦琐,可以用测试法建模。

采用机理法建模的常用的数学模型的方法有差分方程方法、微积分方程方法、泛函微分方程方法、微分方程定性方法、代数方法、泛函数分析方法、最优化方法、线性规划方法、非线性规划的数值算法、整数规划与组合优化、统计预测模型等。

机理法建模的主要原则有可分离原则、假设的合理性原则、因果性原则、输入/输出可测量性可选择性原则。

2. 测试法建模

测试法建模根据工业过程的输入/输出的实测数据进行数学处理后得到模型的过程。特点是把被研究的工业过程视为一个黑匣子，完全从外特性上测试和描述它的动态特性，不需要深入掌握其内部机理。为了获得动态特性，必须使被研究的过程处于被激励的状态，施加一个阶跃扰动或脉冲扰动等。用测试法建模一般比用机理法建模要简单和省力，如果两者都能达到同样的目的，一般都采用测试法建模。

1.3.2 仿真主要研究的问题

根据仿真功能，可以将仿真技术在生产系统中的应用归结为两种类型，即设计决策(Design Decision)和运行决策(Operational Decision)。

1. 设计决策

设计决策也称为前期决策，主要关注生产系统结构、参数和配置的分析、规划设计与优化。设计决策主要研究的问题有以下几类。

(1) 在生产任务一定时，制造系统所需机床、设备、工具及操作人员的类型和数量。

(2) 在配置给定的前提下，制造系统的生产能力、生产效率和生产效益。

(3) 加工设备或物料搬运系统的类型、结构和参数优化。

(4) 缓冲区(Buffer)及仓库容量的确定。

(5) 企业及车间的最佳布局。

(6) 生产线(装配线)的平衡分析及优化。

(7) 企业或车间的瓶颈工位分析与改进。

(8) 设备故障、统计及维修对系统性能的影响。

(9) 优化产品销售体系，如配送中心选址、数量与规模等，以降低销售成本。

2. 运行决策

运行决策也称为优化决策，主要关注生产系统运营过程中的生产计划、调度与控制。运行决策主要研究的问题有以下几类。

(1) 在给定生产任务时，制订作业计划、安排作业班次。

(2) 制订采购计划，使采购成本最低。

(3) 优化车间生产控制及调度策略。

(4) 企业制造资源的调度，提高资源利用率，实现效益最大化。

(5) 设备预防性维修周期的制订与优化。

1.3.3 离散事件系统建模的基本元素

离散事件系统建模的基本元素如下。

(1) 实体(Entity)是指系统内的对象，是构成系统模型的基本要素。实体分为临时实体(Temporary Entity)和永久实体(Permanent Entity)。

(2) 属性(Attribute)是指实体的状态和特性。

(3) 状态(State)是指在任意时刻,系统中所有实体的属性的集合。

(4) 事件(Event)是指引起系统状态变化的行为和起因,是系统状态变化的驱动力。

(5) 活动(Activity)是指两个事件之间的持续过程,它标志系统状态的转移。

(6) 进程(Process)是指由与某类实体相关的若干有序事件及活动组成,它描述相关事件及活动之间的逻辑和时序关系。

事件、活动、进程三者关系如图 1-4 所示。

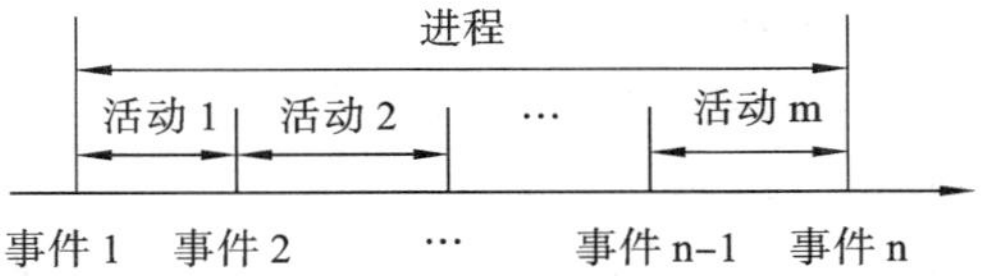

图 1-4 事件、活动、进程的关系图

(7) 仿真时钟(Simulation Clock),用于显示仿真时间的变化,是仿真模型运行时序的控制机构。

仿真时钟可以按固定的长度向前推进,也可以按变化的节拍向前推进,将仿真时钟变化的机制称为仿真时钟的推进机制(Time Advance Mechanism)。常用的仿真时钟的推进机制有固定步长时间推进机制(Fixed-increment Time Advance Mechanism)、下次事件时间推进机制(Next Event Time Advance Mechanism)、混合时间推进机制(Mixed Time Advance Mechanism)。

(8) 规则(Rule),用于描述实体之间的逻辑关系和系统运行策略的逻辑语句和约定。规则一般有先进先出(First In First Out,FIFO)、后进先出(Last In First Out,LIFO)、加工或服务时间最短(Shortest Time)、按优先级(Highest Priority)、随机选择(Random)。

1.3.4 建立系统模型的常用方法

1. 分析与综合

(1) 分析(Analysis)是指将被研究对象的整体分解为不同部分、方面、要素、层次和功能模块,并且分别对其加以考察研究的思维方法,即"化整为零"的思维过程。

(2) 综合(Synthesis)是指将已有的关于研究对象的不同部分、方面、要素、层次和功能模块的认识联结起来,以便构成一个整体的思维方法,即"积零为整"的思维过程。

2. 抽象与概括

(1) 抽象(Abstraction)是指从某种角度抽取要研究系统的本质属性的思维方法。在数学中,抽象是指从研究对象或问题中抽取出数量关系或空间形式而舍弃其他属性以对其进行考察的方法。

(2) 概括(Generalization)是指对抽象出来的若干事物的共同属性进行考察的思维方法。概括以抽象为基础,它是抽象的发展。抽象度越高,概括性越强。

3. 归纳与总结

归纳是指从个别的事物、现象出发,通过感官观察、经验推理或数学推导等,得出关于此类事物或现象的具有普遍性结论的过程。归纳的前提是单个事实或特殊的情况,它建立在观察、经验或实验的基础上。

4. 演绎推理

演绎(Deduction)是由普遍性前提推导出特殊性结论的思维方法，是由一般到特殊的推理过程。演绎推理(Deductive Reasoning)是严格的逻辑推理，一般表现为大前提、小前提、结论的三段论模式，即从两个反映客观世界对象联系和关系的判断中得出新的判断的推理形式。

演绎推理的基本要求如下：

(1) 大前提、小前提的判断必须真实；

(2) 推理过程必须符合正确的逻辑形式和规则。

5. 比较与类比

比较与类比(Comparison and Analogy)是指由两个对象的某些相同或相似的性质，推断它们在其他性质上也有可能相同或相似的一种推理形式。

要判定一个系统性能的优劣，可以采用以下两种方法：

(1) 采用实验手段直接测量，得到系统性能的绝对值；

(2) 对待研究对象与类似的已知系统进行比较，得到系统性能的相对值。

6. 概率统计法

系统建模和仿真时，模型的输入参数(如待加工零件的比例和到达时间、零件在不同工序的加工时间、设备故障停机时间等)都服从一定分布，系统的性能指标(如机床利用率、零件平均等待时间、车间生产率等)也具有随机性。要准确地描述模型的输入/输出参数，必须利用概率统计法(Probability Statistics Method)。

概率统计法是以概率论为基础，通过观察、采集、处理和分析待研究系统的样本数据，从而推断出系统总体性能指标。

7. 层次分析法

层次分析法(Analytic Hierarchy Process, AHP)是20世纪70年代，美国运筹学家T. L. Saaty提出的一种系统分析和决策方法。层次分析法的应用要满足以下基本原理。

(1) 测度原理：决策是从一组备选方案中选择出理想的方案，是在一定准则下通过“效用函数”值的最大化来实现的。要实现上述目标，首先要对各种因素进行测度。

(2) 递阶层次结构原理：影响决策的各种因素之间往往存在自上而下、递阶、逐层支配的关系。

(3) 排序原理：层次分析法将同层次的一组元素，通过两两比较，以确定各因素的相对重要性，最终得到权重矩阵。

(4) 综合评价原理：以系统化的方法，综合评价各方案的总体性能。

8. 模糊综合评价法

模糊综合评价法是一种基于模糊数学的综合评标方法。模糊综合评价法根据模糊数学的隶属理论把定性评价转化为定量评价，即用模糊数学对受到多种因素制约的事物或对象做出一个总体的评价。它具有结果清晰、系统性强的特点，能较好地解决模糊的、难以量化的问题，适合各种非确定性问题的解决。

1.3.5　仿真项目的一般流程

仿真项目的一般流程如下：

(1) 定义项目的目标；

(2) 了解系统逻辑关系和基本活动；

(3) 决定仿真的范围和细节；

(4) 搜集基本数据和原始模型仿真；

(5) 设计新模型；

(6) 验证新模型逻辑和原始模型的差异；

(7) 验证仿真目标的合理性；

(8) 制订实验方案；

(9) 分析和解释模型运行结果；

(10) 写出项目建议书。

第 2 章 走进 Simio

2.1 Simio 软件简介

Simio 是美国 Simio LLC 公司研发的新一代基于“智能对象”技术的全 3D 系统仿真模拟软件，是基于微软公司新一代互动平台 NET4 开发的，与微软公司的新技术与时俱进，并提高了整合性。Simio 能建立并自动执行一个动态模型系统，以便人们观察整个系统的运行，同时 Simio 能够将系统用 3D 动画的形式展现出来，它提供了对动画的多角度跟踪模式，使得模型在动画演示时更加生动和直观。可视化的建模，更加易于用户理解和掌握。

Simio 框架是图形化的对象建模框架，完全支持对象导向的基本概念和原理。Simio 不同于其他基于对象的模拟工具，它的对象基于可视化过程，而非代码过程。也就是说，Simio 不需要用户有出色的编写代码的能力，只需用户有正常的逻辑思维来对各对象的属性进行定义、继承和使用。

Simio 中的 Processes 视窗所展示或定义的过程逻辑，其实就是可视化的代码，用步骤序列刻画的流程图也是结构化的，程序中的嵌套语句、循环语句等都能在 Simio 中找到相应的表达式。另外，Simio 中提供的 Steps(步骤)＋Elements(元素)＋Tokens(令牌)＋States(状态)的构架，能够实现各种编程的结构和功能。值得一提的是，这些图形化的过程逻辑远比编写代码更强大。

除上述功能外，Simio 还支持多种建模范例的无缝连接，其中包括过程导向和事件导向。它同时支持离散系统和连续系统，以及基于“智能对象”的大规模应用。这些不同的建模范例可以在一个模型中自由地组合。

Simio 不仅能够实现复杂逻辑，做到“神似”的仿真，还能够通过先进的实时 3D 技术，实现“形似”的仿真。这使得模型逻辑和 3D 对象成为一体，这大大增加了建模的效率。另外，实时 3D 技术精确刻画空间关系的能力使得 Simio 在设施布局规划方面具有独特的优势。最后，Simio 还是第一个与世界上最大的 3D 模型仓库——谷歌 3D 仓库内接的仿真软件，这为用户的建模提供了极大的便利。

2.1.1 Simio 快捷键

用户可以从界面左边的 Libraries 面板中单击或拖动图标，把其放入建模区中进行建模。双击 Libraries 面板中的图标，将光标移至建模区中单击鼠标左键可以重复添加相同的装备或实体，单击鼠标右键或按下 Esc 键即可取消该操作。

按下 H 键可以显示基本操作及快捷键的介绍面板，如图 2-1 和图 2-2 所示。

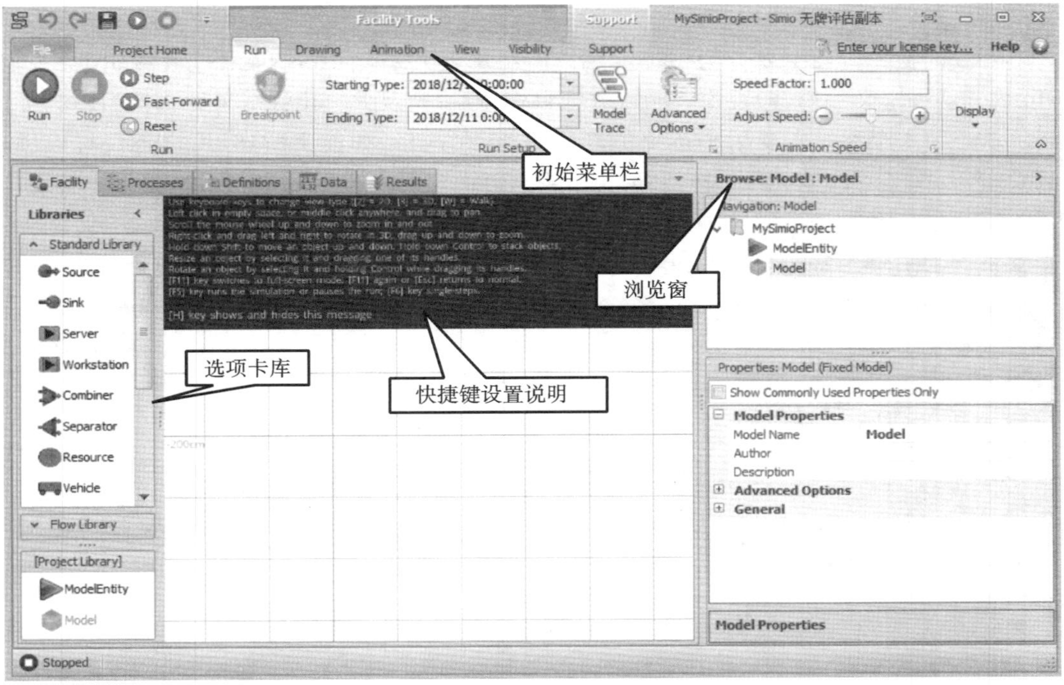
初始菜单栏
浏览窗
选项卡库
快捷键设置说明

图 2-1 Simio 初始界面

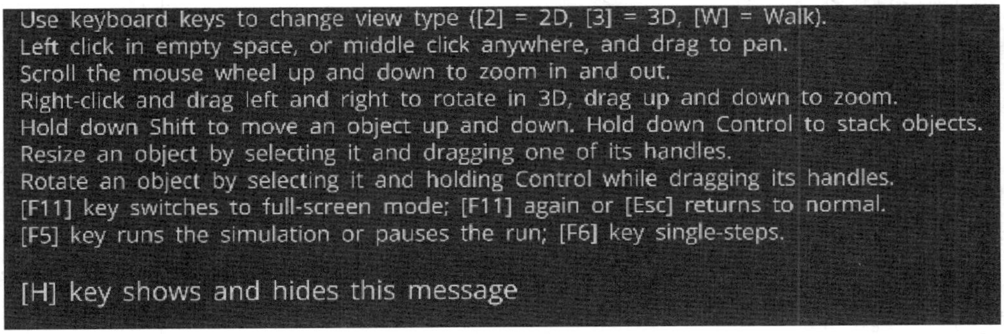
Use keyboard keys to change view type ([2] = 2D, [3] = 3D, [W] = Walk).
Left click in empty space, or middle click anywhere, and drag to pan.
Scroll the mouse wheel up and down to zoom in and out.
Right-click and drag left and right to rotate in 3D, drag up and down to zoom.
Hold down Shift to move an object up and down. Hold down Control to stack objects.
Resize an object by selecting it and dragging one of its handles.
Rotate an object by selecting it and holding Control while dragging its handles.
[F11] key switches to full-screen mode; [F11] again or [Esc] returns to normal.
[F5] key runs the simulation or pauses the run; [F6] key single-steps.
[H] key shows and hides this message

图 2-2 快捷键界面

通过按下 2 或 3 键，可以切换建模区中模型的视角类型，按下 2 键显示 2D 视角，按下 3 键显示 3D 视角。在 3D 视角的基础上按下“W”键，即可变为水平面视角。另外，滚动鼠标的滚轮可以对模型进行缩放。

按下 F11 键可以进入全屏模式，再次按下 F11 或 Esc 键即可退出全屏模式。

按下 F5 键可以开始运行模型，再次按下即可暂停。

按下 F6 键可以进行单步模拟。

按下 Shift 键，并用鼠标选择建模区中的装备或实体，即可垂直拖动装备或实体。

按下 Ctrl 键，并用鼠标选择建模区中的装备或实体，即可在水平面上旋转。

单击选中装备或实体，按下 Delete 键即可删除该装备或实体。

2.1.2 Simio 界面介绍

Simio 的操作界面主要分为 Facility（设施编辑器）视窗、Processes（过程编辑器）视窗、Definitions（自定义编辑器）视窗、Data（数据编辑器）视窗及 Results（结果编辑器）视窗，如图 2-3 所示。前 4 个视窗主要用于系统仿真的建模，在这里，如前文所述，用户不仅可以创建“形似”的仿真模型，更能创建“神似”的仿真模型。而最后一个 Results 视窗，是用于整理、归纳、分析模型系统运行的结果，为用户提供一个非常强大的数据整理与分析的平台。关于 Simio 中 5 个主要视窗的具体内容，本书之后的几个章节均会对其进行详细的介绍。

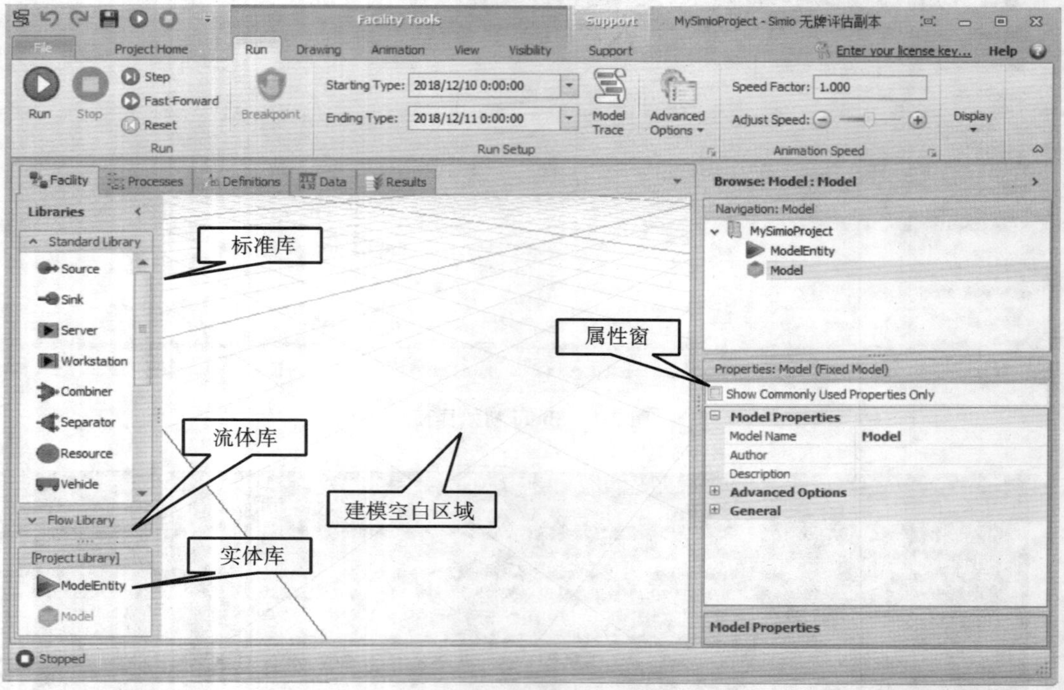

图 2-3　Simio 图形界面

2.1.3 Simio 中文界面

如果要使用中文界面，可采用命令行快捷方式。例如，在 Simio 桌面新建一快捷方式，用右键打开 Simio 属性页，将目标“C:\Program Files(x86)\Simio\Simio.exe”修改为“C:\Program Files(x86)\Simio\Simio.exe -language:zh”，可展示中文界面，如图 2-4 所示。

2.1.4 File 界面

File（文件）菜单位于 Simio 界面的左上角，选择菜单中的 File 图标即可打开图 2-5 所示

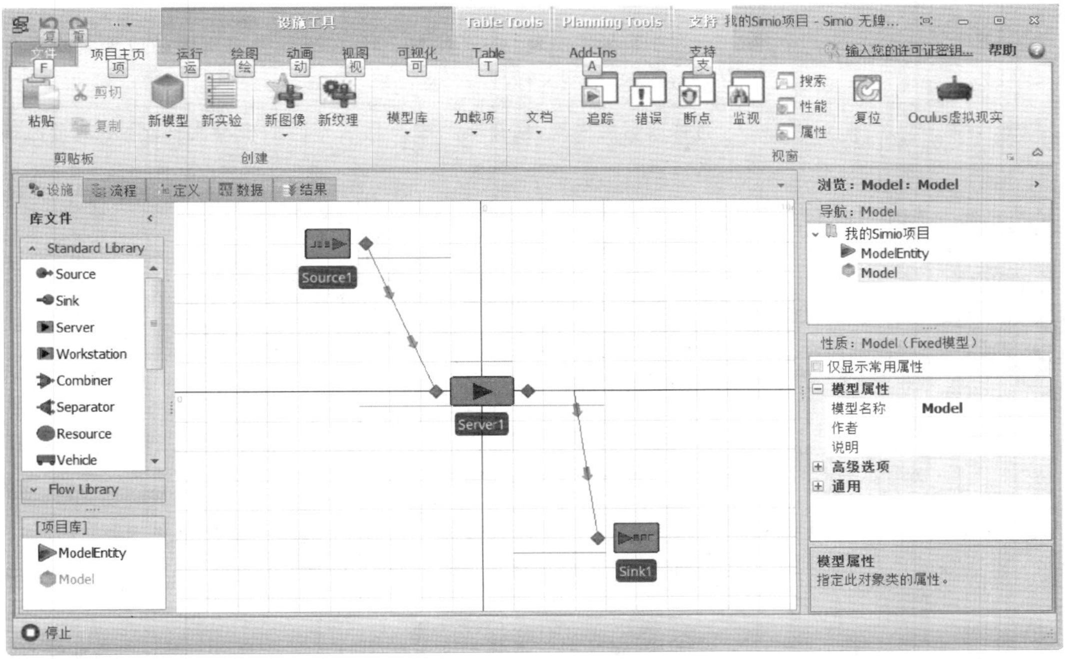

图 2-4　Simio 中文界面

图 2-5　File 界面

的界面。

File 菜单是 Simio 应用中最为基本的文件操作。表 2-1 即为 File 菜单中的具体选项及其描述。

表 2-1　File 菜单

序号	名　称	描　述
1	Save(保存)	保存当前模型文件(扩展名为. spfx),当前模型所做的改变都会被保存,并覆盖原模型文件
2	Save As(另存为)	将修改后的模型,保存成与原文件名不同的模型文件名,不覆盖原模型文件
3	Open(打开)	用于打开计算机中原有的 Simio 模型文件
4	Close(关闭)	此操作将关闭 Simio 操作界面,不能对模型等进行编辑
5	Recent(最近打开的)	显示最近打开和 Simio 软件自带的模型文件,以便快速打开文件
6	New(新建)	清除当前模型,重新建立一个新的模型。若模型未保存,则选择它时 Simio 会弹出“是否保存当前模型”的提示
7	Licensing(授权)	在这个选项对话框中,可以添加密钥或激活码以授权当前 Simio 软件。未被激活的 Simio 软件,若超过 15 步或模型添加超过 3 个或一个模型中超过 18 个对象,则此模型将无法被保存
8	Settings(设置)	可对 Simio 中图表显示形式或种类,以及 Library(库)的显示与否进行设置
9	Exit(退出)	退出 Simio 软件。若模型为保存,则 Simio 会提示是否保存当前模型

2.2　Project Home 选项卡

Project Home(项目主页)是所有窗口中都有的选项卡,此选项卡中包含 Clipboard(剪切板)、Create(创建)、Library(库)、Add-Ins(加载项)、Documentation(文档)、Windows(窗口)六大功能模块,如图 2-6 所示。

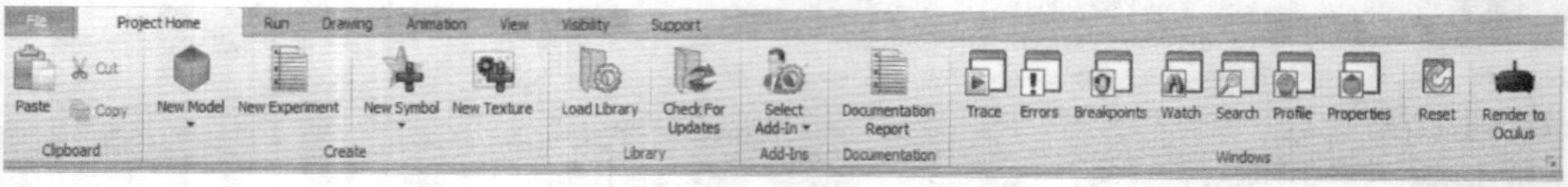

图 2-6　Project Home 选项卡

Project Home 功能区是打开所有不同窗口时显示的唯一功能区选项卡。此功能区允许用户创建新模型、新实验,添加新符号,导入新纹理,访问报表设计器并将库加载到当前项目中。这也是用户可以访问剪切、复制和粘贴图标及打开和关闭跟踪,以及显示或隐藏错误窗口的图标的地方。Breakpoints 图标将显示模型中设置的任何断点。当实体或传输程序到达指定的对象、节点或链接时,断点会导致模型的执行暂停。Watch 图标将显示 Watch 窗口,允许用户在运行期间查看与特定对象实例关联的状态、函数和元素的值。Search 图标将显示搜索窗口,允许用户搜索特定的文本字符串。然后,窗口将显示该文本字符串的所有实例,最后可以通过双击这些实例将用户带到给定的实例。Profile 图标将打开用于运行时的配置文件窗口。Properties 图标用于打开 Properties 电子表格窗口，可用于查看和编辑选定类型对象的属性。

2.2.1　Create 菜单栏

1. New Model

如图 2-7 所示，在 New Model（新模型）选项卡中，包含有模型和多种类别的装备或实体。用户可以在原模型的基础上根据需要添加额外的装备、实体或模型，并对其进行自定义。被增加的装备、实体或模型会在 Navigation（导航窗口）中显示，通过单击它们，用户可以通过添加或修改它们的逻辑、属性等来创建自定义的装备、实体或模型，从而引用至原模型中。

图 2-7　New Model 选项卡

1）Fixed Class

Fixed Class（固定类）功能项可以创建并定义多种固定的装备，这些装备通常包括 Source（发生器）、Server（服务站）、Workstation（工作站）、Sink（回收器）等。被创建的装备会在 Processes（过程编辑器）中有一个默认的初始过程逻辑，通过定义和编辑该装备的过程逻辑，获得新的装备。

2）Entity Class

在初次创建项目模型时，系统会自动默认创建一种实体，即 ModelEntity。除了默认的实体外，用户还可以单击 Entity Class（实体类）选项以创建多种实体。通过 Processes 视窗中定义该实体的过程逻辑，获得新的实体，从而在项目模型中引用。

3）Transporter Class

Transporter Class（运输类）选项主要指的是标准装备库中的 Vehicle（运载工具）和 Worker（工作者）。当单击 Transporter Class 选项以创建新的运输器时，需要在 Processes 视窗中编辑和定义该运输器的过程逻辑，新的运输器才能被使用。

4）Node Class

选择 Node Class（节点类）选项以创建节点，这些新创建的节点可以作为 Basic Node（基本节点）、Transporter Node（转移节点）或 Flow Node（液体节点）。同样，新创建的节点需要在 Processes 视窗中编辑和定义过程逻辑，以实现该节点的功能作用。

5）Link Class

Link Class（连接类）选项是创建装备间的连接通路，系统中默认的连接类别有 Connector（连接器）、Path（标准路径）、Time Path（时间路径）、Conveyor（传送带）和 FlowConnector（液体连接器）。新创建的连接在 Processes 视窗中，通过编辑和自定义其过程逻辑，可以实现多种类别的连接方式。

2. New Experiment

通过两种不同的方式添加 New Experiment（新实验）到模型中。它可以通过选择新的实验图标从 Project Home 功能区中添加。固定类型的模型必须是活动的（在 Navigation 窗口中突出显示),并且新的实验绑定到此活动模型。还可以从项目窗口的“实验”面板中添加实验。功能区中添加实验图标的下拉菜单为用户提供项目中存在的所有固定类型模型的选择。用户必须为要关联的实验选择一个模型,然后可以从“实验”面板中重命名、编辑、复制和删除实验。

如图 2-8 所示,用户可以设置在一个模型系统中多个不同实验方案,并同时运行。每个方案中一般都会有一组控制变量,如缓冲区的大小,以及输出响应器,如等待时间。同时运行多个方案后,查看 Response Results(响应结果)、Pivot Grid(透视表)、Reports(报告)结果,可以比较各个方案的优劣。

3. New Symbol

如图 2-9 所示,单击 New Symbol(新的模型外观)图标,可以通过选择 Download Symbol(模型外观下载)、Import Symbol(模型外观导入)、Create New Symbol(新建模型外观)三种选项来新增 Project Symbol(模型外观库)中的模型外观。

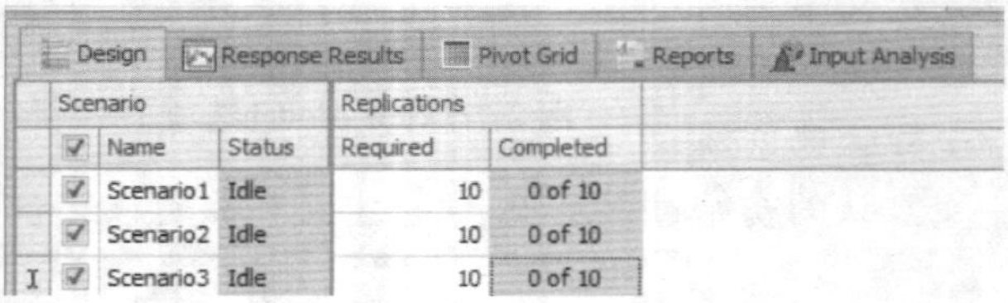

图 2-8　New Experiment(新建实验)

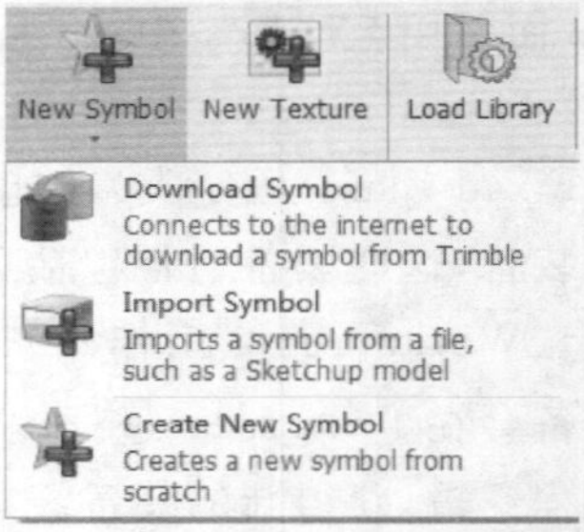

图 2-9　New Symbol(新的模型外观)

Download Symbol:选择该选项,用户可以直接连接到谷歌 Trimble 3D Warehouse 中,根据需要进行搜索下载模型外观。

Import Symbol:用户可以向 Simio 导入多种类型的模型外观,如草图大师的模型或普通图片。

Create New Symbol:选择该选项,界面将跳转到 Drawing(绘制)界面,用户可以在 Drawing 界面中根据需要绘制相应的模型外观。

4. New Texture

New Texture(新增图纹)可以为原有的图纹加载新的图纹,新增的图纹将在 Texture 库中显示。

加载步骤:单击 New Texture 图标,在弹出的对话框中选中图纹,此时用户可在 Texture 中找到加载的图纹,并使用该图纹。

2.2.2　Library 菜单栏

图 2-10　Library(库)

如图 2-10 所示,此处的 Library 与后文中 Libraries 不同,此处的 Library 主要有两个功能:第一个功能是用户可以单击 Check For Updates(检查更新)图标,以便检查更新 Libraries 中的装备、实体或模型;第二个功能是用户可以单击 Load Library(加载库),以便在

Libraries 中新增其他库。

2.2.3 Adds-Ins 菜单栏

选择 Add-Ins 功能，用户可以在当前模型系统中快速添加一个包含 Source、Server、Sink，并用 Path 连接的简单模型系统，该模型系统可编辑、修改。

2.2.4 Documentation 菜单栏

选择 Documentation Report（文件报告）选项，Simio 会链接到网页，Documentation Report 的内容将以网页的形式显示，其中包含位于当前项目中的模型的内容，其内容包含以下信息：

（1）项目中的所有模型及每个模型中包含的所有对象；
（2）与每个对象关联的节点及到达对象并从对象离开的链接；
（3）从其默认值中重写的属性；
（4）自定义属性；
（5）自定义状态；
（6）自定义元素；
（7）自定义流程和每个流程中包含的步骤；
（8）自定义令牌；
（9）表和表中的所有数据。

2.2.5 Windows 菜单栏

1. Trace

单击功能区菜单的运行选项卡中的 Trace(跟踪)图标，显示跟踪窗口，跟踪窗口将出现在程序的底部，打开跟踪并在跟踪窗口中读取数据。如果用户再次单击 Trace 图标，窗口将保持不变，关闭跟踪并在跟踪窗口中读取数据。要关闭窗口，用户可以单击跟踪窗口右上角的“×”。通过单击和拖动，可以围绕应用程序移动此窗口。着重注意，如果在跟踪窗口打开的情况下保存了一个项目，Simio 将在打开项目时自动打开跟踪窗口，以避免在跟踪意外打开的情况下运行，排除的步骤和过程不会显示在跟踪中。

用户可以通过任何列标题筛选跟踪窗口。每个列名称右侧都有一个筛选器图标，这允许用户隐藏跟踪的部分，以便更容易分析感兴趣的部分。例如，如果只想跟踪一个特定实体或一个特定流程的活动，可以对其进行筛选，以便在跟踪窗口中只查看该实体或流程的活动。在删除筛选器之前，跟踪中不会显示其他活动。要设置过滤器，请选择给定数列中的过滤器图标，然后从下拉列表中选择感兴趣的实体或对象、进程、令牌、步骤等。Simio 进程一次允许多个过滤器，设置的过滤器显示在跟踪窗口的左下角，可以通过选择跟踪窗口左下角筛选器旁边的“×”，在给定筛选列中选择(全部)，或在筛选器下拉列表中单击筛选器旁边的“×”来删除筛选器，也可以指定自定义筛选器。

2. Errors

单击Errors(错误)图标时,界面下方会显示错误提示表,在提示表中会显示出错的内容、位置、原因等,双击该提示表里的内容,界面会在对应的错误位置做出提示,以便快速改正。再次单击Errors图标或Reset图标,跟踪表将会被隐藏。

3. Breakpoints

单击Breakpoints(断点)图标时,界面下边会显示断点提示表,在断点提示表中会列出被中断的路径名称、中断次数等,双击该提示表里的内容,会在界面对应的位置做出提示,再次单击Breakpoints图标或Reset图标,跟踪表将会被隐藏。

断点可以添加到Facility视窗中的对象、节点或链接,也可以添加到Processes视窗中的步骤。当实体或传输者到达指定的对象、节点或链接,或者令牌到达指定的步骤时,它会导致模型的执行暂停。

在Facility视窗中,可以通过两种方式添加断点:当选择对象、节点或链接时,可以通过单击运行功能区中的断点图标来添加断点;在Facility视窗中选择对象、节点或链接,单击右键将弹出一个包含断点的小菜单。

4. Watch

通过使用Project Home选项卡上Windows组中的Watch(监视)按钮,可以显示和隐藏监视窗口。要在对象上添加监视,只需用右键单击设备窗口中的对象并选择Watch即可。要从对象中删除监视,可从右键单击该对象,然后再次选择Watch,或在监视窗口中选择该对象的行,然后单击Delete键。当模型运行时,与该对象关联的值将显示在监视窗口中对象名称下。只有当运行暂停或每次用户从运行组中单击Steps按钮时,才会更新这些值。通过单击窗口顶部并将其拖动到新位置,可以在界面周围移动监视窗口。如果它被移动到界面的中间,可以调整大小以满足需要。

5. Search

单击Search(搜索)图标时,界面下方会显示搜索表,在搜索表里输入内容可以搜索到想要查找相关内容。再次单击Search图标或Reset图标,跟踪表将被隐藏。

当在搜索窗口的文本框中键入内容时,窗口将显示找到的包含该文本的所有内容。

"值"是包含搜索字符串的实际文本,突出显示搜索字符串。

"项目"是这段文字的名称;若是某个对象的名称,则为"名称";若是某个属性,则为"修复时间"。

"对象名"是包含文本的对象。

"项目项名称"是包含该对象的顶级模型。

双击结果中的一行,将进入包含找到文本的项目的窗口,选择该项目,然后(如果可能)选择找到文本的属性。若找到的文本是属性值,且该值当前已被关闭,则用户只被带到包含该值的项。当前,搜索窗口将搜索"Simio Property"值(步骤、元素、进程、对象实例上的属性值)和对象名称(其中Object是指用户名中的任何内容,但也是指定义和数据窗口中的对象)。在计划项目文本、转换矩阵或查找费率表值中尚不支持搜索。

6. Profile

在Profile(项目组合表)窗口中,有几个列可以提供有关运行时性能的信息。项目过程步骤信息在"项目"列下指定。"父级中的时间"列显示的是此步骤对父对象运行时的贡献,如“>”符号所示(展开以获取该“>”下面步骤的详细信息)。“总体时间百分比”列显示的是此步骤运行时对整个运行时的贡献,而不仅仅是对其父级的贡献。“计数”列是这个特定步骤被单击的次数。可以对列进行排序,我们默认使用上面看到的内容。注意,排序是在每一行的父行中进行的,而不是跨所有行进行的。

7. Properties

单击此处选择右上角的对象类型按钮,选择要查看的对象集。或者可以在 Facility 视窗中用右键单击一个对象,并选择开放性电子表格窗口,以便在这里查看所有此类对象的对象列表。

8. Reset

单击 Reset(重置)图标时,Windows 功能区各选项将恢复到默认时的状态,即 Reset 将所有的在 Windows 窗口设置或移动的功能(Trace、Errors、Breakpoints 等)重置为默认清零状态。

9. Render to Oculus

Render to Oculus(输出视觉)需要外接 3D 虚拟视觉器,把模型的运行、动画状态传输给视觉接收者,呈现虚拟现实的运行情景,以提高观测者的视觉体验。

10. 主题切换

单击 Windows 功能区右下角的按键,界面右边将会弹出各种风格的主题选项,如图 2-11 所示,用户可以根据个人的喜好任意选择。

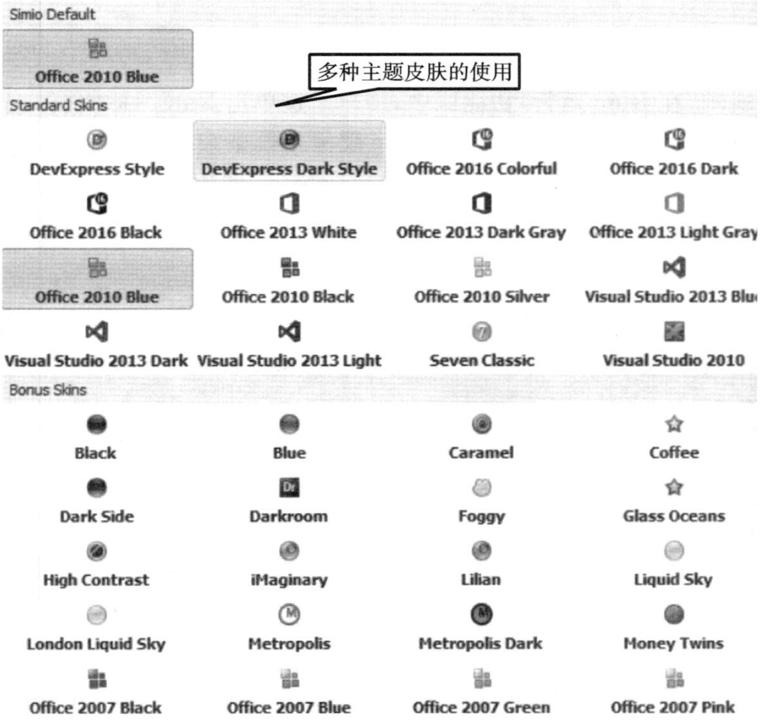

图 2-11　主题选项

2.3 Facility Tools 选项卡

Facility Tools 选项卡作为 Simio 中最直观的建模窗口,必然会有独立的工具栏,工具栏包含建模中常用的建模功能,可以以动画的形式更改对象的外观。功能区菜单中的 Symbol 选项卡提供用于更改符号外观、添加符号或导入符号的选项。Drawing 选项卡允许用户将静态符号、线条、矩形、省略号等添加到设备窗口。View 选项卡允许用户将设备窗口的视图从 2D 更改为 3D。它还提供了更改用户查看设备窗口方式的其他选项。在 Run 选项卡中,用户可以启动模型的交互式运行、添加断点、开始跟踪、调整动画速度并指定开始和结束时间。

状态标签、状态图、状态饼图、楼层标签、圆形仪表、线性仪表、堆积条形图和按钮也可以从 Animation 选项卡放置在设备窗口中。它们还可以附着到 Facility 视窗中的对象上。

2.3.1 Run 菜单栏

将已经建好的模型系统通过 Run 选项卡运行,用户可以在建模区观察模型系统的运行情况,待模型系统运行完毕后,Simio 将会以数据表格的形式在 Results 视窗中显示模型系统运行的结果。

1. Run

如图 2-12 所示,在 Run(运行)功能区中,用户通过单击 Run 图标使模型系统开始运行;单击 Stop 图标使模型系统运行停止;单击 Step 图标使模型系统运行暂停,再单击 Run 图标继续运行,单击 Fast-Forward 图标使模型系统运行快进,即快速完成运行;单击 Reset 图标使模型系统恢复运行前的状态。当被选中的装备、节点或路径启用 Breakpoint 时,实体或运输器将无法通过断点处。

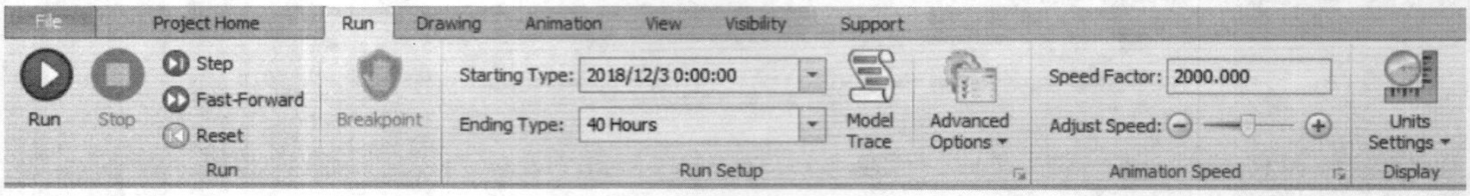

图 2-12 运行菜单栏

2. Run Setup

Starting Time(开始时间):在 Run Setup(仿真设置)选项卡中,用户可以在 Starting Time 中设置模型系统开始运行的时间。

Ending Type(结束类型):单击 Ending Type 的下拉子菜单里包含有三种结束时间的类型。①Unspecify(无限制):模型系统将无限制地运行下去,除非单击 Run 菜单栏中的 Stop 或 Reset 图标;②Specific Ending Time(指定结束时间):当模型系统运行到设置的结束日期或时间点时,模型系统将会自动停止;③Run Length(运行时长):当模型系统运行的时间段达到设置的周期时间时,模型系统将会自动停止。

Model Trace(模型追踪):单击 Model Trace 图标将在界面的下方显示 Trace-Trace Off 表格。当模型系统运行时,表格数据会随着运行时间不断地变化,从而可以查看到在某个时间点实体运动的情况。

Advanced Options(高级选项):单击 Advanced Options 的下拉子菜单,出现多种关于运行时的设置选项,如图 2-13 所示。

3. Animation Speed

用户根据仿真的需要,在 Animation Speed(运行速度)选项卡中设置模型系统运行的速度。在 Speed Factor(速度系数)中直接输入速度系数或通过 Adjust Speed(速度调节)指针左右移动都能调节运行速度。

4. Display

如图 2-14 所示,单击 Units Settings(单位设置)下拉按钮,设置的时间单位、长度单位、数量单位、质量单位、移动速度单位、液体体积单位和液体重量单位等都会在报告、支点表格、视察窗口、状态栏及跟踪窗口对应显示。若时间单位设置的是 Hours,则报告中关于时间的内容,其单位就是 Hours。

图 2-13　Advanced Options

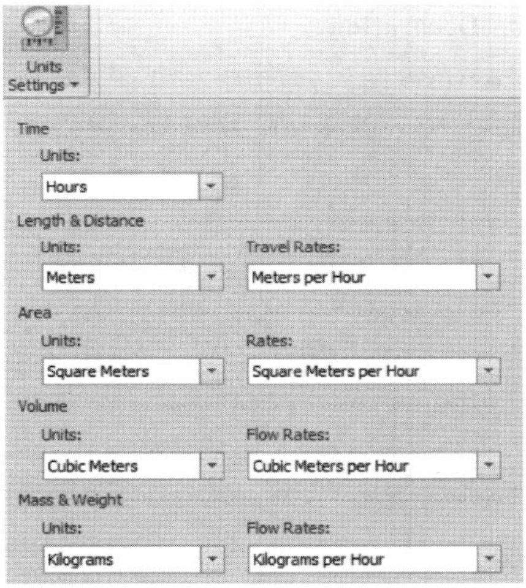

图 2-14　Display

2.3.2　Drawing 菜单栏

如图 2-15 所示,为了使模型的 3D 效果更加明显、美观,用户可以通过使用 Drawing(绘图)中的多种绘图工具在建模区中绘制模型外观或图形。在 Drawing 中,除了自行制图外,还可以利用 Place Symbol 下载或导入模型外观。

1. Drawing

在 Drawing 功能区中,有 Polyline(折线)、Rectangle(矩形)、Polygon(多边形)、Curve(曲线)、Ellipse(椭圆)、Closed Curve(闭合曲线)等常用的绘图线形,利用这些线形可任意组合各种图形或模型外观。

Floating Label(移动标签):在建模区中,用户可以通过 Floating Label 给模型任意位置

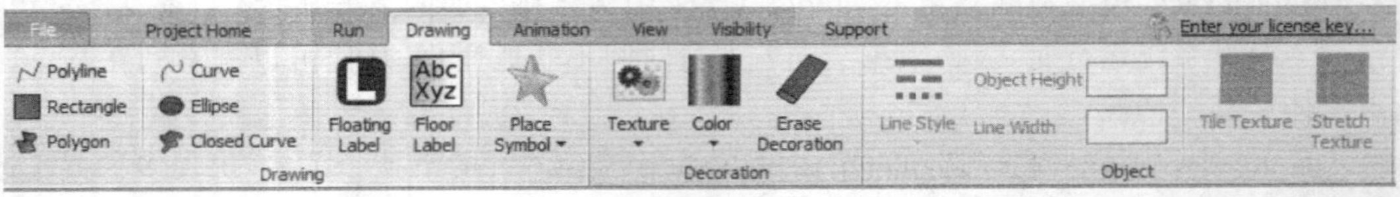

图 2-15　Drawing

贴上标签，该标签可以随意移动，标签里的文字可以在界面的右边属性窗口中修改，方便在模型中进行特定观察。

Floor Label(平面标签)：在建模区中，Floor Label 的主要作用是标示平面。单击该图标，Floor Label 会以平面矩形的形状出现，在平面里可以添加或修改文字，其步骤为：①单击添加了的平面标签；②在界面左上角 Appearance 栏中选择 Edit(修改或添加文字的格式)、Size(设置单行文字的大小)、Color(切换底版的颜色)。

Place Symbol(置入模型外观)：单击 Place Symbol 图标，出现的下拉菜单会显示 Symbol 库中所有的模型外观(包括新建的和系统自带的)。另外，通过 Import Symbol 和 Download Symbol 也可以分别在计算机和谷歌 3D 网上导入模型外观。

2. Decoration

Texture(图纹)：如图 2-16 所示，单击 Texture 图标，不仅有系统自带的多种图纹，用户还可通过 New Texture 从计算机中下载图片作为新的图纹，选择合适的图纹即可为模型添加装饰。

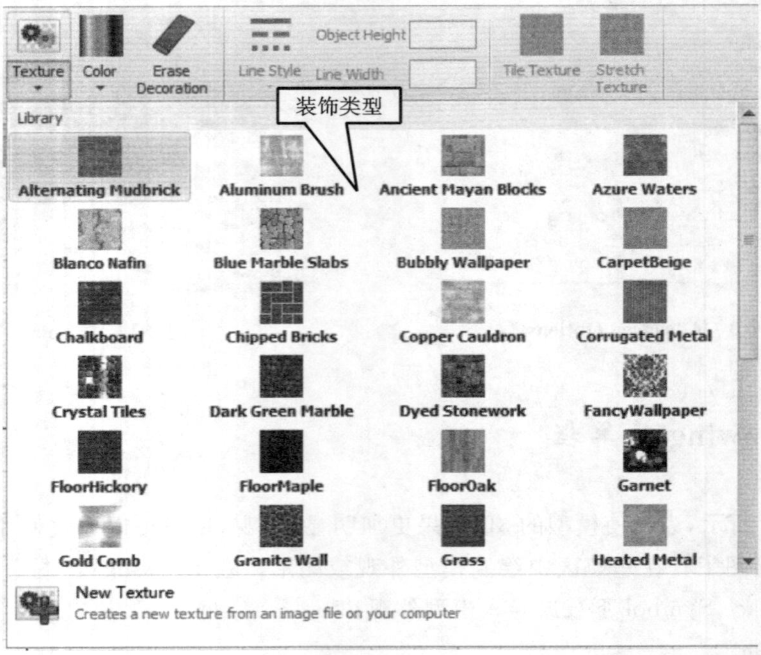

图 2-16　Texture

Color(染色)：Color 选项中有多种颜色可选，用户可以选择不同的颜色为模型染色。

Erase Decoration(擦除)：当需要擦除模型上的图纹或颜色时，单击 Erase Decoration 图标，即可在相应的位置擦除。

3. Object

Line Style(线型):在绘制过程中,线段主要有三种类型:Solid(实线)、Dash(虚线)、Dot(点线)。使用步骤:①选中 Facility 视窗中的线条;②在 Line Style 中选择相应的线型。

Object Height(模型高度):选中需要增加高度的模型,在 Object Height 中输入数值后,模型即可变为用户需要的高度。

Line Width(线宽):对于折线和曲线,通过在 Line Width 中输入数值会使得所选中的线型变为相应宽度的线型。

Tile Texture(图纹拼贴):单击 Tile Texture 图标,被选中的模型中的图纹会被调整为 1 m×1 m 的四边形以适当地平铺到原界面中。

Stretch Texture(图纹拉伸):选中模型中的图纹,单击 Stretch Texture 图标可以使模型中的图纹以拉伸的形式填充在原界面中。

2.3.3 Animation 菜单栏

如图 2-17 所示,Animation 功能区中有 Detached Queue(分离队列)、Status Label(状态数标图)、Status Plot(状态折线图)、Status Pie(状态饼图)、Circular Gauge(圆形仪表图)、Linear Gauge(柱形仪表图)、Stacked Bar(堆积图)、Button(触发按钮),将已经建好的模型系统通过 Animation 选项卡设置,用户可以在建模区根据需要更换模型样式,使模型系统更加真实,能更好地发现模型中存在的问题从而对其加以改善。

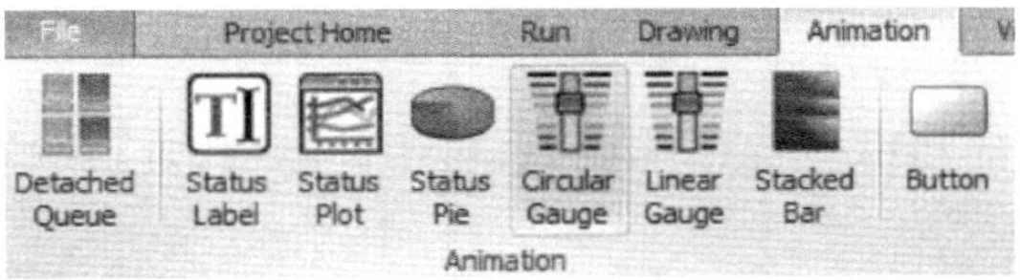

图 2-17 Animation 菜单栏

1. Detached Queue

Detached Queue 是将模型系统中节点处等待队列独立分离出来,以便更直观地观察队列的排队等待情况。创建的队列的位置会以绿色线条在建模区显示,单击绿色线条,工具栏上会显示 Appearance(显现)选项,在此选项中可以对分离队列的方向和次序进行选择,左边属性栏定义了被分离队列的表达式。在模型运行后,等待的队列会在绿色线条处显示。

2. Status Label

Status Label 是用矩形框的数字来显示静态文本的表达式的值。以下是一个使用矩形数字框来显示一个表达式的例子。表达式为 Server1. Processing. NumberExited,即经过服务站 1 处理后的实体数。其步骤为:①单击 Status Label 图标,在建模区出现矩形框;②单击矩形框,在属性面板中进行设置;③在属性面板中,Appearance 选项可以更换矩形框中的数字和背景的颜色。

3. Status Plot

Status Plot 是用直角坐标系来显示表达式的值随着时间的变化情况。其允许输入多个表达式来对比它们的值随时间波动的情况,但最多只能显示 100 个数据点。在建模区中,单击创建的 Status Plot，工具栏会显现编辑 Status Plot 的选项——Appearance（显现），利用该选项可以对创建的 Status Plot 进行相应的编辑和修改；在属性面板中，通过 Animation 可以添加多个文体表达式。在模型运行后，被引用的文体表达式波动情况会在 Status Plot 图中以折线的形式表现出来。

4. Status Pie

Status Pie 是以饼图的形式显示表达式的值随时间的变化所占的比重。在建模区中，单击创建的 Status Pie，工具栏上会显现编辑 Status Pie 的选项——Appearance（显现），该选项可以对创建的 Status Pie 进行相应的编辑和修改；通过 Animation 可以添加多个表达式。其中当 Data Type（数据类型）选择 Repeat Group（重复组别）时，需要在 Expressions（表达式）行中添加表达式；当 Data Type（数据类型）选择 List State（列表状态）时，只需在 List State 行中选择相应的列表名，表示引用该列表。在模型运行后，被引用的表达式值所占比重会在饼图中表现出来。

5. Circular Gauge

Circular Gauge 是用圆形的指针刻度表来直接显示表达式的值，当表达式运行到某一个值时，指针会相应地指到该值。在 Facility 视窗中，单击创建的 Circular Gauge，工具栏上会显现编辑 Circular Gauge 的功能项——Appearance（显现），在该功能项里，可以在 Styles（风格）栏中选择外表风格不同的仪表；在 Scale（刻度）栏中，设置仪表中刻度的范围和仪表中显见刻度的个数。在左边的属性栏里，选择添加文体表达式，此仪表只能显示一个文体表达式的值。在模型运行后，被引用的文体表达式的值会在 Circular Gauge 图中通过指针指示出来。

6. Linear Gauge

Linear Gauge 的功能和操作与 Circular Gauge 的类似，只是更换了仪表的外形。

7. Stacked Bar

Stacked Bar 是以堆积物的大小或高低来表示表达式的值。在 Facility 视窗中，单击 Stacked Bar 以创建堆积图，工具栏上会显现编辑 Stacked Bar 的功能项——Appearance（显现），该功能项可以实现 Stacked Bar 的多种外形显示风格。在左边属性栏的 Animation 中，类型有 Container（容器）、Queue（队列）和 Expressions（表达式）三种，不同的类型需要编辑的属性也不同。

8. Button

Button 为用户增加了触发模型系统中某一事件的按钮。在 Facility 视窗中，单击 Button 以创建一个触发按钮，工具栏上会显现编辑 Button 的功能项——Appearance（显现），在此功能项中，可以修改按钮中的文字和大小。在左边属性栏中，添加需要触发事件的表达式。当模型正在运行时，单击按钮即可触发该事件的发生。

2.3.4 View 菜单栏

如图 2-18 所示，在 View（视角）功能区中，用户可以对建模区的模型系统进行 2D 和 3D 视觉效果的切换。单击 View All（全景）图标，界面窗口会跳转到可以查看到当前模型系统的全景；Auto Rotate（自动旋转）可以使建模区在 3D 的效果中围绕窗口的中心按顺时针旋转，以选择更好的视觉角度；Walk（水平面）可以使建模区以水平面视角显现出来。

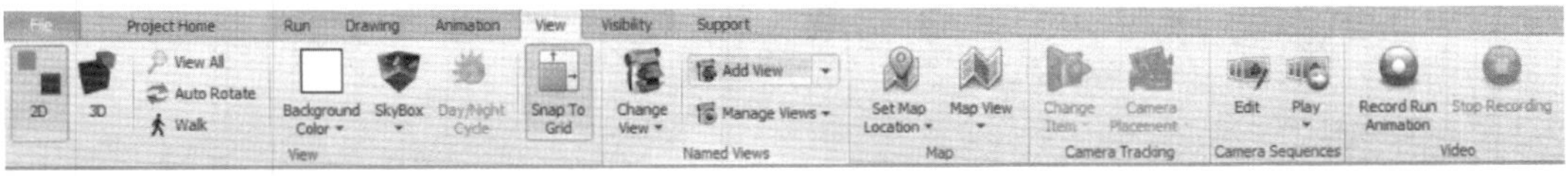

图 2-18　View 菜单栏

1. View

Background Color（背景色）中有多种建模区背景，用户根据需求切换；SkyBox（天空盒子）是天空的背景图案，该显示效果只有在 Walk 视角中才能查看到；Day/Night Cycle（昼夜循环）是当 SkyBox 选择 Dynamic（动态）栏中天空背景，则天空将会按白天昼夜循环规律的变化。

2. Change View

Change View（切换视角）功能区中，Change View、Add View（增加镜头）和 Manage View（镜头管理）是三者配合使用的。利用 Add View 以当前视角创建镜头，其中镜头只能以单个字符命名；镜头创建成功后，用 Change View 切换镜头；另外通过 Manage View 可以重新创建和删除镜头。

3. Camera Tracking

当模型系统处于仿真运行状态下，右键选择运行中的实体，在弹出的选项中选择 Track With Camera，则此时镜头将跟踪被选中的实体。值得一提的是，用户可以同时选择跟踪多个实体，被跟踪的实体会在 Change Item（改变实体）的下拉菜单中显示，则用户即可根据需要在 Change Item 选择镜头要跟踪的实体。使用 Camera Placement（镜头放置），可以将镜头放置被选中实体的几个方位处，并跟随实体一起移动，从而达到更好的拍摄效果。

4. Camera Sequence

在 Camera Sequence（摄像机序列）功能区中，包含 Edit（编辑）和 Play（播放）这两个选项。摄像机序列是一个序列的指令，可以通过选择回放顺序播放按钮，或使用一个热键与序列相关。添加一个摄像机序列，只需输入序列名称和相关的热键。

5. Video

当模型系统正在运行时，单击 Record Run Animation 图标，可以开始录制（Video）当前模型系统的运行情况，并保存到初始的文件夹中。单击 Stop Recording 图标，录制将会停止。

2.3.5　Visibility 菜单栏

如图 2-19 所示，在 Facility 视窗中，Visibility（可显示图形）选项卡中的各种功能，可以用于切换或关闭模型系统中的某些装备或实体的可视化方案。

1. Visibility

当 Grid（网格）、Labels、Axes（坐标轴）、Arrows（箭头）、Links、Nodes（节点）、Queues、Status（状态）和 Buttons 启用（图标显亮）时，表示其在建模区中会显现；反之则表示其在建模区中会不可见。值得一提的是，一个装备或实体需要被编辑时，其必须是可见的。

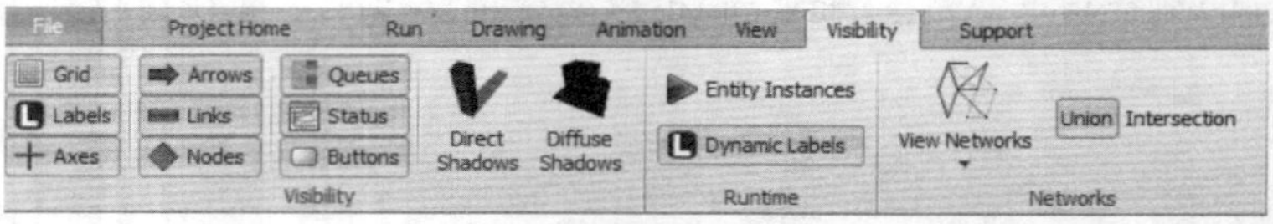

图 2-19　Visibility 菜单栏

2. Runtime

当启用 Dynamic Labels(动态标签)时,在建模区中创建的动态标签将可见;反之,将不可见。

当启用 Entity Instances(实体实例)时,在运行模式下实体和转运的实例是可见的。若禁用,则进入运行模式时存在的任何实例将被隐藏,然后在离开运行模式时再次显示。

3. Networks

当 Simio 中连接有 Networks(网络路径)时,单击查看 View Netmorks 的下拉列表,会显示被连接的网络路径,且每个网络路径都可单独打开和关闭。当选择 Union(联合)时,Union 图标会显示所有选定网络路径的并集;当选中 Intersection(路口)时,Intersection 图标显示所有选定网络路径的交叉点。

2.3.6　Support 菜单栏

1. Learning Simio

在 Learning Simio(学习 Simio)功能区中,用户可以通过 Simio 系统中自带的文件、书籍和视频等来进一步学习和掌握 Simio 的相关运用。

Sample SimBit Solutions(解决方案实例)中包含各种例子来说明解决常见问题的方法,用户可以使用基本或高级搜索找到需要解决的问题实例。

Examples(实例)中有 10 个系统自带的完整的模型系统,用户可以通过这些模型系统进一步了解 Simio 的功能。

在 Books(书籍)选项中,*Rapid Modeling Solutions*:*Introduction to Simulation and Simio*(快速建模解决方案:模拟和 Simio 简介)详细介绍了关于 Simio 软件的基础知识和一些简单的应用示例;*Reference Guide*(参考指南)详细介绍了 Simio 的基本操作、特点和功能;*API Reference Guide*(程序参考指南)进一步介绍了关于 Simio 软件的程序编程接口;*Online Books*(网上书籍)能链接到 Simio 官方网站上的书籍网页,用户可以在此网页上购买指导书。

在 Videos(视频)选项中,有多种关于 Simio 应用和介绍的视频,用户可以从中挑选相应模块学习。Introductory Topics 包含 8 h 关于 Simio 的基础知识系列介绍的在线视频;Flexible Manufacturing 有介绍建立和操作简单柔性制造单元的方法;Learing Simio Lab Series 有 Simio 实验模块,每个模块提供了一个或多个问题,然后指导用户完成解决方案;Other Video 包含有关于 Simio 其他方面应用的视频介绍。

2. My Software

在 My Software(我的版本)功能区中,显示 Simio 当前使用的版本名称和许可证等。

3. Other Information

在 Other Information(其他信息)功能区中,用户可以通过 Release Notes(发布说明)查看到 Simio 软件最新的信息发布;利用 Compatibility Note(兼容性说明)查看 Simio 的兼容性问题;使用 Shared Items(主题共享)查找到 Simio 使用者共享的资料;单击 Simio Home Page(Simio 官网)可以在网站上找到任何与 Simio 有关的资讯和资料。

4. Get Help

在 Get Help(获取帮助)功能区中,用户可以通过 Help(帮助)、User Forum(论坛)和 E-mail等方式获得学习和使用 Simio 的相关帮助。

2.4　Browse 窗口

Browse 窗口又分为 Navigation 窗口和 Properties 面板,分别称为导航窗口和属性面板。在 Navigation 窗口中,用户可以通过拖放对窗口中的项目进行重新排序。只需突出显示模型,将其拖动到列表中的某个位置并将其删除,即可完成模型的移动。移动时会出现一个蓝色弯曲的小箭头 Insert Here(插入此处),以显示放置的新位置。例如,用户可能希望将 ModelEntity 模型移动到与项目相关的各种模型之下。Properties 面板包含特定的数据类型,它是对象的静态输入参数(如处理时间、批量大小),在模拟运行期间不会更改。通过在功能区菜单中选择适当的图标,可以将四种不同类型的属性添加到模型中:标准属性、元素引用属性、对象引用属性和重组属性。通过查看每个标准库的对象的详细信息,进一步了解 Simio 标准对象的属性。

2.4.1　Navigation 窗口

Navigation 窗口位于界面右上方的属性窗口上方。它用于在项目中的不同模型之间导航、导航到项目窗口、导航到实验和导航到项目符号,如图 2-20 所示。

在项目中的不同模型之间导航是通过导航窗口完成的。当用户单击此窗口中的模型时,它将成为活动模型。因此,界面主要部分的模型窗口现在与导航窗口中突出显示的模型相关联。特定模型可用的窗口类型取决于活动模型的对象类。例如,对于固定对象类的模型,将显示工具、进程、定义、数据和结果窗口。但是,对于对象类实体的模型,只显示进程、定义和数据。这是因为实体对象具有设施窗口或结果窗口是不合理的。

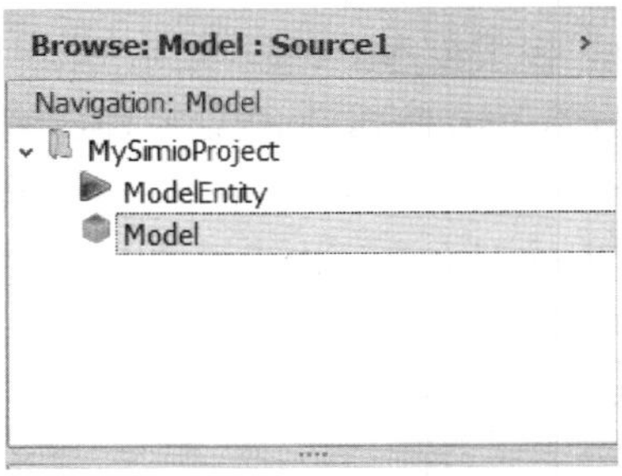

图 2-20　Navigation 窗口

在导航窗口中选择模型后,右键单击所选模型,将为用户提供添加新的固定对象类模型、添加新的实体模型、向该模型添加新实验、重命名所选模型、查看模型属性或删除所选模型的选项。还有一个附加选项可以查看/修改给定模型中的对象引用,以及添加/删除显示对象引用。在导航窗口中选择项目后，右键单击所选项目，将为用户提供添加新的固定对象类模型、添加新的实体模型、重命名项目和查看项目属性的选项。在导航窗口中选择一个实验后，右键单击所选实验，将为用户提供添加新的固定对象类模型、添加新实体模型、添加新实验、复制实验、重命名实验、查看实验属性或删除实验的选项。

2.4.2 Properties 面板

Properties 面板显示的是一个项目中各装备、实体和模型的属性。用户可以对 Properties 面板中的各项属性进行修改，以满足自身的建模需求。若用户勾选 Show Commonly Used Properties Only 选项，则只能看到常用的属性；若不勾选此选项，则可以看到全部属性，如图 2-21 所示。

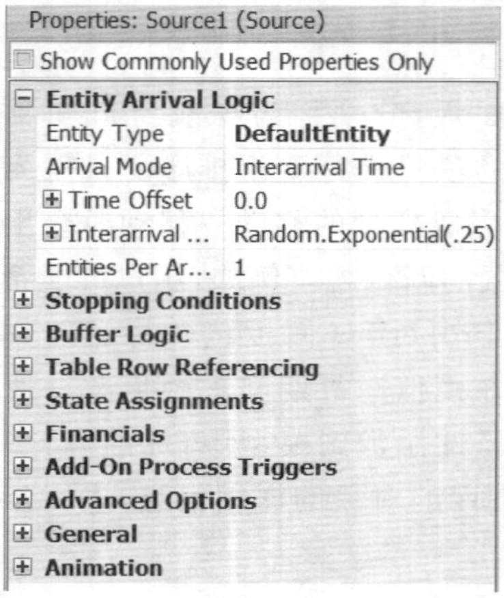

图 2-21　Properties 面板

在表达式属性中使用关键词 Candidate 或 Foreign。

Simio 中的一些表达式被标记为外部表达式，这是因为它们包括非符号关联对象的标记。

例如，在标准库的转移节点对象中，如果在 Select From List 中选择了实体目的地(Entity Destination)，把选择目标(Selection Goal)选为 Smallest Value 或 Largest Value，那么就可以在定义表达式的地方看到选择表达式属性，它将在列表的每个候选目的地节点的文本中被赋值。这样一个表达式包括了已经被赋值的候选对象的标记，要把关键词 Candidate 或 Foreign 作为标记的前缀。例如，在上述的运输节点的选择属性中，若要进入表达式对基于输入容量的下游节点进行选择，则可以在表达式中使用 Candidate. Node. InputCapacity 标记，也可以使用 Foreign. Node. InputCapacity 标记。关键词 Candidate 或 Foreign 可以清楚地告知 Simio 的表达式分析器，标记就是输入容量(InputCapacity)函数的值，即每个候选节点在集合中被赋予的值，而非符号关联对象的值。

在搜索步骤中，外部表达形式用于搜索列表；在行驶步骤中，用于选择运输器，在捕获步骤中，用于选择捕获的对象；在表达式属性定义中，用于指定对一个外部状态(Foreign State)的支持。

向模型添加表达式属性时，为了允许用户使用 Candidate 或 Foreign 关键字，必须令属性的“外部状态”是有效的。

第3章 Simio动画与SketchUp草图大师

3.1 Simio动画技术

动画是每一种模拟运行界面的基础，它给予了观察人员直观上的效果展示，Simio仿真系统中多种多样的3D模板，为操作者提供了各种生产类型的模型，使其更接近现实生产的实际情况，每一个生产工位都能够直观地被展现在流水线上，也更好地表达出生产过程中可能存在的瓶颈，对于存在的问题能有更多的解决方案。

打开Simio初始界面，单击菜单栏中的Drawing(动画)选项卡，在选项卡中单击Place Symbol(置入模型外观)下拉按钮，得到如图3-1所示的模型图。

图3-1 Simio添加动画界面

选择 Import Symbol(导入符号)选项,在添加文件中单击 All Items(所有项目)下拉按钮,即可看到所有 Simio 支持导入的动画格式,如 SketchUp 文件、CAD 文件等。所有格式如图 3-2 所示。在使用不同版本的草图大师时,有的版本可能无法导入到 Simio 模型中,需要另存为较低版本的格式才能导入,Simio 10 版本可以导入草图大师 2017 及以下的版本。

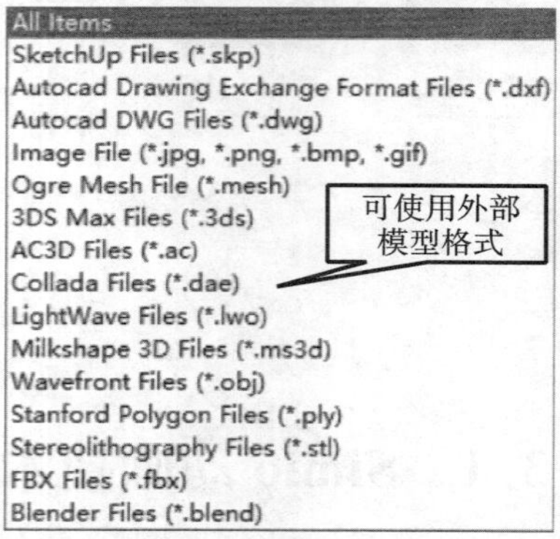

图 3-2　Simio 可导入的图形类别

3.2　SketchUp 动画使用

SketchUp 是一个极受欢迎并且易于使用的 3D 设计软件,官方网站将它比喻为电子设计中的“铅笔”。它的主要闪光点就是使用简便,人人都可以快速上手。在本课程中我们可以用 SketchUp 绘制我们所需的图形并把其直接导入 Simio 仿真视窗中,也可以将使用 SketchUp 创建的 3D 模型直接输出至 Simio 仿真视窗中,增强 Simio 的 3D 动画功能。

在激活 SketchUp 后,绘图作业空间呈现出绿色背景的 3D 效果图,坐标轴分别以红、绿、蓝三种不同颜色显示,其初始界面如图 3-3 所示。

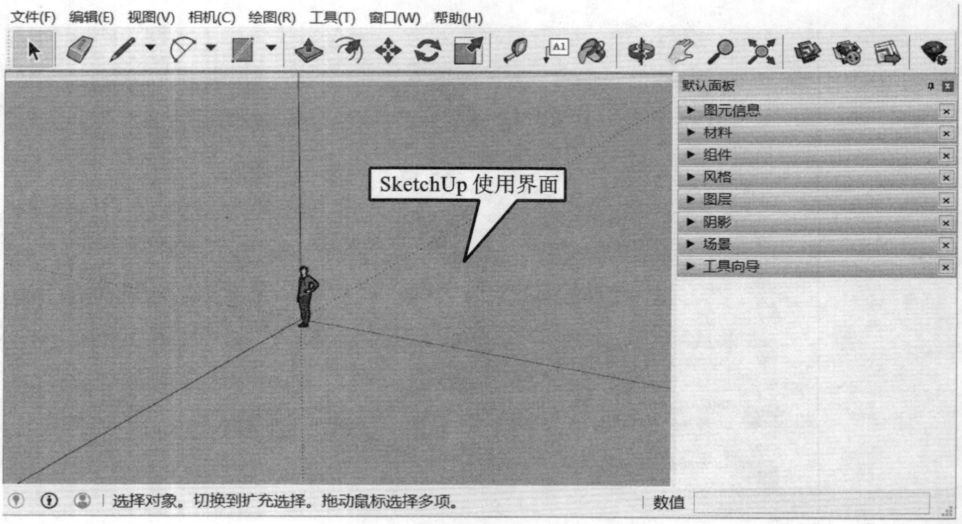

图 3-3　SketchUp 的初始界面

3.3　绘图工具栏

绘图工具栏包括线、面、矩形、圆、多边形，单击工具栏铅笔形状的画线按钮，有直线和手绘线两种线形，根据画图所需的形状选择线形，光标会变成铅笔形状。单击画图平面上任意一点，再移动鼠标到另外一点，单击鼠标则画完第一条线，“线”工具的预设是连接第一条线继续画第二条线，当我们继续移动鼠标并在另外的点单击鼠标时，会生成由第二点和第三点连接而成的线，如图 3-4 所示。当有两个点在同一个平面上时，再把没连线的两个点进行连接就会画成一个平面图，如图 3-5 所示。当想要停止连接线时，按 Esc 键，就可暂时解除“线”连续画图工具。

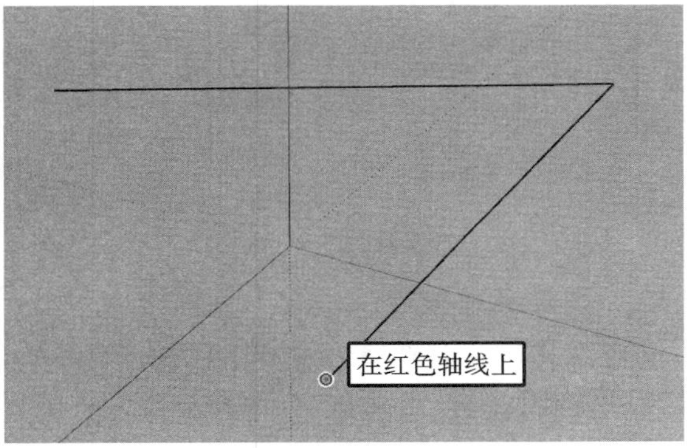

图 3-4　连续画线

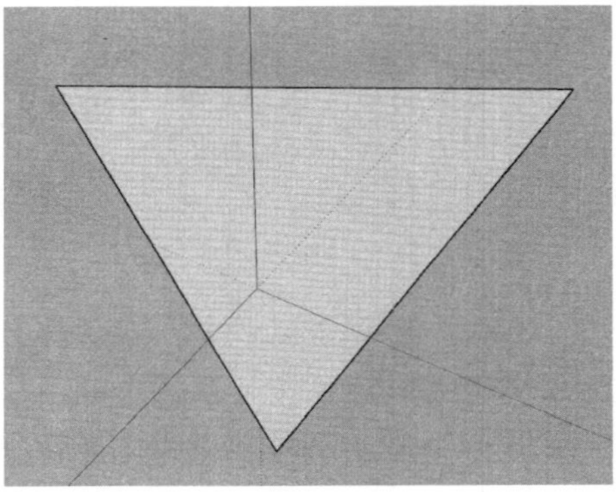

图 3-5　连续线所组成的平面

SketchUp 可以制作各种形状的面。制作好的面可以连接起来，由一个面将另一面删除，将面分成许多面或是经由拉伸、推挤产生 3D 对象。使用形状按钮把一个平面图画出来，选择平面图，利用推拉功能按钮把平面画成 3D 效果的长方体，如图 3-6 所示，再选择形状按钮在 3D 图上可见的三个平面分别画上六边形、长方形和圆形，如图 3-7 所示，利用推拉功能按钮把平面上的三个图形从平面中推入或者拉出，如图 3-8 所示。在 SketchUp 中很多的平面图形都是可以相互影响、互相交错的，空间是由各个平面组成的 3D 视图。当想看到空间内部图时，选择一个平面，右击平面选择“隐藏”，即可通过此平面看到空间内部图。

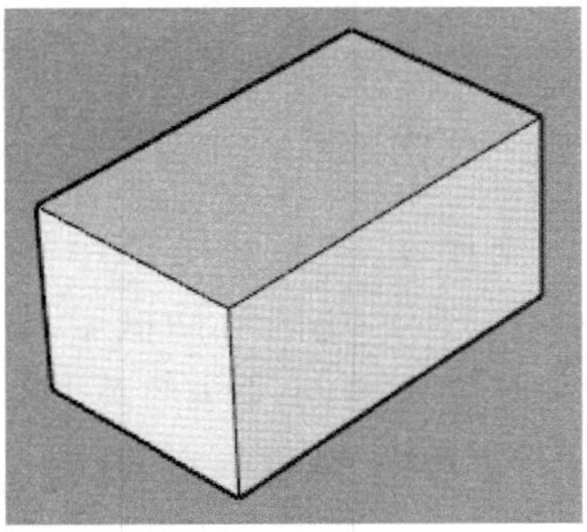

图 3-6　长方体

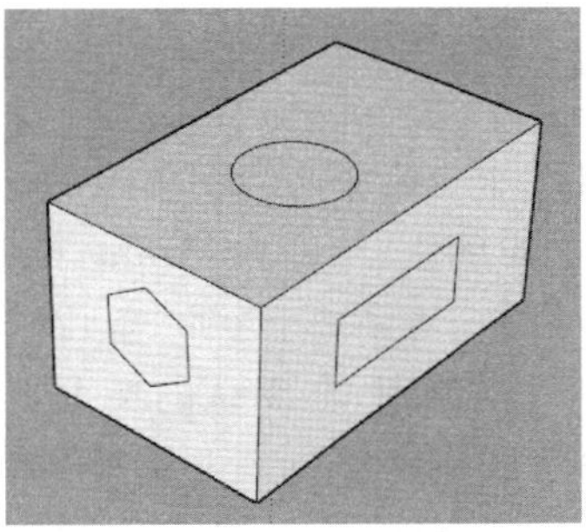

图 3-7　为平面形状添加图形

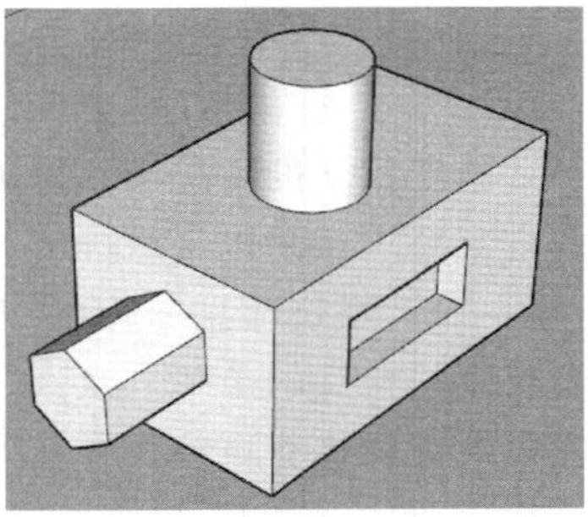

图 3-8　立体拉伸图

3.4 切换视图

在 SketchUp 中，当需要将视图切换为正方向时，只需单击“相机”菜单中的“标准视图”，“标准视图”工具栏中有 6 个选项，从上到下依次是“顶视图”、“底视图”、“前视图”、“后视图”、“左视图”、“右视图”和“等轴视图”，如图 3-9 所示。在作图的过程中，只要单击“标准视图”工具栏中相应的选项，SketchUp 将自动切换到对应的视图中。

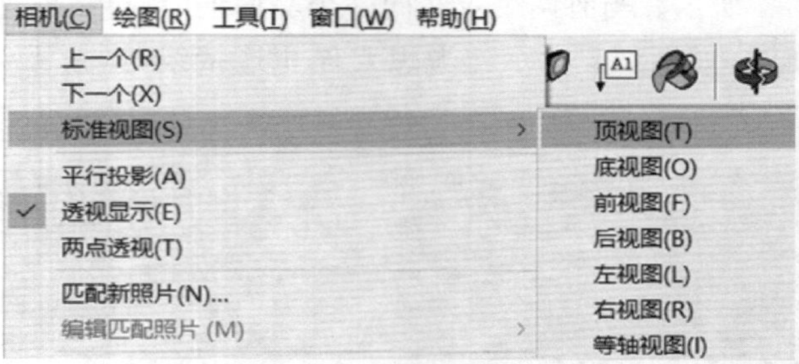

图 3-9　标准视图

旋转三维视图、切换到三维视图有两种方法：一种是直接单击“固定”工具栏中的“环绕观察”按钮，然后按住鼠标左键不放，在屏幕上任意转动以达到希望观测的角度，再释放鼠标；另一种是按住鼠标滚轮不放，在屏幕上转动以达到希望观测的角度，再释放鼠标滚轮。

平移视图有两种方法：一是先选择要移动的图形，然后单击“固定”工具栏中的“移动”按钮，再利用鼠标把图形移动到特定的位置；二是按住 Shift 键不放，再单击鼠标的中键进行视图的平移。

在固定工具栏中缩放视图共有两个工具：第一个“缩放”按钮有缩放相机视野的功能，可以把视窗拉近或者远离；第二个“充满视窗” 按钮直接把图形和原点坐标一起充满视窗。

3.5 设置绘图环境

绘图默认的情况下是以美制尺寸的英寸为绘图单位的。若将系统的绘图单位改成我国的规范要求——以毫米(mm)为主的单位，精度为 0 mm，则其具体操作如下：选择菜单中的“窗口”→“模型信息”，弹出“模型信息”对话框，选择“单位”选项，可以在出现的对话框中设置长度与角度的单位。从选项中可以看到，在默认的情况下，长度单位是美制尺寸的英寸，需要对单位进行更改。在长度单位区域中进行如下调整：将“格式”改为“十进制”，并以 mm 为最小单位，将“精确度”改为“0 mm”，角度单位使用默认格式，单击 Enter 键即可完成对绘图单位的设置，如图 3-10 所示。

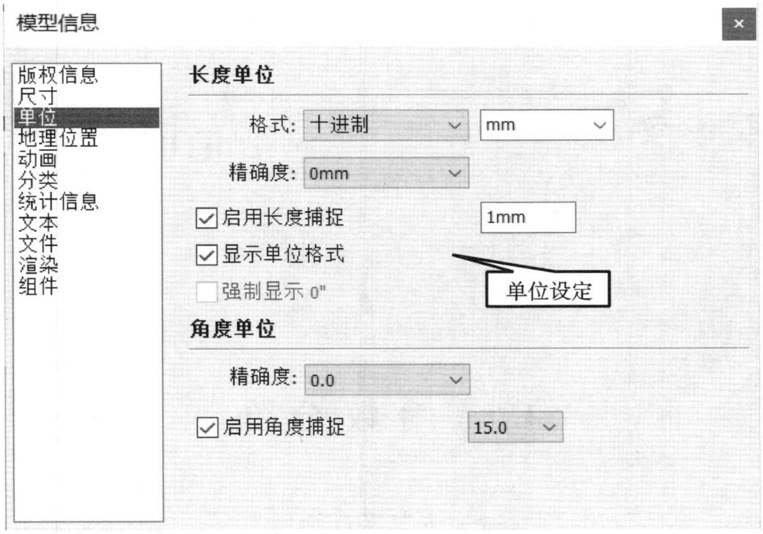

图 3-10　单位的设置

3.6　图形的选择

选择图形的具体操作如下。

(1) 单击工具栏中的选择按钮，此时屏幕上的光标将变成箭头形状。

(2) 用鼠标左键单击选择屏幕中的图形，被选中的图形用蓝色加亮显示。

(3) 按住 Ctrl 键不放，屏幕上的光标变成 +，此时再单击其他图形，可以将图形增加到选择集合中。

(4) 按住 Shift 键不放，屏幕上的光标变成 +/−，此时再单击未选中的图形，可以将图形增加到选择集合中；单击已选中的图形，可以将图形从选择集合中删去。

(5) 同时按住 Ctrl 键与 Shift 键不放，屏幕上的光标变成 −，此时单击已选中的图形，可以将图形从选择集合中删去。

(6) 在已有图形被选择的情况下，若单击屏幕空白处，则取消所有的选择。

(7) 在发出选择指令后，使用 Ctrl＋A 组合键，可以选择屏幕上所有显示的图形。

(8) 框选是单击工具栏中的“选择”按钮后，用鼠标从屏幕的左侧到屏幕的右侧拉出一个框，这个框是实线框，只有被这个框完全框进去的图形才可以被选择。

(9) 叉选是单击工具栏中的“选择”按钮后，用鼠标从屏幕的右侧到屏幕的左侧拉出一个框，这个框是虚线框，凡是与这个框有接触的图形都可以被选择。

第 4 章　Simio 常用函数

4.1 函数分布

Simio 支持很多用于描绘随机样本的分布，同样也支持无限的随机数列。当用户想要指定一个随机样本（如人或车的移动速度、设备加工制品的时间、事件发生的概率等）时，都需要使用函数分布。

一般而言，函数分布是以表达式的形式输入到相应的位置，以 Sever 的属性 Processing Time（处理时间）为例，单击其下拉按钮并在输入框中输入"Random."，即可根据自身需求或条件选择需要使用的函数，如图 4-1 所示。它们的输入格式统一为 Random. Distributions（X1，X2，X3），此处的 Distributions 是指某种函数分布，而括号中的内容则是该函数分布需要填写的数列，如 Uniform（均匀）分布可以写成 Random. Uniform(2,4)，括号中的内容表示最小值是 2，最大值是 4，该表达式的含义是在 2～4 的范围内随机选取一个数值。值得一提的是，函数分布表达式中的标点符号必须使用英文标点，而不是中文标点。

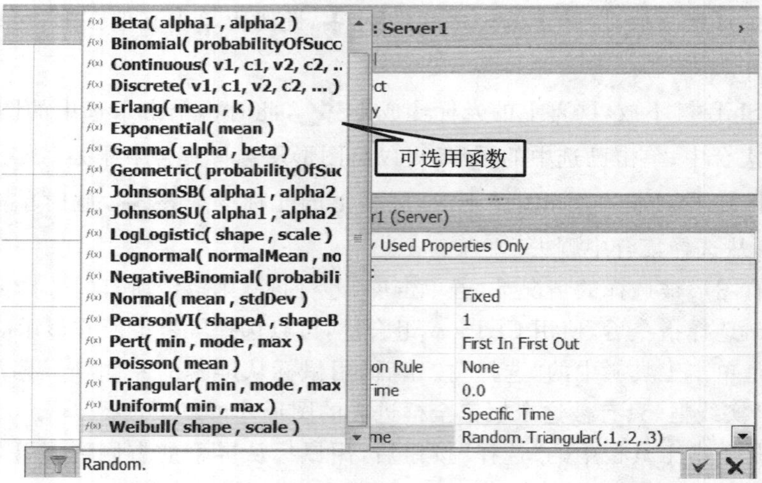

图 4-1　Simio 可使用的函数分布

Simio 一共为用户提供了 20 种函数分布，如 Discrete（离散）分布、Triangular（三角）分布、Uniform（均匀）分布等。下面将对它们进行逐一的讲解，若用户需要深入了解这些函数分布，请自行查询百度百科或相关书籍、文献。

4.1.1　Beta 分布

Random. Beta(alpha1,alpha2)即为该分布的表达式格式。

Beta(贝塔)分布的变量仅能为 0 到 1 之间的数,alpha1 和 alpha2 是两个大于 0 的参数,Beta 分布可以将这两个参数以不同形式表示,而这两个参数可以理解成伪计数。Beta 分布主要用于表示一个事件的发生概率,但它并不精确,在数据不足的情况下可以用于建立比较粗糙的模型。图 4-2 所示的是几个简单的 Beta 分布,其中 a 对应 alpha1,b 对应 alpha2。其分布函数为

$$F(x;\alpha,\beta)=\frac{x^{\alpha-1}(1-x)^{\beta-1}}{\int_0^1 u^{\alpha-1}(1-u)^{\beta-1}\mathrm{d}u}=\frac{\Gamma(\alpha+\beta)}{\Gamma(\alpha)\Gamma(\beta)}x^{\alpha-1}(1-x)^{\beta-1}=\frac{1}{B(\alpha,\beta)}x^{\alpha-1}(1-x)^{\beta-1}$$

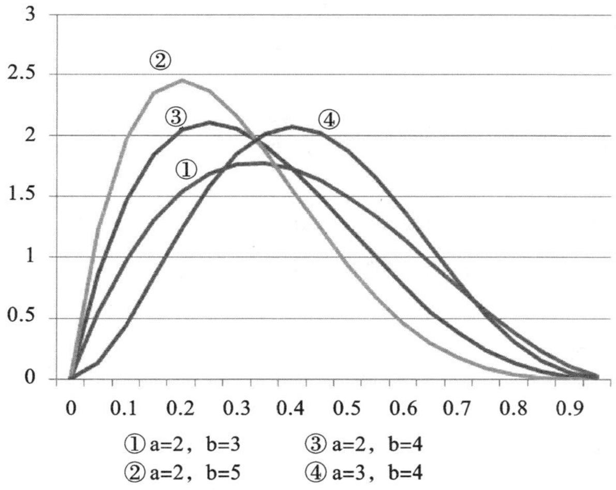

图 4-2　Beta 分布

4.1.2　Binomial 分布

Random. Binomial(ProbabilityOfSuccess,NumberOfTrials)即为该分布的表达式。其中 ProbabilityOfSuccess 表示成功的概率,NumberOfTrials 表示实验次数。

Binomial(二项)分布即为 n 次独立重复实验,在每次实验中只有两种可能的结果,而且两种结果发生与否是相互独立的,与其他各次实验结果无关,事件发生与否的概率在每次独立重复实验中均保持不变,图 4-3 所示的是一个简单的 Binomial 分布,其分布函数为

$$p(\mathrm{X}=k)=\mathrm{C}_n^k p^k(1-p)^{n-k},k=0,1,\cdots,n$$

4.1.3　Continuous 分布

Random. Continuous(V1,C1,V2,C2,…,Vn,Cn)即为该分布的表达式,其中 C 表示累加概率,V 表示其对应值。

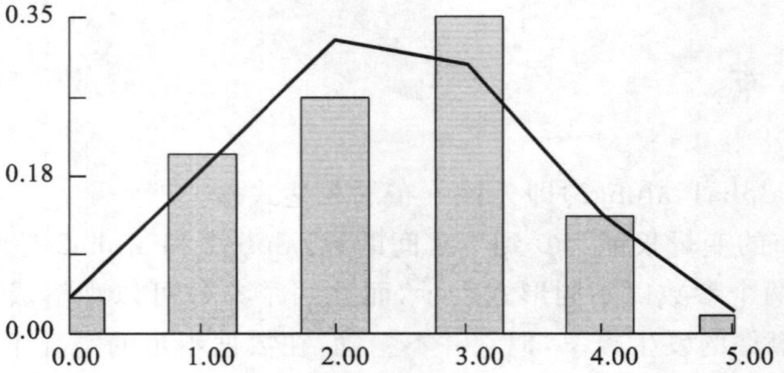

图 4-3 Binomial 分布

Continuous(连续)分布表示一个随机变量在其区间内能够取任何数值时所具有的分布,它由一组累加概率和一系列对应值所定义,这一系列对应值表示其值域可以成为一个连续的随机变量,用于定义一个分段的线性累加分布。

4.1.4 Discrete 分布

Random. Discrete(V1,C1,V2,C2,…,Vn,Cn)即为该分布的表达式,与连续分布相同,C 表示累加概率,V 表示其对应值。

Discrete(离散)分布同样由一组累加概率和一系列对应值所定义,这一系列对应值的意义在于它们可以成为一个离散的随机变量,以定义一个逐步线性累加的分布。

4.1.5 Erlang 分布

Random. Erlang(Mean,K)即为该分布的表达式。

Erlang(厄兰)分布是一种连续分布,它表示一个 *N* 阶段的活动,每个阶段的时间呈指数分布。其中 Mean 表示指数分布所需的均值,K 表示阶段数。图 4-4 所示的是一个简单的 Erlang 分布。

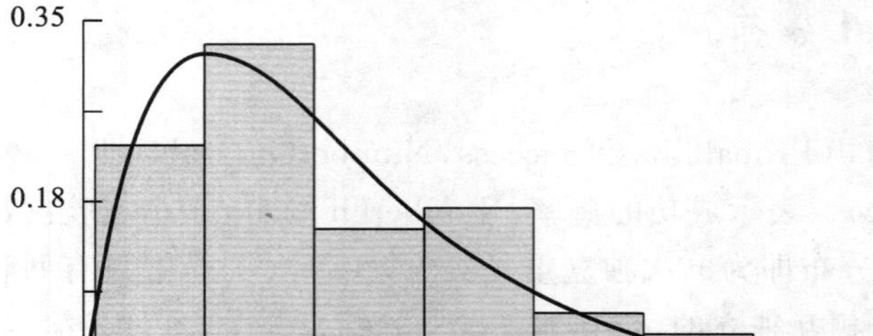

图 4-4 Erlang 分布

4.1.6 Exponential 分布

Random. Exponential(Mean)即为该分布的表达式,其中 Mean 表示均值。它的分布函

数为

$$F(x;\lambda)=\begin{cases}1-e^{-\lambda x}, & x\geqslant 0\\ 0, & x\leqslant 0\end{cases}$$

Exponential(指数)分布是一种连续分布,它可以用于表示独立随机事件发生的时间间隔,即单位时间内发生事件的次数,如旅客进入机场的时间间隔,设备生产制品的时间间隔。图 4-5 所示的是几个简单的 Exponential 分布。

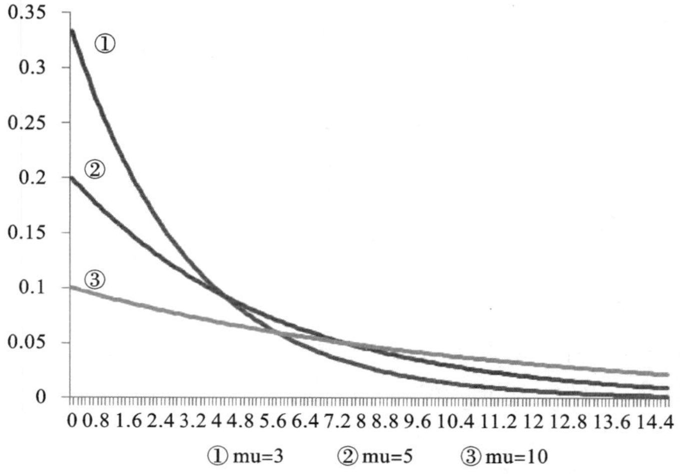

图 4-5　Exponential 分布

4.1.7　Gamma 分布

Random. Gamma(Shape,Scale)即为该分布的表达式,其中 Shape 和 Scale 参数分别为形状参数和尺度参数。若随机变量 X 具有概率密度,其中 $\alpha>0,\beta>0$,则称随机变量 X 服从参数 α、β 的 Gamma(伽马)分布,记作 $G(\alpha,\beta)$。令 $X\Gamma(\alpha,\beta);\lambda=1/\beta$,即

$$X\sim\Gamma\left(\alpha,\frac{1}{\lambda}\right);f(X)=\frac{X^{(\alpha-1)}\lambda^{\alpha}e^{(-\lambda x)}}{\Gamma(\alpha)},X>0$$

Gamma 分布也是一种连续分布,其分布的均值是两种参数的乘积。另外,Erlang 分布的实质是一种整数型的特殊 Gamma 分布。

4.1.8　Geometric 分布

Random. Geometric(ProbabilityOfSuccess)即为该分布的表达式,与前文的二项分布相似,ProbabilityOfSuccess 表示成功概率。

Geometric(几何)分布是一种离散分布,它表示在 N 次独立重复实验中,实验至第 K 次才得到第一次成功的概率,即前 $K-1$ 次独立重复实验均失败,至第 K 次才成功的概率。图 4-6 所示的是一个简单的 Geometric 分布。

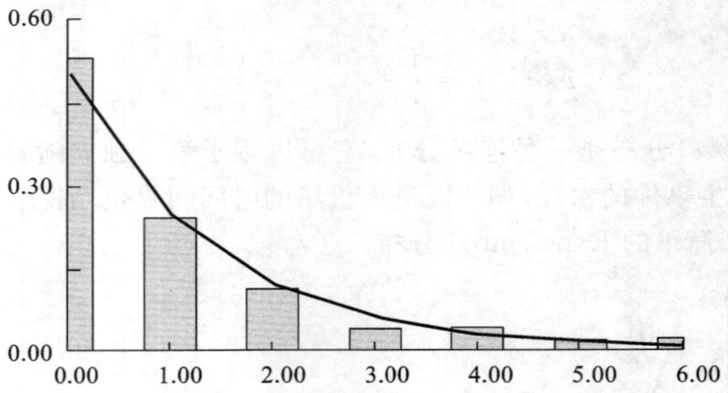

图 4-6　Geometric 分布

4.1.9　JohnsonSB 分布

Random. JohnsonSB(alpha1,alpha2,min,max)即为该分布的表达式。

JohnsonSB 分布是一种有界的四参数分布，能够处理基于两个形状参数（alpha1 和 alpha2）与最大值和最小值（max 和 min）的多种形状。

4.1.10　JonhsonSU 分布

Random. JohnsonSU（alpha1, alpha2, Location, Scale）即为该分布的表达式，其中 Location 为位置参数，Scale 为尺度参数。

JohnsonSU 分布是一种无界的四参数分布，能够处理基于两种形状参数（alpha1 和 alpha2）、位置参数和比例参数的多种形状。

4.1.11　LogLogistic 分布

Random. LogLogistic(Shape,Scale)即为该分布的表达式，与前文介绍的一样，Shape 为形状参数，Scale 为尺度参数。如果 $P\{X=m\}=-\frac{(1-p)^m}{m\ln p}(m=1,2,\cdots)$ 为此分布的概率，恰好函数 $f(p)=-\frac{\ln[1-(1-p)]}{m\ln p}$ 是关于 $1-p$ 的幂级数展开式的项，则称随机变量 X 服从参数为 $p(0<p<1)$ 的对数分布。

LogLogisic（对数）分布是一种离散分布，它不是对称分布。它与正态分布的关系是，若 $\ln(X)$ 是正态分布，则 X 是对数分布。在 Simio 中，它一般用于建立工作时间模型。图 4-7 所示的是一个简单的对数分布。

4.1.12　LogNormal 分布

Random. LogNormal（NormalMean, NormalStdDev）即为该分布的表达式，其中

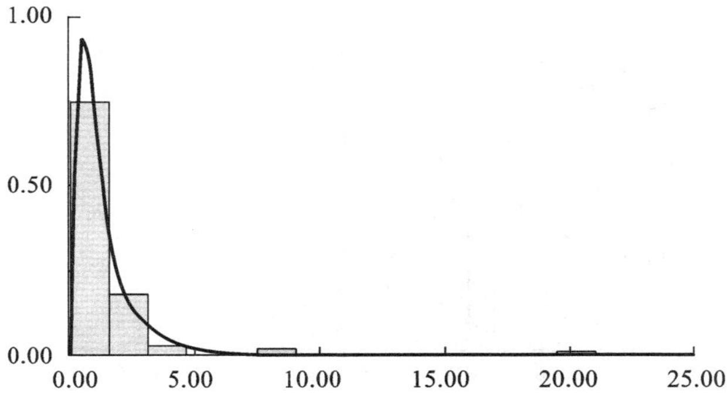

图 4-7　LogLogistic 分布

NormalMean 表示正态分布的均值，NormalStdDev 表示正态分布的标准差。它的表达式为

$$p(x)=\frac{1}{\sigma x\sqrt{2\pi}}e^{-\frac{(\ln x-u)^2}{2\sigma^2}},x>0,\bar{p}(x)>0$$

它具有与正态分布类似的性质，若变量 Y 符合正态分布，则 $X=\exp Y$ 为对数正态分布。

若一个随机变量的对数服从正态分布，则该随机变量服从 LogNormal（对数正态）分布。若要从 LogNormal 分布中生成一个样本，首先必须从正态分布中生成一个样本 N，然后把它转换为 LogNormal 分布的样本 LN。转换方程式为 LN＝eN。图 4-8 所示的是一个简单的 LogNormal 分布。

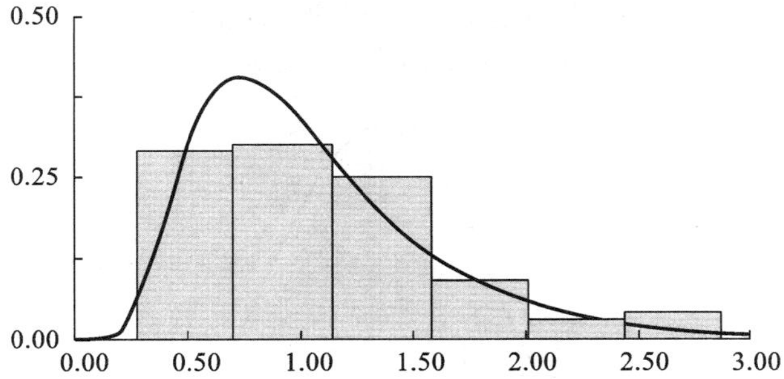

图 4-8　LogNormal 分布

4.1.13　NegativeBinomial 分布

Random. NegativeBinomial(ProbabilityOfSuccess，NumberOfSuccesses)即为该分布的表达式，其中 NumberOfSuccesses 表示指定的成功次数。它的表达式为

$$f(k,r,p)=\binom{k+r-1}{r-1}\cdot p^r\cdot(1-p)^k$$

NegativeBinomial（负二项）分布属于一种离散分布。在一系列独立重复实验中，每个实验都有成功和失败两种结果，成功的概率是恒定的，实验持续至第 K 次才成功，NegativeBinomial 分布表示的就是在指定的成功次数达到前的失败次数。图 4-9 所示的是一个简单的 NegativeBinomial 分布。

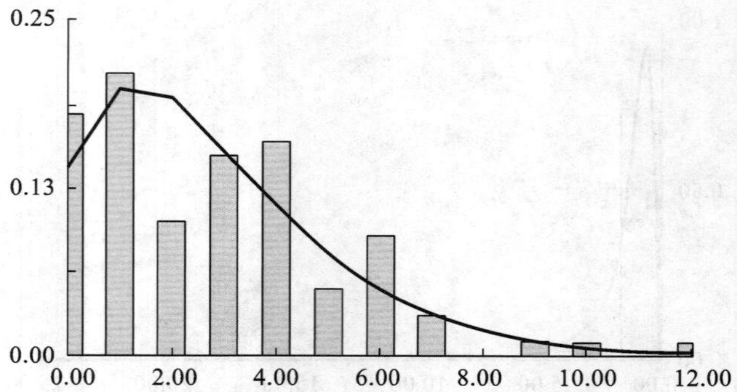

图 4-9 NegativeBinomial 分布

4.1.14 Normal 分布

Random. Normal(Mean,StandardDeviation)即为该分布的表达式,其中 Mean 表示均值,StandardDeviation 表示标准差。它的表达式为

$$f(x) = \frac{1}{\sqrt{2\pi}} e^{-\frac{x^2}{2}}$$

Normal(正态)分布是一种耳熟能详的分布,在 Simio 中用途非常广泛,它既可以用于设置时间间隔,也能用于设置设备加工制品所需的时间,还能够用于设置人或车辆前行的速度等。图 4-10 所示的是一个简单的正态分布。

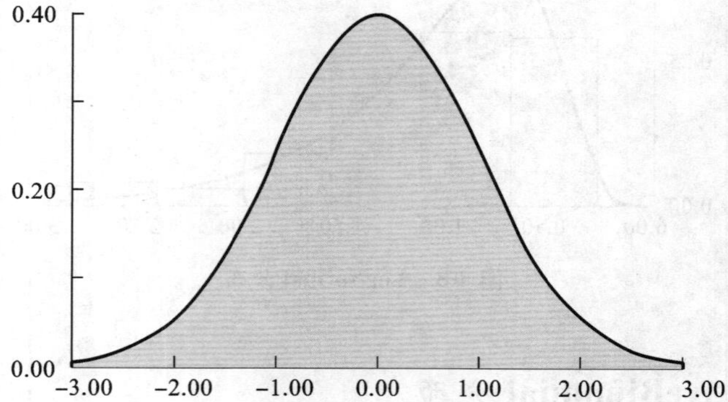

图 4-10 Normal 分布

4.1.15 PearsonVI 分布

Random. PearsonVI(ShapeA,ShapeB,Scale)即为该分布的表达式。它的表达式为

$$\rho_{XY} = \frac{\mathrm{Cov}(X,Y)}{\sqrt{\mathrm{Var}(X)\mathrm{Var}(Y)}}$$

PearsonVI(皮尔逊)分布由两个非负的形状参数和一个尺度非负的参数组成,范围是从 0 至无穷大。在 Simio 中该分布常用于设置任务时间模型。

4.1.16 Pert 分布

Random. Pert(Minimum, Mode, Maximum)即为该分布的表达式，其中 Minimum 为最小值，Mode 为众数，Maximum 为最大值。

Pert 分布是一种特殊的 Beta 分布，其形状参数是由最小值、众数及最大值估算而来的。与三角分布不同的是，它提供了更为圆滑的曲线，这可以使得其与正态分布或对数分布更为相近。另外，Pert 分布的均值等于(最大值＋最小值＋4×众数)/6。

4.1.17 Poisson 分布

Random. Poisson(Mean)即为该分布的表达式。它的表达式为

$$P(X=k)=\frac{\lambda^k}{k!}e^{-\lambda}, k=0,1,\cdots$$

Poisson(泊松)分布是一种离散分布，其适用于描述单位时间或空间内随机事件发生的次数，如机场在一定时间内到达的人数、设备发生的故障数等。图 4-11 所示的是一个简单的泊松分布。

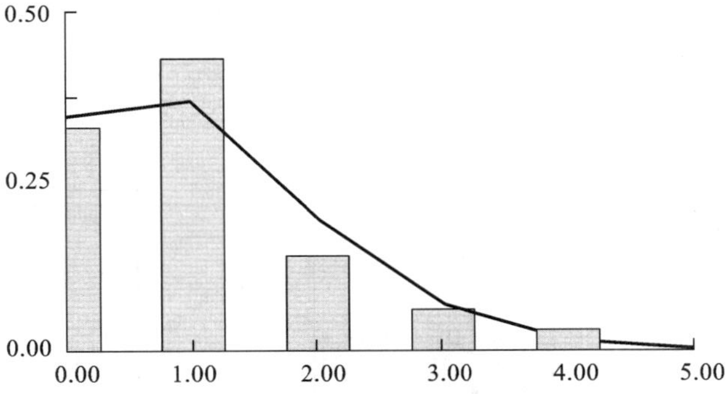

图 4-11 Poisson 分布

4.1.18 Triangular 分布

Random. Triangular(Minimum, Mode, Maximum)即为该分布的表达式。它的表达式为

$$f(x)=\begin{cases}\dfrac{2(x-a)}{(b-a)(c-a)}, a\leqslant x\leqslant c\\[2ex]\dfrac{2(b-x)}{(b-a)(b-x)}, c\leqslant x\leqslant b\end{cases}$$

其中，下限为 a，众数为 c，上限为 b。

Triangular(三角)分布是一种连续分布，因其曲线呈三角形而得名。与 Pert 分布一样，也是由最小值、众数和最大值组成的。在 Simio 中，当数据不足时，可以使用 Triangular 分

布建立一个粗糙的模型。图 4-12 所示的是一个简单的 Triangular 分布。

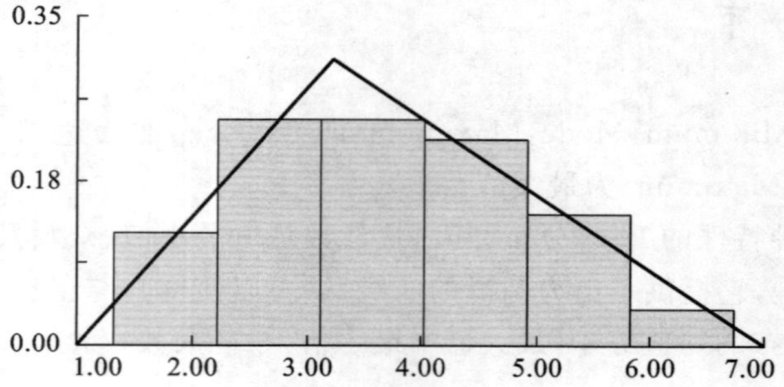

图 4-12　Triangular 分布

4.1.19　Uniform 分布

Random. Uniform(Minimum,Maximun)即为该分布的表达式。它的表达式为

$$f(x)=\begin{cases}0, x>a \text{ 或 } x<b \\ \dfrac{1}{b-a}, a\leqslant x\leqslant b\end{cases}$$

Uniform(均匀)分布如其名称描述的那样,在一定范围内,所有取值或所有事件发生的概率均相等。图 4-13 所示的是一个简单的 Uniform 分布。

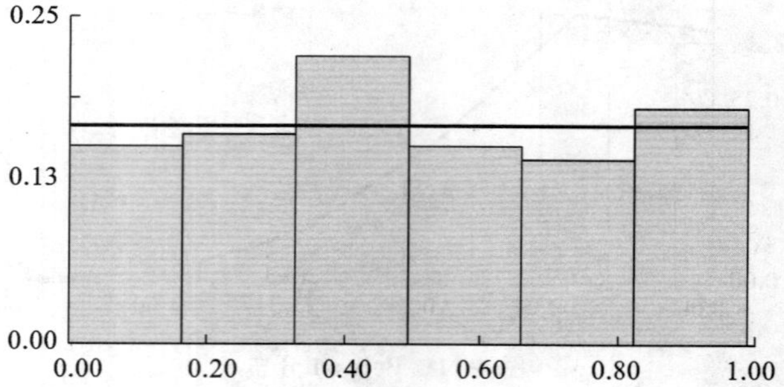

图 4-13　Uniform 分布

4.1.20　Weibull 分布

Random. Weibull(Shape,Scale)即为该分布的表达式。它的表达式为

$$f(x)=\begin{cases}\dfrac{k}{\lambda}\left(\dfrac{x}{\lambda}\right)^{k-1} e^{-(x/\lambda)^k}, x\geqslant 0 \\ 0, x<0\end{cases}$$

其中,x 是随机变量,$\lambda>0$ 是比例参数,$k>0$ 是形状参数。

Weibull(韦布尔)分布的范围是从 0 至无穷大,而且偏左,它表示的是一个庞大的系统,系统中所有成员的失败互不影响,相互独立。它是可靠性研究和失效研究的基础。图 4-14 所示的是一个 Weibull 分布。

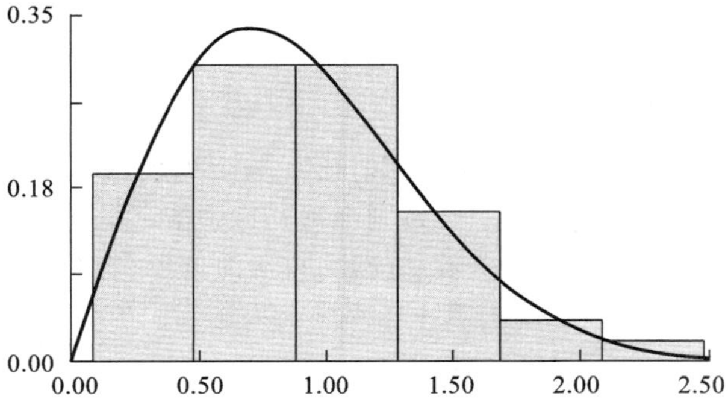

图 4-14　Weibull 分布

4.2　表　达　式

4.2.1　关键字

在 Simio 仿真中，数据输入、函数调用位于属性窗口中，属性窗口的每个属性行由两列组成，第一列是属性名称，第二列是属性值，等选择某属性行之后则在其属性值靠右出现下拉箭头，点击下拉箭头会出现选择项或内置函数表达式编辑器。通常情况下选择其中的属性即可，如果属性的类型支持表达式编辑器，那么当用户在属性窗口中选择属性，点击左边向下的箭头，就会显示表达式编辑器。当水平输入框和绿色的√、红色的×一起出现时，用户可以输入相关的属性设定条件。所有内置函数和关键字均可在表达式编辑器中找到，如果输入“Mach.”将会出现所有内置函数表达式列表；如果输入其他函数，则输入“Random.”，就会出现常用函数表达式列表；如果输入 Simio 仿真中的其他关键字，如节点、服务器的某个属性值，则输入属性所属名称的首字母，即可双击选择输入，如图 4-15 所示。

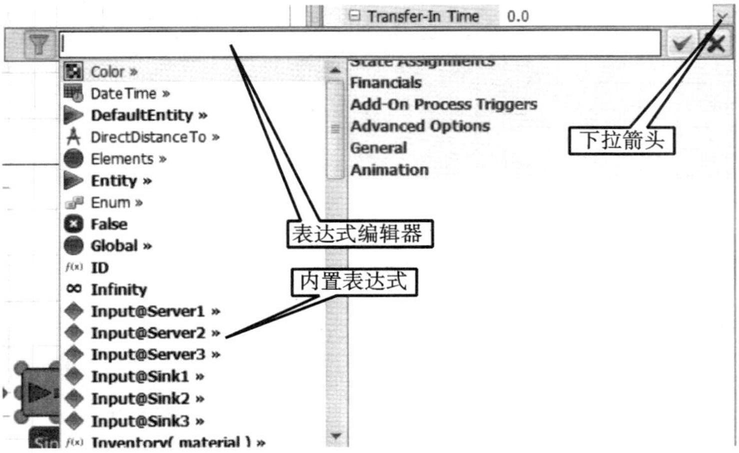

图 4-15　表达式编辑器

4.2.2 数学运算函数

当用户在表达式编辑器中输入"Math."时出现一个列表，如果用户在表达式编辑器中输入模型的对象名称，后面跟一个句点(.)，则会得到这个指定对象的所有函数和属性，如表 4-1 所示。要想学习 Simio 中更多的函数，查阅函数帮助页。

表 4-1 数学函数

名称	描述
Abs(value)	返回指定数字的绝对值。一个数字的绝对值是它的无符号大小
Acos(value)	返回指定数字的圆弧余弦(以弧度表示)
Asin(value)	返回指定数字的圆弧正弦(以弧度表示)
Atan(value)	返回指定数字的正切弧度(以弧度表示)
Ceiling(value)	返回最小的整数不少于指定的数
E(e)	返回自然方程的基，其数学常数 e 约为 2.718
Epsilon	表示大于零的最小正值
Exp(value)	返回数学常数 e 的值，并提高到指定数字的功率
Floor(value)	返回不大于指定数字的最大整数
If(cond1,value1,cond2,value2,…,elseValue)	返回与条件相关的值。若指定的条件中没有一个是正确的，则返回"elcanalue"
IsNaN(value)	若值为 NaN，则返回 true；否则返回 false
Log(value)	返回指定值的自然对数值
Log10(value)	返回指定值的以 10 为底的值
Max(value1,value2,…)	返回两个或多个指定值(表达式)的最大值
Min(value1,value2,…)	返回两个或多个指定值(表达式)的最小值
NaN	未定义或不可表示的值
PI(π)	返回一个圆的 ratio 与其直径的比率 π，约为 3.141592
Pow(value,power)	将指定值的结果返回到指定的对象如 p. Pow(2,3)返回 8
Remainder(value1,value2)	返回 value1 除以 value2 的余数
Round(value[,digits])	返回四舍五入到最接近的整数或小数点后几位数的指定数字。若调用没有可选的数字参数，则此函数从 0.50 转下来，从 0.51 转过来。若提供了数字参数，则此函数将循环到小数点后几位。数字参数的有效值为 0～15。例如，Round(4.5)返回 4，Round(4.51)返回 4.57
Sqrt(value)	返回指定数字的平方根
SumOfSamples(randomExpression,numberOfSamples)	独立地为指定的次数抽取指定的随机表达式，并返回样本的总和

4.2.3　运行函数

若在表达式编辑器中输入“Run.”，则可以获取模拟时钟及其他相关设置的函数，如表4-2所示。

表 4-2　运行函数

名　　称	描　　述
EndingTime(　)	返回模拟运行计划结束的时间。若运行的结束时间默认为“无限”，则此函数返回最大可能的浮点值
ExperimentName(　)	若在实验模式下运行，则返回实验的名称；若在交互模式下运行，则返回一个空字符串
Mode(　)	返回模型正在运行的模式。此函数返回的数值为交互模式，其值为 1；为实验模式，其值为 2；为操作规划模式，其值为 3
ModelName(　)	返回主运行模型的名称
ProjectName(　)	返回包含主运行模型的项目名称
RandomnessDisabled(　)	返回是否禁用模拟运行中的随机抽样
ReplicationNumber(　)	返回运行对应的方案复制编号
ReplicationsRequired(　)	返回在实验模式下运行时所需的场景复制。若在交互模式下运行，则返回 0
ResultSetId(　)	返回运行生成的结果的唯一标识符。独立的标识符存在于交互、计划或实验运行中，每当对应的模型、计划或实验被重置时，每个标识符都会被赋值
ResultSetTimeStampUtcString(　)	返回计算机上创建当前结果的日期和时间(实际时间而不是仿真时间)，表示为协调通用时间(utc)
ScenarioName(　)	返回在实验模式下运行的实验场景的名称。若在交互模式下运行，则返回一个空字符串
TimeNow(　)	以小时返回当前的仿真时间
UpdateInterval(　)	返回模型的更新间隔，该值可用于触发周期性用户指定的操作。由 run. update 间隔返回的实际值是 Simio 的基时单位小时
WarmUpPeriod(　)	返回要清除统计数据的运行开始后数小时内的时间段。该函数仅适用于在实验模式下运行

4.2.4　字符串函数

若在表达式编辑器中输入“String.”，则可以调用与字符串相关函数，如比较、格式化和转换函数，如表 4-3 所示。

表 4-3 字符串函数

名　称	描　述
Compare(string1,string2 [,useLocalCultureInfo])	比较两个指定的字符串,若两个字符串相等,则返回 0;若第一个字符串小于第二个字符串,则返回 1。若第一个字符串大于第二个字符串,则返回 1。useLocalCultureInfo 参数指示是否使用本地特定文化信息来影响字符串比较:如果这种说法是错误的或未指明的,那么这种比较将是对文化不敏感的
CompareIgnoreCase(string1, string2[useLocalCultureInfo])	比较两个指定的字符串,忽略大小写,若两个字符串相等,则返回 0;若第一个字符串小于(前字母)第二个字符串,则返回 1;若第一个字符串大于(后字母)第二个字符串,则返回 1。UseLocalCultureInfo 参数指示是否使用本地特定文化信息来影响字符串比较:如果这种说法是错误的或未指明的,那么这种比较将是对文化不敏感的
CompareSequenceNumbers (sequenceNumber1, sequenceNumber2)	比较两个指定的序列号字符串,若两个序列号没有隐含的依赖关系,则返回 0;分配给第一个序列号的项必须在分配给第二个序列号的项之前出现,或者分配给第一个序列号的项必须在分配给第二个序列号的项之后出现
Contains(string,substring)	若子字符串包含在字符串中,则返回 1;否则,返回 0
Empty( )	返回一个零长度(空)字符串
Format(formatString, arg1,arg2,…)	使用指定格式的字符串返回包含任意数量参数的字符串
FromDateTime(dateTime [,formatString, useLocalCultureInfo])	返回指定数据时间(模拟时间)值的字符串表示形式。数据时值可以使用指定的日期和时间,格式字符串转换为其等效的字符串表示形式。字符串参数应包含单个格式说明符字符或自定义格式模式。useLocalCultureInfo 参数指示是否使用本地特定文化格式信息将数据时值转换为字符串:如果这种说法是错误的或不明确的,那么所使用的词语对文化是不敏感的
FromReal(value [,formatString, useLocalCultureInfo])	返回指定数值的字符串表示形式。数值可以使用指定的数值格式字符串转换为等效的字符串表示形式。字符串参数应包含有效的标准数值格式说明符或任何自定义数值格式 fiers 符的组合。useLocalCultureInfo 参数指示是否使用本地特定文化格式信息将数值转换为字符串:如果这种说法是错误的或不明确的,那么所使用的词语对文化是不敏感的
Length(string)	返回指定字符串的长度
NewLine	返回本地平台定义的 NewLine 常数,用于添加线中断以形成多行字符串

续表

名　　称	描　　述
Substring(string, startIndex[length])	返回从字符串的指定索引开始直到结束的字符串。若指定了长度参数,则返回从索引开始的该长度的字符串
ToDateTime(string [useLocalCultureInfo])	返回从指定的日期和时间的字符串表示形式转换为数值数据时间(模拟时间)值。useLocalCultureInfo 参数表示是否使用本地特定文化格式信息将字符串转换为数据时值:如果这种说法是错误的或不明确的,那么所使用的词语对文化是不敏感的
ToLower(string [useLocalCultureInfo])	返回将指定字符串转换为大写的字符串。useLocalCultureInfo 参数指示是否使用本地特定文化的套管规则:如果这种说法是错误的或不明确的,那么所使用的套管规则对文化是不敏感的
ToReal(string [,useLocalCultureInfo])	返回从数字的指定字符串表示形式转换的数值。useLocalCultureInfo 参数指示是否使用本地特定文化格式信息将字符串转换为数值。如果这种说法是错误的或不明确的,那么所使用的词语对文化是不敏感的
ToUpper(string [useLocalCultureInfo])	返回转换为大写的指定字符串。useLocalCultureInfo 参数指示是否使用当地特定文化的套管规则:如果这种说法是错误的或不明确的,那么所使用的套管规则对文化是不敏感的
Trim(string)	返回一个指定的字符串,删除任何前导和后导的空白字符

4.2.5　日期时间函数

若在表达式编辑器中输入“DateTime.”,则可以调用时间函数来获取更精确的时间信息,也可以用于转换字符串,如表 4-4 所示。

表 4-4　日期时间函数

名　　称	描　　述
DayOfMonth(dateTime)	返回指定数值数据时间(模拟时间)值的月、日,用 1 到 31 之间的整数表示
DayOfWeek(dateTime)	返回指定数值数据时间(模拟时间)值的周分量,用 1(星期日)到 7(星期六)之间的整数表示
DayOfYear(dateTime)	返回指定数值数据时间(模拟时间)值的日分量,用 1 到 366 之间的整数表示
DaysInMonth(month,year)	返回指定月份和年份的天数,指定 1 到 12 的月份和 1 到 9999 的年份
FromString(string [useLocalCultureInfo])	返回从指定的日期和时间的字符串表示形式转换的数值数据时间(模拟时间)值。useLocalCultureInfo 参数指示是否使用本地特定文化格式信息将字符串转换为数据时值:如果这种说法是错误的或不明确的,那么所使用的词语对文化是不敏感的

续表

名　称	描　述
Hour(dateTime)	返回指定数值数据时间(模拟时间)值的小时分量,用 0 到 23 之间的整数表示
Minute(dateTime)	返回指定数值数据时间(模拟时间)值的分钟分量,用 0 到 59 之间的整数表示
Month(dateTime)	返回指定数值数据时间(模拟时间)值的月分量,用 1 到 12 之间的整数表示
Second(dateTime)	返回指定数值数据时间(模拟时间)值的第二个分量,该分量用 0 到 59 之间的整数表示
SystemNow	从计算机返回以计算机当前时区表示的当前数据时间(实际时间,而不是模拟时间)
SystemNowUtc	从计算机返回当前数据时间(实际时间,而不是模拟时间),表示为协调的通用时间(utc)
ToString(dateTime [formatString, useLocalCultureInfo]) (totstring)	返回指定数值数据时间(模拟时间)值的字符串表示形式。数据时值可以使用指定的日期和时间格式字符串转换为其等效的字符串表示形式。字符串参数应包含单个格式说明符字符或自定义格式模式。useLocalCultureInfo 参数指示是否使用本地特定文化格式信息将数据时值转换为字符串:如果这种说法是错误的或不明确的,那么所使用的词语对文化是不敏感的
Year(dateTime)	返回指定数值数据时间(模拟时间)值的年分量,用 1 到 9999 之间的整数表示

4.2.6 位置函数

若在表达式编辑器中输入“LocationAt.”,则可以调用地理位置点和不同坐标系的函数,如表 4-5 所示。

表 4-5　位置函数

名　称	描　述
Geographic (latitude,longitude)	获取指定的纬度和经度的卡鲁(xyz)位置点。若要在模型的世界空间中设置原产地的地理坐标(0,0,0),请转到“查看”选项卡→“地图组”→“设置地图位置”

4.2.7 颜色

颜色提供了对常用颜色值的访问,以及与颜色相关的功能,如表 4-6 所示。

表 4-6　颜色值

名　　称	名　　称
AliceBlue	DarkViolet
AntiqueWhite	DeepPink
Aqua	DeepSkyBlue
Aquamarine	DimGray
Azure	DodgerBlue
Bisque	DarkMagenta
Black	DarkOliveGreen
BlanchedAlmond	DarkOrange
Blue	DarkOrchid
BlueViolet	DarkRed
Brown	DarkSalmon
BurlyWood	DarkSeaGreen
CadetBlue	DarkSlateBlue
Chartreuse	DarkSlateGray
Chocolate	Firebrick
Coral	FloralWhite
CornflowerBlue	ForestGreen
Cornsilk	Fuchsia
Crimson	Gainsboro
Cyan	GhostWhite
DarkBlue	Gold
DarkCyan	Goldenrod
DarkGoldenrod	Gray
DarkGray	Green
DarkGreen	GreenYellow
DarkKhaki	Honeydew
DarkTurquoise	Ivory
IndianRed	SeaGreen
Khaki	SeaShell
Lavender	Sienna
LavenderBlush	Silver
LawnGreen	SkyBlue
LemonChiffon	SlateBlue
LightBlue	SlateGray

续表

名　称	名　称
LightCoral	Snow
LightCyan	SpringGreen
LightGoldenrodYellow	SteelBlue
LightGray	Tan
LightGreen	Teal
LightPink	Thistle
LightSalmon	Tomato
LightSeaGreen	Transparent
Pink	Violet
Plum	Wheat
PowderBlue	White
Purple	WhiteSmoke
Red	Yellow
RosyBrown	YellowGreen
RoyalBlue	Pink
SaddleBrown	Plum
Salmon	PowderBlue
SandyBrown	Purple

4.2.8　元素

元素(Elements)提供用于访问此父对象中的直接子对象的函数，如表 4-7 所示。

表 4-7　与元素相关的函数

名　称	类　型
Contains	包含
FirstItem	第一项
IndexOfItem	项目索引
ItemAtIndex	索引项
LastItem	最后项目
NumberItems	数字项

4.2.9　物体

可以设置实体的尺寸和获取的资源对象，如表 4-8 所示。

表 4-8　物体

名　　称	描　　述	类　　型
Size	获取或设置以立方米为单位的对象的当前体积大小	大小状态
AllocationQueue	访问等待捕获资源的对象的队列	队列状态
CurrentCapacity	获取或设置资源的当前使用能力	整数状态
Cost	获取或设置已向该对象的成本收取或计算的总成本。这种状态的值可能会随着时间的推移根据其成本率参数的值不断增加	水平状态

4.3　属性编辑器

设置实体或发生器的属性可以调用行项目编辑器来指定条件属性，属性编辑器可以修改的常用属性包括缓冲逻辑的触发器属性、状态分配过程属性、辅助资源属性、基本过程逻辑属性等。不同的属性，调用的属性编辑器不一致，由于设置条件的不同，编辑器指定的内容也不同。

4.3.1　缓冲逻辑的触发器属性

图 4-16 所示的是缓冲逻辑(Buffer Logic)的触发器属性编辑器，点击 Facility 视窗中的标准设施(如 Souce)，在属性窗口中选择 Buffer Logic，找到 Renege Triggers(退出触发器)，在其右侧有个选择按键，点击调用属性编辑器，如图 4-16 所示。

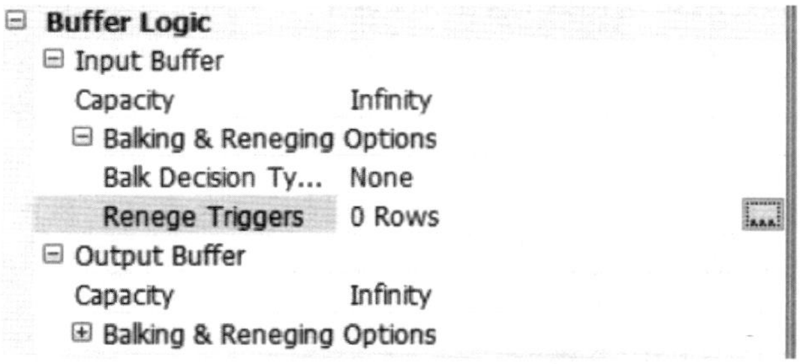

图 4-16　调用触发器属性编辑器

属性编辑器设定有触发器的类型：基于时间的触发器可能导致在缓冲区中等待的实体在可容忍的等待时间过期后返回；基于事件的触发器可以导致在缓冲区中等待的实体在发生特定事件时返回；等待时间就是可容忍的等待时间，直到在缓冲区中的实体做出违背决定为止；拒绝决策类型，当触发发生时，实体用于决定是否放弃等待的方法；拒绝选择节点，实体到达该节点进行路线选择时不会选择该节点，或者进行实体销毁，确认实体不从该节点经过。

还可以在高级选项中设置触发器开始边界为进入或者结束转入，触发器开始边界指示对占用缓冲区的实体激活触发器的时间,可以是实体进入缓冲区时立即进行,也可以是直到其进入缓冲区的传输结束为止(如在传递时间之后或任何其他与条目相关的逻辑之后),如图 4-17 所示。

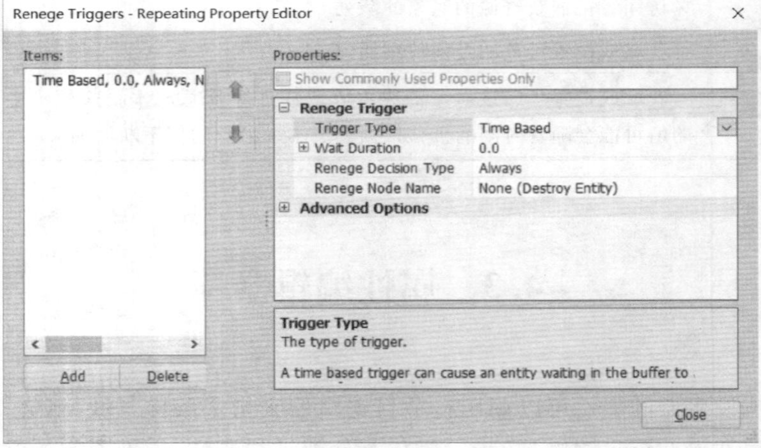

图 4-17　缓冲逻辑的触发器属性编辑器

4.3.2　状态分配过程属性

状态分配过程(States Assignments)属性包括关于进入、处理前、处理后、退出前、停顿、放弃进入。关于进入,是指当实体进入对象时可选的状态分配;处理前,是指在处理可选的状态赋值之前,当一个实体被分配了在对象上被处理的容量时,但是在输入(或结束传输到)对象的处理站之前;处理后,是指在处理可选的状态分配之后,当一个实体完成了它的处理,并且即将尝试从对象的处理站退出时;退出前,是指当实体准备退出对象时,在退出可选状态分配之前;停顿,是指当实体无法明确选择对象的输入或输出缓冲区时,停止可选的状态分配,会导致死锁状态;放弃进入,是指当实体从对象的输入或输出缓冲区重新定义时,可选的状态分配。

进入、处理前、处理后、退出前这四种状态只能修改状态变量名称和赋予新值,如图 4-18 所示。停顿、放弃进入这两种状态增加了一种假设分配,需要执行分配所需的条件,如图 4-19所示。

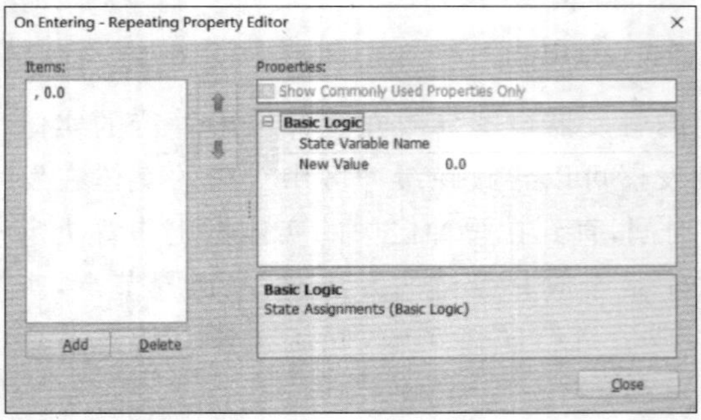

图 4-18　改变属性名称

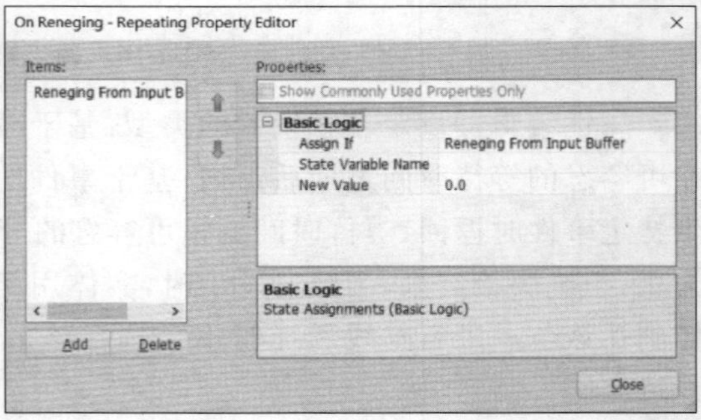

图 4-19　赋值新值

4.3.3　辅助资源属性

辅助资源(Secondary Resources)属性编辑器主要存在于捕获其他资源队列属性中,包括进入、处理前、处理后。这三种属性编辑器主要包含项目类型、项目名称、选择目标和请求移动,如图 4-20 所示。

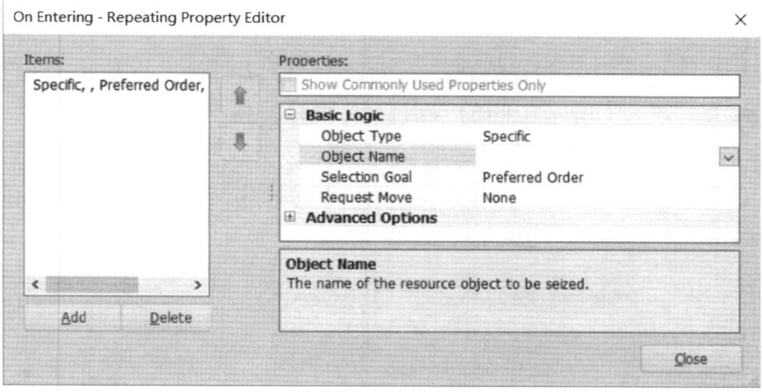

图 4-20　辅助资源属性编辑器

4.3.4　基本过程逻辑属性

基本过程逻辑属性编辑器主要存在于添加的过程步骤属性中,有赋值步骤、捕获步骤、释放步骤等,如图 4-21 所示。

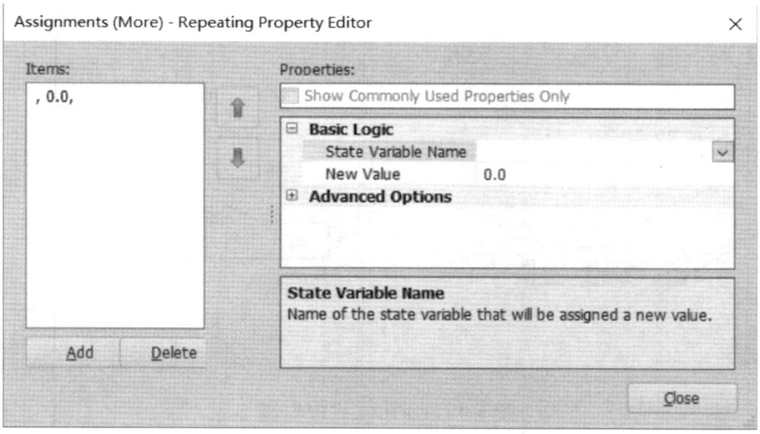

图 4-21　基本过程逻辑属性编辑器

第 5 章 Facility 视窗

Facility 视窗是 Simio 中最直观的建模界面，用户可以在此进行建模与模拟仿真的相关操作，如图 5-1 所示。图 5-1 所示中间的空白区域即为建模区；位于建模区左边的 Libraries 面板称为库面板，用户可以在此将选择的装备或实体移至建模区内进行建模；位于建模区上方的是菜单栏，它为用户提供在 Facility 视窗中主要的操作选项；位于建模区右边的 Browse 窗口称为浏览窗。

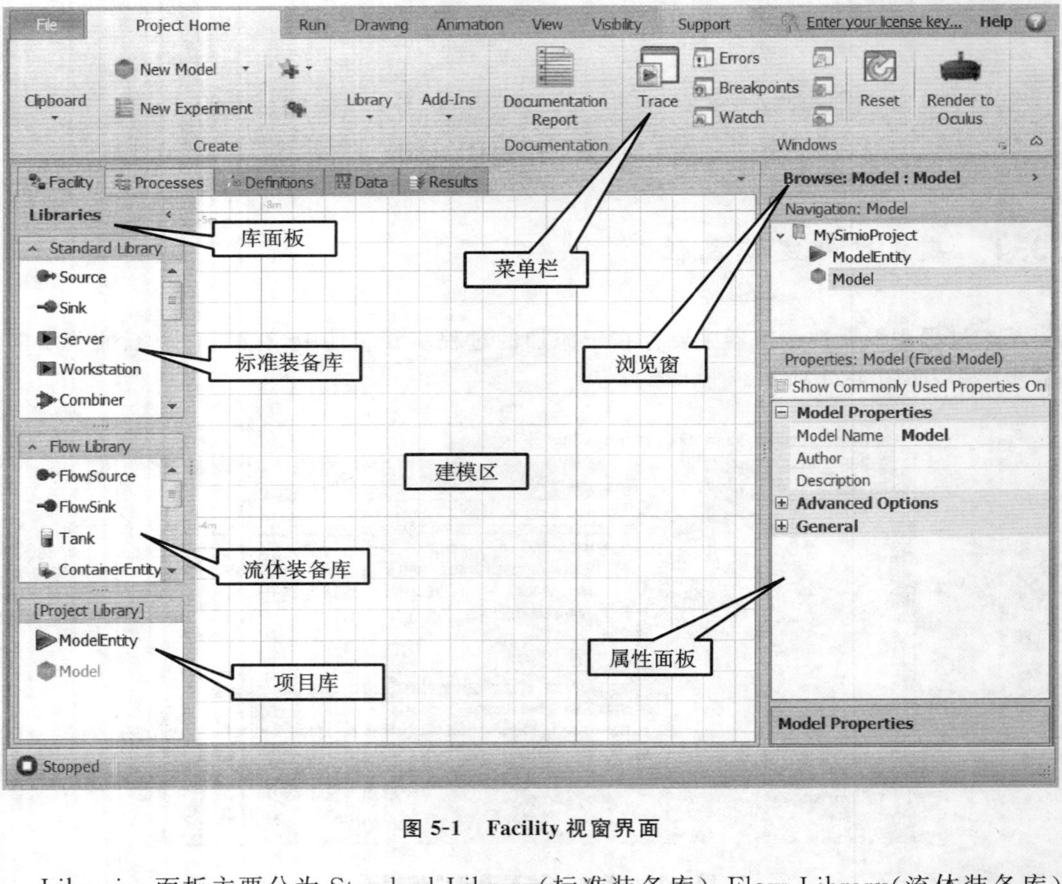

图 5-1　Facility 视窗界面

Libraries 面板主要分为 Standard Library（标准装备库）、Flow Library（流体装备库）、Project Library（项目库）三个部分，如图 5-1 所示。Standard Library 和 Flow Library 为 Simio 中包含的所有实体、装备的列表，共有 23 个装备（部分未展示），如 Source、Worker、Path，它们可以用于建立各种各样的模型。而 Project Library 则是一个项目中包含的装备、实体和模型的列表。

5.1 Standard Library

Standard Library(标准装备库)是一个得到广泛应用的通用建模库,其中包含15个装备,各装备的功能描述如表5-1所示。

表5-1 Standard Library

序号	名称	类型	描述
1	Source	固定	发生器,制造可以在模型中运行的实体
2	Sink	固定	回收器,回收实体,并统计记录数据
3	Server	固定	服务器,模拟一个具有输入和输出队列的服务器或服务过程
4	Workstation	固定	工作站,模拟一个具有准备、处理、拆卸三个阶段的工作站
5	Combiner	固定	合成器,合成实体
6	Separator	固定	分离器,分离实体
7	Resource	固定	资源,用于模拟一个有容量或处理能力的装备,其本身具有限制能力
8	Vehicle	运输器	运载工具,在固定装备间运输实体
9	Worker	运输器	工作者,不仅可以在固定装备间运输实体,还可以在指定站点处理实体
10	Basic Node	节点	基本节点,一个简单的连接交叉点
11	Transporter Node	节点	转移节点,可以为实体提供设置停靠点等待运输器的连接交叉点
12	Connector	连接	连接器,纯粹连接两个节点的连接器,代表两个节点间的非传递路径
13	Path	连接	标准路径,可以设置空间距离的连接器,属于传递式路径
14	Time Path	连接	时间路径,可以设置时间距离的连接器,属于传递式路径
15	Conveyor	连接	传送带,一个累积/非累积式的传送带装置

5.1.1 Source

Source(发生器)产生临时实体,用于模拟生产过程中流动的"制品"、服务行业领域中需要被服务的"客户"和城市规划中的"人"或"车辆"等。对于大部分模型的仿真,只有涉及流动的临时实体才有意义,否则,建模区就是一个静态的场景。所以要在建模区中至少创建一个发生器以产生临时实体,Source有一个输出缓冲器,实体可以在那里等待直到通过节点离开Source。实体通过这个节点,按照所设置逻辑方位,从输出插件离开。发生器可以按照固定的时间点产生特定数量的临时实体,也可以按照统计分布的方式产生临时实体,设置临时实体的类型、颜色等，这些都是 Source 的便捷之处。所以，Source 可以说是 Simio 模型里必不可少的一部分，其常用属性如表 5-2 所示。

表 5-2　Source 的常用属性

名　称	属　性	有效输入项	描　述
Entity Arrival Logic	Entity Type	实体名	选择要制造的实体类型
	Arrival Mode	间隔时间，时间的到达率，指定事件，到达表	设置实体的到达方式，单位可自行更改
	Time Offset	表达式	设置直到首批实体到达前的补偿时间
	Interarrival Time	表达式	设置每批次实体到达的间隔时间，单位可自行更改
	Entities Per Arrival	整数	设置每批次实体到达的数量
Stopping Conditions	Maximum Arrivals	整数	设置实体的最大到达批次，当满足该条件时，Source 即停止工作
	Maximum Time	表达式	设置 Source 的最长工作时间，当满足该条件时，Source 即停止工作
	Stop Event Name	指定事件	停止事件名，当被设置的指定事件发生时，Source 即停止工作
Buffer Logic	Output Buffer	输出缓冲能力	设置服务器输出缓冲区的能力
Table Row Referencing	Table Name (Before Creating Entities)	作业表名称	设置需要引用的作业表
	Row Number (Before Creating Entities)	表达式	创建实体前，设置从哪行开始引用
Table Row Referencing	Table Name (On Created Entities)	作业表名称	设置需要引用的作业表
	Row Number (On Created Entities)	表达式	创建实体后，设置从哪行开始引用
State Assignments	Before Exiting	状态变量	实体离开 Source 前，给一个或多个状态变量赋值

续表

名　称	属　性	有效输入项	描　述
Add-On Process Triggers	Run Initialized	过程逻辑名	当 Source 初始化时，触发 Processes 视窗中设定的过程逻辑
	Run Ending	过程逻辑名	当 Source 运行完毕时，触发 Processes 视窗中设定的过程逻辑
	Creating Entities	过程逻辑名	当实体正被制造时，触发 Processes 视窗中设定的过程逻辑
	Created Entity	过程逻辑名	当实体已被制造完成时，触发 Processes 视窗中设定的过程逻辑
	Exited	过程逻辑名	当实体离开 Source 时，触发 Processes 视窗中设定的过程逻辑

5.1.2　Sink

Sink(回收器)用于销毁实体，也能用于收集自动统计的数字，用于模拟生产过程中"制品"的加工完成及回收、服务行业领域中代表"客人"的离开和城市规划中的"人"或"车辆"到达终点位置等。大部分模型主要使用 Sink 的数字统计功能，在模型运行一段时间后，可以在 Results 视窗的 Pivot Grid 中清晰地看到实体通过 Sink 的数量等数据。Sink 的常用属性如表 5-3 所示。

表 5-3　Sink 的常用属性

名　称	属　性	有效输入项	描　述
Process Logic	Transfer-In Time	表达式	实体进入 Sink 前的等待时间
State Assignments	On Entering	状态变量	当实体进入 Sink 时，给一个或多个状态变量赋值
Add-On Process Triggers	Run Initialize	过程逻辑名	当 Sink 初始化时，触发 Processes 视窗中设定的过程逻辑
	Run Ending	过程逻辑名	当 Sink 运行完毕时，触发 Processes 视窗中设定的过程逻辑
	Entered	过程逻辑名	在实体进入 Sink 后，触发 Processes 视窗中设定的过程逻辑
	Destroying Entity	过程逻辑名	当 Sink 回收实体时，触发 Processes 视窗中设定的过程逻辑

5.1.3　Server

在 Simio 中，Server(服务器)是一个典型的固定类装备，在系统中代表具有固定位置的对象部件(如机器、设备、工作单元等)。Server 带有选择限制性输入和输出缓冲器,在 Facility 视窗中,实体通过路线到达 Server 的第一个节点。此站拥有一排成员队列,也可被视为限时实体的列表。当 Server 准备处理实体时,实体会出现在服务器队列中。在逻辑处理完成后,如果还有空间,实体将被移入输出成员队列中,通过 Output@Server(输出节点)离开至设置逻辑指定点。Server 在 Simio 模型中是一个常用对象,经常需要修改大量属性以达到预期的仿真效果,其常用属性如表 5-4 所示。

表 5-4 Server 的常用属性

名称	属性	有效输入项	描述
Process Logic	Capacity Type	固定,工作计划表	设置 Server 的处理能力类型
	Initial Capacity	表达式	设置 Server 的处理初始能力
	Work Schedules	工作计划表名称	设置 Server 处理能力类型时引用的工作计划表
	Ranking Rule	先进先出,后进先出,最小值优先,最大值优先	设置实体等待进入 Server 的静态排序规则
	Dynamic Selection Rule	没有或其他几个可选规则之一	从静态排序的队列中,动态地选择下一个分配需求
	Transfer-In Time	表达式	实体进入 Server 前的等待时间,单位可自行更改
	Processing Time	表达式	Server 处理一个实体所需的时间,单位可自行更改
Buffer Logic	Input Buffer Capacity	不小于零的整数	实体等待进入 Server 时输入缓冲区的容量
	Output Buffer Capacity	不小于零的整数	实体等待退出 Server 时输出缓冲区的容量
Reliability Logic	Failure Type	无故障,基于日历时间,基于计件数量,基于处理时间,基于处理计数	设置发生故障的原因类型
Event Count Based	Event Name	事件名称	引发故障时指定事件名称
Calendar Time Based	Uptime Between Failures	表达式	发生故障的间隔时间
	Time To Repair	表达式	发生故障后自动修复所需的时间
Processing Count Based	Count Between Failures	表达式	发生故障的间隔计件数量
	Time To Repair	表达式	发生故障后自动修复所需的时间

续表

名　称	属　性	有效输入项	描　述
State Assignments	On Entering	状态变量	实体进入 Server 时，给一个或多个状态变量赋值
Secondary Resources /Resource For Processing	Object Type	指定的，选择来自装备列表	指定二级资源的方法
	Object Name	装备名称	指定的二级资源的名称
	Object List Name	装备列表名	设置需要引用的装备列表的名称
	Selection Goal	最短距离，最长距离，优先次序，随机，周期性，最小值，最大值	设置通过何种方式去选择装备进行容量占有
	Selection Expression	表达式	评价每个装备的可占有容量。使用关键字 Candidate 从节点列表中引用一个节点
	Request Move	无，移动至节点	当二级资源接收到移动请求时，设置是否移动至指定站点。若"移动至节点"，则在二级资源到达指定站点前，都不会进行处理作业
	Destination Node	节点名称	当 Request Move 选择"移动至节点"时，需设置一个目的节点
Other Resource Seizes	On Entering	变量	实体进入 Server 时，指定一个或多个关于二级资源占有处理能力或容量的变量
	Before Processing	变量	Server 处理实体前，指定一个或多个关于二级资源占有处理能力或容量的变量
	After Processing	变量	Server 处理实体后，指定一个或多个关于二级资源占有处理能力或容量的变量
Other Resource Releases	On Entering	变量	实体进入 Server 时，指定一个或多个关于二级资源释放处理能力或容量的变量
	Before Processing	变量	Server 处理实体前，指定一个或多个关于二级资源释放处理能力或容量的变量

续表

名　称	属　性	有效输入项	描　述
Other Resource Releases	After Processing	变量	Server 处理实体后,指定一个或多个关于二级资源释放处理能力或容量的变量
	Before Exiting	状态变量	实体离开 Server 前,给一个或多个状态变量赋值
Add-On Process Triggers	Before Processing	过程逻辑名	Server 处理实体前,触发 Processes 视窗中设定的过程逻辑
	Processing	过程逻辑名	当 Server 处理实体时,触发 Processes 视窗中设定的过程逻辑
	After Processing	过程逻辑名	Server 处理实体后,触发 Processes 视窗中设定的过程逻辑
	Failed	过程逻辑名	当 Server 发生故障时,触发 Processes 视窗中设定的过程逻辑
	Repaired	过程逻辑名	当 Server 自动修复时,触发 Processes 视窗中设定的过程逻辑
	On Shift	过程逻辑名	根据工作计划表,当 Server 正常运转时,触发 Processes 视窗中设定的过程逻辑
	Off Shift	过程逻辑名	根据工作计划表,在 Server 停止工作后,触发 Processes 视窗中设定的过程逻辑

注意:从本小节起,重复出现的属性在后文的介绍中将不再赘述,如 Add-On Process Triggers 项中的部分内容。

5.1.4 Workstation

Workstation(工作站)可以用于建立一个有约束的资源模型,该模型有一个容量。该工作站总是可用的(固定的容量)或是遵循一个计划。

工作站对象中的过程作为三个活动的序列被表达出来:安装、处理和卸载。该活动序列所指的均是同一个对象。安装时间可以是指定的,改变依赖的或序列依赖的。特定的时间可以是常数、产品依赖的或订单依赖的。依赖于改变/序列的时间可以基于任何产品的任何特性(如尺寸或颜色)。在 Workstation 中加工的实体代表了产品批次。产品批次的数据装在数据表格中,之后会被实体引用。

Workstation 的常用属性如表 5-5 所示。

表 5-5 Workstation 的常用属性

名　称	属　性	有效输入项	描　述
Process Logic	Operation Quantity	表达式	设置 Workstation 的作业量。该属性与 Processing Batch Size(批处理大小)均用于单批次或多批次的作业
	Setup Time Type	指定,基于转换,基于序列表	设置 Workstation 的准备时间类型
	Setup Time	表达式	Workstation 处理实体前所需的准备时间
	Operation Attribute	表达式	评价单项作业,用于设置基于转换或基于序列表情况下的准备时间
	Setup Time If Same	表达式	从上一项作业到当前作业,作业属性未改变情况下的准备时间
	Setup Time If Different	表达式	从上一项作业到当前作业,作业属性已改变情况下的准备时间
	Change Over Matrix	变换矩阵名称	设置要引用的变换矩阵
	Processing Batch Size	表达式	当其值不大于 Operation Quantity 时,可取代 Operation Quantity。若值未被指定,则假定其与 Operation Quantity 相等,且处理作业只发生在当前批次
	Teardown Time	表达式	Workstation 处理完实体后所需的拆卸时间
Materials & Other Constraints	Material Consumption	无,物料,物料清单	Workstation 处理一个批次实体所消耗的物料
	Consumed Material Name	物料名称	已消耗物料或物料清单中的物料名称
	Consumed Quantity	表达式	已消耗物料或物料清单中物料的数量
	Material Production	无,物料,物料清单	Workstation 处理完一个批次实体后所产生的物料
	Produced Material Name	物料名称	Workstation 处理完一个批次实体后所产生的物料名称
	Produced Quantity	表达式	Workstation 处理完一个批次实体后所产生的物料的数量

续表

名　称	属　性	有效输入项	描　述
Materials & Other Constraints	Produced Material Transfer Time	表达式	Workstation处理完一个批次实体后所产生的物料可用于其他处理系统之前的等待时间
	Maximum Makespan	表达式	Workstation从准备到拆卸整个过程的最大时间
	Makespan Buffer Time	表达式	Workstation整个工作过程的缓冲时间，只有当"估计时间跨度<最大时间跨度－缓冲时间"时，此项属性才有效
Add-On Process Triggers	Setting Up	过程逻辑名	作业准备时间开始时，触发Processes视窗中设定的过程逻辑
	Finished Setup	过程逻辑名	作业准备时间结束，即作业开始时，触发Processes视窗中设定的过程逻辑
	Processing Batch	过程逻辑名	进行批处理时，触发Processes视窗中设定的过程逻辑
	Processed Batch	过程逻辑名	完成批处理时，触发Processes视窗中设定的过程逻辑
	Tearing Down	过程逻辑名	进行拆卸时，触发Processes视窗中设定的过程逻辑
	Finished Teardown	过程逻辑名	完成拆卸时，触发Processes视窗中设定的过程逻辑
	Finished Good Operation	过程逻辑名	完成合格作业时，触发Processes视窗中设定的过程逻辑
	Finished Bad Operation	过程逻辑名	完成不合格作业时，触发Processes视窗中设定的过程逻辑

例 5-1　工作站的混合材料加工。

假设有一个机器，能使用一些材料，合成产生所需的产品原料，或者使用工作站直接生产所需的原料。此案例将使用物料清单、材料元素、操作数量、外包统计、消耗的数量、生产的数量、工作站。该发生器最大时产生10数量抵达。为进入工作站的每个实体和生成的材料创建一个书架，这将消耗8个单位钉子和2个单位木片。最初有100个单位的木材和400个单位的钉子。物料清单中的材料、工作站对象生成材质（书架）、制作的书架数量、消耗的钉子和木片的数量用输出统计记录来完成一个材料的合成过程。建模步骤如下。

(1) 将标准库中的Source、Workstation、ModelEntity和Sink放入设施窗口，用Path连接。更新发生器，将到达时间设置为Random. Exponential(.9)，单位为分钟，将最大到达属性设置为“10”，超过时会停止，如图 5-2 所示。

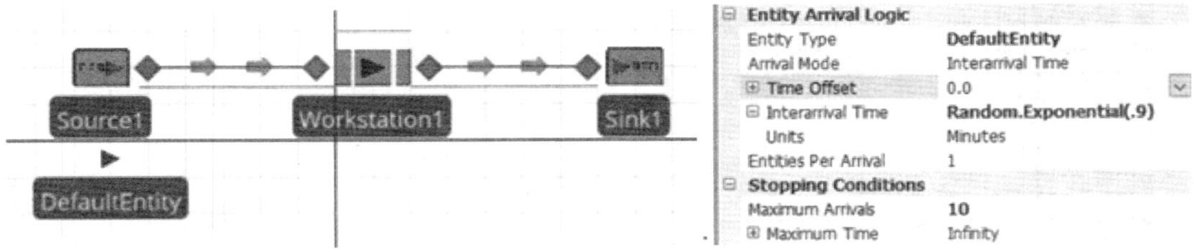

图 5-2 材料加工基本模型

(2) 创建物料清单。打开自定义编辑 Definitions 视窗，然后选择元素 Elements 面板。单击顶部功能区菜单中的材质图标 Material，创建三个新的材质元素。将第一个材质元素的名称更改为 Wood，初始数量应设置为 100；将第二个材质元素的名称更改为 Nails，初始数量设置为 400，如图 5-3 所示。

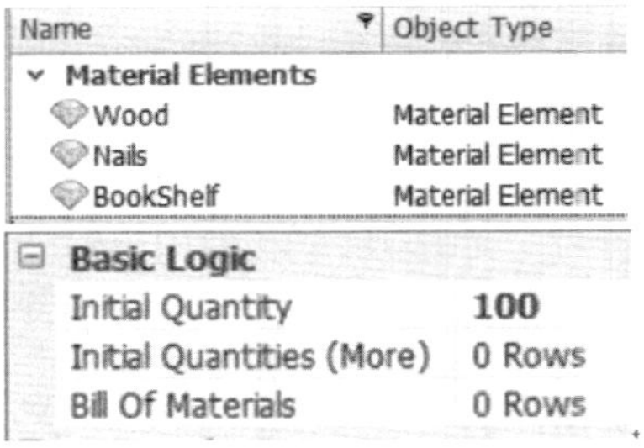

图 5-3 材质元素的添加

将第三个材质元素的名称更改为 BookShelf，初始数量为 0。在 Bill Of Material 属性中添加两行：一行为组件材质名称 Nails，其中组件数量为 8；另一行为组件材料名称 Wood，其组件数量为 2，如图 5-4 所示。

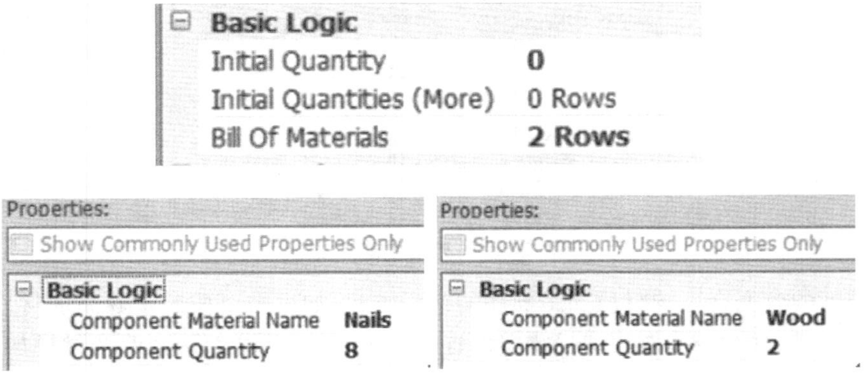

图 5-4 材料加工数量

(3) 生成输出统计信息。在数据窗口元素面板中，通过单击上方输出统计信息图标 Ouput Statistic Element 创建三个输出统计信息：第一个输出统计信息改名为 BookShelvesProduced，表达式 Expression 为 BookShelf. QuantityProduced；第二个输出统计信息改名为 NailsUsed，表达式 Expression 为 Nails. QuantityConsumed；第三个输出统计信息改名为 WoodUsed，表达式 Expression 为 Wood. QuantityConsumed，如图 5-5 所示。

(4) 定义工作站。在设施窗口中，编辑工作站对象，并将操作数量更改为 1.0 以处理批处理大小属性，将设置时间更改为 1，将处理时间设置为 Random. Triangular(0. 5，0. 8，1. 2)，如图 5-6 所示。

在工作站的材料和其他约束部分中，打开材质重复属性编辑器。添加一个将操作类型设置为 Consume，消耗类型设置为 Bill Of Materials，材质名称设置为 BookShelf，数量为 1

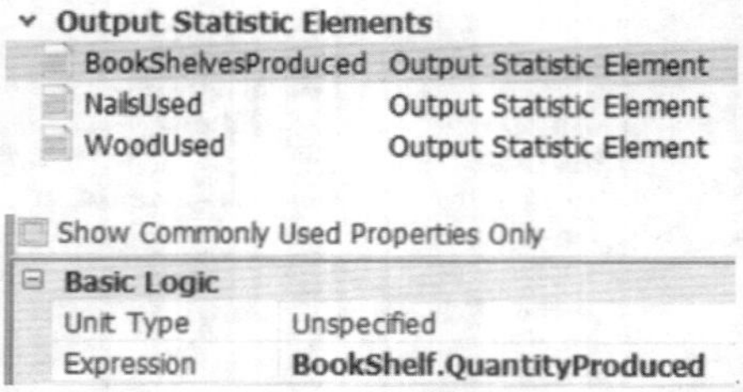

图 5-5　统计信息的输出

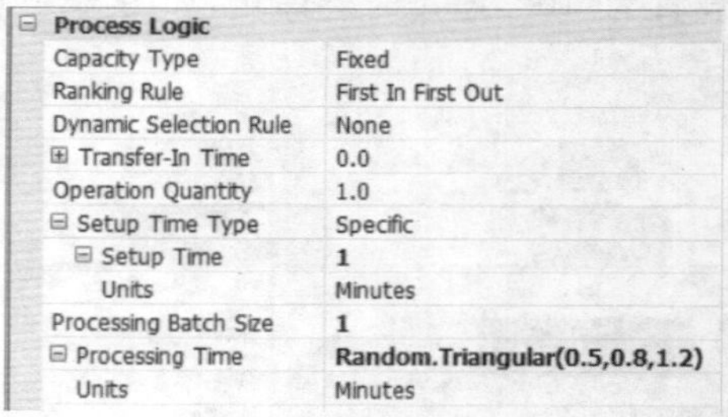

图 5-6　工作站批处理函数

的项目。添加第二个项目，其操作类型为 Produce，生产类型为 Material，材料名称为 BookShelf，数量为 1，高级选项中的生产延迟时间为 1.5 分钟，如图 5-7 所示。

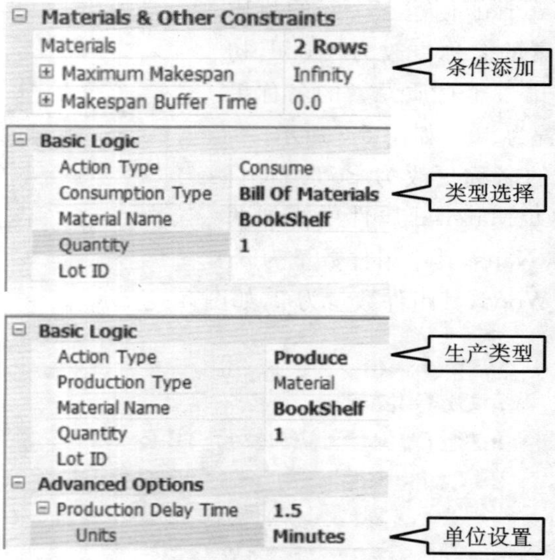

图 5-7　约束条件的添加

生产类型的改变会影响材质加工顺序的初步方式，如果需要按照步骤添加材质，只需在逻辑窗口添加过程触发器，调用捕捉步骤设置优先级属性，就可以达到改变材料加工顺序的目的。

5.1.5　Combiner

在 Simio 中，Combiner（合成器）是带有两个输入缓冲器和一个输出缓冲器的有限资源。Combiner 对象包含四个相关排列的站（将 Combiner 拖至建模区中可以看到四条绿色线段），这四个站分别服务于母实体输入缓冲器、处理站、子实体输入缓冲器和输出缓冲器，四个站入口考虑到了同时拥有有限和无限容量队列的能力。

在 Facility 视窗中，实体通过连接器到达 Combiner 的母实体输入节点，这个节点拥有队列和容量。实体也同样到达子实体输入节点，此节点也拥有自己的队列和容量。实体在这些队列中等待，直到它们按照 Combiner 属性规定的逻辑整合在一起。Combiner 不仅把实体整合在一起，它同样有类似于 Server 对象的处理逻辑和容量逻辑。如果实体由 Combiner 来处理，它将出现在处理站队列中。处理完成后，实体通过输出连接器离开至逻辑设定之处。

Combiner 的常用属性如表 5-6 所示。

表 5-6　Combiner 的常用属性

名　称	属　性	有效输入项	描　述
Matching Logic	Batch Quantity	表达式（整数）	设置与母实体合成的子实体每一批次的个数
	Matching Rule	任何实体，子实体匹配，子实体与母实体匹配	设置子实体和母实体的分类。选择“任何实体”，表示指定批次的第一个子实体将与第一个母实体匹配合成；选择“子实体”匹配，表示子实体必须使用指定表达式组成一组；选择“子实体与母实体匹配”，表示母实体也必须与子实体组成一组再与另外的母实体匹配合成

例 5-2　重新生成合并器。

问题：假设有一个堆垛机或类似的机器，但不知道托盘到达的确切时间。

假设：在供应中有 3 个托盘在等待，这样等待的过程很少会因为缺乏托盘而被延迟。

建模技巧：使用发生器的标准功能，每消耗一个托盘就再创建一个新的托盘。在发生器初始化时，使用加载过程，为系统“种下”需要的托盘等待数量（至少为 1 个，我们使用 3 个）。

建模步骤如下。

（1）在一个新模型的设施窗口中放置两个模型实体、两个发生器、一个合并器和一个回收器。令 Source1 创建空托盘，而 Source2 则创建托盘上的部件。

把一个模型实体实例的名称改为 Pallet，而另一个则改为 Part，如图 5-8 所示。

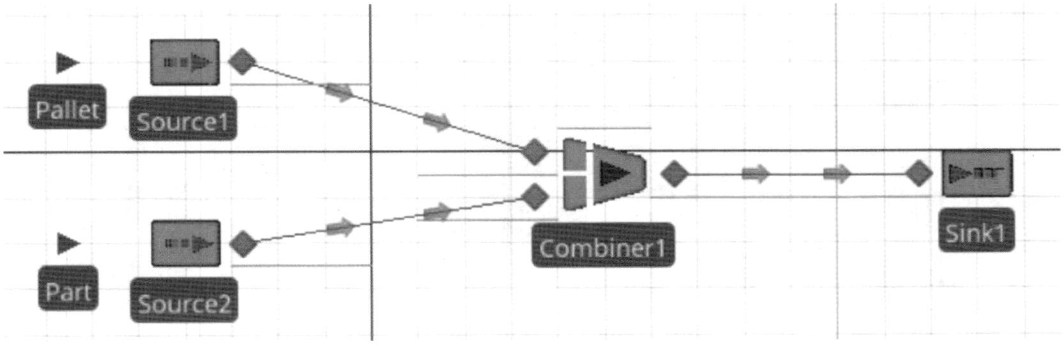

图 5-8　新建模型

（2）新建托盘。在 Source1 中，把实体类型改为 Pallet，指定到达时间为 Random.Exponential(.9)，其单位为分钟，如图 5-9 所示。

（3）新建部件并在托盘上合并。

在 Source2 中，把实体类型改为 Part，其他参数使用默认值，如图 5-10 所示。

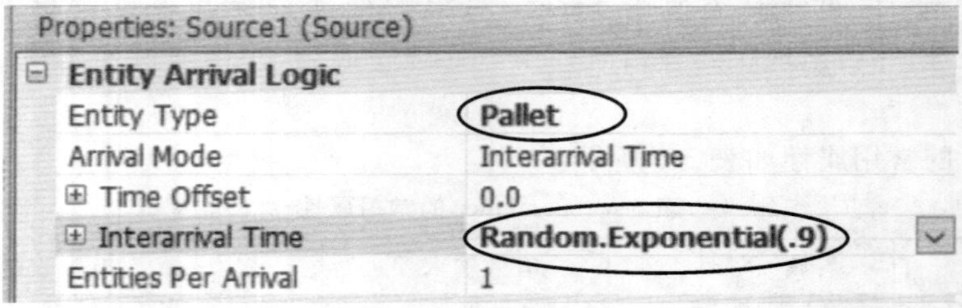

图 5-9　设置时间

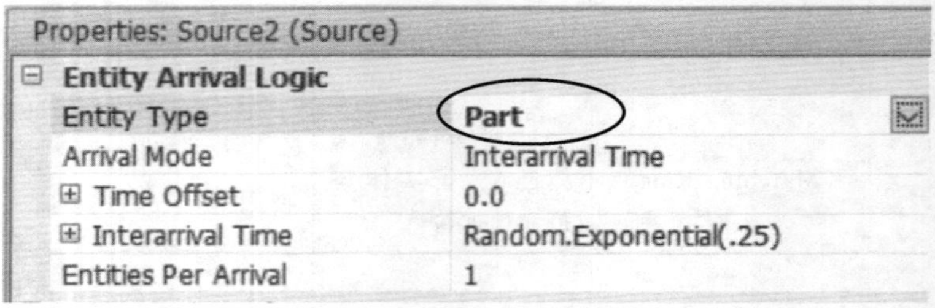

图 5-10　修改类型

在 Combiner1 中，指定批量大小为 7。这将在后续的处理中把 7 个部件合并到 1 个托盘中。设置完成后，单击“运行”按钮，如图 5-11 所示。

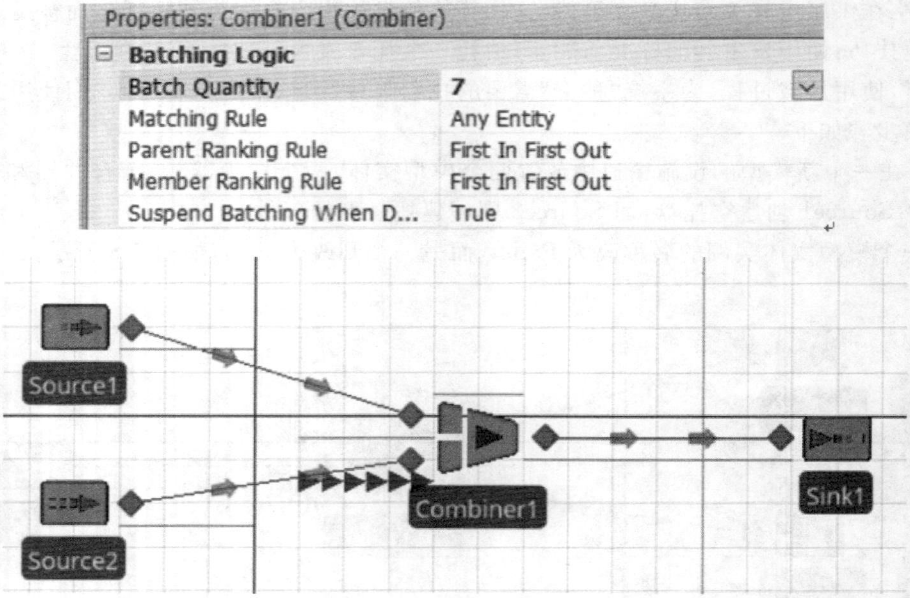

图 5-11　合并批量

我们将一个附属队列添加到一个托盘实体标志，并将其与名为 Pallet. BatchQueue 的队列关联起来，这会显示与托盘关联的所有批量的成员。此例中，在托盘“拾取”合并器中的实体后，实体就会在托盘中显示出来。

建模技巧：该案例中所提到的合成器的应用，是只有母实体与一种同类型子实体的合成。而在生产活动中，往往存在着多种类型子实体与母实体的合成，当遇到这种情况时，我们又该怎样利用 Simio 进行仿真呢？我们发现，Combiner 中只有一个 Member 节点，两个子实体是否可以通过 Member 节点进入合成器？在建模区添加 Source3 以表示产生 Part2，并将 Source3 的输出节点使 Path 与 Combiner 的 Member 节点连接，改变 Part2 的颜色使其与另外两种实体区分，运行模型结果如图 5-12 所示。

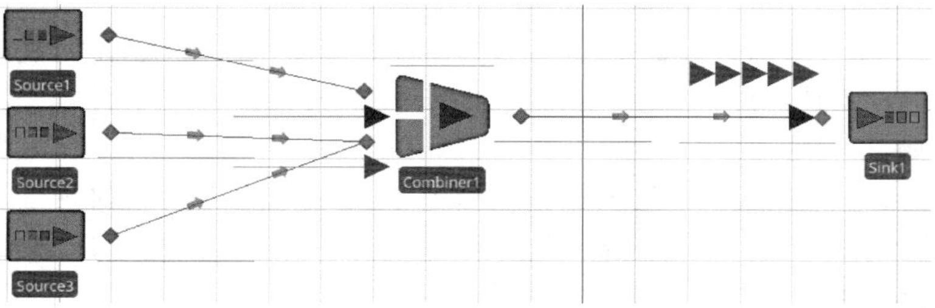

图 5-12　两种子实体与母实体合并

5.1.6　Separator

Separator（分离器）代表限量资源，带有一个输入和两个输出缓冲器。Separator 对象包含四个相关排列的站；这四个站分别服务于输入缓冲器、处理站、父对象输出缓冲器和成员输出缓冲器，四个站入口考虑到了同时拥有有限和无限容量队列的能力。

在 Facility 视窗中，实体通过连接器到达分离器的输入节点。此节点拥有队列和容量。如果分离器模式设置成“复制”，分离器将产生由复制数量而定的实体个数。源实体从母实体输出节点离开，复制体从子实体输出节点离开。如果分离站模式设置成“分批”，分离器将处理来自于母实体的特定实体，分离数量是指定的。源实体将从母实体节点离开，分离的实体从子实体输出节点离开。

分离器不仅可以批处理实体和复制实体，还拥有类似于 Server 对象的处理逻辑和容量逻辑。当分离器处理实体时，处理中的实体将出现在处理站队列中，然后执行分离或复制实体的逻辑。在处理逻辑完成以后，如果有空间，那么实体将被移至输出节点队列中。从队列中，实体通过输出连接器离开至逻辑设置目的地。

Separator 的常用属性如表 5-7 所示。

表 5-7　Separator 的常用属性

名　称	属　性	有效输入项	描　述
Separation Logic	Separation Mode	复制，分批	设置分离实体的方式：若是“复制”方式，则 Separator 将复制指定数量的实体；若是“分批”方式，则 Separator 将从母实体上分离指定数量的子实体
	Desired Split Quantity	表达式	预设分离量，从母实体上分离的子实体的数量
	Removal Order	末尾的先处理，先来先处理	设置分离规则
	Match Condition		设置匹配条件

例 5-3 用分离器创造副本。

问题:假设为实体创建 3 个副本,这样就共有 4 个完全相同的实体。

假设:一个实体类型进入分离器,让分离器产生实体的 3 个相同的副本。如果源对象产生 100 个实体,那么分离器就能够产生 300 个副本,这意味着在模型结束时总共有 400 个实体。副本和源实体通过分离回收器分开。

建模技巧:一个分离器被放置在模型中,分离模式属性设置为“复制”。为了分别收集原来的实体和复制的实体的统计数字,要应用两个不同的回收器。

建模步骤如下。

(1) 在设施窗口中放置一个发生器、一个实体、一个分离器和两个回收器。

使用路径分别把发生器和分离器、分离器和回收器之间连接起来,这样父实体会前往 Sink1,而副本会前往 Sink2,如图 5-13 所示。

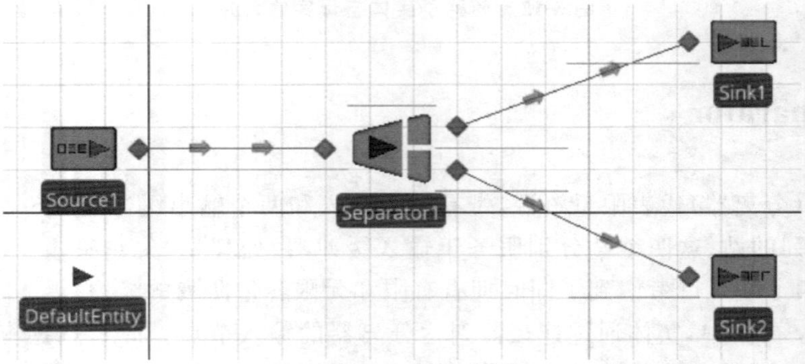

图 5-13 实体分离

(2) 定义发生器。设置最大到达为 100。100 个实体一旦生成,就立即关闭发生器,如图 5-14 所示。

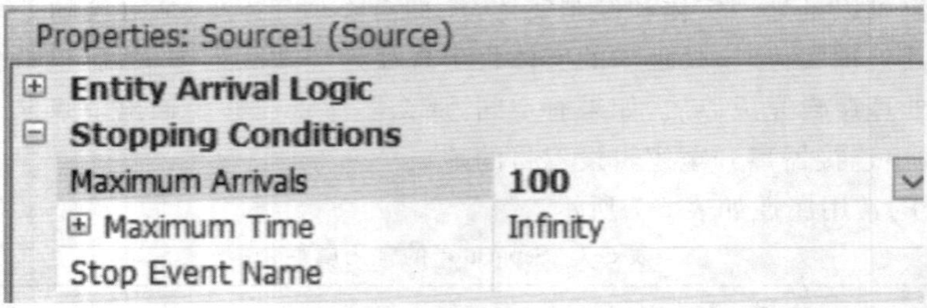

图 5-14 设置实体数量

(3) 定义分离器。设置分离模式属性为 Make Copies,副本数量设置为 3,如图 5-15 所示。

运行模型,观察运行结果,如图 5-16 所示。

在实体经过分离器后,想要使用两种不同的实体形状来表现出产品分离后的两个不同实体组合,需要使用 Symbol 功能区中的增添形状。选中实体,单击上方 Symbol 功能区 Add Additional Symbol 以使得实体有两种形状,再利用 Apply Symbol 改变为所想要的图形,最后将实体右边属性栏的 Animation 属性中的 Random Symbol 选项改成 True。保存并运行模型,即可得到实体输出分离器后形成两种不同的形状。

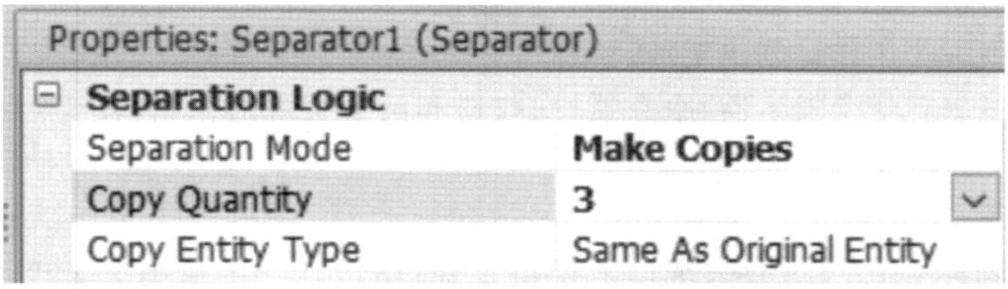

图 5-15　设置副本数量

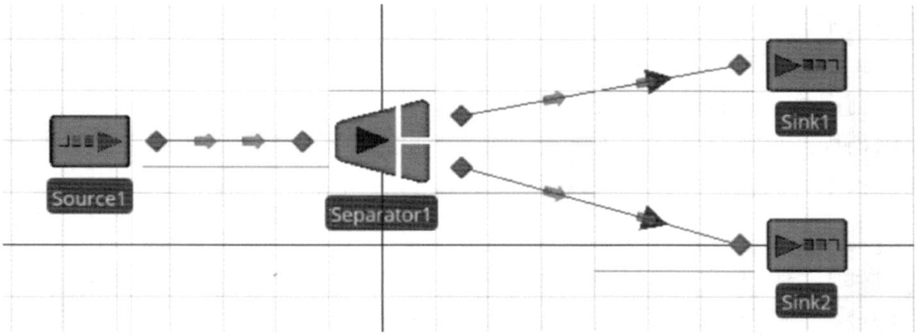

图 5-16　分离模型运行

5.1.7　Resource

Resource(资源)是一种限量固定对象,可以被获取。Resource 的容量按工作日程来固定或控制。Resource 可按组集合于对象列表中,这样基于选择的标准,就能从可能的资源列表中选择或按组获取 Resource。获取的操作需要所涉对象间的协商,如果由于对象要执行其他获取,那么它可以拒绝获取要求。因此在 Simio 中,资源对象可以容许或拒绝自身被其他对象获取或释放。

Resource 的常用属性如表 5-8 所示。

表 5-8　Resource 的常用属性

名　　称	属　　性	有效输入项	描　　述
Resource Logic	Allocated	过程逻辑名	Resource 的处理能力或容量分配给另一个装备后,触发 Processes 视窗中设定的过程逻辑
	Released	过程逻辑名	Resource 的处理能力或容量由另一个装备释放后,触发 Processes 视窗中设定的过程逻辑

例 5-4　售票台服务。在售票台有两名员工工作,他们遵循不同的工作计划。工作计划以一天为周期,且每天都是相同的。

建模步骤如下。

（1）一个服务器代表一个售票台，而一个资源对象(Resource)用于代表一个员工。每个资源的能力是由一个工作计划决定的。

在设施窗口放置一个发生器、服务器、回收器和两个资源对象，使用 Path 相连，把资源名称改为 Employee1 和 Employee2。

在模型上右击鼠标以进入 Definitions 视窗。选择 Lists→Object 以新建一个名为 ObjectList1 的对象。在列表的文本框上单击鼠标，以得到一个显示所有可用对象的下拉框，可以在此把 Employee1 和 Employee2 对象放置在列表中。

再单击模型上的 Data 视窗，在计划上单击计划并新建一个 Work Schedules。每名员工各自需要一个不同的计划。

在 Work Schedules 中，如要以一天为周期，将工作计划的 Days 改为 1。这表明这个为期一天的计划在仿真运行的每一天中循环往复。

单击添加周期项目会为计划添加新的时段，可以在此选择“上班”，并设置理想的开始和结束时间。这个时间段的容量(在这种情况下为 1)被放在名为“值”的文本框中，如图 5-17 所示。

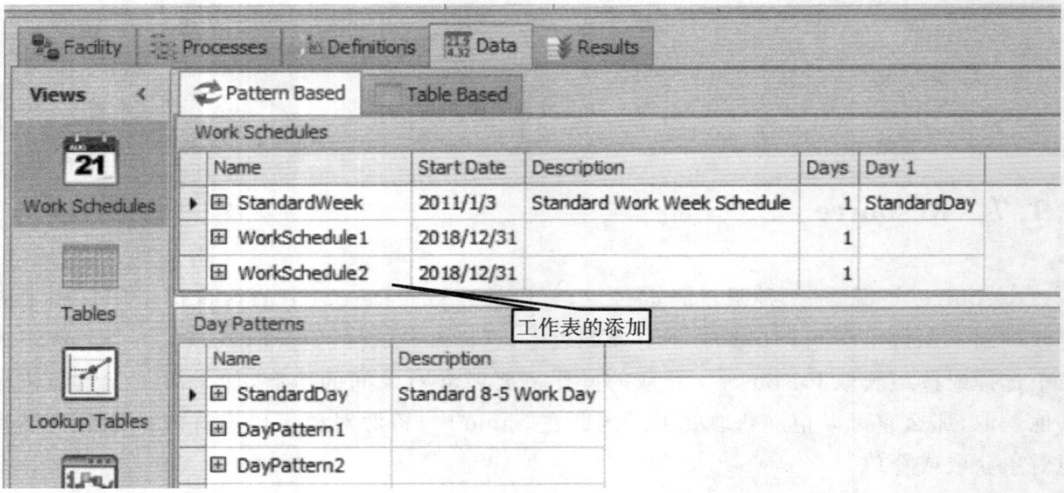

图 5-17　工作计划表

（2）在 Facility 视窗中，单击售票台 Server，在 Add-On Process Triggers 中的 Before Processing 和 After Processing 添加 Server1_Before Processing 和 Server1_AfterProcessing，如图 5-18 所示。

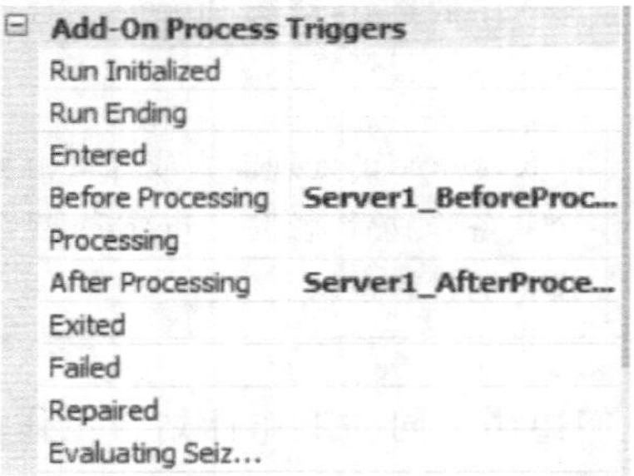

图 5-18　过程触发器

（3）在 Server1_BeforeProcessing 过程中放置一个捕获 Seize 步骤，在 Server1_AfterProcessing 过程中放置一个 Release 步骤。在捕获 Seize 步骤属性窗口，其所有者应为“关联对象”并且捕获行应当把 Object Type 设置为“FromList”。Object List Name 设置为 ObjectList1，如图 5-19 所示。Release 步骤的设置与此类似。

（4）可以在动画演示资源对象时，用不同颜色表现它们忙碌的状态。单击设施窗口中的一个

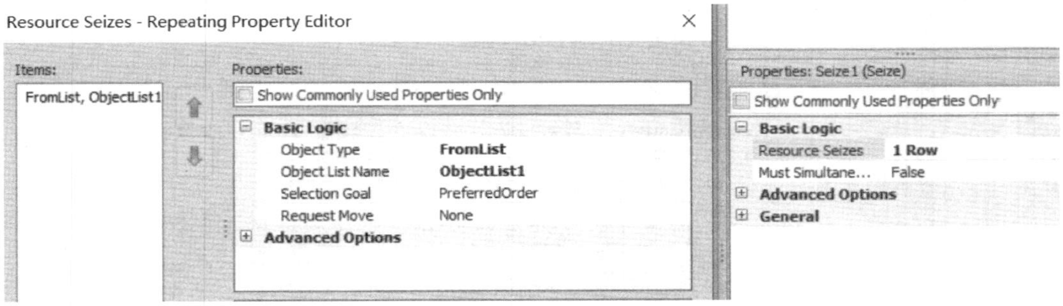

图 5-19 设置步骤属性

Resource。从上方的 Symbols 面板的 Add Additional Symbol 中选择添加额外标识。当活动标识图标显示为 2 of 2 时，可以从标识标签的颜色图标中选择一个新的颜色（如绿色），然后单击资源对象的中心圆。默认情况下，当这个资源繁忙时它会变成绿色（这由资源对象的当前标识索引属性中的默认表达式控制）。售票台模型的运行结果如图 5-20 所示。

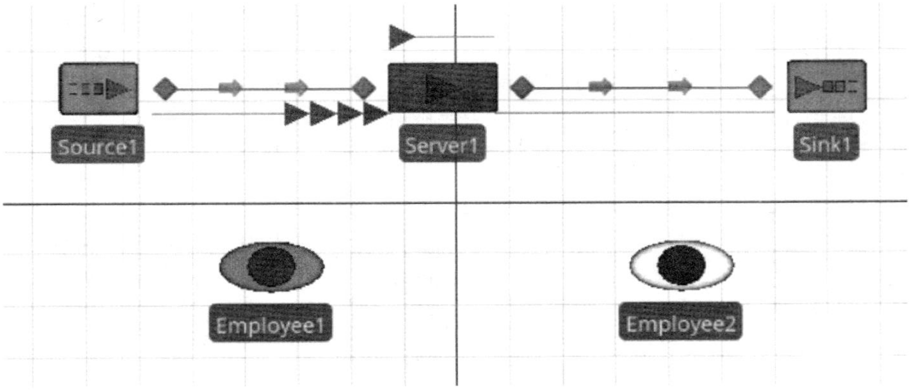

图 5-20 售票台模型的运行结果

5.1.8 Vehicle

Vehicle（运输器）是模型对象，它在固定位置接到实体对象，通过连接网络或是只有空间运载这些对象，然后在目的地放下实体。此对象还能在离开网络的同时与网络上的节点建立联系（例如，停驻在网络里的一个节点）。我们能用对象来创造其他运输器模型，这不同于标准的 Vehicle 模型。例如，我们可以为地下小汽车、AGV 或汽车建立一个对象目的地。

从标准对象库中拖曳一个 Vehicle 对象到设施窗口。若使 Vehicle 按照特定的网络路径行驶，则必须改变 Vehicle 的相关网络属性，其中必须设置 Vehicle 对象的一个关键属性。尽管全局网络的所有节点和连接都是默认的，且已指定了运输器的初始位置，但这在网络中仍不能使用。我们需要在 Initial Node（Home）属性中指定一个起点或“Home”（起始位置）节点。

当 Vehicle 作为运输器来移动实体时，我们要通过一些设置告诉模型，让实体“骑”在车辆上，为了使车辆可以在节点间移动，需要设置转移节点。

Vehicle 的常用属性如表 5-9 所示。

表 5-9 Vehicle 的常用属性

名　称	属　性	有效输入项	描　述
Transport Logic	Initial Ride Capacity	整数	设置 Vehicle 的初始运载能力
	Task Selection Strategy	最短距离,最长距离,最短优先,最长优先,从队列的第一个开始	为 Vehicle 选择下一个运输任务的选择策略
	Load Time	表达式	设置 Vehicle 装载实体时所需的时间
	Unload Time	表达式	设置 Vehicle 卸载实体时所需的时间
	Park To Load/Unload	是,否	在装载/卸载实体时,设置 Vehicle 是否需要到指定地点停泊:选择"是"可能有助于避免拥堵
	Minimum Dwell Time Type	停泊至某时间发生,停泊至装满,无要求,指定时间	设置 Vehicle 的最短停泊时间类型
Travel Logic	Initial Desired Speed	表达式	设置 Vehicle 的预定速度
	Initial Network	网络路径名称	设置 Vehicle 的初始网络路径
	Network Turnaround Method	退出再进入,指定位置转向,直接反向行驶	设置 Vehicle 在网络路径的转向方式
Routing Logic	Initial Priority	表达式	设置 Vehicle 的初始优先值
	Initial Node(Home)	节点名称	设置 Vehicle 开始运行时的起始节点
	Routing Type	固定路径,需求	设置 Vehicle 的行驶路径
	Route Sequence	序列表名称	当选择固定路径时,所需引用的路径序列表
	Idle Action	回到起始节点,停泊在起始节点,停泊在当前节点,停泊在指定站点,闲逛	设置 Vehicle 空闲时的活动
	Off Shift Action	回到起始节点,停泊在起始节点,停泊在当前节点,停泊在指定站点	设置 Vehicle 停止工作后的活动

例 5-5　单一运输车的运用。

问题：假设有一些实体，需要依靠运输车实现在各种操作之间的移动。

假设：有一辆车可以移动所有的实体。在系统的对象之间，该车辆可以最多同时移动两个实体。所有路径都是单向的。

建模技巧：设置发生器上的转移节点和服务器，以指定需要车辆进行移动。因为路径是单向的，就必须有能让车辆从回收器返回到发生器的路径，尽管实体并不在这两个对象之间移动。

建模步骤如下。

(1) 在设施窗口中放置一个发生器、一个服务器和一个回收器。定义车辆及其特点，在设施窗口中放置一个车辆，如图 5-21 所示。

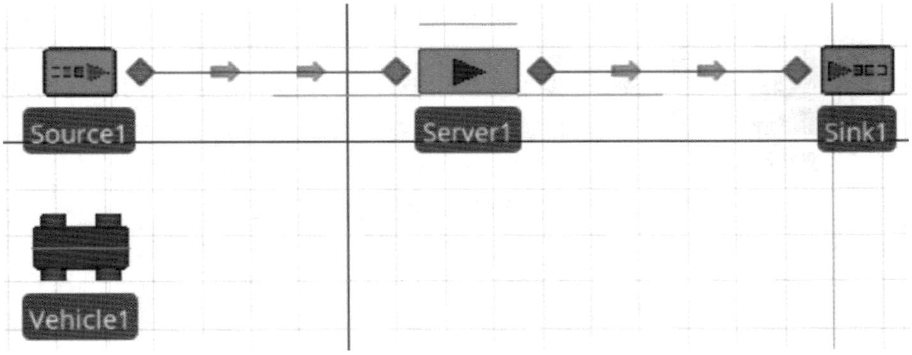

图 5-21　车辆的基本模型

(2) 在运输逻辑部分中，把运输能力设置为 2，这能允许最多 2 个实体同时被车辆移动。

把装载时间改为 1，卸载时间改为 Random. Uniform(1,3)。每个实体在上车时会导致装载延迟，在下车时会导致卸载延迟，如图 5-22 所示。

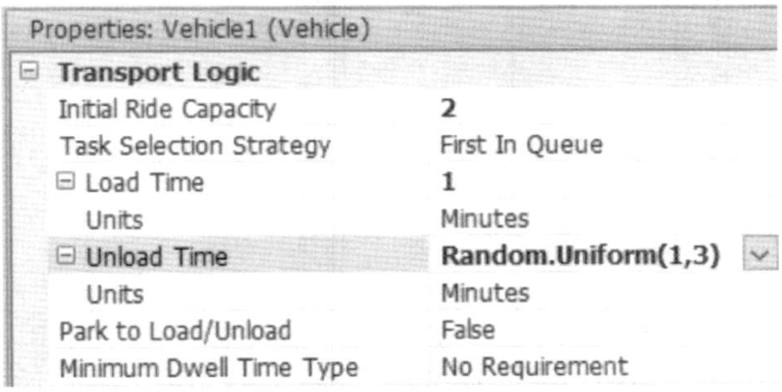

图 5-22　时间的设置

(3) 修改转移节点。单击发生器的转移节点（出口）并把使用运输器属性设置为“真”。指定运输器类型为 Specific，运输器名称为 Vehicle1，如图 5-23 所示。

对服务器对象的运输节点进行以上相同的步骤。

(4) 放置路径。在路径上双击以定义发生器、服务器和回收器之间的多条路径。

在使用车辆时，服务器上的基本节点（入口）必须和服务器上的转移节点连接起来，这样车辆可以从一个节点移动到下一个节点，如图 5-24 所示。

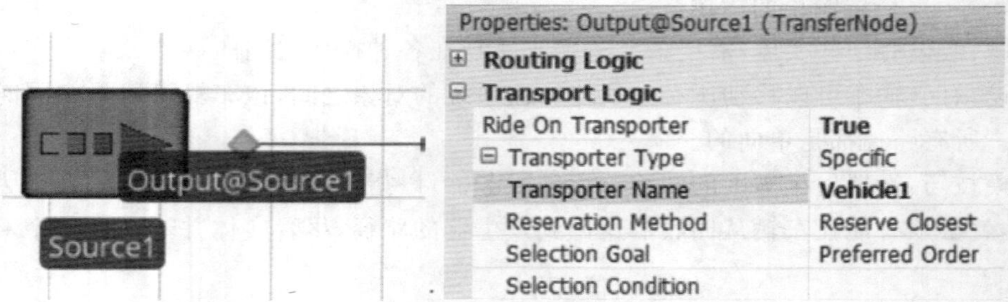

图 5-23　运输器的选择

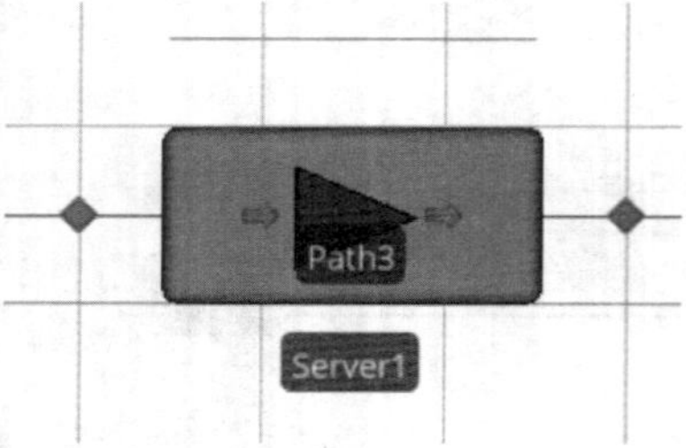

图 5-24　节点的设置

在一条路径上进行单击。注意类型要设置成“单向的”。因为路径是单向的，从回收器回到发生器也要放置一条路径。实体会在回收器处回收，车辆必须有回到发生器的路径，这样才能继续转移实体。设置完成后可以运行模型，如图 5-25 所示。

尝试将路径更改为“双向的”，或改变车辆负载的能力，这些都会造成结果不同。

(5) 首先设置下面的三条路径为“双向的”，如图 5-26所示。

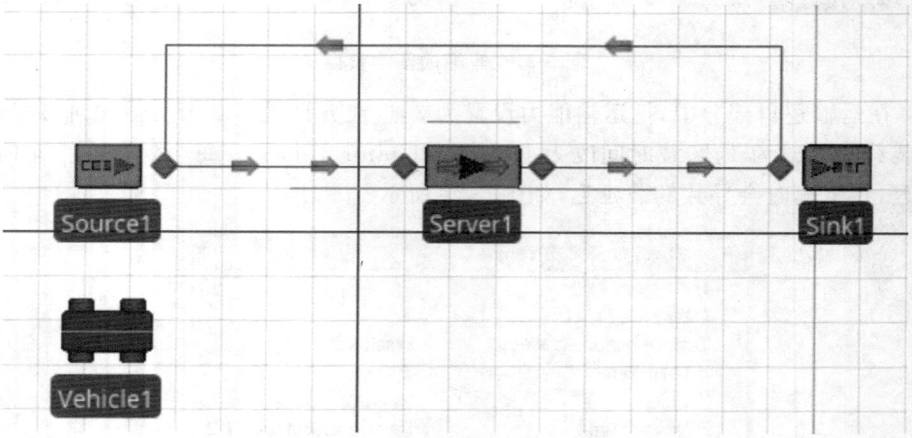

图 5-25　单一车辆模型的运行

(6) 为了便于观察，将车辆的装卸时间的单位设为秒，如图 5-27 所示。

(7) 可以看到模型的效率得到了极大的提升，其运行模型如图 5-28 所示。

5.1.9　Worker

Worker(工作者)在模型中模拟的通常是工人或服务者，所以 Worker 在 Simio 中的使用较为复杂，一般需要利用过程触发器对其属性进行设置，让 Worker 做出复杂的逻辑判断。例如，在特定事件发生时，Worker 要知道该怎么做。当然也可以把 Worker 当作简单的运输器使用，其设置与 Vehicle 的类似，Worker 在固定位置接到实体对象，通过连接网络或是只

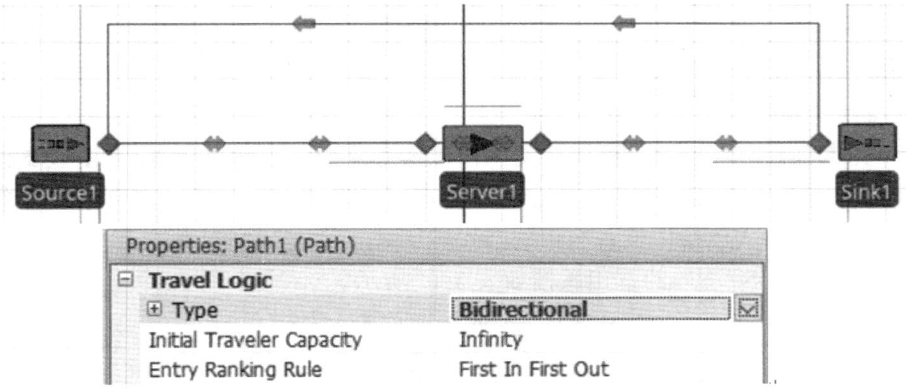

图 5-26　双向路径的设置

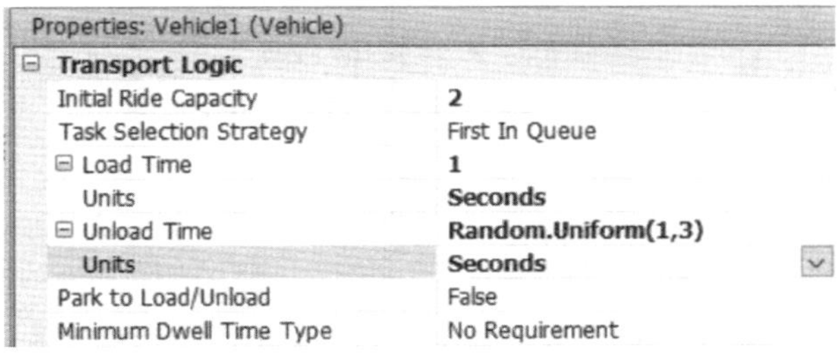

图 5-27　装卸时间的设置

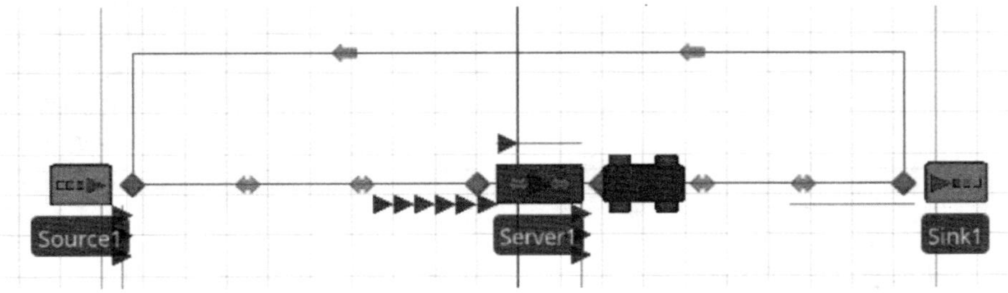

图 5-28　运行模型

有空间运载这些对象，然后在目的地放下实体。

Worker 的常用属性如表 5-10 所示。

表 5-10　Worker 的常用属性

名　称	属　性	有效输入项	描　述
Population	Park While Busy	是，否	当 Worker 忙碌时，设置是否需要在指定地点停靠。选择“是”可能有助于避免拥堵
	Initial Number In System	整数	设置 Worker 在当前模型系统中的初始数量
	Maximum Number In System	整数	设置 Worker 在当前模型系统中的最大数量

5.1.10 Basic Node

在 Simio 中，一个基本节点仅仅是支持连接到通道的一个简单节点，大多数支持进入连接的对象有具有关联（内嵌）的基本节点。用户可以通过节点来扩展或者订制实体的通过逻辑，模拟网络流动和实体拾取或者放下的节点。

Basic Node（基本节点）的常用属性如表 5-11 所示。

表 5-11　Basic Node 的常用属性

名　称	属　性	有效输入项	描　述
Crossing Logic	Initial Traveler Capacity	表达式	设置 Basic Node 允许实体初始通过的数量
	Entry Ranking Rule	先进先出/后进先出，最小值优先/最大值优先	设置实体进入 Basic Node 的排序规则
Routing Logic	Outbound Link Preference	任何，有效性，指定的	设置实体通过 Basic Node 前往下一个目的节点的优先级
	Outbound Link Rule	最短路径，按照比重	设置实体通过 Basic Node 前往下一个目的节点的规则
Tally Statistics	On Entering	变量	当实体进入 Basic Node 时，给一个或多个关于统计记录的变量赋值
	On Exited	变量	在实体退出 Basic Node 后，给一个或多个关于统计记录的变量赋值

5.1.11 Transfer Node

Transfer Node（转移节点）是功能更加广泛的节点，它支持到通道的连接，具有选择目的地、路径和转移设备的能力。大多数支持出口连接的对象都有一个关联（内嵌）的转移节点，为连接对象的交叉点，对固定建模对象添加行为后就可以控制实体的移出。在此节点上，实体可以由运输器拾取或者放下。

Transfer Node 的常用属性如表 5-12 所示。

表 5-12　Transfer Node 的常用属性

名　称	属　性	有效输入项	描　述
Routing Logic	Entity Destination Type	按照序列表，继续，从列表中选择，指定节点	实体通过 Transfer Node 后，选择前往下一个目的节点

续表

名　　称	属　　性	有效输入项	描　　述
Routing Logic	Node Name	节点名称	设置"Entity Destination Type"中选择的"指定节点"
	Node List Name	列表名称	设置"Entity Destination Type"中需要引用的列表，从列表中选择下一个目的节点
Tally Statistics	Selection Goal	最短距离，最长距离，优先次序，随机，周期性，最小值，最大值	设置从节点列表中选择目的节点的方式
	Selection Condition	表达式	评价节点列表中每个节点的可选条件。使用关键字"Candidate"从节点列表中引用一个节点
State Assignments	Blocked Destination Rule	任何，只选有效的，偏重有效的	当路径发生拥堵时，设置实体前往下一个目的节点的规则
	Ride On Transporter	是，否	设置实体从 Transfer Node 通过后是否搭载运输器

5.1.12　Connector

Connector（连接器）是一个环节，可以用于定义两个节点位置间的非传递路径，位置间的行程时间是即时的。需要注意的是，某一段时间实体在连接器上行驶，行为和标准的路径连接不同，等待进入连接器的实体被插入连接器的进入队列中。连接必须要有一个起始节点和一个结束节点，连接器能够使用路径装饰进行动画模拟。

Connector 的常用属性如表 5-13 所示。

表 5-13　Connector 的常用属性

名　　称	属　　性	有效输入项	描　　述
RoutingLogic	Selection Weight	表达式	当实体以"按照比重"的规则通过节点时，通过设置该属性来决定该 Connector 在全部路径中占的实体通过比重

5.1.13　Path

Path（标准路径）是一个环节，用于定义两个节点位置间的路径，行程时间是由路径长度和行驶者速度决定的，实体可以通过使用设定逻辑进行控制。连接必须要有一个起始节点和一个结束节点，Path 能够使用路径装饰。

Path 的常用属性如表 5-14 所示。

表 5-14 Path 的常用属性

名　称	属　性	有效输入项	描　述
Travel Logic	Type	单向，双向	设置 Path 的流通类型
	Traffic Direction Rule	首先进入队列，配合预定方向，偏重预定方向	设置进入双向 Path 的规则
	Initial Desired Direction	二选一，正向，反向，无	设置双向 Path 上的预定流通方向
	Drawn To Scale	是，否	设置是否按建模区中比例尺绘制 Path 的长度：若“否”，则可以设置逻辑长度
	Logical Length	实数，无穷大	设置 Path 的逻辑长度
	Allow Passing	是，否	设置实体是否可以在 Path 上不受阻碍地通行，即后一个实体是否能够超过前一个实体通过 Path
	Speed Limit	实数，无穷大	设置限制实体在 Path 上通行时的最大速度
Add-On Process Triggers	Entered	过程逻辑名	实体前缘进入 Path 后，触发 Processes 视窗中设定的过程逻辑
	Trailing Edge Entered	过程逻辑名	实体后缘进入 Path 后，触发 Processes 视窗中设定的过程逻辑
	Reached End	过程逻辑名	实体到达出口后，触发 Processes 视窗中设定的过程逻辑

5.1.14 Time Path

Time Path（时间路径）用于定义连接用户指定的行驶时间上的两个节点之间的通路。与 Path 不同的是，它不可以设置路径的长度，只能设置实体通过路径所需的时间。

Time Path 的常用属性如表 5-15 所示。

表 5-15 Time Path 的常用属性

名　称	属　性	有效输入项	描　述
Travel Logic	Travel Time	表达式	通过 Time Path 所需的时间

5.1.15　Conveyor

Conveyor(传送带)是一个连接,它可以是积累和非积累设备。在标准对象库中定义的指定传送带支持固定空间和可变空间,精确地模拟传送带上实体的尺寸。传送带也可以使用通道装饰进行动画模拟。

Conveyor 的常用属性如表 5-16 所示。

表 5-16　Conveyor 的常用属性

名　　称	属　　性	有效输入项	描　　述
Travel Logic	Initial Desired Speed	表达式	设置 Conveyor 的预定传送速度
	Entity Alignment	任何位置,单元中的位置	设置 Conveyor 中实体的排列方式:若选择“任何位置”,则实体可排列在 Conveyor 中的任何位置;若选择“单元中的位置”,则实体必须非列在 Conveyor 划分的若干单元中
	Cell Spacing Type	固定尺寸,固定数量	设置划分单元的方法
	Cell Size	实数	设置单元的尺寸
	Auto Align Cells	跟随第一个实体,不排列	设置是否自动排列单元
	Number of Cells	整数	设置单元的数量
	Accumulating	是,否	设置 Conveyor 是否可堆积:若“是”,则当实体在出口堆积时传送带也能正常运转;若“否”,则当实体在出口堆积时传送带即会停止

5.2　Flow Library

Flow Library(流体装备库)是一个能够建立流体模型系统的建模库,其中包括 7 个装备、1 个实体,如表 5-17 所示。

表 5-17　Flow Library 的常用属性

序号	名　　称	类型	描　　述
1	Flow Source	固定	流体发生器,制造流体实体
2	Flow Sink	固定	流体回收器,回收流体实体,并统计记录数据

续表

序号	名　称	类型	描　述
3	Tank	固定	贮水容器，模拟一个以容积或重量为度量类型的装备，该装备用于贮存一定数量的流体实体
4	Container Entity	实体	容器型实体，模拟一个可移动的容器，该容器用于贮存一定数量的流体实体。另外，Container Entity 提供了一个简单的方法来定义一个离散型实体，该离散型实体代表了一种能够贮存流体实体的容器。从该装备的设计角度上看，它本质上就是 ModelEntity 和 Tank 组合的简化版
5	Filler	固定	注水器，注入任何类型的实体，包括 Container Entity 定义的实体
6	Emptier	固定	排水器，排出任何类型的实体，包括 Container Entity 定义的实体
7	ItemToFlowConverter	连接	项目转换器到流程转换器，用于将项目转化成流程
8	FlowToItemConverter	连接	流程转换器到项目转换器，用于将流程转化成项目
9	Flow Node	节点	流体节点，用于调节流体实体的流量
10	Flow Connector	连接	流体连接器，纯粹连接两个节点的连接器，代表两个节点间的非传递路径
11	Pipe	连接	管道，用于连接两个流程程序

注意：下文中“水”泛指任何液体实体。

Flow Library 在 Simio 视窗中的界面图如图 5-29 所示。

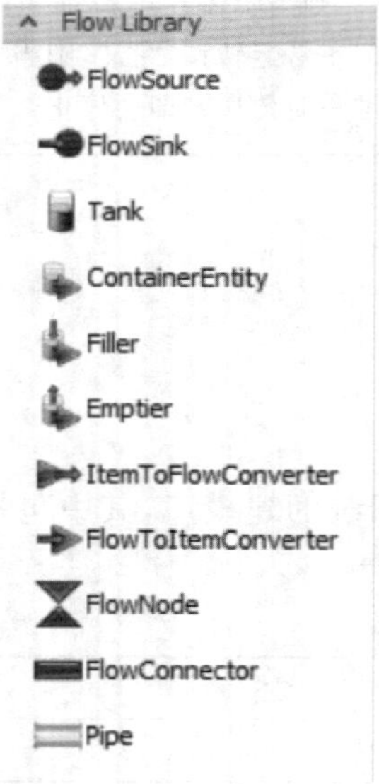

图 5-29　Flow Library

5.2.1　Flow Source

Flow Source（流体发生器）产生流体实体，流体是任何无法用离散临时实体模拟的物质。非常典型的流体就是以重量或者升为单位的，很难使用临时实体来模拟的物质。Flow Source 有一个输出缓冲器，实体可以在那里等待直到通过节点离开，对此输出节点进行设置可以限制流体通过的速率。

Flow Source 的常用属性如表 5-18 所示。

表 5-18　Flow Source 的常用属性

名　　称	属　　性	有效输入项	描　　述
Flow Generator Logic	Entity Type	实体名称	设置需要制造的流体实体的类型
Stopping Conditions	Maximum Volume	表达式	设置 Flow Source 制造的流体实体的最大体积，若达到最大体积，则 Flow Source 将停止制造
	Maximum Weight	表达式	设置 Flow Source 制造的流体实体的最大重量，若达到最大重量，则 Flow Source 将停止制造
	Maximum Time	表达式	设置 Flow Source 制造的流体实体的最长时间，若达到最长时间，则 Flow Source 将停止制造
	Stop Event Name	事件名称	当某事件被触发时，Flow Source 将停止制造

5.2.2　Tank

Tank(贮水容器)的作用就是用于贮存流体实体。将 Tank 拖至建模区中，可以看到 Tank 有一个输入节点和一个输出节点，对两个节点进行设置，当流体实体的输入速率大于输出速率时，Tank 将实现对流体的贮存。

Tank 的常用属性如表 5-19 所示。

表 5-19　Tank 的常用属性

名　　称	属　　性	有效输入项	描　　述
Flow Storage Logic	Capacity Unit Type	容积，重量	设置 Tank 的容量类型
	Initial Volume Capacity	表达式	设置 Tank 的初始最大贮存容积
	Initial Weight Capacity	表达式	设置 Tank 的初始最大贮存重量
	Initial Contents	变量	当模型系统进行初始化时，设置 Tank 中的内容
	Auto Refill Mode	不自动再注满，空时再注满，少时再注满，指定事件发生时再注满	选择 Tank 自动再注满的模式

续表

名　称	属　性	有效输入项	描　述
Flow Storage Logic	Delay Time Until Refill	表达式	触发自动再注满的条件后，Tank 实际开始再注满前的准备时间
	Refill Triggering Event Name	事件名称	设置能够触发 Tank 自动再注满的事件
	Refill Entity Type	实体名称	设置 Tank 再注满的流体实体
Tank Level Marks	Low Mark	表达式	设置一个值来标记 Tank 的低水位
	Mid Mark	表达式	设置一个值来标记 Tank 的中等水位
	High Mark	表达式	设置一个值来标记 Tank 的高水位
State Assignments	Above Low Mark	状态变量	当 Tank 的水位超过低水位时，给一个或多个状态变量赋值
	Above Mid Mark	状态变量	当 Tank 的水位超过中等水位时，给一个或多个状态变量赋值
	Above High Mark	状态变量	当 Tank 的水位超过高水位时，给一个或多个状态变量赋值
	Tank Full	状态变量	当 Tank 被注满时，给一个或多个状态变量赋值
	Below High Mark	状态变量	当 Tank 的水位低于高水位时，给一个或多个状态变量赋值
	Below Mid Mark	状态变量	当 Tank 的水位低于中等水位时，给一个或多个状态变量赋值
	Below Low Mark	状态变量	当 Tank 的水位低于低水位时，给一个或多个状态变量赋值
Add-On Process Triggers	Tank Empty	状态变量	当 Tank 被排空时，给一个或多个状态变量赋值
	Tank Level Rising	过程逻辑名	当 Tank 的水位上升至某个阶段时，触发 Processes 视窗中设定的过程逻辑
	Tank Level Falling	过程逻辑名	当 Tank 的水位下降至某个阶段时，触发 Processes 视窗中设定的过程逻辑

5.2.3　Container Entity

Container Entity(容器型实体)也是实体的一种，将其拖至建模区中，可以发现它比

ModelEntity 多了一个容器，所以 Container Entity 利用模拟的实体就是一个容器。同样，Container Entity 也可以由 Source 或 Flow Source 产生，但需要使用 Container Entity 的情况相对较少。

Container Entity 的常用属性如表 5-20 所示。

表 5-20 Container Entity 的常用属性

名　称	属　性	有效输入项	描　述
Flow Storage Logic	Initial Desired Speed	表达式	设置 Container Entity 的初始速度
	Initial Network	网络路径名称	设置 Container Entity 的初始网络路径
Routing Logic	Network Turnaround Method	退出再进入，指定位置转向，直接反向行驶	设置 Container Entity 在网络路径中的转向方式
	Initial Priority	表达式	设置 Container Entity 的初始优先级
	Initial Sequence	序列表名称	设置一个用于确定实体路径的初始序列表
State Assignments	On Container Full	状态变量	当 Container 被注满时，给一个或多个状态变量赋值
	On Container Empty	状态变量	当 Container 被排空时，给一个或多个状态变量赋值
	Destroyable	是，否	设置 Container Entity 是否可回收

5.2.4 Filler

Filler(注水器)的作用就是给容器注入流体实体，在 Simio 中 Filler 是带有两个输入缓冲器和一个输出缓冲器的有限资源。ContainerInput@Filler 节点代表的是容器型实体的输入节点，FlowInput@Filler 节点代表的是流体实体的输入节点，当容器型实体到达 Filler 的处理站时，Filler 开始给容器注入流体，注满后(也可以设定注入指定的量)通过 Output@Filler 离开至逻辑设定之处。一个简单的注水器模型连接方式如图 5-30 所示。

Filler 的常用属性如表 5-21 所示。

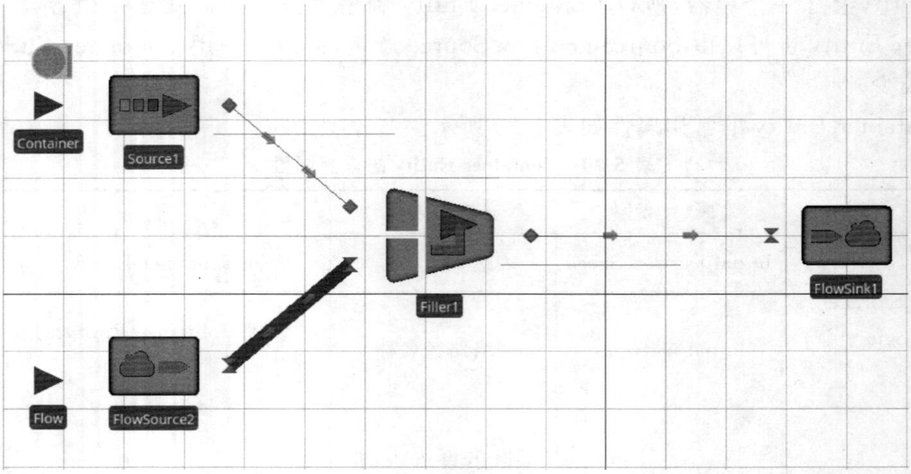

图 5-30　简单的注水器模型

表 5-21　Filler 的常用属性

名　称	属　性	有效输入项	描　述
Process Logic	Fill Target Type	直到注满，注入至指定量	当 Filler 注入实体时，设置是注满每个容器还是注入至指定量
	Quantity Unit Type	体积，重量	设置指定量的度量类型
	Desired Quantity	表达式	设置需要注入容器的量
Add-On Process Triggers	Filling Container	过程逻辑名	当实体注入容器时，触发 Processes 视窗中设定的过程逻辑
	Filled Container	过程逻辑名	在实体注入完毕后，触发 Processes 视窗中设定的过程逻辑

5.2.5　Emptier

在 Simio 中，Emptier（排水器）的作用与 Filler 的作用相反，就是将容器中的流体排出并分别把流体实体和容器输出至逻辑设定之处，它是带有一个输入缓冲器和两个输出缓冲器的有限资源，建模连接方式与注水器的类似。

Emptier 的常用属性如表 5-22 所示。

表 5-22　Emptier 的常用属性

名　称	属　性	有效输入项	描　述
Process Logic	Empty Target Type	直到排空，排出至指定量	当 Emptier 排出实体时，设置是排空每个容器还是排出至指定量

续表

名　称	属　性	有效输入项	描　述
Add-On Process Triggers	Emptying Container	过程逻辑名	当实体排出容器时，触发 Prccesses 视窗中设定的过程逻辑
	Emptied Container	过程逻辑名	在实体排出完毕后，触发 Processes 视窗中设定的过程逻辑

5.2.6 Flow Node

Flow Node(液体节点)在流体模型中是功能广泛的节点，它支持到流体连接器的连接(不支持 Path 连接)，具有选择目的地、路径和限制流体流量等功能。

Flow Node 的常用属性如表 5-23 所示。

表 5-23　Flow Node 的常用属性

名　称	属　性	有效输入项	描　述
Flow Regulator Logic	Flow Rate Unit Type	体积流量，重量流量	设置通过 Flow Node 的液体实体的流量度量类型
	Initial Maximum Flow Rate	表达式	设置 Flow Node 中流量调节器的最大初始流量
	Initial Output Yield Factor	表达式	设置 Flow Node 中流量调节器的初始产出率
	Initial Output Entity Type	实体名称	设置初始产出的流体实体的类型
	Regulator Initially Enabled	是，否	设置流量调节器开始时是否自动启动
	Flow Control Mode	单一流，合并流	设置流量的控制方式
	Merge Matching Rule	任何实体，同种实体	设置单一流合并的匹配规则：若选择“任何实体”，则所有实体都能合并；若选择“同种实体”，则只有同种实体才能合并
	Merge Allocation Rule	分配比例基于流入流量，分配比例按照连接比重的优先次序，分配比例基于连接比重	设置 Flow Node 中流量调节器的分配规则

续表

名　　称	属　　性	有效输入项	描　　述
Flow Regulator Logic	Inbound Link Rule	流量优先级，比重	设置 Flow Node 中流量调节器的入口连接规则
	Switch Control Variable	状态变量名	设置一个离散变量作为使用开关控制的原理，动态地改变当前的入口连接选择
	Outbound Link Rule	最短路径，比重	设置 Flow Node 中流量调节器的出口连接规则
DynamicUpdate	Update Interval	表达式	每次更新的间隔时间
	Maximum Flow Rate Equation	表达式	最大流量方程，用于定期更新 Flow Node 中流量调节器的最大流量
	Output Yield Factor Equation	表达式	产出率方程，用于定期更新 Flow Node 中流量调节器的最大产出率

5.2.7　Flow Connector

Flow Connector（流体连接器）用于定义两个液体节点位置间的路径，连接必须要有一个起始节点和一个结束节点。

Flow Connector 的常用属性如表 5-24 所示。

表 5-24　Flow Connector 的常用属性

名　　称	属　　性	有效输入项	描　　述
Routing Logic	Selection Weight	表达式	当实体以"按照比重"的规则通过节点时，通过设置该属性来决定该 Flow Connector 在全部路径中占的实体通过比重

例 5-6　流体的使用。

随着生活水平的提高，消费者对饮料的要求已向绿色、环保、健康等方面发展。而混合果蔬类饮品不仅营养价值高，而且原料成本低，与其他果汁饮料相比较，有不可比拟的竞争优势。假设有一家饮料加工厂正在生产一种混合饮料，该产品是以胡萝卜、番茄与苹果汁为主要原料，加入白砂糖或无热量甜味剂、有机酸等进行调配而成的果蔬汁饮料。三种主要原料的比例为 1∶1∶2，加工厂需要对三种主要原料分别进行生产，并输送到一个大型的饮料贮存罐进行搅拌、稀释和添加其他调配剂，最后流出完成消毒即可进行罐装，我们可以用 Simio 来模拟这个生产过程。

建模步骤如下。

在设施窗口中添加三个 Flow Source、Tank 和 Flow Sink，将三个 ModelEntity 对象添

加建模区中，并使用 Flow Connector 将其连接起来。改变 ModelEntity 的颜色，使三种主要原料区分开来，并将三个 ModelEntity 分别对应三个 Flow Source。可是三种主要原料的使用比例不一样，我们要怎样设置才能让流出的主要原料符合比例要求呢？这时我们可以单击 Flow Source 的输出节点，即 Output@FlowSource1，在它的属性中找到 Initial Maximum Flow Rate 并将其修改为 25 m^3/h，其余两个输出节点按比例分别设置为 25 m^3/h 及 50 m^3/h。

这时运行模型，我们会发现 Tank 并没有进行饮料贮存。我们还需要设置 Tank 的输出节点 Output@Tank1，将它的 Initial Maximum Flow Rate 设置为 10 m^3/h。模型运行如图 5-31 所示。

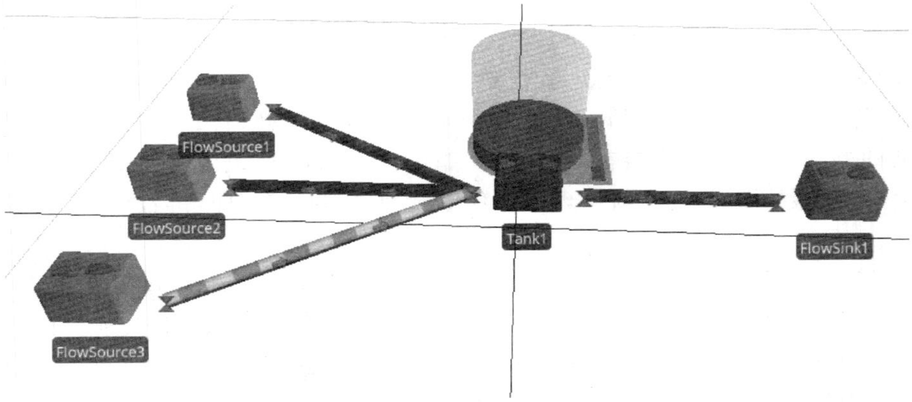

图 5-31　模型运行结果

5.3　Project Library

Project Library（项目库）是用户正在建立的 Simio 项目中包含的装备、实体和模型的列表。另外，如前文所述，建模区右上方的 Navigation 窗口显示用户正在建立的 Simio 项目，以及包含在该项目中的装备、实体、模型和实验器，Navigation 窗口是与 Project Library 相关联的。

当用户选择菜单栏中 Project Home→New Model 及其下拉选项，即 Fixed Class、Entity Class、Transporter Class、Node Class 和 Link Class，创建一个新类型的装备、实体或模型时，它们将同时显示在 Project Library 和 Navigation 窗口中。而当用户选择 New Experiment 选项，创建一个新的实验时，该实验只显示在 Navigation 窗口中，如图 5-32 所示。

用户选择 Navigation 窗口中的选项，即可对项目及包含在内的装备、实体、模型或实验进行详细设置。当用户拖动 Project Library 中的图标时，即可在当前模型的建模区中创建一个或多个装备、实体或模型。

除上述功能外，Project Library 还可以由子类装备、实体和模型组成，它们的主要用途是满足用户的自定义需求，让用户可以对原本 Simio 中默认的装备、实体或模型进行一些改进。用户单击 Navigation 窗口中 MySimioProject 选项，即可进入 Project 窗口，或者称为项

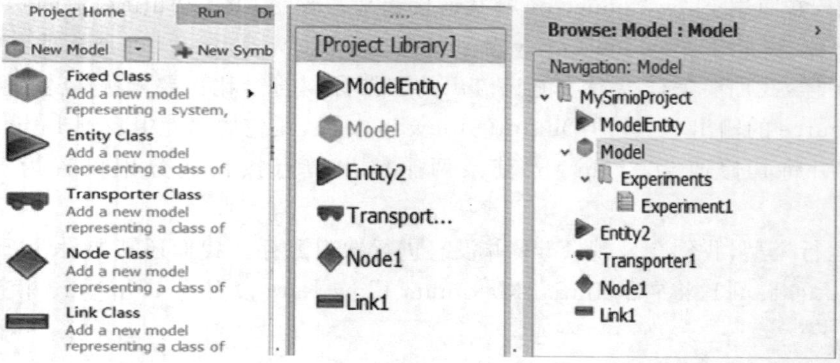

图 5-32　各窗口界面图

目编辑器，在该窗口中用户可以创建子类装备、实体和模型，这些子类装备、实体或模型将以"My"为前缀显示在 Project Library 和 Navigation 窗口中，如 MyServer。当然还有另一种较为简便的方法，用户可以直接在 Facility 窗口的 Libraries 面板上直接用鼠标右键单击各装备、实体或模型的图标，再在新出现的选项中选择"SubClass"即可创建一个子类装备、实体或模型。

最后，用户甚至可以选择菜单栏中 Project Home→Load Library 选项，导入一个与当前项目毫无关联的项目，被导入项目的 Project Library 同样能够有效地在当前项目中使用，还可以衍生出其子类装备、实体或模型。该功能可以方便地实现项目的合成，对于单人无法完成的，需要团队作业的大项目而言，有着极其重要的意义。

Project Library 中默认类型的实体是 ModelEntity。ModelEntity 是用户刚开始建立一个新项目时 Simio 中默认类型的实体，若当前模型只需使用单个实体，则用户不需要将其拖到 Facility 窗口的建模区中即可使用(需要改变实体外观时除外)，如图 5-33 所示。若当前模型需要使用多个实体，则用户必须将其逐个拖至建模区中。首次拖至建模区中的实体与上述第一种情形的实体名相同，称为 DefaultEntity，随后拖至建模区中的实体将被自动命名为 ModelEntity1、ModelEntity2，以此类推。

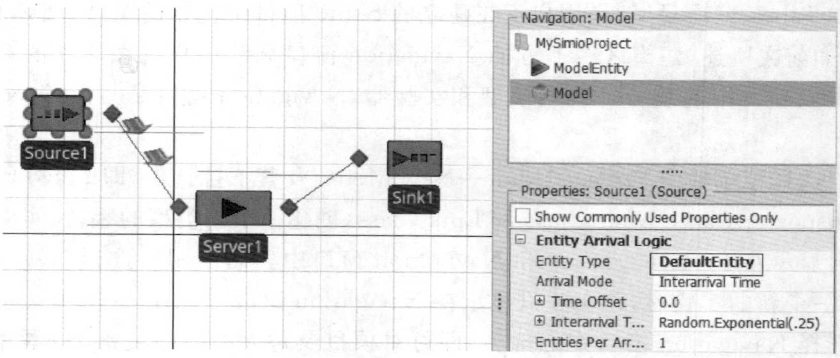

图 5-33　默认的 DefaultEntity

ModelEntity 的常用属性如表 5-25 所示。

表 5-25 ModelEntity 的常用属性

名　称	属　性	有效输入项	描　述
TravelLogic	Initial Desired Speed	表达式	设置 ModelEntity 的初始移动速度
	Initial Network	网络路径名	设置 ModelEntity 的初始网络路径
	Network Turnaround Method	退出再进入，指定位置转向，直接反向移动	设置 ModelEntity 在网络路径中的转向方式
RoutingLogic	Initial Priority	表达式	设置 ModelEntity 的初始优先级
	Initial Sequence	序列表名称	设置一个用于确定实体路径的初始序列
Population	Initial Number In System	整数	设置 ModelEntity 在当前模型系统中的初始数量
	Maximum Number In System	整数	设置 ModelEntity 在当前模型系统中的最大数量
	Destroyable	是，否	设置 ModelEntity 是否可回收

第 6 章 Processes 视窗

Processes 视窗是用于定义，或者说是创建过程逻辑的编辑器。过程逻辑是一种由 Steps 序列组成的过程流，类似于过程流程图，主要用于建立新的模型或者通过 Add-on Process Triggers 来加载过程，给当前模型中的装备或实体增加新的过程逻辑，图 6-1 所示的是一个默认类型的 ModelEntity 的过程逻辑。首先需要确定资源对象名称，在过程发生前利用 Seize 步骤进行资源对象的捕获，在过程发生时使用 Decide 步骤对资源对象进行判断（基于条件或概率），符合判断条件的资源对象通过 True 路径，不符合条件通过 False 路径。对于符合条件的资源对象，使用 Assign 步骤进行赋值（选择名称和其他条件），选择 SetNode 步骤以设置资源对象下一节点路径的方向（选择类型和节点名称），利用 Wait 步骤设置事件的等待时间或发生顺序（事件名、描述和条件），最后使用 Release 步骤对通过此路径的资源对象进行释放（资源对象释放条件）。对于不符合条件的资源对象，使用 SetNode 步骤以设置资源对象下一节点的选择，利用 Ride 步骤选择一个运输器对资源对象进行运载（类型、名称和方式），最后使用 Release 步骤对通过此路径的资源对象进行释放。一个实体或资源对象，若没有符合运行条件的过程逻辑，则无法在模型系统中运行，无法观察到模拟运行的情况。

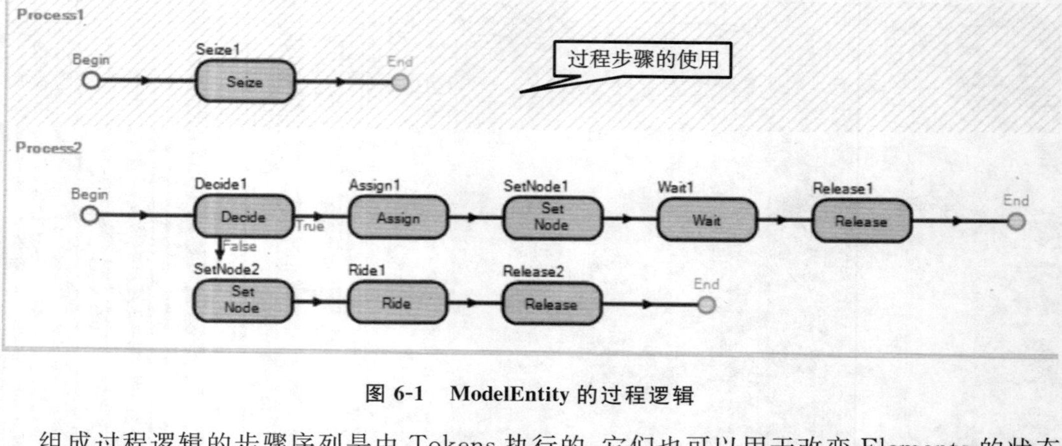

图 6-1　ModelEntity 的过程逻辑

组成过程逻辑的步骤序列是由 Tokens 执行的，它们也可以用于改变 Elements 的状态，这些在后文中会有介绍。

Processes 视窗的界面排布与 Facility 视窗的相似。图 6-2 所示中间空白区域即为用户编辑过程逻辑的区域，称为过程编辑区；位于过程编辑区左边的是 Steps 窗口，包括 Common Steps、All Steps 和 User Defined；位于过程编辑区上方的是菜单栏；而位于过程编辑区右边的是 Browse 窗口，与 Facility 视窗相同，Browse 窗口同样分为 Navigation 窗口和 Properties 面板。

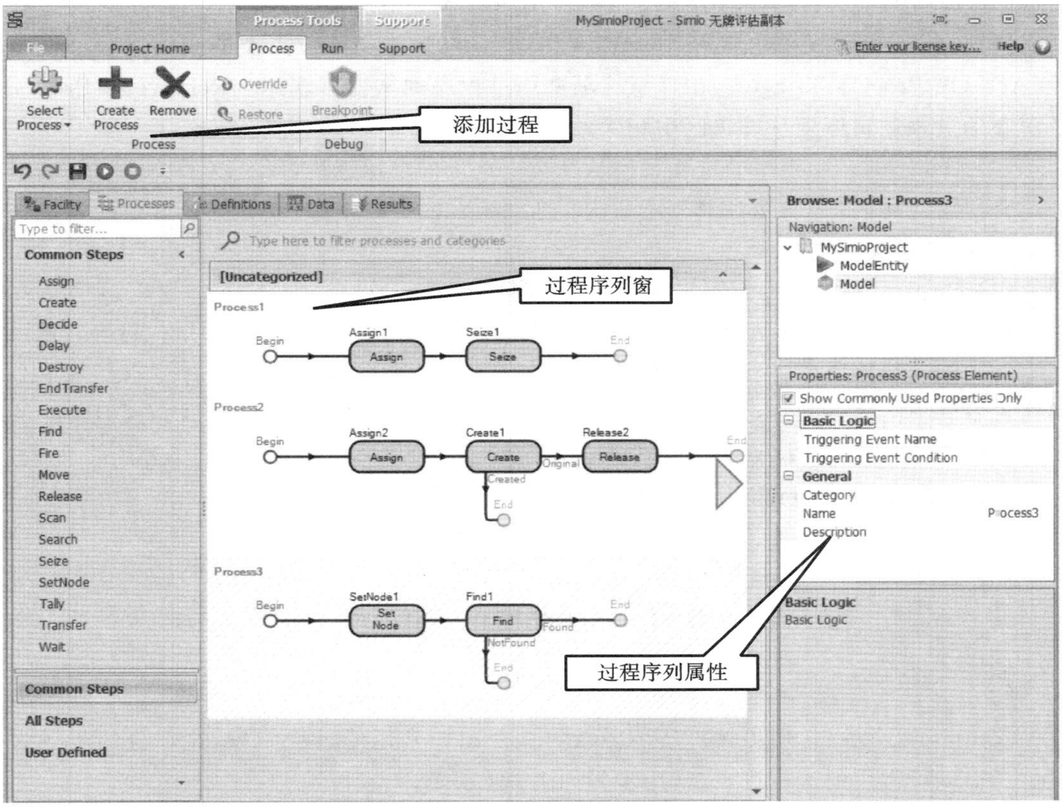

图 6-2　Processes 视窗

用户选择菜单栏中 Process→Create Process 选项，即可在过程编辑区中创建一个过程序列，并可以开始编辑所需的过程逻辑，添加用户需要的过程步骤，设定条件选用需要特定的指令，如果不想要此过程可以单击 Remove 图标对其进行移除。

(1) Select Process 中有几个默认类型的过程逻辑，可供直接选用，如图 6-3 所示。

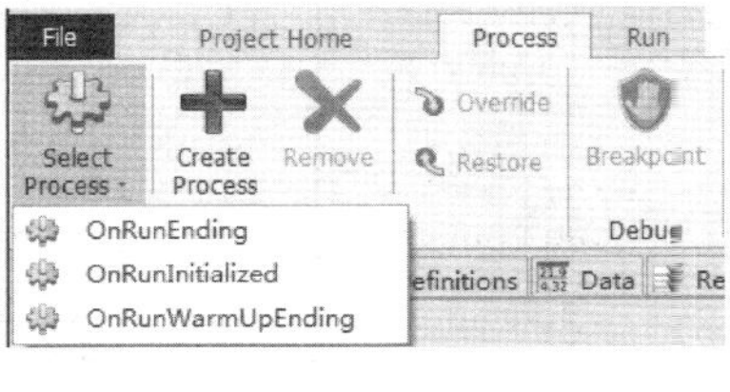

图 6-3　Select Process

①OnRunEnding。

如果模型系统是以交互模式运行的，那么此过程逻辑将在单击停止或重置按钮时执行；如果是在实验模式下运行，那么此过程逻辑将在到达结束时间或日历事件耗尽时执行。当添加此过程序列时，可在其基本逻辑中添加引起此过程序列的触发事件名和条件，满足条件时模型系统将结束运行。以下 OnRunInitialized 和 OnRunWarmUpEnding 过程序列的使用和此序列的相似。

②OnRunInitialized。

当模型系统是首次（第一次运行）初始化时，此过程逻辑将会被执行。还可以单击 

按钮以重置模型，模型回到初始运行状态。

③OnRunWarmUpEnding。

在实验模式下运行，且已指定一个预热期结束，在正确执行此过程逻辑之前所有的统计数据都被清除，通常在特定点的位置调用此过程序列，便于清除所需的特定统计数据。

(2) Create Process。为 Processes 视窗添加基本类型的步骤过程序列。新建的过程序列需要回到 Facility 视窗中调用，用户需要在固定类、运输类或节点类的添加过程触发器属性(Add-On Process Triggers)中任意一项选用过程序列名即可调用。Remove 将 Processes 视窗中的过程逻辑序列从编辑区中删除。

(3) Override。用重写的进程替换从基类中选定的继承进程，以更改子类模型的底层行为。要使用此功能，必须先将子类模型从库拖到项目内容窗格中，或者从项目中的模型右击菜单中选择“子类模型”。

(4) Restore 将选定的重写进程还原为从基类继承的原始进程。

(5) Debug 为所选步骤启用或禁用输入上的断点。当令牌到达断点时，执行会暂停。

(6) Steps 是组成过程逻辑的重要元素，为模拟仿真提供了必要的运行逻辑。每个步骤都代表着一项活动，如 Assign、Create、Decide 等。虽然步骤本身并不具有状态，但它能够改变一个元素、令牌、实体或装备的状态。Steps 面板包括 Common Steps(常用步骤)、All Steps(所有步骤)和 User Defined(自定义步骤)三个部分。

6.1 Common Steps

Common Steps(常用步骤)包含 Processes 视窗中常用的过程步骤，这部分的步骤为模拟仿真提供了常用的运行逻辑，常用步骤如表 6-1 所示。

表 6-1 Common Steps

序号	名称	描述
1	Assign	赋值，为状态变量赋予一个新的值
2	Create	新建，在模型系统中制造一个新的装备或实体
3	Decide	判断，以过程逻辑来决定一个 Token 的工作流程
4	Delay	延迟，延迟指定时间段内到达的 Token
5	Destroy	销毁，销毁装备或实体，或是与 Token 相关的装备或实体
6	EndTransfer	结束转移，表明与 Token 相关的实体已经转移至指定装备或站点
7	Execute	执行，执行一个指定的过程
8	Find	查找，在指定范围内，查找一个或多个索引变量的表达式的值
9	Fire	激发，激发一个事件
10	Move	移动，让一个或多个已被装备或实体，或是与 Token 相关的装备或实体占用了容量的可移动资源移动。Token 会被保留在该步骤内，直到资源到达指定站点
11	Release	释放，释放一个或多个装备或实体，或是与 Token 相关的装备或实体的容量
12	Search	搜索，搜索装备或实体的集合
13	Seize	捕获，捕获一个或多个装备或实体，或是与 Token 相关的装备或实体的容量
14	SetNode	设置节点，设置实体的目的节点

续表

序号	名　称	描　述
15	Tally	记录，记录每一个 Token 到达该步骤时的观测值
16	Transfer	转移，转移装备和空闲区域之间的、与 Token 相关的装备或实体
17	Wait	等待，将 Token 保留在该步骤内，直到指定事件发生

6.1.1　Assign

Assign(赋值)步骤被用于为状态变量赋予新的值，可以在基本逻辑内添加模型中指定的状态变量名和值。例如，设置赋值的优先级可以用 ModelEntity.Priority 变量来确定优先处理顺序，以符合工作要求。还可以利用 Assignments(More)添加更多的逻辑处理，可以从模型新建的资源列表中引用列表的内容和属性，能够更好地完善条件逻辑，如表 6-2 所示。指定的状态可以被令牌、访问实体、父对象或成员元素所拥有。

表 6-2　Assign 的常用属性

名　称	属　性	有效输入项	描　述
Basic Logic	State Variable Name	状态变量名	将被赋值状态变量的名称
	New Value	表达式	将被赋予的新值
	Assignments(More)	状态变量	赋值一系列的状态变量

例 6-1　工作台处理时间的设置。

假设工厂中的工作台有不同的处理时间，其依赖于零件属性。工作台的处理时间和零件属性在表格中列出。现在假设某系统有三个并行的服务器，之后又添加一个服务器。服务器的状态变量 ModelEntity.Priority 会有不同的值，这取决于哪个服务器在处理实体。第四个服务器用状态变量来读取离散函数表，从而决定处理时间。

建模步骤如下。

在 Facility 视窗中放置一个发生器、一个回收器和三个服务器，如图 6-4 所示。

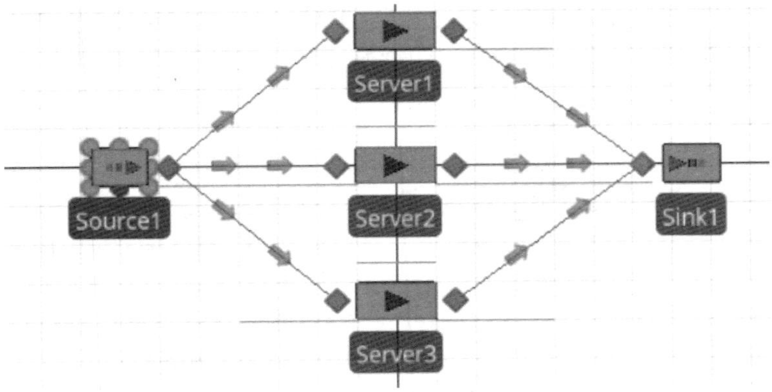

图 6-4　初始模型

从发生器引出三条路径到三个服务器。这三个服务器有不同的选择权重，即 0.5、0.3

及 0.2,在每条路径上设置选择权重。也就是,50%的实体到达第一个服务器,30%的实体到达第二个服务器,20%的实体到达第三个服务器。

本案例需要在路径上使用加载过程。这些路径在每个服务器退出路径时赋值给 ModelEntity.Priority。在这些路径的 Add-On Process Triggers 中的 Entered 添加一个加载过程,路径的触发器名称为 Path4_Entered、Path5_Entered 和 Path6_Entered。以上的工作是在路径属性窗口中实现的。

在 Process 视窗中对每一个过程添加 Assign 步骤来给属性赋予不同的值,如图 6-5 所示。在所有的赋值步骤中,状态变量名称均为 ModelEntity.Priority,Server1 在 Path4_Entered 上的新值为 1,Server2 的新值为 2,Server3 的新值为 3,如图 6-6 所示。

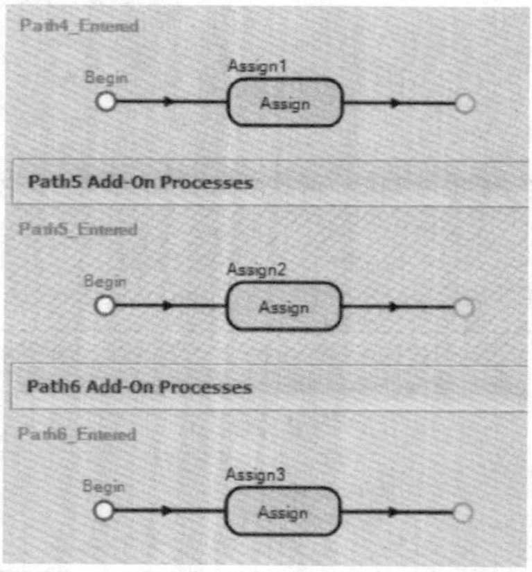

图 6-5　添加过程触发器

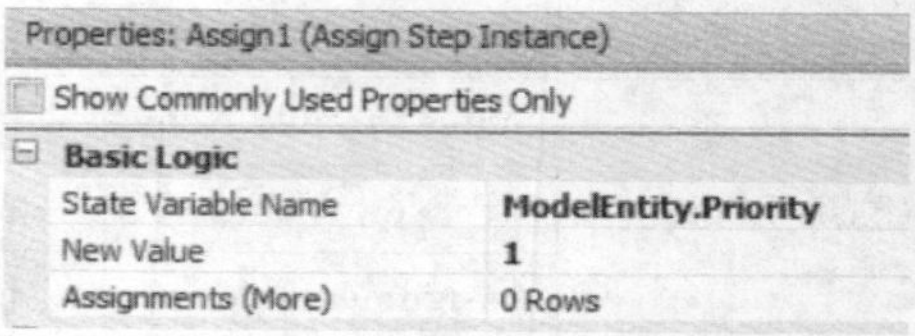

图 6-6　设置赋值状态

6.1.2　Create

Create(新建)步骤可以用于新建指定的对象实例类型的新对象,与新创建的对象关联的令牌将退出 Created 退出点。如果使用 CopyParentObject 来指定创建类型(CreateType),那么所有状态值会从原对象复制到新对象。如果使用 NewObject,那么新创建的对象会拥有系统默认的状态值。请注意,退出 Created 退出点的新令牌会拥有和原执行令牌完全相同的状态值(不管是"复制",还是"新建")。因此,如果创建了一个"新对象",就可以使用令牌的状态并让其作为一个临时存放点,用于复制选中的状态值,如表 6-3 所示。

表 6-3　Create 的常用属性

名　称	属　性	有效输入项	描　述
Basic Logic	Create Type	新装备或实体,复制装备或实体,复制与令牌相关的装备或实体	设置制造的方法。选择"新装备或实体",即可制造指定类型的新装备或实体,其余两项均为制造原装备或实体的副本
	Object Instance Name	装备或实体名	被制造的装备或实体的类型
	Number of Object	表达式(整数)	被制造的装备或实体的数量

当使用 CreateType＝NewObject 创建对象时，它被放在设施视图的自由空间内，即在对象实例的位置。如果使用 CreateType＝CopyParentObject 或 CopyAssociatedObject 创建对象时，新对象初始位置和被复制的原对象的位置相同，且在自由空间内。因此，需要在新建步骤之后，直接使用 Transfer 步骤，将新对象放入一个指定的位置，如一个连接上，或者一个站点或节点上。

从 Create 步骤出来两个退出点，包括原始退出点和 Created 退出点。新建实体的令牌将首先从 Created 退出点退出，然后继续前进直到碰到该令牌或者相关联的实体对象的延迟类型的步骤。最后，原始的令牌将从 Original 退出点离开。可以使用函数 Math. Epsilon 作为延迟步骤的时间，用于延迟被创建的令牌，从而影响事件处理的次序。

6.1.3 Decide

Decide（判断）步骤可以通过过程逻辑来确定令牌的流向。Decide 步骤判断一个表达式通过的内容是否符合条件，若不符合，则流向另一节点或路线，所以在该步骤被引用的属性必须是表达式类型的属性，如表 6-4 所示。判断的类型有两种。一种是基于概率模式，即通过判断和不通过判断的访问实体符合概率数值的分布。例如，如果选择概率模式并设定为 0.5，那么访问实体通过判定的值为 50%，即有 50%的访问实体不通过判定。另一种是基于条件模式，即访问实体需要通过判断表达式条件即可通过判定选择流向。到达的访问实体退出 True 或 False 退出点是基于指定的概率或者条件。

表 6-4 Decide 的常用属性

名　称	属　性	有效输入项	描　述
Basic Logic	Decide Type	基于概率，基于条件	设置判断是基于概率还是条件
	Expression	表达式	由概率或条件形成的表达式：若是概率，则输入 0 到 1 之间选择“真”值的概率（包括 0 和 1）；若是条件，则输入逻辑条件表达式

6.1.4 Delay

Delay（延迟）步骤根据设定的时间长度，在此过程可以访问实体设定的时间，然后再进行下一步工作，还可以在实体运输或工作过程中选择中断的点，达到留住访问实体的目的，如表 6-5 所示。

表 6-5 Delay 的常用属性

名　称	属　性	有效输入项	描　述
Basic Logic	Delay Time	表达式	设置延迟持续的时间
	Interruptible	是，否	设置该步骤是否能被中断

注意：如果延迟时间表达式返回一个负数，那么 Simio 逻辑过程将产生一个错误。若在

Delay 步骤的 Delay Time 属性中使用了无界的分布函数(如正态分布),有可能产生负数而导致模型无法正常运行。

6.1.5 Destroy

Destroy(销毁)步骤用于销毁父对象,或者执行与令牌相关联的对象。销毁的类型主要有三种:关联对象(默认)、父对象和特定对象。关联对象把两个对象相关联的属性或逻辑放置一起进行令牌判断处理;父对象是基于父本的实体或装备进行子逻辑的选择判定;特定对象是引用已经建立好的对象名称,直接把引用的对象放置在此逻辑中进行判断,如表 6-6 所示。

只有支持动态创建的对象类型才能够被销毁,被销毁对象的所有过程被立即终止,所有计划事件(如步骤的延迟)从日历上被取消。若父对象被销毁,则令牌并不退出这一步骤。

表 6-6 Destroy 的常用属性

名　称	属　性	有效输入项	描　述
Basic Logic	Destroy Type	装备或实体,与令牌相关的装备或实体,指定装备或实体	选择要销毁的装备或实体的类型
	Entity Object	实体名	当选择指定实体时,所需引用的实体名称

6.1.6 Execute

Execute(执行)步骤用于执行指定的过程。用户可以在步骤属性中添加需要使用的逻辑过程名,执行逻辑过程需要设定顺序使用权力,一种是等待前令牌通过完整;另一种是直接执行引用逻辑并在结束令牌到达后的所有步骤。过程拥有者是父对象或者相关实体。到达的令牌要么立即退出,要么基于 Action 来等待进程的结束,如表 6-7 所示。

表 6-7 Execute 的常用属性

名　称	属　性	有效输入项	描　述
Basic Logic	Process Name	过程逻辑名	设置需要引用的过程的名称
Advanced Options	Token Wait Action	等待至过程完成,无	设置过程在执行时,要采取的行动

6.1.7 Find

Find(查找)步骤用于查找对象并引用指定的队列。需要使用索引变量的名称和属性,索引变量可以快速获取数据,实现表与表之间数据的连接,保证数据引用的唯一性,还可以设定条件,为查找变量做统计分析,如表 6-8 所示。

表 6-8　Find 的常用属性

名　　称	属　　性	有效输入项	描　　述
Basic Logic	Index Variable Name	索引变量名	在整数索引值的指定范围内，所需搜索的索引变量的名称
	Starting Index	整数	设置开始搜索的索引
	Ending Index	整数	设置结束搜索的索引
	Index Variable (More)	索引变量	附加的索引变量：若指定更多的索引变量，则搜索范围即可变小
	Search Type	条件，最小化表达式，最大化表达式	设置搜索的目标：若选择“条件”，则在指定的索引变量范围内，当找到满足在搜索表达式中指定逻辑条件下的第一个结果时，搜索即停止；若选择后两项，则在指定的索引变量范围内，将找到符合最小化或最大化表达式的结果
	Search Expression	表达式	包含在指定索引变量中的搜索条件或表达式

6.1.8　Fire

Fire(激发)步骤用于激发一个对象事件。激发的对象事件是在 Definitions 视窗预先建立的事件，选定激发事件名称后，该事件在令牌到达逻辑步骤时激发，可以和 Wait 步骤一起使用，其引用如表 6-9 所示。

表 6-9　Fire 的常用属性

名　　称	属　　性	有效输入项	描　　述
Basic Logic	Event Name	事件名称	将要激发的事件名称

6.1.9　Move

Move(移动)步骤可以用于请求一个或多个可移动资源的移动，这些移动资源已被它们的父对象抓取或者被执行令牌所关联的对象抓取。在资源到达请求的位置之前，执行令牌将被暂存在 Move 步骤中，其引用如表 6-10 所示。Move 步骤能够和 Seize 步骤、Release 步骤配套使用。

表 6-10 Move 的常用属性

名　称	属　性	有效输入项	描　述
Basic Logic	Resource Move Requests	变量	请求移动的装备或实体

6.1.10 Release

Release(释放)步骤代表父对象或与执行令牌相关的对象,用于释放一个或多个对象的能力,对象可以是实体对象或列表对象,需要指定对象的类型。该步骤需要和 Seize 步骤一同使用,才能把获取后的资源对象进行释放,否则无法释放资源对象,其一直处在逻辑过程步骤中而无法进行下一阶段的服务,如表 6-11 所示。

表 6-11 Release 的常用属性

名　称	属　性	有效输入项	描　述
Basic Logic	Resource Releases	变量	需要释放的资源

例 6-2 机械师捕获资源。

假设有一对命名为"机械师"的资源 Resource,有三个平行的服务器都需要机械师来处理,并且只有在捕获两个资源中的一个时,才能开始处理实体。然而由哪个机械师捕获资源,我们这里不限制,任何一个资源都能在三台服务器中的任意一台上工作。

建模步骤如下。

在 Facility 视窗放置一个发生器、一个回收器和三个服务器(服务器是平行的)。假设每个服务器都有无限的能力。在这个模型中,服务器的能力不需要被约束,因为捕获资源的能力才是瓶颈。

最后在设施窗口放置两个资源,如图 6-7 所示。

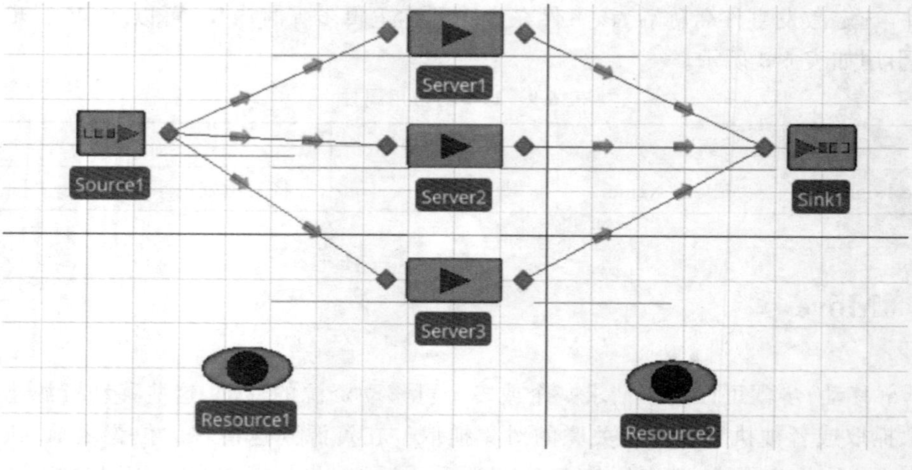

图 6-7 初始界面

定义资源列表:转到 Definitions 视窗,从位于视窗左边的菜单中选择 List。然后选择菜单中 Creat→Object 以创建一个 ObjectList(设资源为对象)。单击 General 的列表按钮,把列表名称改为 Mechanics;然后在表格中选择第一个单元格并选择 Resource1;最后,对第二行进行同样的处理并选择 Resource2,如图 6-8 所示。

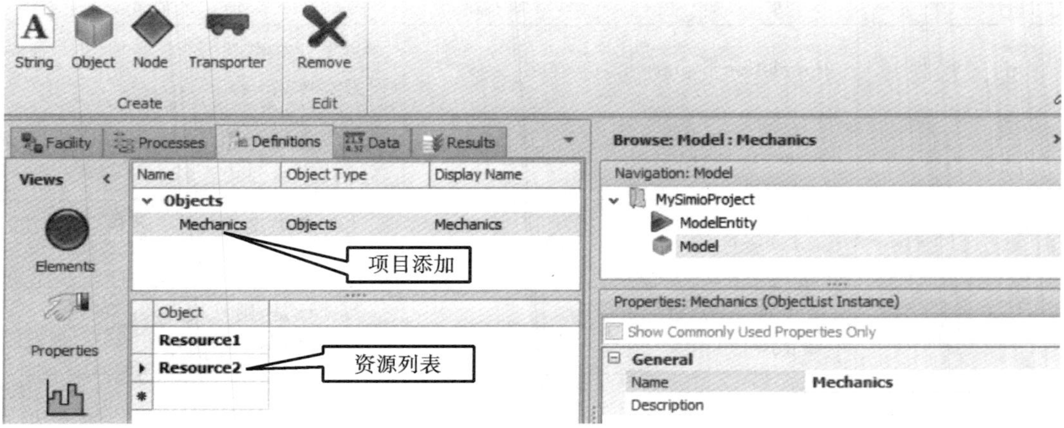

图 6-8 定义资源列表

使用服务器过程中的资源:回到 Facility 视窗,在每个服务器中创建两个加载过程,双击 Add-On Process Triggers,再双击其中的 Before Processing 和 After Processing 进行添加。然后再单击 Process 窗口,为每一个 Processing 添加一个 Seize 步骤,为每个 Processed 添加一个释放步骤。

在 Seize 和 Release 的属性窗口中,把所有者改为关联对象,并且把对象类型设置为 FromList。对象列表的名称改为 Mechanics,Seize 步骤的选择目标属性应设置为编号顺序,如图 6-9 所示。这样,如果两个资源都可用,那么通常就会选择资源列表中的第一个资源。

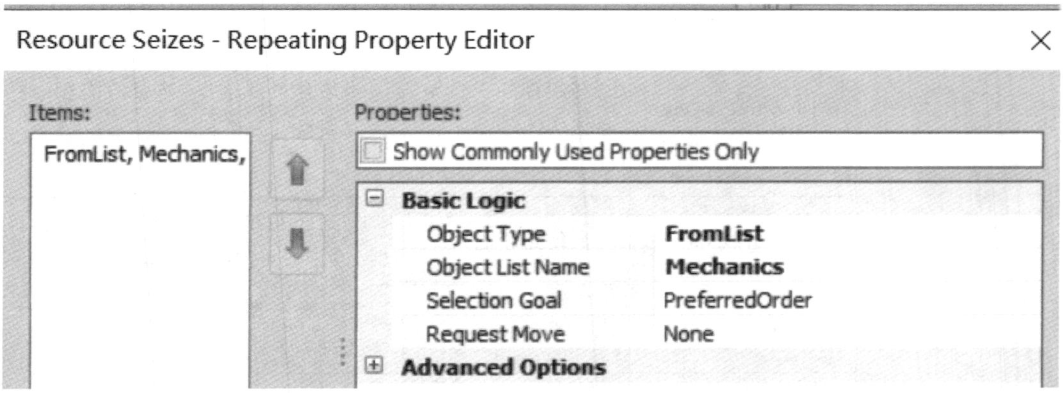

图 6-9 Seize 和 Release 的属性

6.1.11 Search

Search(搜索)步骤可以用于搜索队列、对象的集合或者表单(Table)。

返回值表达式可以被指定评估所有上下文的搜索中找到的对象。执行令牌的返回值

(ReturnValue)并返回该值。将该值存储在令牌上,能够稍后在过程中被参考,如表 6-12 所示。

表 6-12 Search 的常用属性

名称	属性	有效输入项	描述
Collection Type	Population Name	实体名	当集合类型选择"按实体"时,需要搜索实体名
	Queue State Name	队列状态名	当集合类型选择"按队列状态"时,需要搜索队列状态名
	Table Name	表格名	当集合类型选择"按表格"时,需要搜索表格名
	Search Related Rows Only	是,否	若选择是,则只搜索相关的行:若选择"否",则搜索全表格
	Object List Name	装备或实体列表名	当集合类型选择"按装备或实体列表名"时,需要搜索装备或实体列表名
	Node List Name	节点列表名	当集合类型选择"按节点列表名"时,需要搜索节点列表名
	Transporter List Name	运输器列表名	当集合类型选择"按运输器列表名"时,需要搜索运输器列表名
	Owner Type	与令牌相关的装备或实体	当集合类型选择"按所有者类型"时,需要搜索所有者类型
	Resource Type	与指令相关的装备或实体	当集合类型选择"按资源类型"时,需要搜索资源类型
	Network Name	网络路径名	当集合类型选择"按网络路径名"时,需要搜索网络路径名
	Node Name1	节点名	当集合类型选择"按入口节点"时,需要搜索入口节点名
	Node Name2	节点名	当集合类型选择"按出口节点"时,需要搜索出口节点名
	Object Instance Name	装备或实体名	当集合类型选择"按装备或实体"时,需要搜索装备或实体名

续表

名　　称	属　　性	有效输入项	描　　述
Basic Logic	Search Type	向前，向后，最小化表达式，最大化表达式	设置搜索的方向或目标
	Match Condition	表达式	设置一个匹配条件，只有符合这个条件的信息才会被选择。如在表达式的开头输入关键字 Candidate
	Search Expression	表达式	包含在指定索引变量中的搜索条件或表达式
Advanced Options	Limit	整数	搜索数量的最大值与最小值
	Save Index Found	表达式	保存在集合中被发现的最后一个装备或实体的索引值
	Save Number Found	整数	保存搜索到的装备或实体的数量

这一步骤被用于创建与搜索发现的对象相关联的新令牌。它允许由某一个对象所执行的过程，作用于模型中的不同对象上。这些令牌会退出该步骤的 Found 退出点。

搜索步骤有两个退出点，包括 Original 退出点和 Found 退出点。首先，被发现的实体的令牌会从 Found 退出点退出，除非碰到和该令牌或者关联实体相关的延迟类型的步骤。接着原始令牌会从 Original 退出点退出。函数 Math. Epsilon 可以被用于 Delay 步骤中，来延迟被发现的对象的令牌，从而影响事件处理的先后次序。

原始令牌永远是从 Original 退出点分支出去的，而不管搜索步骤是否找到任何对象。所有在 Original 退出点退出部分存在的步骤都会被执行。仅当在 Search 步骤中找到某些对象时，在 Found 退出点分支才会建立新的令牌。因此，假如 Search 步骤找到某对象后，在 Found 退出点部分存在的所有步骤都会被执行。但是，如果没有找到，那么在 Found 退出点部分存在的任何步骤都不会被执行(因为在这里并没有创建令牌)。

例 6-3　搜索对象。

在这个案例中，使用 Search 步骤来保存被捕获对象的 ID 标识，使用者应牢记列表上的哪个资源被捕获了。因此，当实体回到这个步骤时，就能捕获和第一次访问该过程时所获得的同一个资源。

在实体捕获了对象之后，使用者应该保存被捕获对象的标识。使用 Search 步骤来采集那些被实体捕获的对象，并得到最后所获取的对象的标识，如图 6-10 所示。

在令牌离开 Search 步骤时，把令牌的返回值(Token. ReturnValue，它含有标识号)指定给实体状态值，实体便能够随身携带这个信息。当使用另一个 Seize 步骤时，可以在 Seize 步骤中使用选择条件(Selection Condition)来捕获想再一次捕获的同一资源。例如，保存了被捕获的资源的标识号，并赋值给了一个名为“TheIDThatWasSeizedBefore”的状态值，Seize 步骤中的属性如图 6-11 所示。

使用 Search 步骤查询表格中的某个数值：在例 6-3 中，用户希望能够在 Simio 的数据表(Table)中搜索和某个条件所匹配的某行。假定一个实体具有离散状态值，名为

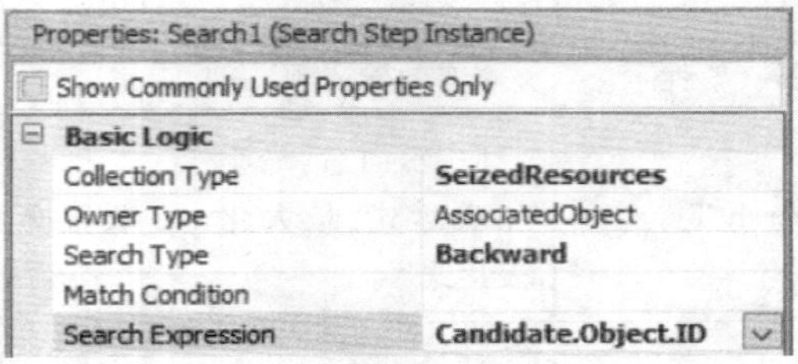

图 6-10　Search 步骤的属性

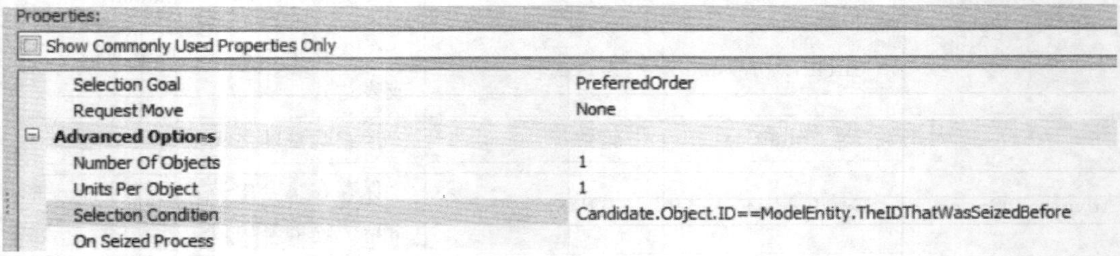

图 6-11　Seize 步骤的属性

MyCustomState，并且某个数据表中包含一个名为 CustomStateID 的属性。每个实体的 MyCustomState 值是 10、20、30 或 40。数据表的 CustomStateID 列有四行，分别是 10、20、30、40。该数据表还包含一列，该列是节点属性，包含某个特定实体所要到达的节点。使用 Search 步骤，一个和实体相关联的令牌会找到 ModelEntity. MyCustomState = Table1. CustomStateID 的那一行，在 Search 步骤的 Found 退出点分支，用一个 SetNode 步骤来设定实体的目的地节点为 DataTable. NodeProperty。

使用 Search 步骤来搜索表格，能够在仿真运行开始时，对对象的 WIP 进行初始化。

6.1.12　Seize

Seize（捕获）步骤代表父对象或和执行令牌相关的对象，用于捕获一个或多个对象的能力。

每个对象代表具备某种能力的资源。对象资源必须被整体捕获或释放，并能够被父对象或那些和执行令牌相关的对象所拥有。被拥有者所捕获的对象可能来自于一个特定的对象，或是从一个对象链表中被选中的。如果是特定的对象，那么它可能是一个静态的对象，或者从许多复制对象中选取的对象样本。如果是从对象列表中选取的，或者所需对象的数量比可以得到的少，那么"资源选择规则"将被用于选择可得的对象。对象列表既包括复制的对象（动态对象成员），也包括非复制的对象（静态运行空间对象、固定对象）。如果是对象群体，那么所有的成员都适合被选取，对象的容量会在稍后被释放，或者通过特定的名称，或者通过对象列表名。若是在对象列表名中被释放的，则那些由特定列表所拥有的对象就能够正常地被释放。释放的规则是根据次序来制定的，可以指定为 FirstSeized（第一次捕获）或最后捕获（LastSeized）。

资源可以被分配到父对象或是关联的对象上。如果资源是被父对象捕获的，那么它必须被父对象释放。如果资源是被关联对象捕获的，那么它可以被关联的对象在多个对象之间携带。

Seize 步骤必须和 Release 步骤一起使用，且操作步骤相似。Seize 的常用属性如表 6-13 所示。

表 6-13　Seize 的常用属性

名　称	属　性	有效输入项	描　述
Basic Logic	Resource Seize	变量	需要占有的资源

6.1.13　SetNode

SetNode（设置节点）步骤用于设置任何实体对象的"目的地"节点，为实体对象和指令进行下一步状态选择（前行或停止）。节点可以把运输工具设为载体的起始点对实体进行搬运，运输工具可以设定为多种运输方案（多路径多车型），可模拟现实物流运输运转站点的运作方式。

SetNode 的常用属性如表 6-14 所示。

表 6-14　SetNode 的常用属性

名　称	属　性	有效输入项	描　述
Basic Logic	Destination Type	指定，基于序列表、条件、节点 ID 号	选择目的节点的类型
	Node Name	节点名称	需要指定的目的节点的名称
	Node ID Number	整数	需要选择的节点的 ID 号

6.1.14　Tally

当每个令牌到达 Tally（记录）步骤时，对其观察值进行记录。被记录下来的值可以是表达式，可以记录为到达 Tally 步骤的时间间隔。这些值被一个统计记数（Tally Statistics）所记录，记录下来的数据可以生成报表传输给观测者，便于观测者对下一步运作进行分析和调整。

Tally 的常用属性如表 6-15 所示。

表 6-15　Tally 的常用属性

名　称	属　性	有效输入项	描　述
Basic Logic	Tally Statistic Name	统计记录元素名	将某个观测值记录到统计记录元素中
	Value Type	表达式，时间间隔	选择记录观测值的类型
	Value	表达式	记录的观测值
	Tallies(More)	观测值	记录一系列观测值

6.1.15 Transfer

Transfer(转移)步骤可以将与执行令牌相关的实体对象在对象之间和不同的位置类型之间移动,如在自由空间和对象之间进行转移。

当把一个实体转移到某节点,而该实体还没有一个目的地时,Transfer 步骤自动地将该节点设置为实体的目的地,如表 6-16 所示。

表 6-16 Transfer 的常用属性

名　称	属　性	有效输入项	描　述
Basic Logic	From	空闲区域,当前站点,当前节点,路径终点,当前容器	实体进行转移时的起始位置类型
	To	空闲区域,站点,节点,母节点,与令牌相关的装备或实体,路径出口,容器	实体将被转移到的目的位置的类型
	Node Name	节点名	实体将被转移到的节点的名称
Advanced Options	Entity Type	父对象,相连对象,特殊对象	实体将被转移的类型
	Fail Blocked	是,否	故障是否被封锁
	Token Wait Action	等待事件完成前,等待事件完成后	令牌被处理的顺序
	Exclusion Expression	表达式	选择不想要的资源

6.1.16 Wait

将到达的令牌保存在 Wait(等待)步骤中,直到某个指定的事件发生,令牌才继续流动。

根据令牌到达的先后顺序在 Wait 步骤中被释放(先进先出)。多个令牌同时在 Wait 步骤中等待的情况下,当指定事件被激发时,所有令牌都被释放。

Wait 的常用属性如表 6-17 所示。

表 6-17 Wait 的常用属性

名　称	属　性	有效输入项	描　述
Basic Logic	Event Name	事件名称	指定事件的名称
	Event Condition	表达式	指定事件发生时，释放令牌的条件
	Events(More)	事件	指定一系列的事件

6.2 All Steps

All Steps(所有步骤)包含 Simio Process 视窗中首字母从 A 至 Z 的所有过程步骤，这些步骤为过程触发器提供了运行逻辑。各个步骤如表 6-18 所示。

表 6-18 All Steps

序号	名　称	描　述
1	AddRow	新增行，为指定的输出表增加一行
2	Allocate	分配，将装备或实体的可用容量手动分配给其他等待使用这些容量的装备或实体
3	Arrive	到达，表明实体已经到达指定节点
4	Batch	批处理，让批量逻辑与多个实体匹配，从而将多个实体组成一个批量作为子实体，然后与母实体合成
5	ClearStatistics	统计清零，清零一个模型的统计数据
6	Consume	消耗，消耗指定的物料数量
7	Disengage	断开连接，解除一个子实体与其母实体的连接
8	Dropoff	卸载，让运输器把搭载的实体卸载到当前节点
9	EndActivity	结束活动，结束当前作业中的某项活动
10	EndOperation	结束作业，结束当前作业
11	EndRun	停止运行，停止运行当前模拟仿真
12	Engage	连接，连接一个母实体与子实体
13	Fail	故障，根据故障类型启动停工时间
14	Insert	插入，让一个装备或实体插入指定的队列
15	Interrupt	中断，中断某一过程中的延迟活动
16	Notify	通知，输出一个用户自定义的跟踪信息或警告信息
17	Park	停泊，让一个实体移动到一个节点的停泊区
18	Pickup	装载，让运输器装载一个目前处于等待队列中的实体
19	PlanVisit	计划访问，让运输器搜索并接受搭载请求

续表

序号	名　　称	描　述
20	Produce	生产,生产指定数量的物料
21	Remove	移除,从指定队列中移除装备或实体
22	Repair	修复,根据故障类型结束停工时间
23	Resume	恢复,恢复一个过程或者一个装备或实体的移动
24	Ride	搭载,初始化一个运输器的关于搭载某节点上某一实体的请求
25	Route	路线,为一个实体从节点列表中选择一个目的节点
26	SelectDropoff	选择性卸载,设置一个目的节点让运输器在此处将正在搭载的实体卸载下来
27	SelectVisit	选择性访问,设置一个目的节点让运输器来此处搭载实体
28	SetNetwork	设置网络路径,设置运行于节点间的实体所通过的网络路径
29	SetRow	设置行,为一个装备或实体,或是一个令牌的数据表或序列表中的某行赋值
30	StartActivity	开始活动,开始一项作业中的某项活动
31	StartOperation	开始作业,开始一项作业
32	Subscribe	预设事件,为过程设置一个新的触发事件
33	Suspend	暂停,暂停一个过程、装备或实体的移动
34	Travel	直接移动,让实体从空闲区域直接(直线)移动至指定站点
35	UnBatch	拆分处理,将批处理中的子实体从母实体中拆分下来
36	UnPark	结束停泊,让一个实体从节点的停泊区离开
37	UnSubscribe	取消预设事件,为过程取消一个预设的触发事件
38	VisitNode	访问节点,在节点逻辑的范围内,初始化与令牌相关的实体的访问节点过程

注意:在 Common Steps 中介绍过的步骤,这里将不再赘述。

6.2.1　Allocate

Allocate(分配)步骤用于将父对象的可用资源能力(如果存在)手工分配给等待使用这些能力的对象。我们需要在 Basic Logic 属性中的 Resource Type 更改有效输入项(如 AssociatedObject)来设置这个步骤的逻辑属性。Allocate 的常用属性如表 6-19 所示。

表 6-19　Allocate 的常用属性

名　　称	属　　性	有效输入项	描　　述
Basic Logic	Resource Type	装备或实体,与令牌相关的装备或实体,指定装备或实体	指定被分配资源的类型

6.2.2　Batch

合并步骤和批处理逻辑元素(Batch Logic Element)一起使用,用于将多个实体相匹配,将那些实体合并,并将合并的成员附加在父实体上。我们需要在 Basic Logic 属性中的 Batch Logic Name 和 Category 中的有效输入项相应地设置目的节点发生拥堵时的选择规则和对子实体或母实体进行批处理,完成这个步骤的逻辑属性的设定,如表 6-20 所示。

表 6-20　Batch(批处理)的常用属性

名　　称	属　　性	有效输入项	描　　述
Basic Logic	Batch Logic Name	批处理逻辑元素名	为批处理定义批处理逻辑的逻辑元素的名称
	Category	子实体,母实体	指定子实体或母实体进行批处理

6.2.3　ClearStatistics

ClearStatistics(统计清零)步骤用于将前面的过程数据全部清零或是对指定的数据清零。

我们需要在 Basic Logic 属性中的 Clear Statistics Type 的有效输入项中相应地选择需要进行清零的类型来设置这个步骤的逻辑属性,如表 6-21 所示。

表 6-21　ClearStatistics 的常用属性

名　　称	属　　性	有效输入项	描　　述
Basic Logic	Clear Statistics Type	全部清零,指定清零	选择需要进行清零的类型
	Objects or Elements	装备,实体或元素	清零一系列的装备、实体或元素

6.2.4　Consume

Consume(消耗)步骤可以消耗指定数量的物料——第一层物料,或者展开的物料清单中的物料。如果在第一层,那么这些指定数量的物料被直接消耗;如果在物料清单层,那么列在"物料清单"中的物料被实体所消耗,这个数量等于清单中的数量乘以第一层的数量(通常为 1)。实体在这一步骤等待,直到所有数量都被分配完毕。当物料逐步到达时,分配量也会逐步增加。只有第一个在物料队列中等待的实体才能够得到分配。我们需要在 Basic Logic 属性中 Consumption Type、Material Name 和 Quantity 中的有效输入项进行相应的更改来设置这个步骤的逻辑属性,如表 6-22 所示。

表 6-22 Consume 的常用属性

名 称	属 性	有效输入项	描 述
Basic Logic	Consumption Type	物料，物料清单，指定作业	选择需要被消耗的物料、物料清单或指定作业
	Material Name	物料名称	需要被消耗的物料或物料清单中物料的名称
	Quantity	表达式	需要被消耗的物料或物料清单中物料的数量

Consume 步骤要和 Produce 步骤一起使用，如果在 Consume 步骤中的所有物料清单中物料的数量还不可获得的话，实体在该步骤等待。在模型的其他地方，应使用 Produce 步骤增加物料数量，一旦生产完毕，Consume 步骤立即使用这些生产的物料。

6.2.5 Dropoff

Dropoff(卸载)步骤是将运输对象从一个实体的位置放下，这样连接和实体就可以独立进行运动。我们需要在 Basic Logic 属性中的 Unload Time 的有效输入项设置卸载实体所需的时间来确定这个步骤的逻辑属性，如表 6-23 所示。

表 6-23 Dropoff 的常用属性

名 称	属 性	有效输入项	描 述
Basic Logic	Unload Time	表达式	设置卸载实体所需的时间

6.2.6 Fail

Fail(故障)步骤启动了一个故障元素的停顿期。我们需要在 Basic Logic 属性中的 Failure Name 的有效输入项更改、插入将要发生的故障的名称来设置这个步骤的逻辑属性，如表6-24所示。

表 6-24 Fail 的常用属性

名 称	属 性	有效输入项	描 述
Basic Logic	Failure Name	故障名称	设置要发生的故障名称

6.2.7 Insert

Insert(插入)步骤用于将对象插入指定的队列。我们需要在 Basic Logic 属性中 Queue State Name 和 Rank Placement 中的有效输入项相应插入装备或实体的队列状态的名称和重新规定排列位置来设置这个步骤的属性，如表 6-25 所示。

表 6-25 Insert 的常用属性

名　称	属　性	有效输入项	描　述
Basic Logic	Queue State Name	队列状态名称	需要插入装备或实体的队列状态的名称
Advanced Options	Rank Placement	表达式	重新规定排列位置，原有的排序规则将被覆盖。若队列原本的排序规则为先进先出或后进先出，则此表达式将被解释为插入的装备或实体的特定排序索引；若队列原本的排序规则为最小值或最大值优先，则此表达式将被解释为插入的装备或实体的特定排序值

6.2.8 Interrupt

Interrupt（中断）步骤可以用于打断过程的延迟。在 Delay 步骤中被延迟的令牌是可以被中断的，当 Delay 步骤的 Interruptible 属性为 True 时，为增加处理中断的逻辑（如重新安排线路的逻辑），Interrupt 步骤可以新建与被中断项目相关联的令牌，这些令牌将从该步骤的 Interrupted 退出点离开。Interrupt 常用属性如表 6-26 所示。

表 6-26 Interrupt 的常用属性

名　称	属　性	有效输入项	描　述
Basic Logic	Process Name	过程逻辑名	要中断过程中的延迟活动的名称
	Selection Rule	任何，活动周期，最大值优先，最小值优先	被中断过程中的延迟活动的选择规则
	Interrupted Process Action	结束过程，恢复延迟，结束延迟	设置被中断过程中的延迟活动如何被处理

Interrupt 步骤可以用于模拟资源先占（Preemption），允许模型逻辑中断一个过程延迟活动，将该过程使用的资源释放后，将其用于一个更高优先度的活动中。这个方法提供了非常灵活的先占能力，能够精确地控制被其他高优先级的活动所先占的实体，以及这些被先占的实体的后续的处理方法。

在标准对象库中，能够被 Interrupt 步骤所中断的对象有服务器、合并器、分离器。在这几个对象中，它们的处理时间延迟属性为 Interruptible。如果要中断服务器、合并器或者分离器的令牌，只需将 Interrupt 步骤的 Process Name 属性指定为对象名 OnEnteredProcessing。

当令牌进入 Interrupt 步骤时，它会中断指定的过程，然后令牌会从 Original 退出点离开步骤，然后进行后续处理。如果这个原始的令牌结束其步骤（或者开始一个新的延迟类型步骤），那么和被中断的实体相关联的令牌就会被创建，这个新令牌会从步骤的 Interrupted 退出点离开，并继续后面指定的步骤。

6.2.9 Notify

Notify（通知）步骤用于输出一个用户自定义的跟踪信息或者预警信息。

在菜单栏 Run→Advanced Options 中设置 Warning Level，可以决定这些警告信息所显示的位置，任何跟踪信息都会被显示在 Trace 窗口中。我们需要在 Basic Logic 属性中的 Notification Type、Message Heading 和 Message Content 的有效输入项选择将要输出的信息类型、插入输出的信息标题和插入输出的信息内容来设置这个步骤的逻辑属性，如表 6-27 所示。

表 6-27 Notify 的常用属性

名　称	属　性	有效输入项	描　述
Basic Logic	Notification Type	跟踪，警告	选择将要输出的信息类型
	Message Heading	表达式	要输出的信息标题
	Message Content	表达式	要输出的信息内容

6.2.10 Park

Park（停泊）步骤用于把实体对象转移到一个节点的停靠站。我们需要在 Basic Logic 属性中的 Node Name、Advanced Options 属性中的 Token Wait Action 的有效输入项相应地设置将要停泊的节点名称和令牌在等待步骤中开始活动的时间，如表 6-28 所示。这样这个步骤才能按预定的逻辑运行。

表 6-28 Park 的常用属性

名　称	属　性	有效输入项	描　述
Basic Logic	Node Name	节点名称	设置将要停泊的节点名称
Advanced Options	Token Wait Action	等待至事件转移，等待至事件转移结束	设置令牌在等待步骤中开始活动的时间

6.2.11 Pickup

Pickup(装载)步骤用于运输器对象在运输器当前节点的装载拾取队列中拾取一个实体。

等待的实体按照拾取队列的顺序接受检查。注意实体和运输器要同时接受所选实体的拾取。如果实体/运输器接受了拾取请求,Pickup 步骤会把实体从节点的拾取队列(Ride Pickup Queue)中转移出来并使用标准的转移机制将其转移到传输器的装载站点(由 EndTransfer 步骤完成转移)。令牌一直被保存在 Pickup 步骤,直到实体完成转移。如果在运输器上的装载站中没有提供移入过程(TransferIn Process),那么默认为是零时间的转移。依照拾取尝试的结果,令牌会从两个退出点中的一个退出点退出:如果拾取成功,那么它会从主要退出点退出;如果拾取尝试失败,那么它会从第二个退出点退出。被运输器拾取的实体会在随后使用 Dropoff 步骤放下。

注意:如果延迟时间表达式为负数,那么 Simio 会报错。这个情形在使用无界的分布函数时会发生,无界的分布函数有可能产生负数,如正态分布,指定 Pickup 步骤的 Load Time,如表 6-29 所示。

表 6-29 Pickup 的常用属性

名　　称	属　　性	有效输入项	描　　述
Basic Logic	Selection Goal	最短距离,最长距离,优先次序,最小值,最大值	设置选择装载实体的方式
	Load Time	表达式	设置装载实体所需要的时间

6.2.12 Produce

Produce(生产)步骤生成指定数量的物料——可以是第一层的物料,或者展开的物料清单中的物料。我们需要在 Basic Logic 属性中的 Production Type 的有效输入项选择需要生产的物料、物料清单或指定作业来设置这个步骤的逻辑属性,如表 6-30 所示。

表 6-30 Produce 的常用属性

名　　称	属　　性	有效输入项	描　　述
Basic Logic	Production Type	物料、物料清单、指定作业	选择需要生产的物料、物料清单中的物料或指定作业

注意:如果延迟时间的表达式返回负数,那么 Simio 将产生一个错误信息。当在 Produce 步骤的 Production Delay Time 属性中使用了一个无界的分布函数时,如正态分布,可能会产生负数。

6.2.13 Resume

Resume(恢复)步骤用于继续一个进程或者继续一个对象的移动。

如果恢复类型是“Process”,这一进程的拥有者可以是父对象或与执行令牌相关联的对象。

如果恢复类型是“ParentObjectMovement”或“AssociatedObjectMovement”,则父对象或相关对象的移动会继续。该对象必须是一个连接对象或智能主体对象,如表 6-31 所示。Resume 步骤可以和 Suspend 步骤一起使用。

表 6-31 Resume 的常用属性

名　称	属　性	有效输入项	描　述
Basic Logic	Resume Type	过程,装备或实体的活动	需要恢复的行为或逻辑的类型
	Process Name	过程逻辑名	需要恢复的过程逻辑名
	Object Type	装备或实体,与令牌相关的装备或实体,指定装备或实体	需要恢复活动的装备或实体的类型

6.2.14 Ride

Ride(搭载)步骤用于为一个节点上的实体对象启动运输装载请求。实体可以根据运输器的种类或行进方式进行分类运输,利用资源列表的数据要求设定运输实体的数量和路线,还可使用预留运输的方法来装配实体以完成运输任务,如表 6-32 所示。

表 6-32 Ride 的常用属性

名　称	属　性	有效输入项	描　述
Basic Logic	Transporter Type	指定,来自列表	设置运输器类型
	Transporter Name	运输器名	实体会使用到的运输器名
	Transporter List Name	运输器列表名	实体会使用到的运输器列表名
	Reservation Method	预留最近的,预留最好的	设置预留运输器给一个实体的方法

6.2.15 Route

Route(路线)步骤和 RoutingGroup 元素一起使用,为一个实体对象安排到目的地的路线(目的地从候选节点列表中选择)。我们需要在 Basic Logic 属性中的 Routing Group Name 和 Blocked Destination Rule 相应的有效输入项中选择目的节点的路线组的名称和目的节点发生拥堵时的选择规则来设置这个步骤的逻辑属性,如表 6-33 所示。

表 6-33 Route 的常用属性

名 称	属 性	有效输入项	描 述
Basic Logic	Routing Group Name	路线组名	选择目的节点的路线组名
	Blocked Destination Rule	只选有效的，偏重有效的	目的节点发生拥堵时的选择规则

6.2.16 SetNetwork

SetNetwork(设置网络路径)步骤用于建立实体所使用的在节点位置之间运行的连接网络，与 Network 元素一起使用。我们需要在 Basic Logic 属性中的 New Network Name 的有效输入项设置的新的网络路径来设置这个步骤的逻辑属性，如表 6-34 所示。

表 6-34 SetNetwork 的常用属性

名 称	属 性	有效输入项	描 述
Basic Logic	New Network Name	新网络路径名称	需要设置的新网络路径名称

6.2.17 SetRow

SetRow(设置行)步骤给一个令牌或对象指定数据表或序列。序列的当前行索引值由 RowIndex 属性所指定。令牌或对象一次可以和多个表格的数据绑定。要实现该功能，只需用两个 SetRow 步骤分别引用感兴趣的表格。我们需要在 Basic Logic 属性中的 Table Name 和 Row Number 相应的有效输入项设置行的序列表或数据表的名称和表格的行索引值，以此来设置这个步骤的逻辑属性，如表 6-35 所示。

表 6-35 SetRow 的常用属性

名 称	属 性	有效输入项	描 述
Basic Logic	Table Name	数据表的名称	需要设置行的序列表或数据表的名称
	Row Number	整数	设置表的行索引值

例 6-4 用户希望设定一个令牌指向两个不同的表。

首先创建一个过程以添加两个 SetRow 和一个 Assign，如图 6-12 所示。

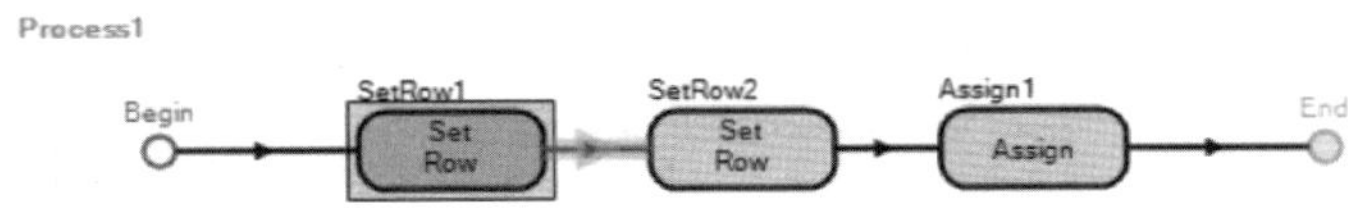

图 6-12 过程图

然后，在 Assign 步骤中引用两个表中的属性值。第一个 SetRow 步骤设定令牌指向 Table1 的第一行，第二个 SetRow 步骤则设定同一个令牌指向 Table2 的第二行，如图 6-13 所示。

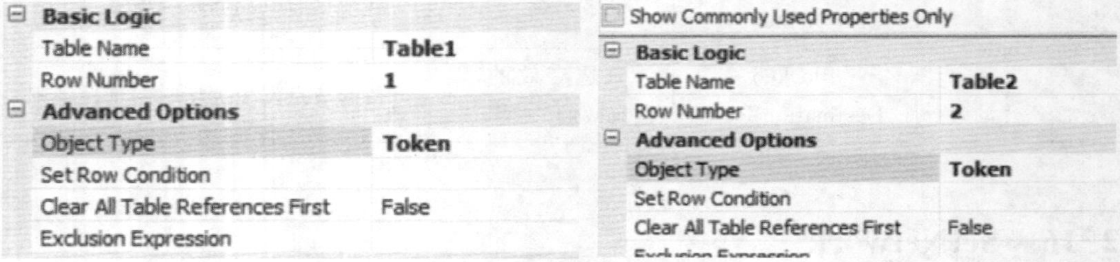

图 6-13　SetRow 的属性

最后，Assign 步骤从两个表中引用属性值，将其赋值到其 New Value 表达式中，如图 6-14所示。

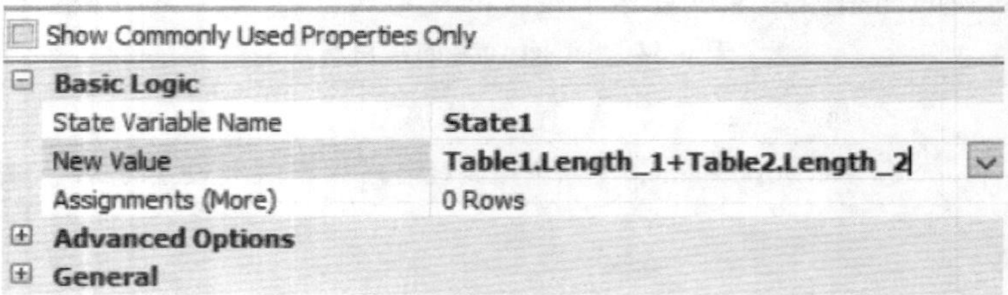

图 6-14　Assign 的属性

6.2.18　Subscribe

Subscribe(预设事件)步骤用于给过程增加一个新的触发事件，表明一旦事件发生，过程将被执行。

假设一个服务器在开始加工前捕获了某种资源，这种资源在使用过程中的状态可能是 On Shift(上班)或者 Off Shift(下班)。如果希望服务器在资源停止时也停止加工过程，预设动作将触发一个过程，当资源容量(Resource. CapacityChanged)发生改变时，暂停服务器，此时容量恰好为 0。由此可以看出，暂停服务器的过程将使用 Suspend 步骤来中止服务器中进入加工的事件(OnEnteredProcessing)。由于这种过程不是标准库服务器对象的公共过程，使用者需要建立一个服务器对象的子类，重写进入的过程(OnEnteredProcessing)并将公共属性改为 True。改变后，过程将在 Suspend 步骤中出现。

同时，当工作站对象的任何附属资源停工或者开工时，利用这些步骤来暂停或恢复当前工作的处理。

Subscribe 的常用属性如表 6-36 所示。

表 6-36　Subscribe 的常用属性

名　称	属　性	有效输入项	描　述
Basic Logic	Event Name	事件名	为某个过程新增的触发事件名
	Process Name	过程逻辑名	新的触发事件使用的过程逻辑名

6.2.19 Suspend

Suspend(暂停)步骤被用于中止一个过程或对象的移动。

如果说暂停类型(Suspend Type)是“过程”,那么过程的拥有者就是父对象或与执行令牌相关联的对象。过程中的所有令牌在当前的状态下是被冻结的。如果一个过程在还未开始时就被暂停了,那么当它“开始”时就被立刻暂停。如果暂停类型是 ParentObjectMovement 或 AssociatedObjectMovement,父对象或相关对象的移动将被暂停。此时,对象必须是连接对象或智能主体对象(Agent)。

Suspend 步骤可以和 Resume 步骤一起使用。

Suspend 的常用属性如表 6-37 所示。

表 6-37 Suspend 的常用属性

名称	属性	有效输入项	描述
Basic Logic	Suspend Type	过程,装备或实体的活动	需要暂停的行为或逻辑的类型

6.2.20 Travel

Travel(直接移动)步骤用于将一个实体运送到指定的一个目的地和为该实体指定运行方式的一个过程。我们需要在 Basic Logic 属性中的 Destination Type、Maximum Movement Rate 和 Auto Orient Towards Destination 相应的有效输入项设置目的地的类型、实体直接移动时需要的最大速度和实体是否能够自动定向直接移动至目的地,以此来设置这个步骤的逻辑属性,如表 6-38 所示。

表 6-38 Travel 的常用属性

名称	属性	有效输入项	描述
Basic Logic	Destination Type	指定装备,绝对坐标,相对坐标	设置目的地类型
	Destination Object	目的装备名	当目的地类型选择“指定装备”时,实体需直接移动至目的装备
	X Location	表达式	当目的地类型选择“绝对坐标”时,实体需直接移动至 X 轴的坐标
	Y Location	表达式	当目的地类型选择“绝对坐标”时,实体需直接移动至 Y 轴的坐标
	Z Location	表达式	当目的地类型选择“绝对坐标”时,实体需直接移动至 Z 轴的坐标

续表

名　称	属　性	有效输入项	描　述
Basic Logic	X Offset	表达式	当目的地类型选择"相对坐标"时，实体需从当前位置的 X 轴方向直接移动的偏移量
	Y Offset	表达式	当目的地类型选择"相对坐标"时，实体需从当前位置的 Y 轴方向直接移动的偏移量
	Z Offset	表达式	当目的地类型选择"相对坐标"时，实体需从当前位置的 Z 轴方向直接移动的偏移量
	Maximum Movement Rate	表达式	实体直接移动时需要的最大速度
	Ending Movement Rate	表达式	实体直接移动时的末速度
	Acceleration	表达式	当实体直接移动加速时，速度变化的快慢程度
	Deceleration	表达式	当实体直接移动减速时，速度变化的快慢程度
	Auto Orient Towards Destination	是，否	设置实体是否能够自动定向直接移动至目的地

6.2.21　UnBatch

UnBatch(拆分处理)步骤可以用于从与执行令牌相关的父实体对象中去除合并的成员(Batch Members)。这一步骤将从拥有者实体中，即从上一层的合并对象里，移走指定数量的成员实体。批次是在使用合并步骤时产生的。我们需要在 Basic Logic 属性中的 Quantity 相应的有效输入项输入子实体从母实体上进行拆分处理的数量，以此来设置这个步骤的逻辑属性，如表 6-39 所示。

表 6-39　UnBatch 的常用属性

名　称	属　性	有效输入项	描　述
Basic Logic	Quantity	表达式	子实体从母实体上进行拆分处理的数量

6.2.22　UnSubscribe

UnSubscribe(取消预设事件)步骤用于取消某个过程的预设的触发事件，和 Subscribe 步骤配套使用，查看 Subscribe 步骤的使用。我们需要在 Basic Logic 属性中的 Event Name 和 Process Name 相应的有效输入项选择被取消的某个过程中预设的触发事件名和被取消的触发事件使用的过程名，以此来设置这个步骤的逻辑属性，如表 6-40 所示。

表 6-40　UnSubscribe 的常用属性

名　　称	属　　性	有效输入项	描　　述
Basic Logic	Event Name	事件名	被取消的某个过程中预设触发事件名
	Process Name	过程逻辑名	被取消的触发事件使用的过程名

6.3　User Defined Steps

Simio 基于微软.NET 4 开发技术，提供了一个开放式的架构，允许用户在系统中增加新的步骤和元素，步骤和元素可以使用任何.NET 语言(Visual Basic、C＃、J＃等)编写，用户只需添加动态链接库 dll 文件到 Simio 的 UserExtensions 文件夹中。

Simio 提供了一些 User Defined Steps(用户自定义步骤)的实例，包括 CloseGate(关门)、OpenGate(开门)、PassThruGate(从门通过)、Read(读取)和 Write(写入)等。

6.3.1　CloseGate

CloseGate 步骤用于关闭一个指定的出入口，该自定义步骤需要与 OpenGate、PassThruGate 这两个自定义步骤及 BinaryGate(二进制门)这一自定义元素配合使用，如表 6-41 所示。

表 6-41　CloseGate 的常用属性

名　　称	属　　性	有效输入项	描　　述
Basic Logic	Gate	出入口名称	被关闭的出入口的名称

6.3.2　DbExecute

DbExecute(执行数据库)步骤用于执行一个数据库中的 SQL 语句，该自定义步骤需要与 DbConnect(数据库连接)这一自定义元素配合使用，如表 6-42 所示。

表 6-42　DbExecute 的常用属性

名　称	属　性	有效输入项	描　述
Basic Logic	DbConnect	数据库连接名	需要引用的数据库连接元素的名称
	SQL Statement	SQL 语句	用于执行数据库调用,可以用于插入、更新和删除数据
	Items	列表	需要引用的表达式的列表

6.3.3 DbQuery

DbQuery(查询数据库)步骤用于在数据库中查询数据,该自定义步骤需要与 DbConnect 这一自定义元素配合使用,如表 6-43 所示。

表 6-43　DbQuery 的常用属性

名　称	属　性	有效输入项	描　述
Basic Logic	States	状态函数	需要读取的状态值

6.3.4 DbRead

DbRead(读取数据库)步骤用于从数据库中读取数据,该自定义步骤需要与 DbConnect 这一自定义元素配合使用,如表 6-44 所示。

表 6-44　DbRead 的常用属性

名　称	属　性	有效输入项	描　述
Basic Logic	Table Name	表名称	将要读取的数据库中的表名称
	Columns	列	用于选择读取数据库中某列状态函数的数据
	Where	列	所选数据中列的名称和数值

6.3.5 DbWrite

DbWrite(写入数据库)步骤用于将数据写入数据库中,该自定义步骤需要与 DbConnect 这一自定义元素配合使用。

6.3.6 ExcelRead

ExcelRead(读取 Excel)步骤用于从电子表格的工作表中读取数值,该自定义步骤需要与 ExcelConnect(Excel 连接)这一自定义元素配合使用,如表 6-45 所示。

表 6-45 ExcelRead 的常用属性

名　称	属　性	有效输入项	描　述
Basic Logic	ExcelConnect	电子表格连接元素的名称	需要引用的电子表格连接元素的名称
	Worksheet	工作表名	需要使用的工作表名
	Row	行	读取的工作表的行
	StartingColumn	列	读取的工作表的开始列

6.3.7 ExcelWrite

ExcelWrite(写入 Excel)步骤用于将数值写入电子表格的工作表中,该自定义步骤需要与 ExcelConnect 这一自定义元素配合使用。

6.3.8 OpenGate

OpenGate 步骤用于开启一个指定的出入口,该自定义步骤需要与 CloseGate、PassThruGate 这两个自定义步骤及 BinaryGate 这一自定义元素配合使用。

6.3.9 PassThruGate

PassThruGate 步骤允许令牌通过指定的正开启的出入口,该自定义步骤需要与 OpenGate、CloseGate 这两个自定义步骤及 BinaryGate 这一自定义元素配合使用,如表 6-46 所示。

表 6-46 PassThruGate 的常用属性

名　称	属　性	有效输入项	描　述
Basic Logic	Gate	出入口名称	令牌通过的出入口名称。若该出入口当前是关闭的,则令牌将等到其开启

6.3.10 Read

Read 步骤用于读取模型系统中的来自文件的数据,该自定义步骤需要与 File 这一自定义元素配合使用,如表 6-47 所示。

表 6-47 Read 的常用属性

名　称	属　性	有效输入项	描　述
Basic Logic	File	文件名	将要读取的文件名
	Separator	字符	将数字从文件中分离出来的字符

6.3.11 Write

Write 步骤用于将数据写入模型系统的文件，该自定义步骤需要与 File 这一自定义元素配合使用，如表 6-48 所示。

表 6-48 Write 的常用属性

名　称	属　性	有效输入项	描　述
Basic Logic	Format	格式	设置将要写入的字符串的格式。若没有设置，则用逗号分离字符串

第7章 Definitions视窗

Definitions视窗是用于定义Simio中9个类型的可自定义对象——Elements(元素)、Properties(属性)、States(状态)、Events(事件)、Functions(函数)、Lists(列表)、Tokens(令牌)、External(模型外观)、Console(控制台)。当Simio中默认的元素、属性、状态、事件等9个类型的对象无法满足用户的特定需求时,用户可以通过Definitions视窗自定义一个或多个元素、属性、状态、事件等9个类型的对象以满足特定需求。

Definitions视窗的界面排布与Facility视窗和Processes视窗的非常相似。中间的空白区域即为用户进行对象自定义的定义区;位于定义区左边的是用户可以选择的9个类型的可自定义对象;位于定义区上方的是每个可自定义对象特有的菜单栏;位于定义区右边的是Browse(浏览)窗口,与前两个编辑器一样分为Navigation窗口和Properties面板。Definitions视窗中的导航窗口功能与前两个编辑器的一致,而属性面板则是用于显示和设置每个自定义Elements(元素)、States(状态)、Events(事件)等可自定义对象的属性,如图7-1所示。

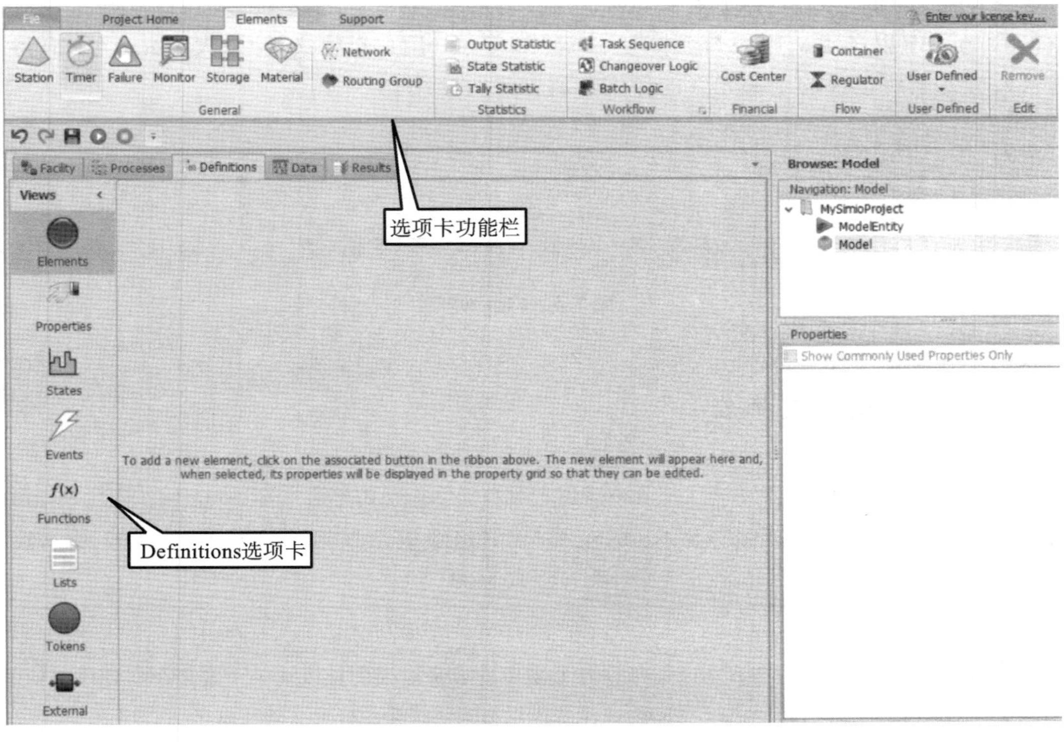

图7-1 Definitions视窗

除上述的自定义功能外，Definitions 视窗还允许用户查看 Simio 中每个新建的模型系统自动产生或者说是默认的属性、状态和事件，如图 7-2 所示。Simio 中自带的默认属性、状态和事件均具有遗传性（Inherited）或是沿袭性，它们可以直接应用于用户创建的模型系统中，但用户无法添加、编辑、删除它们，而对于用户自定义的属性、状态和事件，用户是能够进行添加、编辑、删除的。唯一例外的是，用户可以隐藏或改变它们的名称、类别和属性的说明。

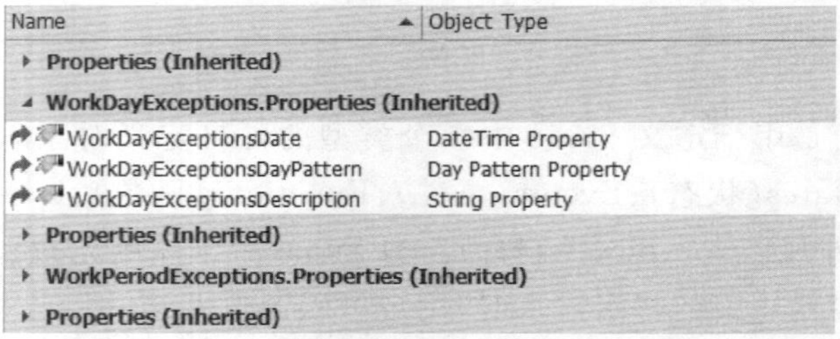

图 7-2　Properties

7.1　Elements 选项卡

Elements 代表一个过程中随着时间改变的状态。用户可以将 Elements 添加至一个列表中，再通过 Processes（过程编辑器）视窗中的一个或多个 Steps 步骤对其引用。如图 7-3 所示，Elements 的菜单栏中包含 General（一般类）、Statistics（统计类）、Workflow（工作流程类）、Financial（财务类）、Flow（液体类）、User Defined（用户自定义类）六大类元素，下面将对这六大类元素所包含的全部元素的作用和属性进行介绍。

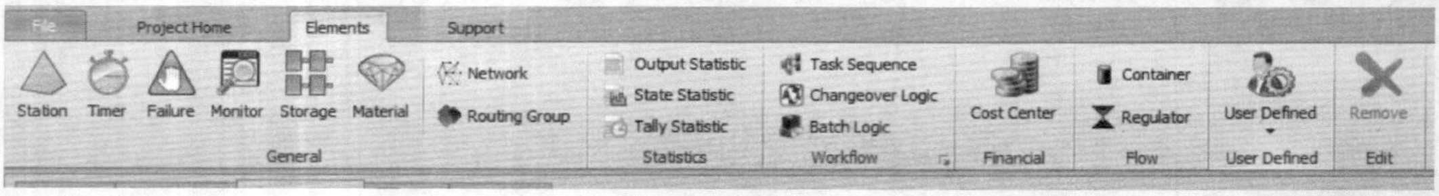

图 7-3　Elements

7.1.1　General 菜单栏

General 包括 Station（站点）、Timer（定时器）、Failure（故障）、Storage（存储）、Monitor（监控器）、Network（网络路径）和 Routing Group（路线组），其相应的描述如表 7-1 所示。

表 7-1　General

序号	名　称	描　述
1	Station	用于定义一个装备中有容量限制的可以让一个或多个实体停留的站点。Transfer 步骤可以将实体转移至已定义的站点
2	Timer	用于按照指定的间隔类型来激发一连串事件

续表

序号	名称	描述
3	Failure	用于定义一种故障模式。故障停工期将通过 Fail 和 Repair 步骤触发和停止
4	Storage	用于定义一个自定义的队列状态来临时存储一个或多个装备或实体。通过 Insert 和 Remove 步骤来实现装备或实体进入或退出存储元素队列
5	Monitor	用于监控一个状态变量,以及当一个离散状态发生变化或状态值越过临界值时,激发一个事件
6	Network	表示一个实体前往目的地过程中所通过的最短路径的列表
7	Routing Group	与 Route(路线)步骤配合使用,用于为实体从候选节点列表中选择目的节点

1. Station

Station 就是在实体中拥有有限容量的场所,它可以安放一个或多个访问实体对象。Transfer 步骤则用于将实体转进或转出一个站点,表 7-2 所示的是 Station 的常用属性。

表 7-2 Station 的常用属性

名称	属性	有效输入项	描述
Basic Logic	Initial Capacity	表达式	设置 Station 的最大初始容量
Financials	Parent Cost Center	成本中心名	在某站点实体被分配到的累积成本
	Cost Per Use	表达式	无论什么时间,实体每次占据某站点所花费的成本
	Holding Cost Rate	表达式	保持实体在某站点所需的持有成本率
Redirect Location Type	Redirect Station	站点名称	若 Station 容量为零,则当实体进入 Station 时,该 Station 会重新确定实体的前进方向

其他属性如图 7-4 所示。

2. Timer

根据指定的间隔类型激发一系列事件。如果间隔类型是时间或状态内时间,那么第一事件发生在补偿时间内。如果间隔类型是比率表、事件计数或到达表,那么第一事件时间由速率形式、事件计数或数字表单属性决定。定时器事件数的最大值由最大事件数所限制,最大事件数表达式在每一次被查看时将被重新评估,重置事件将重新设置定时器。定时器有一个开启状态,它能使定时器被启用或关闭。如果定时器被关闭,且它是一个事件计数定时器,那么启动事件的激发通知将被停止。如果定时器被关闭,且它是时间、时间状态或速率表的定时器,那么日历事件流将被停止。

在定时器被激活后,如果有任何指定程序被这个事件所启动,那么由此被创造出来的符号将与拥有定时器的目标相关联,表 7-3 所示的是 Timer 的常用属性。

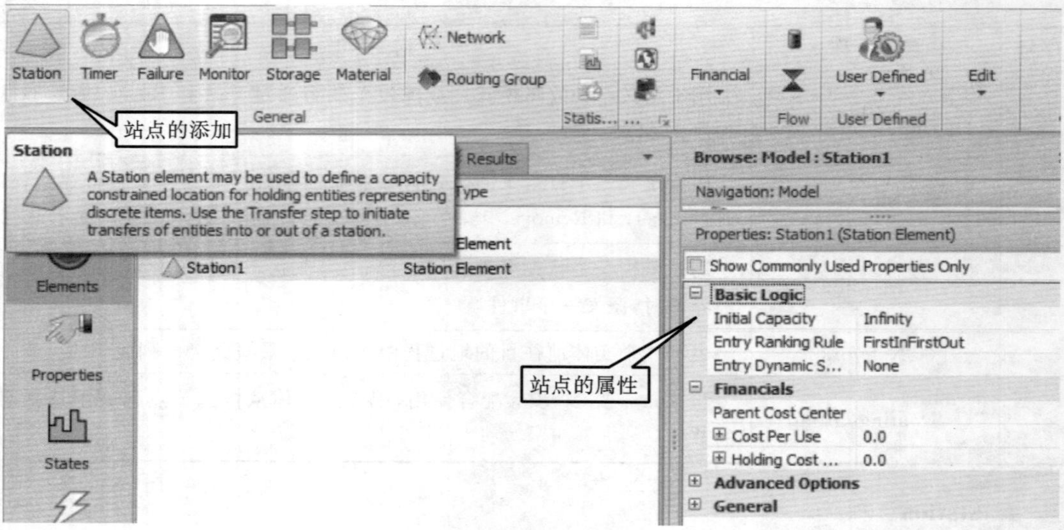

图 7-4　Station 的属性

表 7-3　Timer 的常用属性

名　称	属　性	有效输入项	描　述
Basic Logic	Interval Type	时间，状态时间，比率表，事件计数，到达表	由 Timer 来确定一种两个连续的定时器能够激发事件的时间间隔方式
	Time Offset	表达式	若间隔类型选择“时间”或“状态时间”，则设置直到首次定时器能够触发的事件发生前的补偿时间
	Time Interval	表达式	若间隔类型选择“时间”或“状态时间”，则设置连续两次事件发生的间隔时间
Interval Type	State Variable Name	状态变量名	若间隔类型选择“时间”或“状态时间”，则设置需要引用的状态变量的名称
	State Value	表达式	设置被引用的状态变量值
	Rate Table	比率表名称	比率表定义了事件该以怎样的速率被激发。若间隔类型选择“比率表”，则设置需要引用的比率表名称
	Rate Scale Factor	表达式	在指定的比率表中，设置用于按比例决定速率值的因子
	Triggering Event Name	事件名称	决定下一个被 Timer 激发的事件。若间隔类型选择“事件计数”，则设置需要引用的事件名称

续表

名　　称	属　　性	有效输入项	描　　述
Interval Type	Triggering Event Count	表达式(整数)	当该计数到达某个值时，下一个事件将被 Timer 激发
	Arrival Time Property	表格名称	当 Timer 激发一个事件时，设置能够定义次数的数值表属性
	Arrival Events Per Time Slot	表达式(整数)	在 Arrival Time 属性中指定的时间段内的被激发的到达事件数
Advanced Options	Reset Event	事件名称	设置会使 Timer 被重置的事件
	Initially Enabled	是，否	模型系统初始化时，设置是否激活 Timer

其他属性如图 7-5 所示。

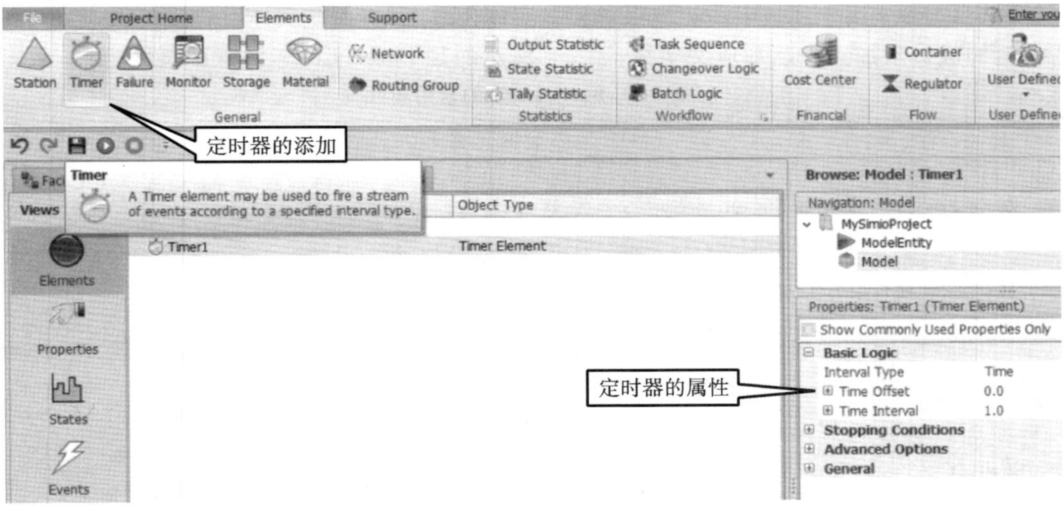

图 7-5　Timer 的属性

3. Failure

Failure 可以用于定义故障模式。故障停机事件的开始和结束时分别使用的是 Failure 和 Resume 步骤，表 7-4 所示的是 Failure 的常用属性。

表 7-4　Failure 的常用属性

名　　称	属　　性	有效输入项	描　　述
Basic Logic	On Failed Process	过程逻辑名	在故障停工时间开始时，可选的过程被执行
	On Repaired Process	过程逻辑名	在故障停工时间结束后，可选的过程被执行

其他属性如图 7-6 所示。

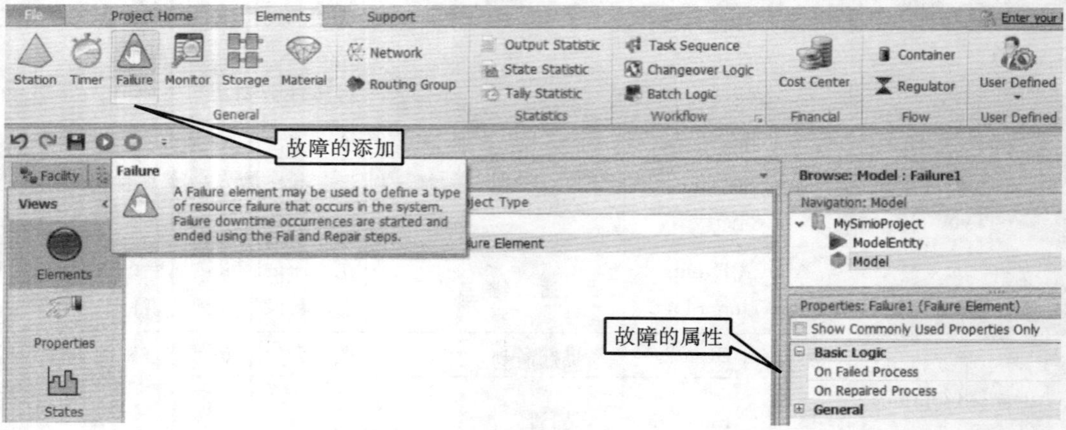

图 7-6　Failure 的属性

4. Batch Logic

Batch Logic 用于连接 Batch 步骤来和多实体相匹配，将那些实体整合成批次，然后把这些批量的成员附加在一起形成父实体，表 7-5 所示的是 Batch Logic 的常用属性。

表 7-5　Batch Logic 的常用属性

名　　称	属　　性	有效输入项	描　　述
Basic Logic	Batch Quantity	表达式(整数)	设置每批次装配到母实体上的子实体量

其他属性如图 7-7 所示。

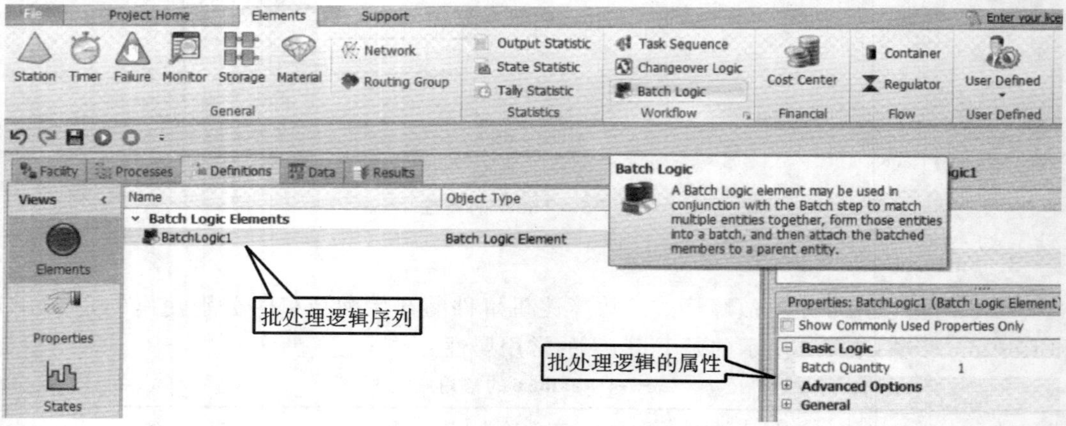

图 7-7　Batch Logic 的属性

5. Monitor

Monitor 用于监视状态变量，以及当一个离散状态发生改变或阈值超过状态值时激发一个事件。

Monitor 还有一个启禁用的状态，允许启用/禁用监视器。当监视器事件被激发时，如果有任何进程指定由该事件触发，那么其所创建的符号与拥有监视器元素的对象相关联，表

7-6 所示的是 Monitor 的常用属性。

表 7-6　Monitor 的常用属性

名　　称	属　　性	有效输入项	描　　述
Basic Logic	Monitor Type	离散状态改变，穿越状态改变	设置监控器类型
	Triggered Process Name	过程逻辑名	在模型系统执行其他仿真逻辑前，当离散状态发生改变或状态值超过临界值被侦测到时，执行过程
Monitor Type	Initial Threshold Value	表达式	当监控器类型设置为“穿越状态改变”时，可设置模型系统的初始临界值
	Crossing Direction	正，负	状态值超过临界值的方向
Advanced Options	Initially Enabled	是，否	设置监视器是否在模型系统初始化时就被启动

其他属性如图 7-8 所示。

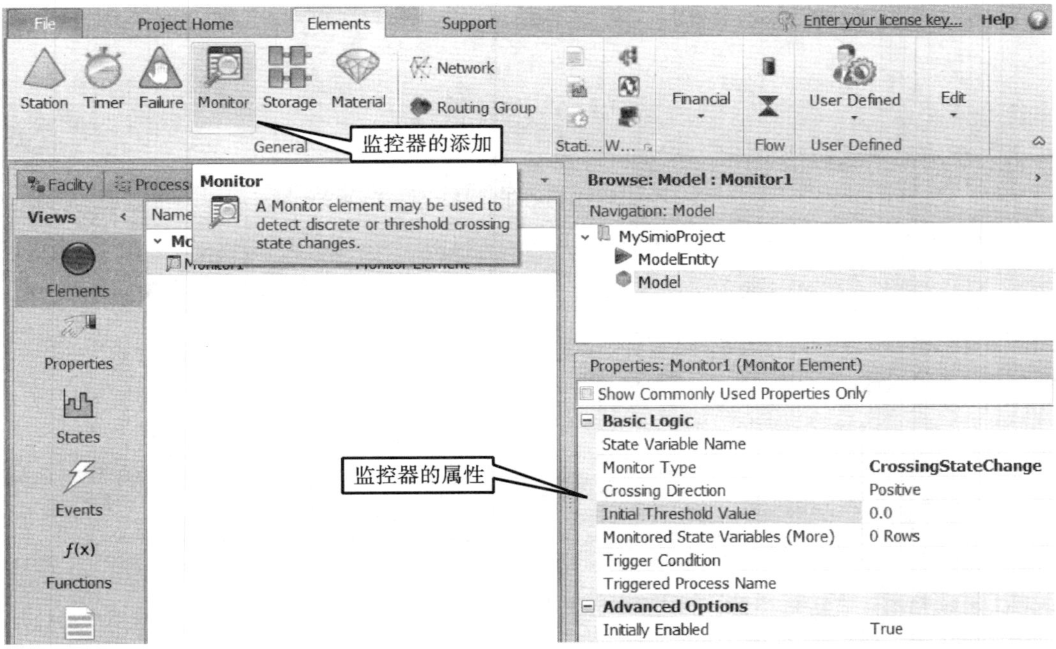

图 7-8　Monitor 的属性

例 7-1　使用监视器。

假设：如果只需知道时间，那么就可以在第一次排队数超过 9 时，停止仿真的运行。在仿真运行中，在第一次发生服务器队列中排队数超过 9 时，确切的时间是什么。

技巧：每有一个实体进入服务器时，记录排队数的状态变量都会随之改变。监视器元素就是用于追踪这个状态变量，并在该变量突破 9 时自动触发一个事件。该事件可以执行一个过程，改变仿真的时间变量，从而使仿真运行停止下来。仿真的时间变量作为一种状态统计，显示在结果窗口中。

建模步骤如下。

(1) 在 Facility 视窗中放置一个发生器、一个服务器和一个回收器。将服务器的处理时间属性改为 Random. Triangular(.2,.3,.5)，这样服务器就会有排队现象。

分别将发生器与服务器，服务器与回收器用路径连接起来，如图 7-9 所示。

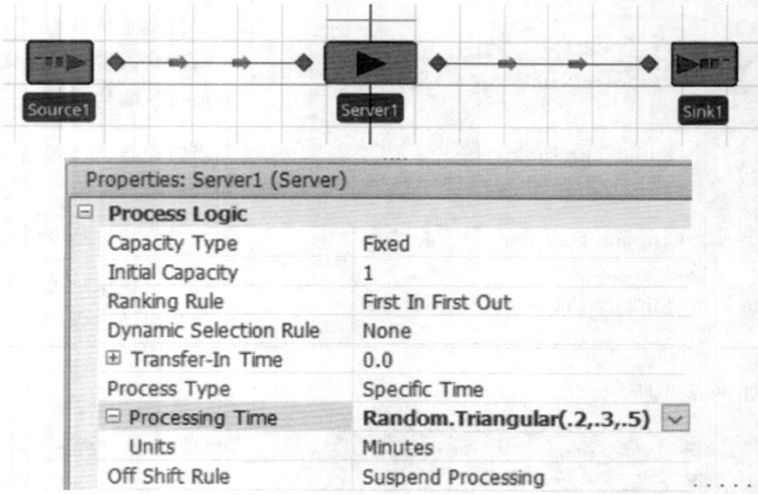

图 7-9 设定基本模型

(2) 新建离散状态变量。

进入 Definitions > States > Real，创建两个离散状态变量：将其中一个命名为 NumberInQueue，另一个命名为 TimeWhenOver9，如图 7-10 所示。

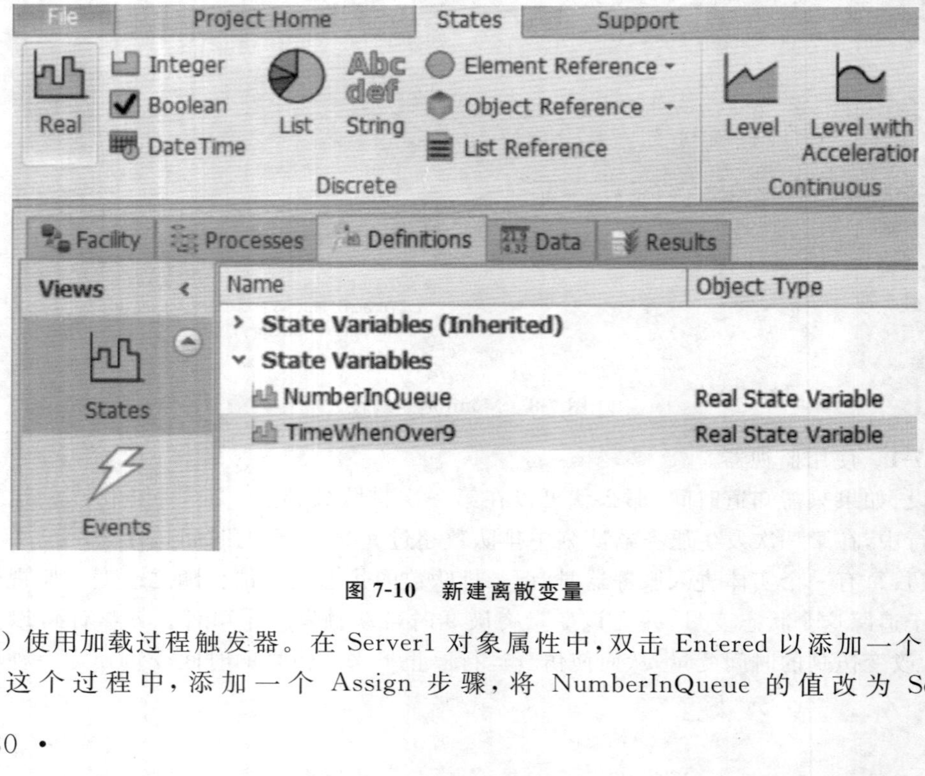

图 7-10 新建离散变量

(3) 使用加载过程触发器。在 Server1 对象属性中，双击 Entered 以添加一个加载过程。在这个过程中，添加一个 Assign 步骤，将 NumberInQueue 的值改为 Server1.

InputBuffer. InProcess 或者 Server1. InputBuffer. Contents（注意，这是一个函数，它将返回服务器输入缓冲队列中的值），如图 7-11 所示。

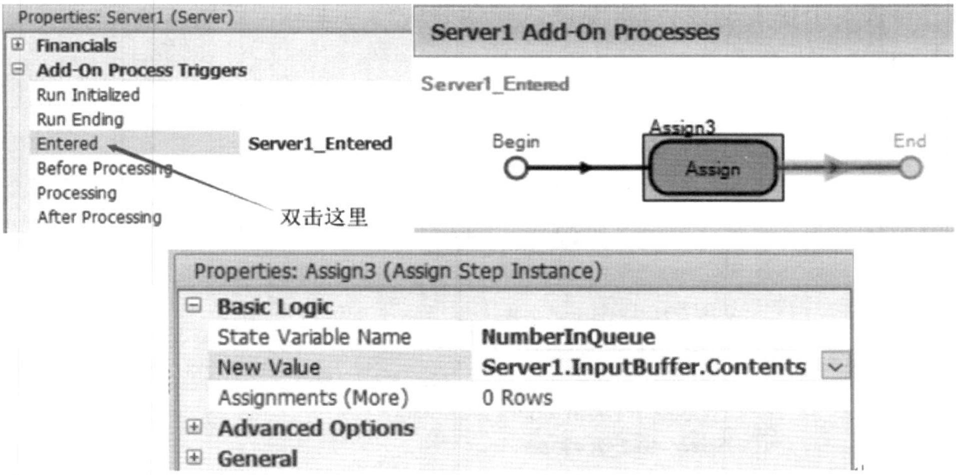

图 7-11　资源赋值

（4）新建并使用监视器。

在过程窗口的元素标签中，新建一个监视器元素并命名为 Monitor_Over9，监视器类型属性改为 CrossingStateChange，所监视的状态变量名称设置为 NumberInQueue，阈值设置为 9，如图 7-12 所示。

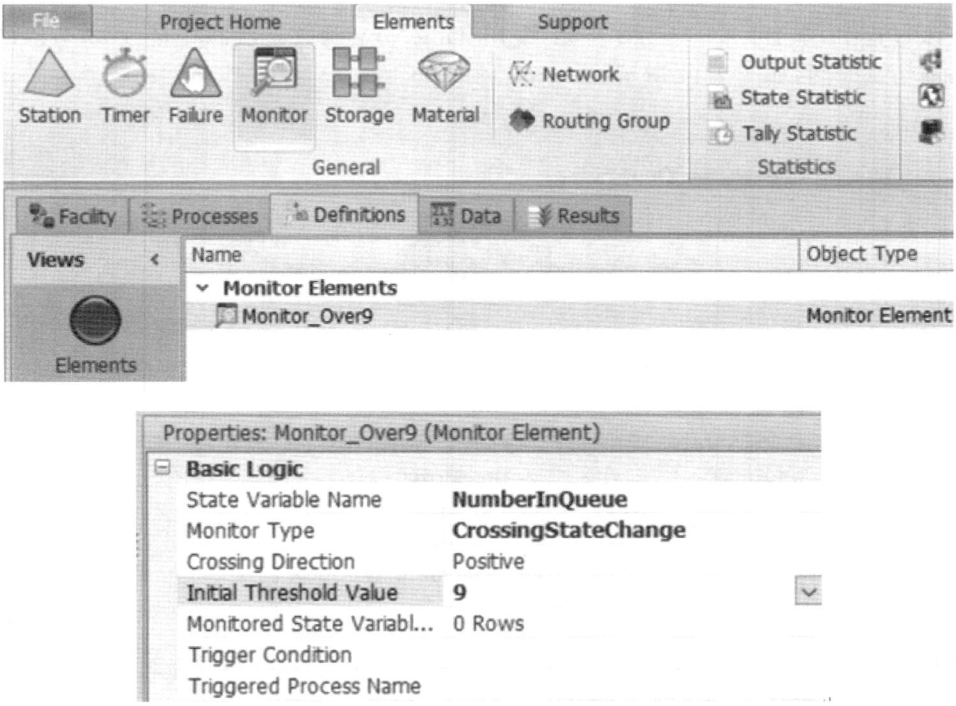

图 7-12　设置阈值

(5) 新增一个过程。

在过程窗口单击新建过程图标 ，就能新增一个过程，并将其命名为 QueueOver9。为该过程设置一个触发事件属性，并以监视器的名称与 Event 后缀名命名(如 Monitor_Over9. Event)，如图 7-13 所示。

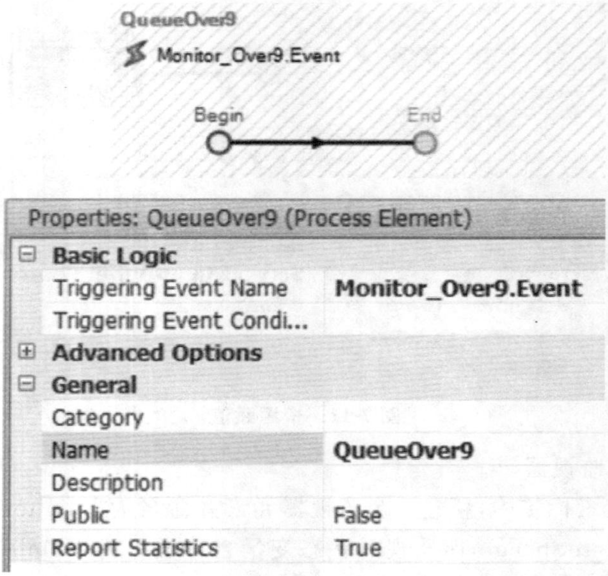

图 7-13　为监视器添加后缀名

在该过程中，添加一个 Assign 步骤，使用 TimeNow 函数将状态变量 TimeWhenOver9 改为当前仿真时间，如图 7-14 所示。

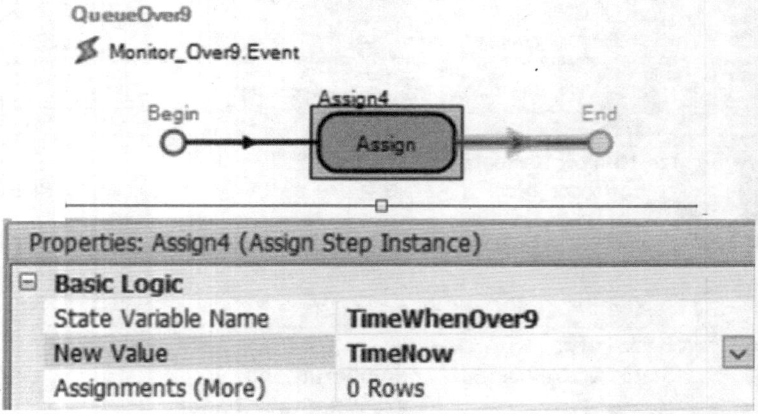

图 7-14　TimeNow 函数

(6) 停止仿真运行。

在 Processes 视窗中，再次单击元素标签，新建一个状态统计，将其命名为StateStatistic_Queue，如图 7-15 所示。

将状态变量名改为 TimeWhenOver9，并将停止条件改为 TimeWhenOver9>0。这就能让仿真在第一次突破阈值时便停止下来，如图 7-16 所示。

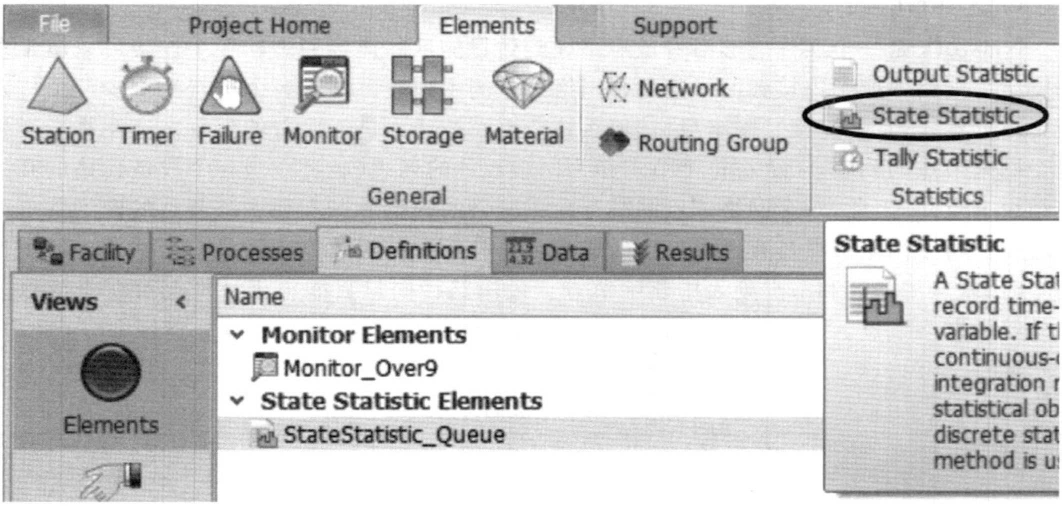

图 7-15　新建状态统计

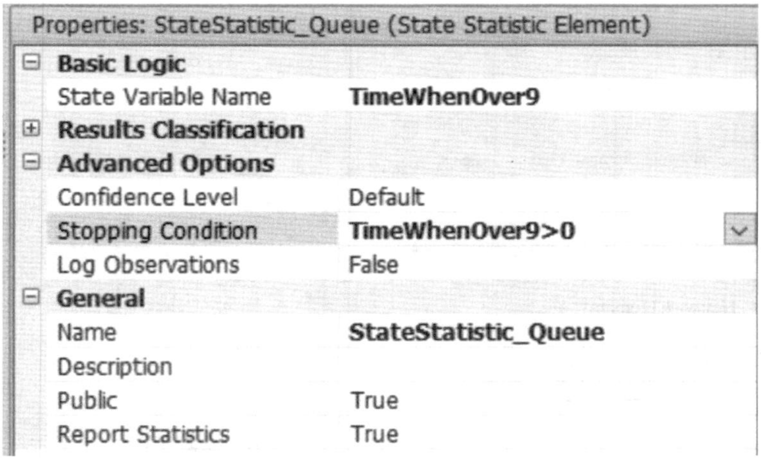

图 7-16　状态变量名

（7）运行模型。

回到模型运行界面，拖动服务器旁边的队列线，使得队列的长度足够长，即在队列中能看见 10 个以上的模型，然后单击“运行”按钮，同时设置运行速度，查看队列中是否有 10 个模型，如图 7-17 所示。

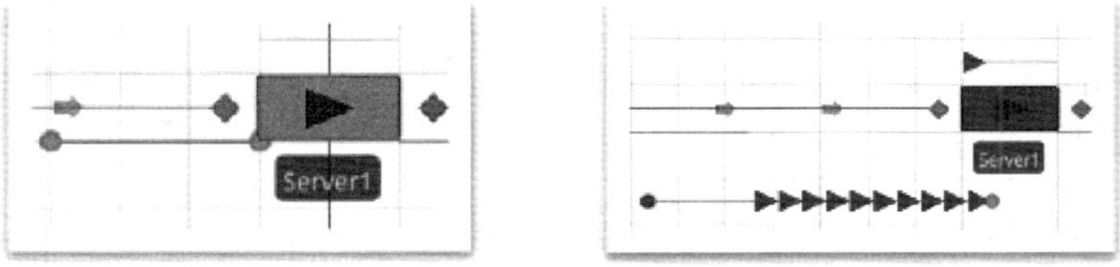

图 7-17　模型运行

6. Network

Network 是一个实体能够沿着最短路径到达目的地的连接列表。一个连接可以属于多个网络。网络保留了连接到网络的每个网络节点的主列表。如果一个节点有至少一个传入或传出的连接,且该连接是网络成员,那么该节点则被认为是连接着的。每次交互都会产生一个网络节点的列表,一个将每个节点归为网络成员的列表(通过充当一个成员连接的开始或结束节点)。因此,每个网络节点同时存在于网络的网络节点主列表和节点的网络节点列表之中。每个网络节点具有一个外接的成员名单和接入的成员连接数量。当这两个的值都为零时,就从主列表和节点列表中删除节点。最短路径向量只能用于计算拥有两个或以上的外接的网络节点。最短网络计算方法可以用于计算到每个节点的最短路径向量,表 7-7 所示的是 Network 的常用属性。

表 7-7 Network 的常用属性

名　称	属　性	有效输入项	描　述
Basic Logic	Turnaround Method	默认,退出再进入,指定位置转向,直接反向行驶	在双向通行的路径设置一种转向方法

其他属性如图 7-18 所示。

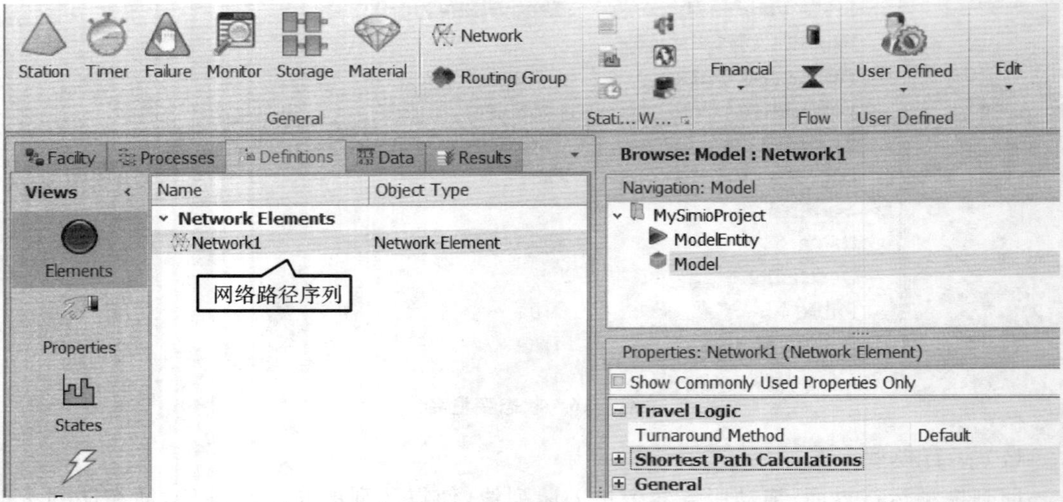

图 7-18 Network 的属性

7. Routing Group

Routing Group 是从一系列候选节点中选出来的目标,为了给实体目标规定路线,我们使用路线集合和路线步骤,选用时为这个路线集合节点列表上的终点规定路线的实体队列,表 7-8 所示的是 Routing Group 的常用属性。

表 7-8 Routing Group 的常用属性

名　称	属　性	有效输入项	描　述
Basic Logic	Destination Node List Name	列表名称	Routing Group 中目的节点的列表

其他属性如图 7-19 所示。

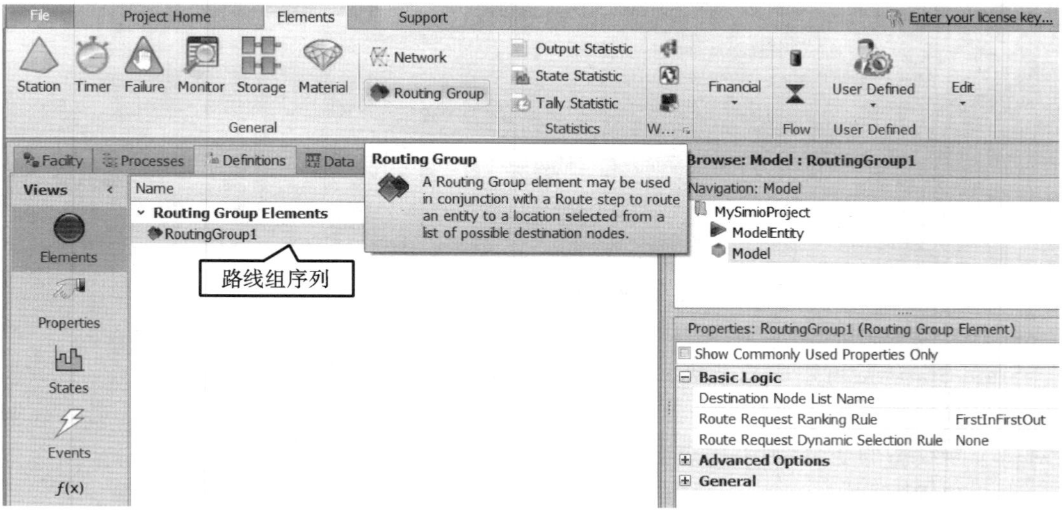
路线组序列
Routing Group
A Routing Group element may be used in conjunction with a Route step to route an entity to a location selected from a list of possible destination nodes.

图 7-19　Routing Group 的属性

7.1.2　Statistics 菜单栏

Statistics 包括 Output Statistic(输出统计)、State Statistic(状态统计)和 Tally Statistic(统计记录)。用 Tally 步骤来对已经被记录下来的统计数据进行计数。统计记录由一个指定记录某项值的 Tally 步骤所引用。单项统计记录可由多个 Tally 步骤所引用,其描述如表 7-9 所示。

表 7-9　Statistics

序号	名　　称	描　　述
1	Output Statistic	输出统计,定义一个在每一次模拟仿真结束时可以被选择记录的表达式
2	State Statistic	状态统计,用于记录一个状态变量中的持续时间数据
3	Tally Statistic	统计记录,使用 Tally 步骤,统计记录观测到的数据

1. Output Statistic

Output Statistic 是每个仿真副本结束时,均可被任意记录的表达式,表 7-10 所示的是 Output Statistic 的常用属性。

表 7-10　Output Statistic 的常用属性

名　　称	属　　性	有效输入项	描　　述
Basic Logic	Unit Type	不指定,体积,重量,货币等 11 种	选择需要定义的表达式的单位类型
	Expression	表达式	设置将被记录的表达式

其他属性如图 7-20 所示。

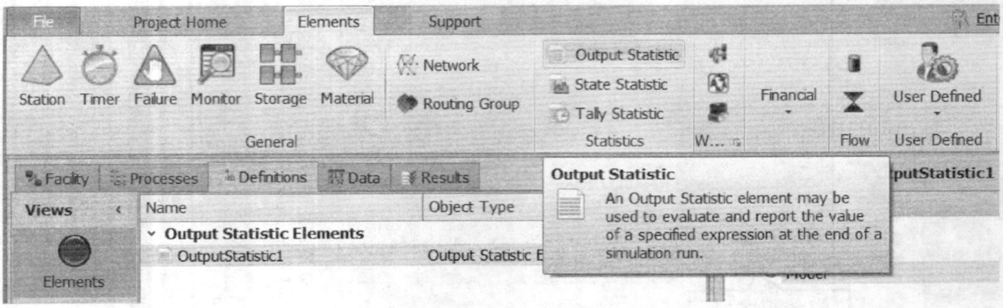

图 7-20　Output Statistic 的属性

2. State Statistic

State Statistic 可用于记录状态变量在一段时间内的统计数据。

如果状态变量是一个持续改变的变量,那么可以用梯形积分法来记录统计观察数据。而对一个断续态的变量,则采用矩形积分法。

表 7-11 所示的是 State Statistic 的常用属性。

表 7-11　State Statistic 的常用属性

名　称	属　性	有效输入项	描　述
Basic Logic	State Variable Name	状态变量名	需要统计记录持续时间的状态变量
Advanced Options	Confidence Level	默认,100%,98%,95%,90%,无	用于计算所记录的状态值的平均值的置信区间半宽度
	Log Observations	是,否	设置是否自动记录状态观察值的变化

其他属性如图 7-21 所示。

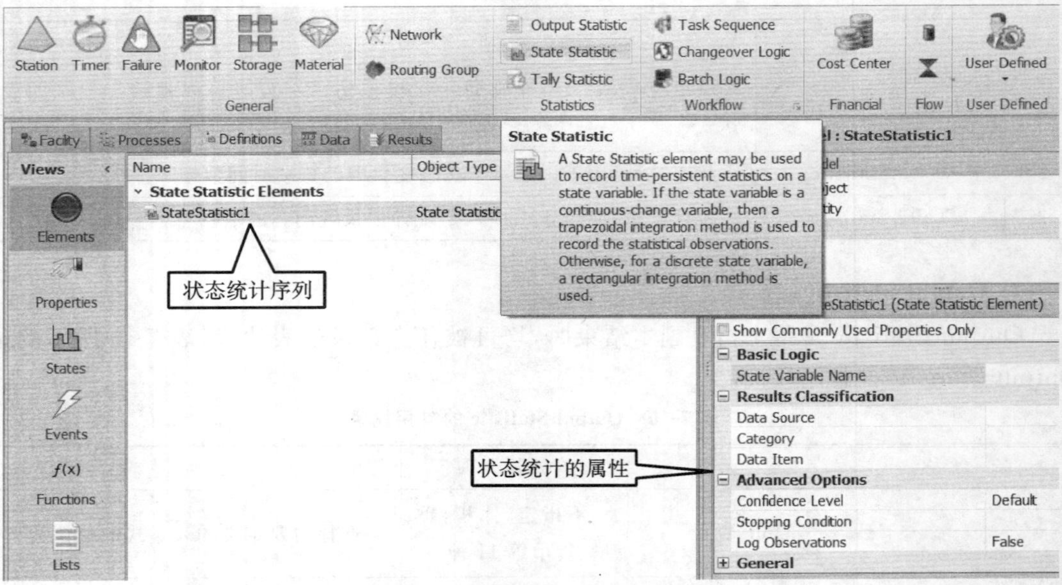

图 7-21　State Statistic 的属性

7.1.3 Work Flow 菜单栏

Work Flow 包括 Operation(作业)、Activity(活动)和 Material(物料)。工作流程是指工作事项的活动流向顺序,包括实际工作过程中的工作环节、步骤和程序。全面了解工作流程有助于更好、更快地推动整体工作的进行,表 7-12 所示的是 Work Flow 的常用属性。

表 7-12 Work Flow 的常用属性

序号	名　称	描　述
1	Operation	装备或实体执行的一系列活动
2	Activity	一个装备或实体能够进行的作业
3	Material	能够被 Tokens 消耗和生产

1. Operation

Operation 是一系列由对象按照时间顺序实行的活动。一个作业可能有一个或多个行为。表 7-13 所示的是 Operation 的常用属性。

表 7-13 Operation 的常用属性

名　称	属　性	有效输入项	描　述
Basic Logic	Quantity	表达式(整数)	装备或实体需要执行 Operation 的项目数量
	Activities	活动	设置需要被执行的一系列活动
	Activity Resources	装备	设置需要执行活动的一系列装备或实体
Advanced Options	Maximum Makespan	表达式	设置最长完工时间

2. Activity

Activity 由被对象拥有的操作组成。操作是由连续的对象活动组成的。一项活动的时间划分是通过一项工作的时间表(如果存在)来完成的。活动时间可以指定,也可以独立改变。独立的时间基于实体的列表值,这个值(数字的)特别由表中实体的属性(颜色、大小、类型等)提供。表 7-14 所示的是 Activity 的常用属性。

表 7-14 Activity 的常用属性

名　称	属　性	有效输入项	描　述
Basic Logic	Duration Type	指定的,取决于变换矩阵,取决于序列表	设置 Acitvity 的持续时间类型
	Duration	表达式	当 Duration Type 选择“指定的”时,设置指定的持续时间
	Comparison Expression	表达式	当 Duration Type 选择“取决于变换矩阵”或“取决于序列表”时,该表达式评价每个被用于确定活动时间的实体

续表

名　　称	属　　性	有效输入项	描　　述
Basic Logic	Duration If Same	表达式	当前实体与先前实体的属性中的相关值没有变化时，Activity 持续时间
	Duration If Different	表达式	当前实体与先前实体的属性中的相关值有变化时，Activity 持续时间
	Changeover Matrix	变换矩阵名	设置用于定义 Activity 持续时间的变换矩阵

3. Material

Material 既会被符号消耗，也能由符号产生。只有等在队列首位的符号才能消耗物料。最小值优先和最大值排名是基于 Consume 步骤的优先级指定的。物料是分层次的，可能拥有一张用于制造高层次物料的物料清单；物料会在高层次被制造和消耗，或者用于扩充物料单。表 7-15 所示的是 Material 的常用属性。

表 7-15　Material 的常用属性

名　　称	属　　性	有效输入项	描　　述
Basic Logic	Initial Quantity	表达式	这是模型系统中物料的初始数量
	Bill Of Materials	物料	设置一系列物料，以此组成物料清单
Advanced Options	Log Material Usage	是，否	设置与物料用途相关的事件是否会被自动记录

其他属性如图 7-22 所示。

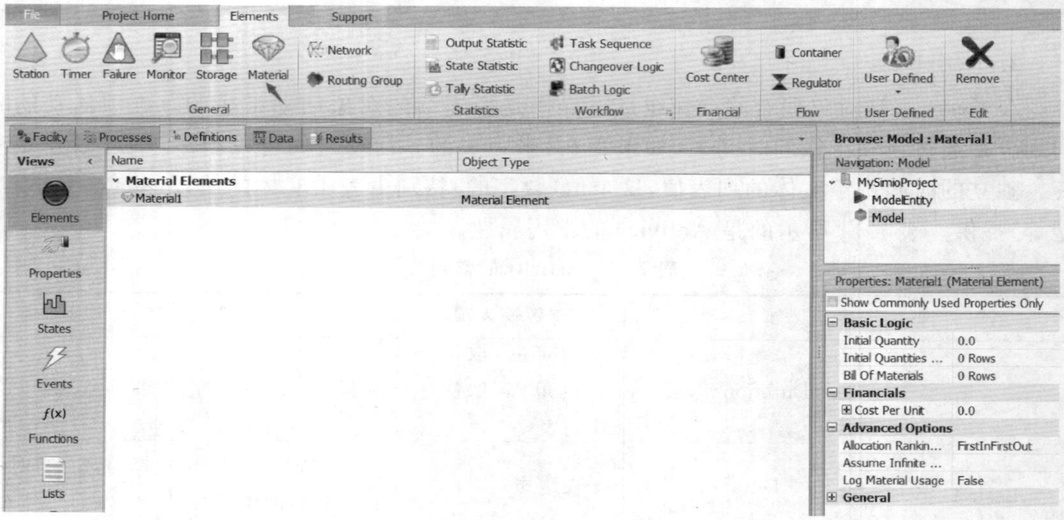

图 7-22　Material 的属性

7.1.4　Financial 菜单栏

Financial 包括 Cost Center（成本中心），用于定义一个成本被分配或被使用时的可辨认的责任区域。

Cost Center 能够计算成本，如对象的资本成本、使用成本、持有成本和在车辆上运输实体的成本。表 7-16 所示的是 Cost Center 的常用属性。

表 7-16　Cost Center 的常用属性

名　　称	属　　性	有效输入项	描　　述
Financials	Parent Cost Center	成本中心名	设置一个可累积的成本中心
	Initial Cost	表达式	设置一个存储可分配的总成本的初始成本
	Initial Cost Rate	表达式	每单位时间消费成本的初始速率

其他属性如图 7-23 所示。

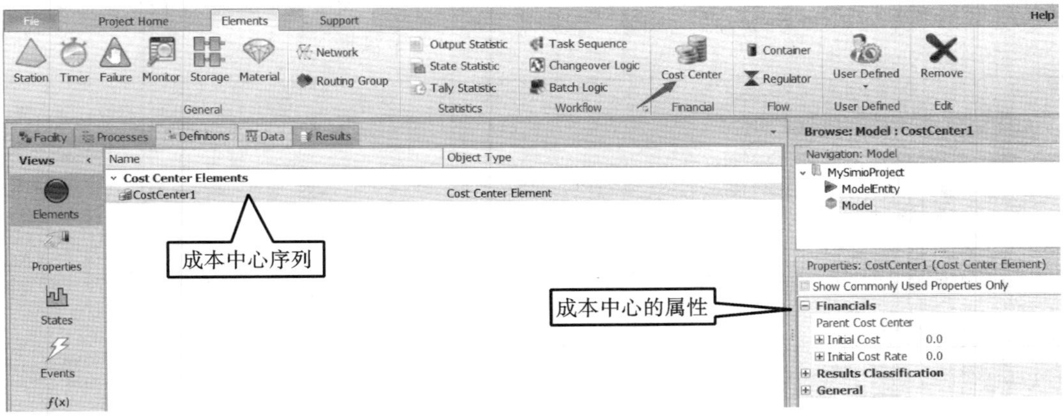

图 7-23　Cost Center 的属性

7.1.5　Flow 菜单栏

Flow 包括 Container（容器）和 Regulator（调节器），其相应的描述如表 7-17 所示。

表 7-17　Flow

序号	名　　称	描　　述
1	Container	用于定义一个以体积或重量为容量度量，可以承载液体实体的装备。使用 Tranfer 步骤可以让液体实体进出 Container
2	Regulator	用于调节液体进出某个装备或实体流速。使用 Regulate 步骤来改变流量，并执行更多、更复杂的流量调节行动

1. Container

Container 是一个能装满混合液体(两种产品类型)的容器,同时也是一个盛载液体的灌装容器,直到液体装满为止,也能够把容器里的液体清空并送到它们各自的位置。表 7-18 所示的是 Container 的常用属性。

表 7-18　Container 的常用属性

名　　称	属　　性	有效输入项	描　　述
Basic Logic	Initial Volume Capacity	表达式	设置该 Container 的最大初始体积容量
	Initial Weight Capacity	表达式	设置该 Container 的最大初始重量容量
Advanced Options	On Full Process	过程逻辑名	设置当 Container 被装满时可选的过程
	On Empty Process	过程逻辑名	设置当 Container 被排空时可选的过程

其他属性如图 7-24 所示。

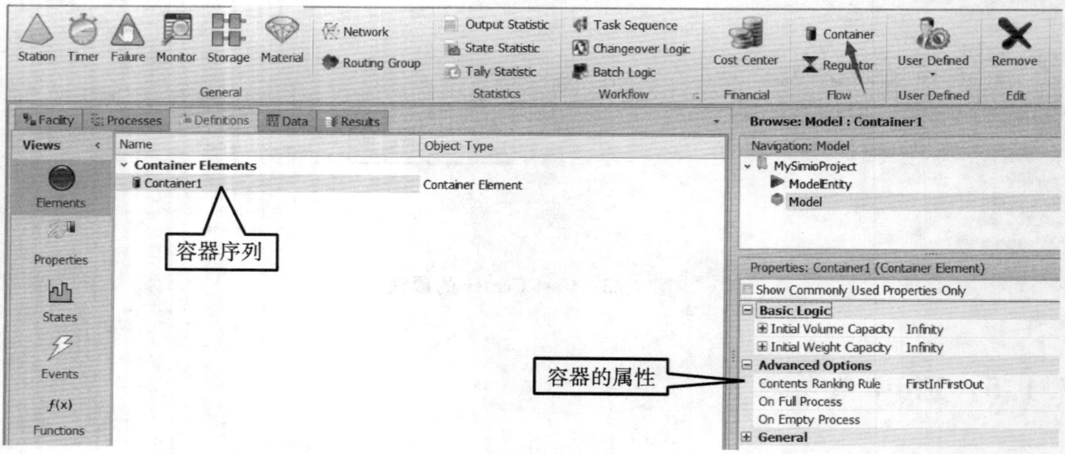

图 7-24　Container 的属性

2. Regulator

Regulator 可以把容器加满,直到达到最高点。一旦发生这种情况,也可以用更高的速率将液体转移到另一个容器中。当第二个容器达到最高点时,将其排空。表 7-19 所示的是 Regulator 的常用属性。

表 7-19 Regulator 的常用属性

名　称	属　性	有效输入项	描　述
Basic Logic	Flow Rate Unit Type	以体积为单位，以重量为单位	设置指定 Regulator 最大流量的度量
	Initial Maximum Flow Rate	表达式	设置 Regulator 允许的最大初始流量
	Initial Output Yield Factor	表达式	设置 Regulator 初始流出的产出率
Input Flow Control	Flow Request Ranking Rule	先进先出，后进先出，最大值优先，最小值优先	设置液体实体流入或流出调节器的请求的静态规则
	Flow Request Ranking Rule Expression	表达式	当 Flow Request Ranking Rule 选择“最大值优先”或“最小值优先”时，需要使用的排列规则表达式
	Input Flow Control Mode	单一流，合并流	设置一种 Regulator 的控制方式来处理液体实体流入的请求

其他属性如图 7-25 所示。

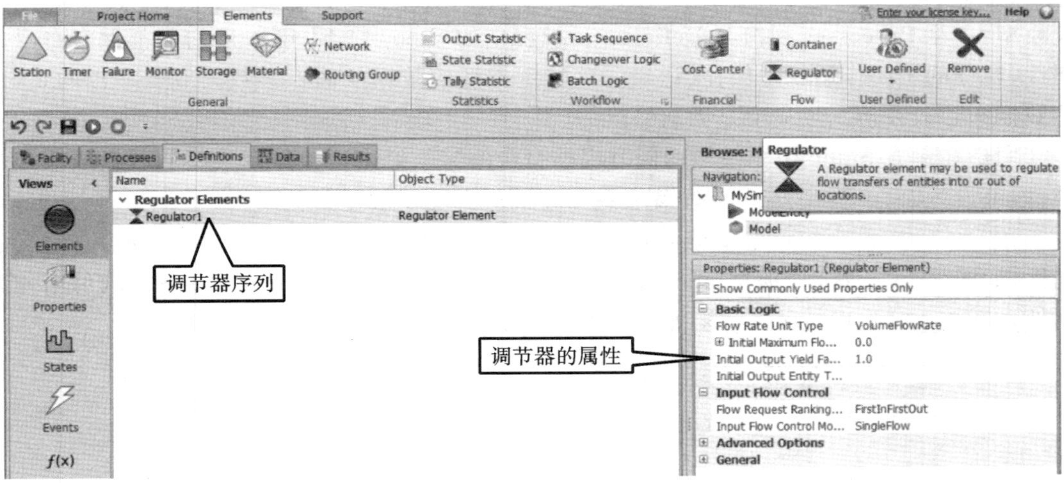

图 7-25 Regulator 的属性

7.1.6 User Defined 菜单栏

Simio 提供了一个开放的架构，允许用户添加新的步骤和系统的组成部分。步骤和元素可以使用任何 NET 类型语言(Visual Basic、C＃、J＃等)编写程序来添加。只需添加 dll 类型文件到 Simio 的用户扩展文件夹中。Simio 为用户提供了一些用户自定义元素的样本，其中包括二进制门和文件等元素。

1. BinaryGate

BinaryGate 元素用于定义“门”的名称和特征，它初始化时是关闭的，只有当装备或实体需要通过时才会打开。BinaryGate 元素需要与 OpenGate、CloseGate 及 PassThruGate 这三个自定义步骤配合使用。

2. DbConnect

DbConnect 元素用于定义数据库的提供者和连接。DbConnect 元素需要与 DbExecute、DbQuery、DbRead、DbWrite 这四个自定义步骤配合使用。

3. ExcelConnect

ExcelConnect 元素与 ExcelRead、ExcelWrite 这两个自定义步骤配合使用，以便从 Excel 中读取数据或将数据写入 Excel。

4. File

File 元素用于定义“文件”的名称和特征，用户要确保自己有足够的权限将数据写入指定的文件。File 元素需要与 Read 和 Write 这两个自定义步骤配合使用。

7.2 Properties 选项卡

Properties 是 Simio 中非常重要的对象。如前文所述，无论是 Facility 视窗中装备、实体及模型，还是 Processes 视窗与 Definitions 视窗中的 Steps 与 Elements，它们都拥有自身的属性，属性的主要作用就是保存、记录一些特定类型的数据或输入参数。值得一提的是，这些数据和参数在仿真过程中是无法修改的。

用户在建立 Simio 仿真模型的同时根据自身的需求修改这些特定类型的数据或输入参数，即可设计符合用户要求的一个完整的 Simio 仿真模型系统。

在 Definitions 视窗中的 Properties 中，Simio 为用户提供了 4 大类，共 52 项可自定义的属性，如图 7-26 所示，分别是 Standard Property（标准属性）、Element Reference（引用元素属性）、Object Reference（引用装备或实体属性）及 Repeat Group（重复组）。

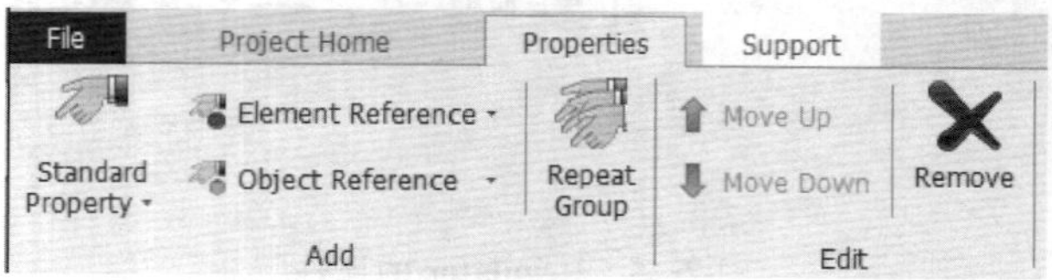

图 7-26　Properties 界面

7.2.1 Standard Property 菜单栏

Standard Property 是 Simio 所创建的整个仿真模型系统的基础属性，它们存在于模型系统中的每个角落。Standard Property 包含了 16 项可自定义的属性，具体介绍如表 7-20 所示。

表 7-20 Standard Property

序号	名 称	描 述
1	Real	定义一个实数属性,如－1.5 或 2.7
2	Integer	定义一个整数属性,如－1 或 5
3	Boolean	定义一个布尔型属性,布尔型的值只有 true 或 false
4	Expression	定义一个实数表达式属性,如 1.5＋MyState
5	Date Time	定义一个指定日期属性,如 2013 年 12 月 23 日
6	String	定义一个字符串属性,其作用是保留文本的信息
7	Event	定义一个事件属性,用于触发步骤序列中的令牌
8	List	定义一个列表属性,用于在列表中选择引用其中的一项
9	Enumeration	定义一个列举属性,用于在预先设定的选项中选择其中一个
10	Rate Table	定义一个比率表属性,用于引用一个比率表
11	Table	定义一个表属性,用于引用一个数据表或序列表
12	Sequence Table	定义一个序列表属性,用于引用一个序列表
13	State	定义一个状态属性,用于引用一个状态
14	Schedule	定义一个日程表属性,用于引用一个日程表
15	Day Pattern	定义一个日工作模式属性,用于引用一个日工作模式
16	Selection Rule	定义一个选择规则属性,用于引用一系列选择规则

7.2.2 Element Reference 菜单栏

Element Reference 是一个引用元素的属性类型,主要用于定义一个或多个引用了指定类型元素的属性,包括 Activity、Failure、Process、Timer 等 18 项可引用元素。

7.2.3 Object Reference 菜单栏

Object Reference 是一个引用装备或元素,以及其列表的属性类型,其中包括 7 项可引用属性,具体介绍如表 7-21 所示。

表 7-21 Object Reference

序号	名 称	描 述
1	Object	引用一个赋过属性值的指定类型装备
2	Object List	引用一个当前模型系统中存在的装备列表
3	Entity	引用一个指定名称的媒介、实体或运输器
4	Node	引用一个指定类型的节点
5	Node List	引用一个当前模型系统中存在的节点列表
6	Transporter	引用一个指定名称的运输器

续表

序号	名　称	描　述
7	Transporter List	引用一个当前模型系统中存在的运输器列表

除上面所述属性外，Properties 还引入了 Repeat Group。当用户需要定义一系列的重复属性时，Repeat Group 就发挥了它的作用。例如，在前文的 Processes 章节中提到过 Assign 步骤中有一个 Assignments(More)的属性，该属性就是用 Repeat Group 定义的。

在 Simio 中，不管是默认属性，还是用户自定义的属性，它们也同样有自身的属性，这些自身的属性规定了默认属性或自定义属性的性质、功能和启用条件。

7.3　States 选项卡

States 是一种动态的改变值，可以认为它是一种始终贯彻于装备或实体内部的运行逻辑，即过程逻辑中可改变的输出响应。

如图 7-27 所示，在 Simio 的 Definitions 视窗中，用户可以根据自身的需要自定义一个或多个离散状态或连续状态。

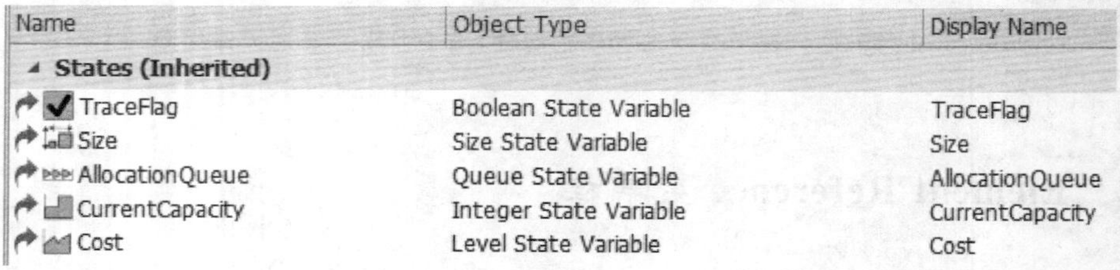

图 7-27　States

7.3.1　Discrete 菜单栏

Discrete(离散)，就是不连续的含义。在 Simio 中，Discrete State Variable(离散型状态变量)是指某一不连续的状态所表示的变量，其数值只能用实数，如企业职工人数、设备台数等，这种变量的数值一般只能用计数方法取得。

如图 7-28 所示，可自定义的 Discrete States 与 Properties 类似，同样也分为标准状态、引用元素状态和引用装备或实体状态三个类型。表 7-22 所示的是对各个状态的定义和功能的简要描述。

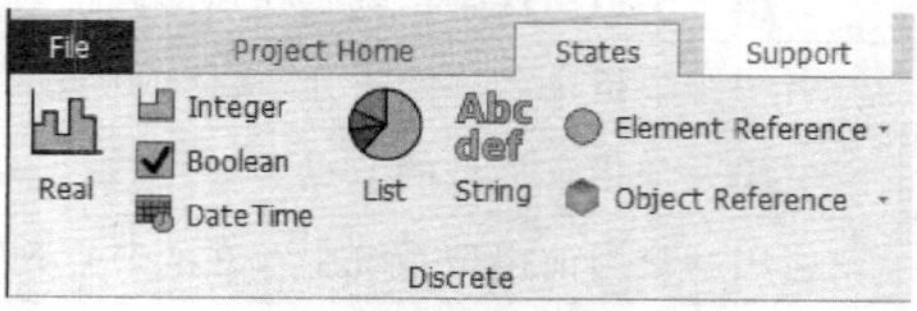

图 7-28　Discrete States

表 7-22　Discrete

序号	名　　称	描　　述
1	Real	实数，表示一个有可能随着模型系统的运行，在离散的时间中被过程逻辑改变的实数数值
2	Integer	整数，表示一个有可能随着模型系统的运行，在离散的时间中被过程逻辑改变的整数数值
3	Boolean	布尔型，表示一个有可能随着模型系统的运行，在离散的时间中被过程逻辑改变的布尔值，其值为 true 或 false
4	Date Time	日期，表示一个有可能随着模型系统的运行，在离散的时间中被过程逻辑改变的日期
5	List	列表，表示一系列有可能随着模型系统的运行，在离散的时间中被过程逻辑改变的各种类型的变量
6	String	字符串，表示一个有可能随着模型系统的运行，在离散的时间中被过程逻辑改变的字符串
7	Element Reference	引用元素，表示一系列有可能随着模型系统的运行，在离散的时间中被过程逻辑改变的引用元素的变量
8	Object Reference	引用装备或实体，表示一系列有可能随着模型系统的运行，在离散的时间中被过程逻辑改变的引用装备或实体的变量

7.3.2　Continuous 菜单栏

Continuous(连续)，就是 Discrete 的相反面。Continuous State Variable(连续型状态变量)是指某一连续的状态所表示的变量，其数值是连续不断的，并且在一定的区间内可以任意取值，得到的相邻两个数值可进行无限分割，如生产零件的规格、加工产品的时间等。这种变量的数值一般只能通过测量或者计量的方法取得。

在 Simio 中，可自定义的 Continuous States 的种类不多，主要分为两类，即 Level(等级)和 Level with Acceleration(加速度等级)，如图 7-29 所示。

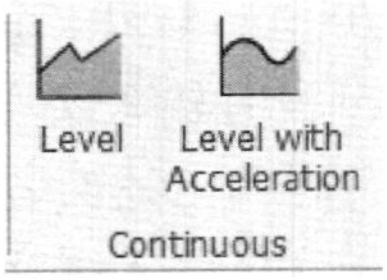

图 7-29　Continuous States

Level 定义了一个以它当前速率数值为基础的可以随时间连续改变的数值变量。而 Level with Acceleration 定义了一个以它当前的加速度数值为基础的可以随时间连续改变的数值变量。

7.3.3　Events 菜单栏

Events(事件)是由装备或实体发出的一个或多个响应，它可以在 Fire 步骤中被激发。一个过程的 Triggering Event 属性填入了某事件的名称，当其设为等待该事件发生(会被触发)时，这一过程就处于等待触发状态。另外，Wait 步骤也能够用于设置等待某事件发生，过程即会被触发。而 Subscribe 步骤能为一个过程动态地添加一个新的触发事件。

在此处 Events 就是用于满足用户的需求，为用户提供一个自定义事件的平台。

在 Simio 中，存在着一系列可自动触发的事件。下面按照装备或实体类型的不同，列举部分具有代表性的可自动触发的事件。其中，ObjectName 是这些装备或实体的名称，可由用户自定义，如表 7-23 所示。

表 7-23 Events 1

序号	事 件	描 述
1	ObjectName. CapacityChanged	某 Server 或 WorkStation 的容量或处理能力发生改变
2	Input@ObjectName. CapacityChanged	某 Server 或 WorkStation 输入缓存区的容量发生改变
3	Input@ObjectName. Entered	有实体或运输器进入某 Server 或 WorkStation 输入缓存区
4	Input@ObjectName. Exited	有实体或运输器离开某 Server 或 WorkStation 输入缓存区
5	Output@ObjectName. CapacityChanged	某 Server 或 WorkStation 输出缓存区的容量发生改变
6	Output@ObjectName. Entered	有实体或运输器进入某 Server 或 WorkStation 输出缓存区
7	Output@ObjectName. Exited	有实体或运输器离开某 Server 或 WorkStation 输入缓存区
8	Output@ObjectName. RiderWaiting	有实体在某 Server 或 WorkStation 输出缓存区等待搭载

以 Standard Library 中 Server 和 WorkStation 为例。

在 Standard Library 中，Source 和 Sink 的自动触发事件与上述两者类似，只不过 Source 没有输入缓存区，而 Sink 没有输出缓存区。另外，Combiner 和 Separator 的自动触发事件也与上述两者类似，比较特别的地方是 Combiner 的输入缓存区分为母实体输入缓存区和子实体输入缓存区，而 Separator 的输出缓存区分为母实体输出缓存区和子实体输出缓存区。

又以 Standard Library 中 Resource 为例，如表 7-24 所示。

表 7-24 Events 2

序号	事 件	描 述
1	ObjectName. CapacityChanged	某 Resource 的容量发生改变
2	ObjectName. Allocated	某 Resource 被分配
3	ObjectName. Released	某 Resource 被释放

再以 Entity 和 Vehicle 为例，如表 7-25 所示。

表 7-25 Events 3

序号	事　件	描　述
1	ObjectName. CapacityChanged	某 Entity 或 Vehicle 的容量发生改变
2	ObjectName. Engaged	某 Entity 或 Vehicle 被占用
3	ObjectName. Transferred	某 Entity 或 Vehicle 已被转移
4	ObjectName. Transferring	某 Entity 或 Vehicle 正在转移

继续以 Node 为例，如表 7-26 所示。

表 7-26 Events 4

序号	事　件	描　述
1	ObjectName. CapacityChanged	某 Node 的容量发生改变
2	ObjectName. Entered	有实体或运输器进入某 Node
3	ObjectName. Exited	有实体或运输器离开某 Node
4	ObjectName. RiderWaiting	有实体在某 Node 等待搭载，这个 Node 只能是 TransferNode

最后以 Link 为例，如表 7-27 所示。

表 7-27 Event 5

事　件	描　述
ObjectName. CapacityChanged	某 Link 的容量发生改变

7.4 Functions 选项卡

Functions(函数)在 Simio 中表示一个可以被某一个装备或实体查询并调用的计算值或算式，它常用于多个装备或实体，甚至是过程逻辑中共享一个表达式。例如，用户有一个用于计算处理时间复杂度的表达式，并且被用于多个不同的地方。如果这样的表达式过多，那么就会使模型系统变得过于庞大、复杂，因此用户可以创建一个函数以共享这个表达式，这样不仅使模型系统更加简洁，还方便用户更新、修改这个表达式。

因此，Functions 在 Simio 的作用就是为用户提供一个根据自身需求自定义函数的平台，这也许能使用户更便于建立和管理模型系统。

7.5 Lists 选项卡

Lists(列表)用于定义字符串、固定类装备、实体、节点或运输器的集合，也可以用于定义变换矩阵的转换状态，如颜色、尺寸等，在必要时还可以为用户提供一个选项清单，如物料清单、运输器清单等。

Lists 中所记录的对象的索引值是从 0 开始的，而不是从 1 开始的。列表中所记录的对象可以写成表达式，从而使用户在需要时可以对其进行引用，表达式的格式是 List. ListName. Value。例如，名为 ColorList 列表中记录了 Green、Red、Yellow、Blue、Black、White 等颜色，当用户需要引用 Yellow 时，表达式可以写成 List. ColorList. Yellow，且此时 List. ColorList. Yellow 的返回值为 2。

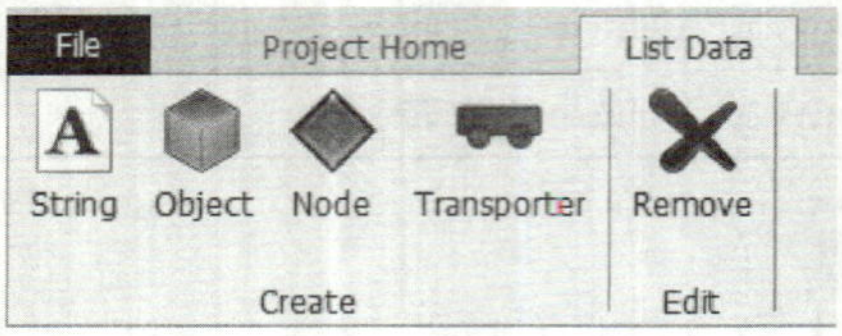

图 7-30　Lists Data

如图 7-30 所示，Simio 提供了 String、Object、Node 和 Transporter 这四种类型的 Lists，下面将对它们进行简要介绍。

7.5.1　String 菜单栏

String 可以用于定义任意列表属性中的值，如 Small、Medium、Large 或 Green、Red、Yellow，并用于装备、实体或变换矩阵等。图 7-31 所示的是一个 String 列表定义实体的各种颜色的例子，实体的 Color 属性就引用了 String 列表中 Red。

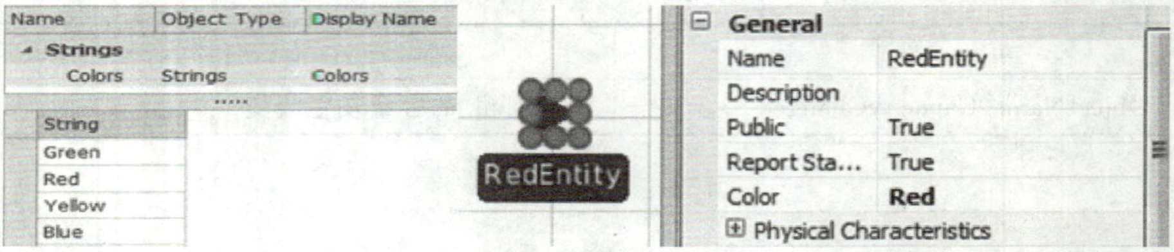

图 7-31　String

7.5.2　Object 菜单栏

Object 用于定义可以被步骤和其他装备或实体引用的固定类装备或实体的集合。图 7-32所示的是一个 Object 列表定义一个 Resource 集合，该列表被某装备引用的例子。值得一提的是，Object 列表中的固定类装备或实体必须是已经被创建的，与 String 列表的不同，不能由用户随意填写。

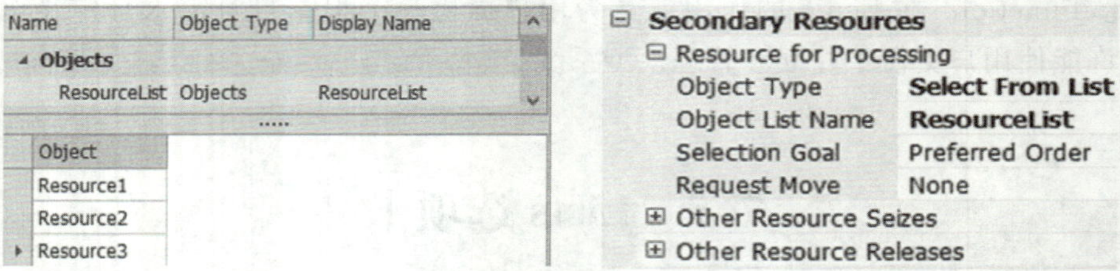

图 7-32　Object

7.5.3　Node 菜单栏

Node 列表用于让 TransferNode、Transfer 步骤和 RoutingGroup 元素动态地选择基于当前节点和状态下的实体的移动路线。图 7-33 所示的是一个 Node 列表的使用举例，其中 Node 列表被一个转移节点引用。注意 Node 也必须已被创建，不能由用户随意填写。

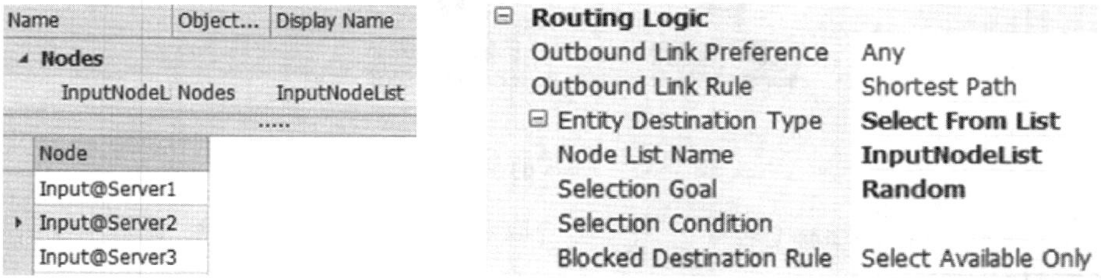

图 7-33　Node

7.5.4　Transporter 菜单栏

Transporter 列表是已被创建的运输器的集合，用于让步骤和装备选择运输器。图 7-34 所示的是一个 Transporter 列表的使用举例，其中运输器列表同样是被一个转移节点引用。

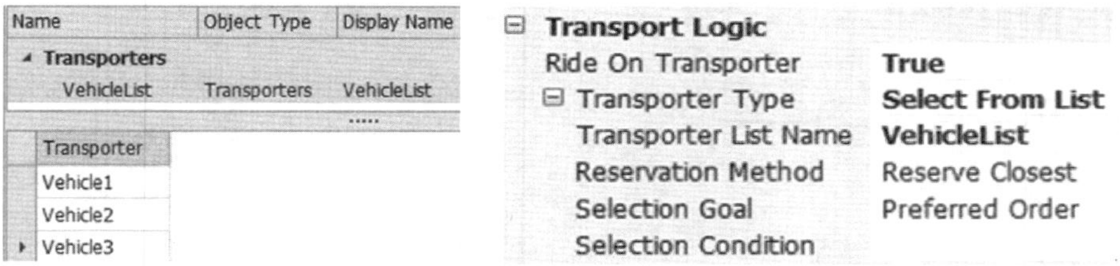

图 7-34　Transporter

例 7-2　列表对象的引用。

为了在工作中更好地观察出各个工作人员或岗位的实际状况，很多工作中不仅仅需要一种属性，而且可能需要同时引用多种属性(工作状态有空闲、繁忙和停止状态)。为了便于在模型中引用，可以使用 Lists 来引用所需要的资源和属性。

在建模界面拖入一个 Source、一个 Server 和一个 Sink，将它们用 Path 连接起来，拖入两个 Resource 以判定、观察工作状态，并将一个 Resource 改名为 ResourceA，将另一个改名为 ResourceB。为 Resource 添加几个实体图并改变颜色，以方便显示不同的工作状态。修改 Server 的接受能力为 Infinity，防止 Server 过于拥挤而导致模型无法持续运行，适当地修改发生器和服务器的人员到达时间，图 7-35 所示的是 Lists 的基本模型。

在 Definitions 视窗中添加列表对象以引用两个 Resource，从资源列表中获取表达的属性，如图 7-36 所示。

在 Processes 视窗中添加过程触发器，在服务器的进程之前添加 Seize 步骤来获取资源，进程之后使用 Release 以释放资源，这样才能在完成一个阶段任务后继续进行工作。注意获

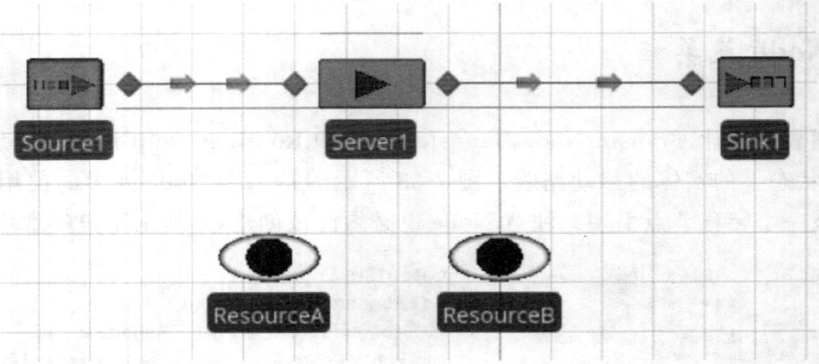

图 7-35　Lists 的基本模型

取和释放资源的对象类型是从列表中选择的，如图 7-37 所示。

此时模型就可以正常运行，还可以增加列表的资源属性在多种混合资源中选择指定的对象，如图 7-38 所示，可以观察到两个对象工作状态发生的变化。当需要引用多个不同的数据列表时，建议新建多个列表以包含多个属性内容。

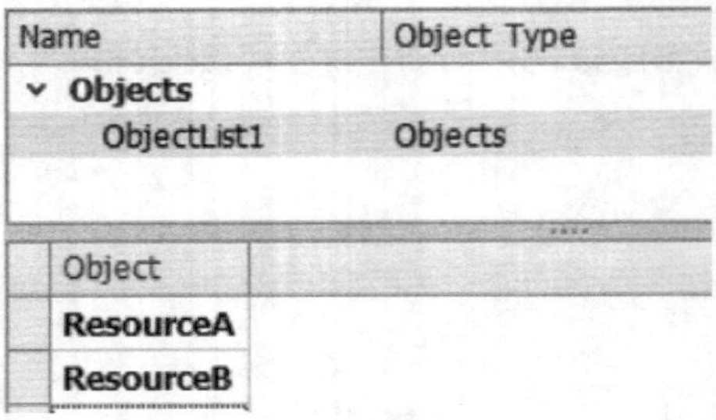

图 7-36　资源列表引用

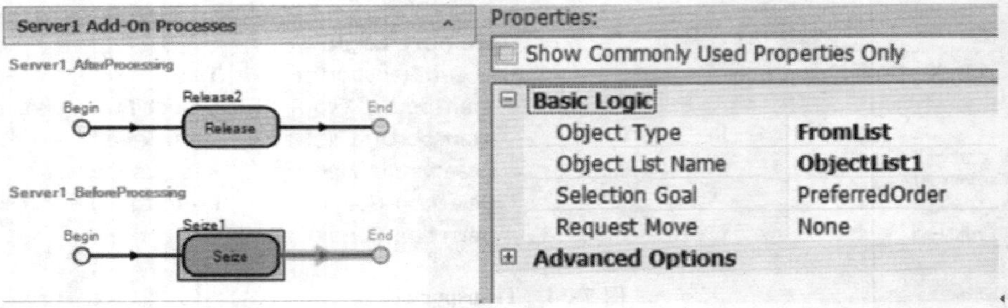

图 7-37　资源获取和释放

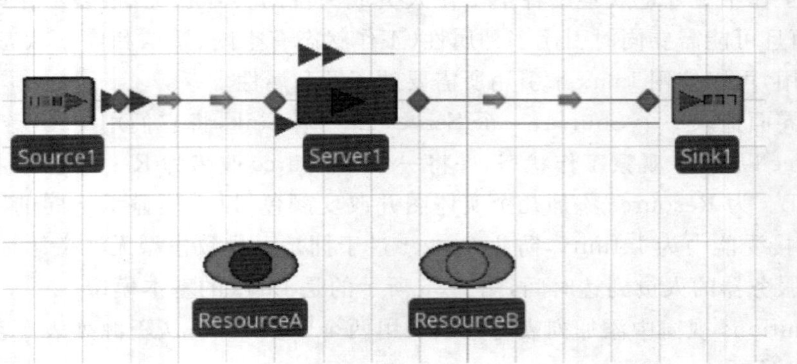

图 7-38　工作状态变化

7.6 Tokens 选项卡

Simio 提供了一种默认的令牌，称为 Token，它在一个 Processes 的开始阶段被创建，随着 Processes 的结束被回收，主要用于执行过程流中的 Steps。Tokens 具有一个或多个用户自定义的状态，记载了从一个步骤到另一个步骤的信息。另外，令牌还能引用一个相关的装备或实体，如一个实体访问一个装备。

Tokens 与 Entities 不同，Tokens 会随着 Processes 流动。Entities 移进或移出装备，会触发执行过程的事件。而当 Processes 开始执行时，Tokens 才会被创建，同时 Tokens 将随着过程移动，去执行过程流中的步骤。

当用户需要为 Tokens 增加一个或多个自定义状态时，就需要创建一个新的令牌。在 Definitions 视窗中，用户可以为一个自定义的令牌添加多种状态变量，具体分为离散型和连续型两大类，如图 7-39 所示。另外，在新建的令牌中，仍存在一个默认的状态变量——ReturnValue，该状态变量同样具有遗传性或沿袭性，不可修改。

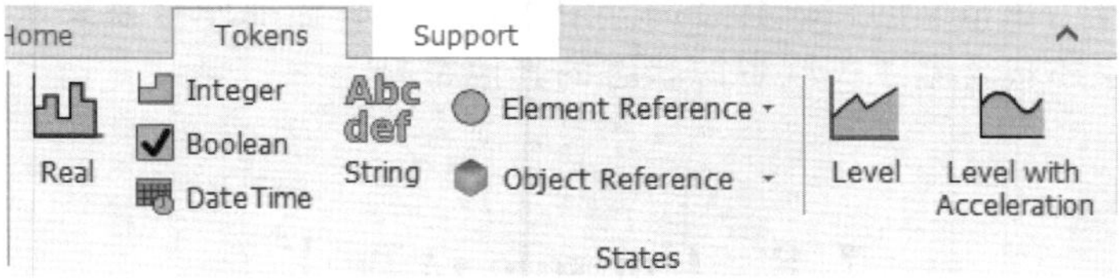

图 7-39 Tokens

7.7 External 选项卡

External 有两个窗口，允许用户定义作为对象实例化到另一个模型中的模型的图形表示。外部窗口由描述对象的三维图形及定义关联节点对象(用于对象的进入点和退出点)的外部节点符号组成。每当将此对象实例化为模型时，都会自动创建这些关联的节点对象。外部窗口还可以包含模型的动画队列状态。此窗口可用于 Fixed、Agent、Entity 和 Transporter 类型的模型。

为模型创建图形表示时，首先使用“图形”选项卡上的“放置符号”按钮，或使用图形功能放置表示模型的图形符号。根据正在构建的模型的类型，通常还会放置一个或多个外部节点符号。外部节点定义可用于输入或退出模型的进入点/退出点。

在构建模型时使用层次结构(如与路径连接的两个服务器构建对象)，默认情况下，放置在模型 Facility 视窗中的对象显示在外部窗口中。在 Facility 视窗中，右键单击特定对象或对象组可打开和关闭“外部可见”选项。用户可能希望有选择地显示一些对象，而不是其他对象，从设备窗口到外部窗口。

此外，Simio 还提供了菜单功能，可以轻松地在对象的外部窗口中自动创建外部节点符号，这些符号绑定到对象 Facility 视窗中的节点。如果右键单击工具窗口中的节点并选择“绑定到外部输入节点”选项，则会在对象的外部窗口中自动创建一个节点类名为 BasicNode 且输入位置类型为 Node 的新外部节点。同样，通过右键单击 Facility 视窗中的节点并选择“绑定到外部输出节点”选项，将自动创建节点类名为 TransferNode 的新外部节点。

其操作方法类似于 Facility 视窗菜单栏中的 Drawing 和 Symbols 选项卡，主要用于在不影响模型系统功能的前提下将某个模型系统形象化，作为一个功能更复杂的装备或实体在另一个模型系统中使用，可以更改模型中各个部分的外观图形和颜色等，以增加视觉效果。

“附加符号”窗口提供了为对象的当前符号索引表达式定义附加图形符号的方法。例如，若对象的当前符号索引基于 object. resource state，则可以为对象的各种资源状态值定义默认符号。当前符号索引也可以具有计算值的表达式，如 object. capacity. allocated＞0。对于此类对象，若已分配关联对象资源的容量，则表达式返回 true 或 1；若尚未分配容量，则表达式返回 false 或 0。在这种情况下，可以定义值为 0 和 1 的符号。

在对象的标准库中，服务器、工作站、合并器、分隔符、资源、工作人员和车辆具有基于对象的当前符号索引属性（在“属性”的“动画”组下）中指定的 object. resource state 表达式定义的其他符号。可以在帮助的列表状态部分中找到与各种标准库对象关联的状态。流库中的填充和清空对象还包含基于关联资源状态的其他符号。

7.8 Console 选项卡

Console 允许用户在模型系统中定义一个随着模型系统运行变化的统计图和控制机制，它可以追踪模型系统的运行情况，给用户更直观的、关于模型系统运行变化的信息，同时不影响模型系统运行。另外，标准库中的几个对象包括一个控制台。若一个对象放置在另一个对象（如模型）中，则可以通过右键单击该对象并选择“打开控制台”来打开控制台。

在运行期间，查看模型的控制台窗口的一个方便方法是平铺窗口。要执行此操作，请单击“定义”选项卡，并将窗口移到屏幕右侧进行停靠，然后选择控制台面板。单击左侧的 Facility 选项卡，同时激活 Facility 视窗和 Definitions 视窗，这两个视窗垂直显示在一起。这将允许在交互式运行期间观看两个视图。要将窗口恢复到原始位置，请用右键单击“定义”选项卡，然后选择“移动到上一个选项卡组”。

第 8 章 Data 视窗

Data 视窗为用户提供了一个创建和编辑数据的平台，让用户可以根据自身需求为其建立的模型系统创建和编辑一系列所需的数据。

Simio 提供了五款基本表以供用户创建和编辑数据，它们分别是 Tables（表）、Lookup Tables（查询表）、Rate Tables（比率表）、Work Schedules（计划表）及 Changeovers Matrics（变换矩阵）。本章只是介绍这五款基本表的功能、作用及简单的操作方法，而具体的实例应用、操作与设置方法见本书后几章中各个建模案例。

Tables 分为 Data Table（数据表）和 Sequence Table（序列表）两种类型的表格，它们主要用于记录、保存或设置模型系统中的一般数据，供 Entities 或 Tokens 引用。

Lookup Tables 主要用于记录、保存或设置基于查询值的函数返回值，它也可以作为函数表使用。

Rate Tables 主要用于记录、保存或设置 Entities 随时间变化的到达率，以及 Events 随时间变化的发生率。

Work Schedules 主要用于制订一个工作计划表来控制装备的运行。

Changeovers Matrics 是线性代数中的概念，关于其详细解释请自行查询线性代数中的相关内容。在 Simio 中，当需要设置基于序列表内容的活动时间时，需要用到 Changeovers。

Data 视窗的界面排布延续了之前几个编辑器的一贯风格。如图 8-1 所示，界面中间的空白部分称为制表区，制表区左边陈列的是 Simio 为用户提供的 5 款基本表，上方同样是菜

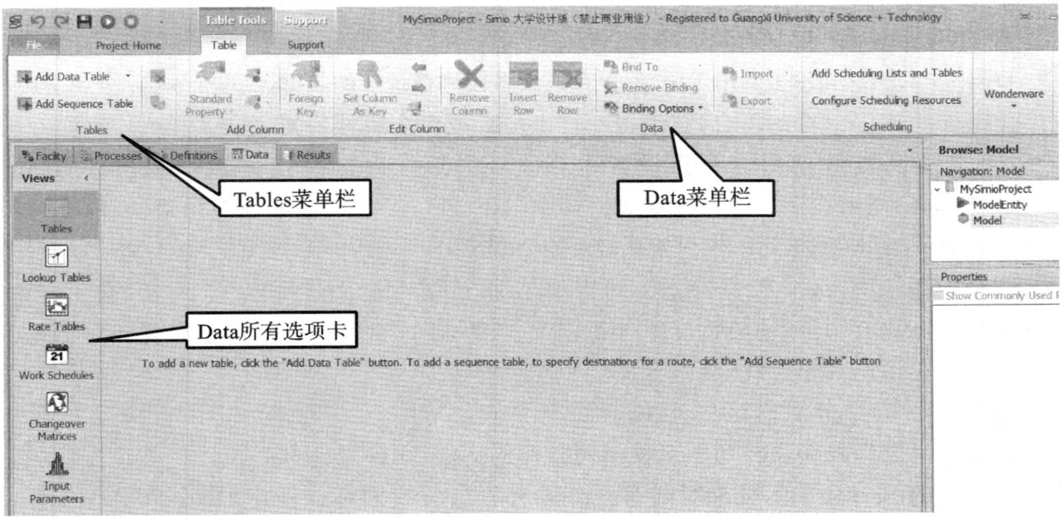

图 8-1　Data 视窗

单栏，而右边则分别是 Navigation 窗口和 Properties 面板。

8.1 Tables 选项卡

Tables 用于保存可能由单个实体/令牌引用的模型数据。表中的数据列可以是 Simio 提供的任何属性类型，包括表达式、对象引用、类型等。然后，模型中的每个实体/令牌都可以引用表中的特定行数据。在引用表中的指定行时，使用如下语法结构：

DataTable[1]. NumericProperty

其中，DataTable 表示表名，NumericProperty 表示列属性，1 表示行号。该表达式返回值为整数，可用于引用指定行。

用户可单击"色带"菜单中的"导出"按钮，导出表到 CSV(Comma Separated Value)格式文件。若要添加外部表的数据(如 Excel)或导入外部数据表(Data Table)到 Simio 表中，导出的 CSV 格式文件可方便地转换为适用于 Simio 的标准格式。用户还可单击"色带"菜单中的"导入"按钮，将 CSV 格式文件的数据导入 Simio 表中。我们建议初始表由 Simio 导出。用户还可以绑定表到 CSV 格式文件。如果一个表绑定到一个 CSV 格式文件，每次文件运行时，数据便读入表中，自动更新表的数据，无须用户在数据更新时重复导入。

8.1.1 Tables 菜单栏

Tables 菜单栏主要包含 Add Data Table(添加数据表)、Add Sequence Table(添加序列表)、Remove Table(移除表单)和 Convert to Repeat Group(转换为重复组)功能。数据表和序列表都可以为表的行添加数据补充或条件检索；移除表仅仅有删除功能，无表状态下是不能选择的；一旦将表转换为重复组，模型不再引用该表，而是在该表组中查找数据。

1. Add Data Table 功能

Data Table(数据表)主要用于记录、保存或设置模型系统中的数据，供单个实体/令牌引用。

定义一个或多个行的集合，其中每一行由一个或多个属性值定义。实体/令牌可以使用 SetRow 步骤设置活动行。一旦设置了活动行，表中的属性就可以作为 TableName. PropertyName 而被取消。还可以在表达式中引用 Tablevalue，而无须使用语法 TableName [RowIndex]. PropertyName 来设置活动行。

在模型系统中，每个实体/令牌均可以引用 Data Table 中的指定行。通常，在工厂中加工的零件不会只有一种，一般情况下加工产品类型不同，加工时间必然也会有一定的区别。为了模拟这种情况，Data Table 将会提供非常大的帮助。

例 8-1 利用表格信息区分条件。

假设一个工厂每天需要加工三种不同类型的零件，三种零件都必须经过三道工序，它们在三个不同的 Server 中的处理时间存在着差异。这时我们可以使用 Date Table 来对不同数据进行设置及引用，在 Data 视窗中单击制表区右边的表格面板中的 Data Table，接着单击 Table 选项卡中的 Add Data Table 选项(不是其下拉选项)，建立一个新的数据表，并命名为 Processing Table。单击 Table 选项卡中 Standard Property 选项，选取 1 个 Integer 属性、3 个 Expression 属性，为制表区中的 ProcessingTable 创建 4 列数据，并分别将其更名为 Product Type、Processing Time On Server1、Processing Time On Server2 和 Processing Time On Server3。随后在 Product Type 列中从上至下填入 1、2、3，代表的是三种不同类型的零件，各加工时间可以根据实际情况输入，如图 8-2 所示。

Processing Table

	Product Type	Processing Time On Server1	Processing Time On Server2	Processing Time On Server3
1	1	Random.Uniform(4,7)	Random.Triangular(3,5,7)	Random.Pert(1,2,3)
2	2	Random.Uniform(5,10)	Random.Triangular(1,2,4)	Random.Pert(2,4,8)
3	3	Random.Uniform(6,9)	Random.Triangular(1,2,4)	Random.Pert(1,4,6)
▸				

图 8-2　Data Table

在 Processes 视窗中，每个实体/令牌均可以通过 SetRow 步骤设置一个表格的活动行。表 8-1 所示的表达式均可以用于 Data Table。

表 8-1　表达式

序号	表　达　式	含　　义
1	TableName. PropertyName	表示在活动行引用一个属性值
2	TableName[RowNumber]. PropertyName	表示在任意行引用一个属性值
3	TableName[RowNumber,ColumnNumber]	表示在任意行/列引用一个属性值
4	TableName. PropertyName. RandomRow	返回一个随机行的索引，以其属性值作为权数
5	TableName. AvailableRowCount	从指定数据表中返回一定数量的随机行

例如，例 8-1 中的 Server1 的加工时间引用表中对应的内容，在 Server1 的 Processing Time 属性中输入

```
ProcessingTable[Product.Priority].ProcessingTimeOnServer1
```

2. Add Sequence Table 功能

Sequence Table(序列表)实际上就是带有目标列的 Data Table，而目标列可以用于给实体指派一系列的目的地。定义一个数据表，该数据表具有一个命运列，用于指定实体的目的地序列(如作业车间中的作业路由序列)。还可以向序列表中添加其他数据列，并像其他表一样引用这些值(如 TableName. PropertyName)。实体的路径根据逻辑可以指定将实体目标设置为“By Sequence”(按顺序)，这可以在传输节点或 SetNode 步骤的路径由逻辑指定。当设置下一个目标“By Sequence”时，实体的序列表中的下一个表行被激活，该实体的目标被设置为该行中指定的目标。每次设置目标“By Sequence”时，可排序的活动行都会自动递增。图 8-3 所示的是一个模型系统，实体要进入的服务站入口的 Sequence Table1。另外，用户还可以添加新的 Data Table 至 Sequence Table1 中，此 Data Table 的功能与原来的完全一致。

一个实体或运输器的 Routing Logic(路线逻辑)可以由“基于序列表”选项设置它的目的地。另外，“基于序列表”选项还可以指定转移节点或设置节点的路线逻辑。当用户设置下一个目的地时，相关 Sequence Table 中的下一行即会变为活动状态，或是在 Sequence Table 中增加一行活动行，而实体或运输器的目的地即为这一行。

如图 8-4 所示，在 Tables 菜单栏中可以创建 Data Table 和 Sequence Table。

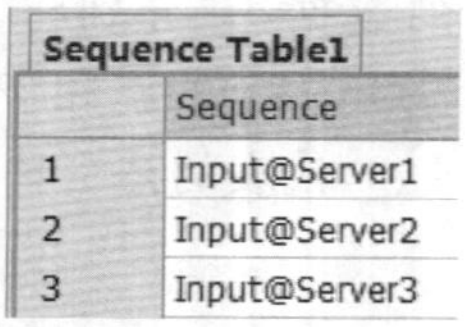

图 8-3 **Sequence Table**

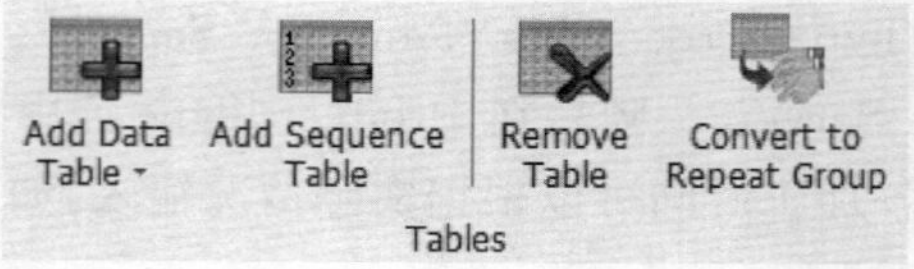

图 8-4 **Tables**

3. Convert to Repeat Group 功能

Convert to Repeat Group（转换为重复组）可以设置对重复组属性内容的引用，这类似于设置对数据表的引用，这将允许从模型的其他地方引用重复组属性内的数据。在 Create 步骤的对象实例名称属性中引用该重复组的实体类型属性，以确定要创建的实体类型。这类似于为使用 Simio 表中的数据而对表中的行设置引用。在这种情况下，在重复组属性中设置对特定索引的引用，以便可以使用该重复组中的数据。从重复组属性中引用表条目的过程取决于表的引用方式。通常，在引用表列时，以前为实体分配了指向表中特定行的指针。这可以使用 Processes 视窗中的 SetRow 步骤或通过发生器中的表行引用来完成。

8.1.2 Add Column 菜单栏

不管是 Data Table 还是 Sequence Table，组成它们的列可以是 Simio 中任意属性类型，如图 8-5 所示，Add Column 菜单栏主要包括 Standard Property（标准属性）、Elements Reference（引用元素）、Object Reference（对象引用）及 Foreign Key（外键）。而 Foreign Key 是用于将其他表格中的某列引用至当前表格。

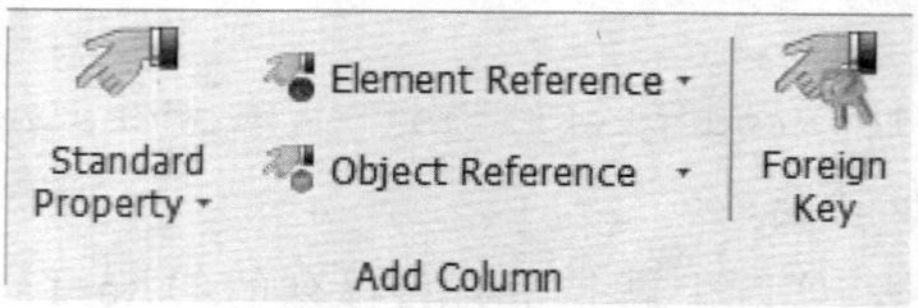

图 8-5 **Add Column**

8.1.3 Edit Column 菜单栏

Edit Column（编辑列）菜单栏包含 5 个关于表中列的功能，如图 8-6 所示。

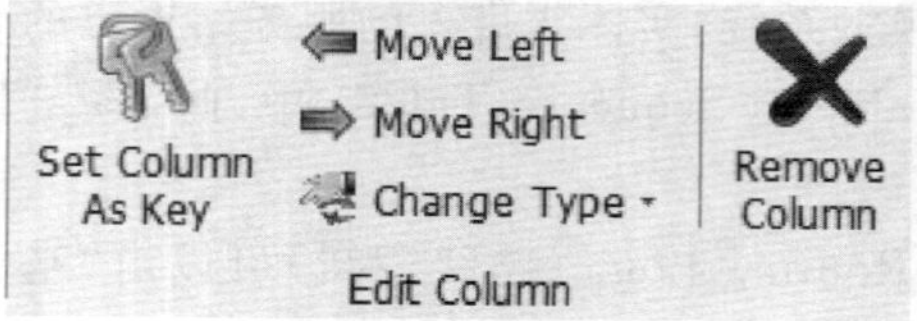

图 8-6 **Edit Column**

Edit Column 菜单栏各功能如表 8-2 所示。

表 8-2　Edit Column

序号	名　　称	描　　述
1	Set Column As Key	将列设置为键，设置一个 Key 在被选中的列，以供 Foreign Key 引用至其他表
2	Move Left	左移，让被选中的列左移
3	Move Right	右移，让被选中的列右移
4	Change Type	变化类型，改变被选中的列的属性类型
5	Remove Column	移除列，删除被选中的列

8.1.4　Date 菜单栏

Data(数据)菜单栏主要有 Row(行)、Bind(联系)和 Export(输出)三部分的功能，如图 8-7 所示。

第一部分 Insert Row 和 Remove Row 主要用于插入行和移除行，为数据的内容增添行内容以补充条件和减少行内容以删除多余条件。第二部分 Bind 和 Binding Options 用于将当前表与数据库、CSV 文件或 Excel 相关联，关联之后的数据可以从数据库中直接查找。第三部分 Import 和 Export 主要用于输入和输出当前数据，可以直接利用现成的数据表(如完整的 CSV 文件)输入到模型中，减少重新填写表的工作，输出的数据可以为用户便捷阅览。

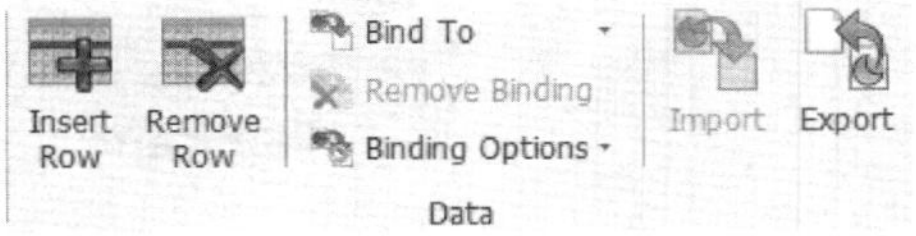

图 8-7　Date

8.1.5　Scheduling 菜单栏

Scheduling(计划)菜单栏主要有 Add Scheduling Lists and Tables(添加计划列表和表格)和 Configure Ccheduling Resources(配置计划资源)两个功能。这两个功能主要为工作运行过程增加额外需要调整的时间计划和资源配置计划，有两种计划运行模式，一种是基于顺序的，另一种是基于生产的。Scheduling 能够为突发事件做调整(如自然灾害、人为操作失误等)，使得工作进程能按照正常的计划进行。

8.1.6　Wonderware 功能

Wonderware(精品)功能将时间表导出到 MES 加载项，并把时间表保存回 Wonderware MES，它将保存计划开始、计划结束、计划资源，并将第一个作业的状态设置为“就绪”。注意：用户需要在计算机上安装 Wonderware MES 客户端才能访问 Wonderware MES API。导入停机插件将使用 Wonderware MES API 从 Wonderware MES 中提取停机信息，并将其加载到 Simio 中的相应资源中。

使用 Wonderware MES 加载项时，一旦在“数据”选项卡中创建了各种表，用户就可以使用与 Wonderware MES 相关的表绑定选项。Wonderware MES 数据绑定使用 Wonderware MES API 以读取 Wonderware MES 数据库中的数据表和视图。

8.2 Lookup Tables 选项卡

Lookup Tables(查询表),在 Simio 的旧版本中称为 Function Tables(函数表),它主要用于创建一个基于查询值的函数关系,记录、保存或设置基于查询值的函数返回值。当用户需要引用 Lookup Tables 时,表达式的格式可以写成 TableName[X1_Expression],其中 TableName 表示用户所创建的 Lookup Tables 的名称,[X1_Expression]表示任意有效的表达式代入函数的独立索引值。例如,如图 8-8 所示,当用户要引用一个名为 Efficiency 的 Lookup Tables 中记录的排队等待区的实体等待数量时,可以将其表达式写成

```
Efficiency[WorkStation1.InputBuffer.Contents.NumberWaiting]
```

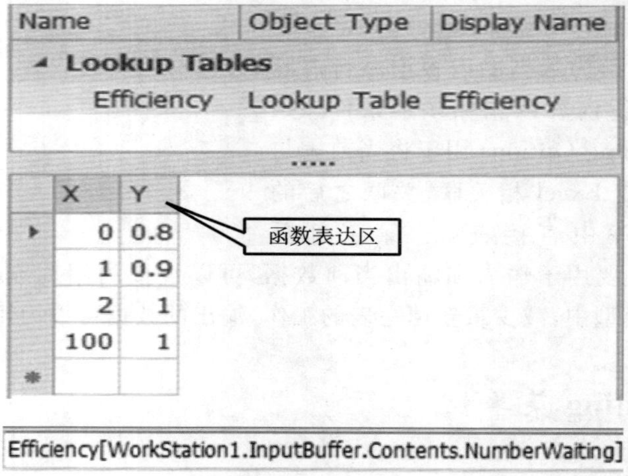

图 8-8 Lookup Tables

8.3 Rate Tables 选项卡

Rate Tables(比率表)主要用于记录、保存或设置 Entities 随时间变化的到达率,以及 Events 随时间变化的发生率。在 Rate Tables 中,用户可以根据自身的需求修改固定的比率周期和每个周期的长度,同时根据用户自定义的比率模式在模型系统运行时也将自动地重复进行。

Rate Tables 主要是被 Source、Timer 元素引用,用于使实体或事件按 Rate Tables 中设置的比率创建或发生。值得一提的是,Rate Tables 的内部运算逻辑是服从指数分布的,但是分布的均值会随着时间的改变而改变,从统计学角度上说,是在每个时间单位中,实体的创建个数或事件的发生次数是服从泊松分布的,学术上称其为非齐次泊松分布。

图 8-9 所示的是比率表的基本界面，当我们需要使用比率表时，只需单击 Create 中的 Rate Table 按钮即可创建一个新的表。

图 8-9　Rate Tables 界面

当我们需要添加数据时，只需要在 Rate(events per hour)下添加即可。

选中新建的比率表，在其属性面板中可以设置其参数，当我们把 Interval Size 设为 1，单位设为 h，Number Intervals 设为 24，如图 8-10 所示，就表示把一天分为 24 h，每个小时内可以设置不同的数值。

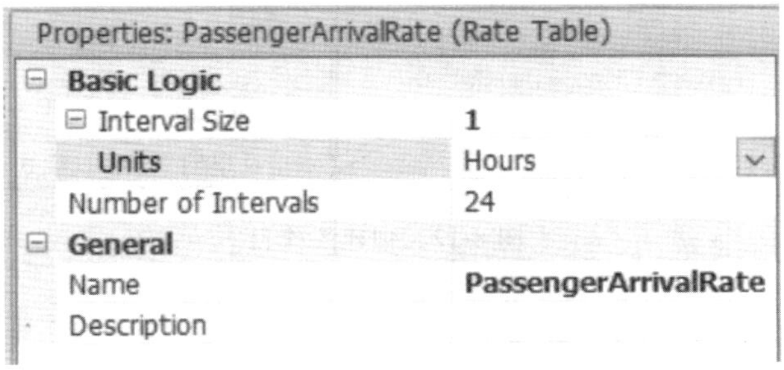

图 8-10　Rate Tables 属性面板

8.4 Work Schedules 选项卡

Schedules 主要用于制订一个工作计划表来控制装备的运行，在这个工作计划表中，可以设置指定装备的 Day Patterns（日工作模式），以修改装备每日的工作时间和工作能力。

8.4.1 创建工作时间表

单击 Data 选项卡并单击 Schedule 面板。默认情况下，名为 Standard Week 的工作计划已经可供使用或修改。要添加新的日程表，可以单击创建项中的 Pattern Based Work Schedule 按钮，或者简单地输入一个新的工作日程名称，如图 8-11 所示。

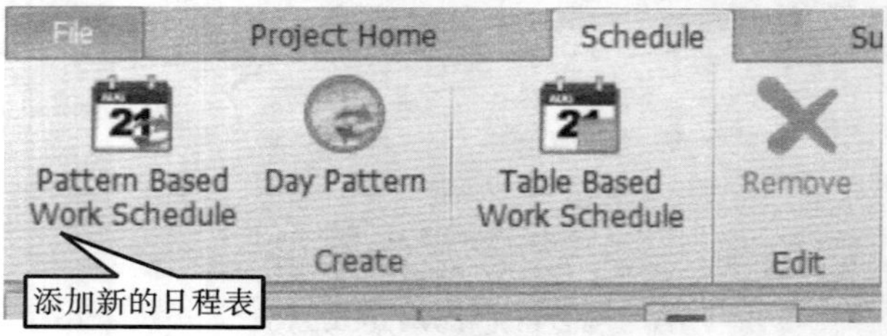

图 8-11 创建工作时间表

8.4.2 创建工作日模式

Day 模式是在 Schedule 窗口的 Day Pattern 部分中为基于模式的工作计划定义的，如图 8-12 所示。要添加一个新的 Day 模式，可以单击 Schedule Ribbon 上的 Day 模式按钮，或者简单地输入一个新的 Day 模式名称。要在 Day 模式中输入值，请单击名称旁边的“+”，工作时段将打开。在工作期间，输入开始时间，然后可以输入持续时间（结束时间就确定了）或结束时间的值。

图 8-12 创建工作日

8.4.3 基于表的工作时间表

基于表的工作日程是在一个表（或一组关系表）中定义的，表的属性引用表名、开始日期时间、结束日期时间、值和成本乘数。在 Data 选项卡中，在 Create 选项卡上选择 Table Based Work Schedule 按钮会新建基于表的工作时间表，如图 8-13 所示。

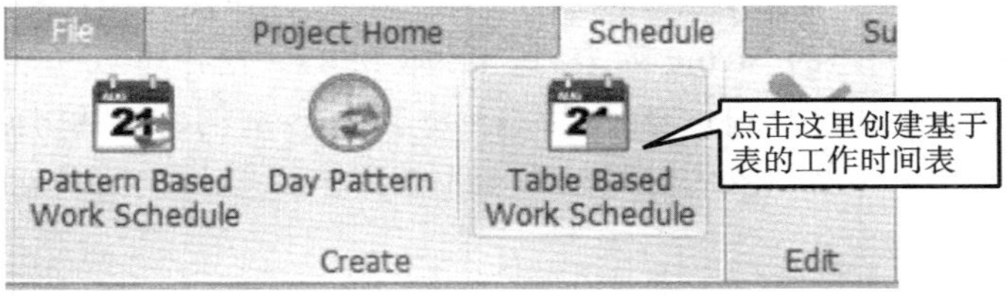

图 8-13 基于表的工作时间表

当使用基于表的工作计划时，仍然可以在对象本身中定义工作日异常和工作期间异常。

需要注意的是，在基于表的工作日程的值或成本乘数属性中指定的任何表达式只在模拟运行开始时才进行评估，而不会随着模拟运行而进行动态评估。这也意味着上面为基于模式的工作计划列出的函数不能用于基于表的工作计划。

Simio 中有一个默认的 Work Schedules 和一个默认的 Day Patterns 作为演示，如图 8-14所示。

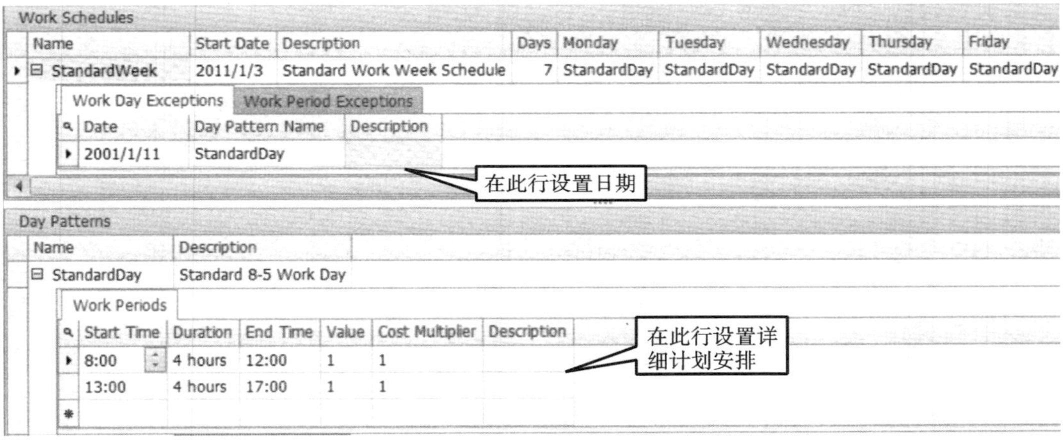

图 8-14 Work Schedules

在图 8-14 的 Work Schedules 中，若将 Days 列的值改为 1，则表示模型系统运行在指定时间内均按此计划运行。另外，Work Day Exceptions（例外工作日）用于设置当前计划中存在的某个工作日的特殊计划，Work Period Exceptions（例外工作周期）用于设置当前计划中存在的例外周期。在 Day Patterns 中，Value 列表示指定装备的工作能力，Cost Multiplier（成本乘数）表示指定装备的成本乘数。

8.5 Changerovers Matrices 选项卡

Changerovers Matrices（变换矩阵）主要用于设置基于序列表内容的活动时间。需要特别注意的是，虽然是用于设置基于序列表内容的活动时间，实际上当创建和编辑

Changerovers Matrices 时所用到的是 String Lists(字符串列表)。图 8-15 所示的是创建并编辑一个 Changerovers Matrices 的例子，上边的表是一个 String 列表，当我们创建一个 Changeover Matrices 时，就需要单击 Changeover Matrices，并在其属性中找到 String Lists Name，将其引用我们所创建的 String 列表，这里为 Colors。用户可以在表中根据实际情况键入数据，需要注意的是从自身到自身(如从 Green 到 Green)的转换的时间都应为 0。其余的如从 Green 到 Yellow 中所填入的时间就表示为当实体的 Colors 从 Green 到 Yellow 时对应的逻辑时间。

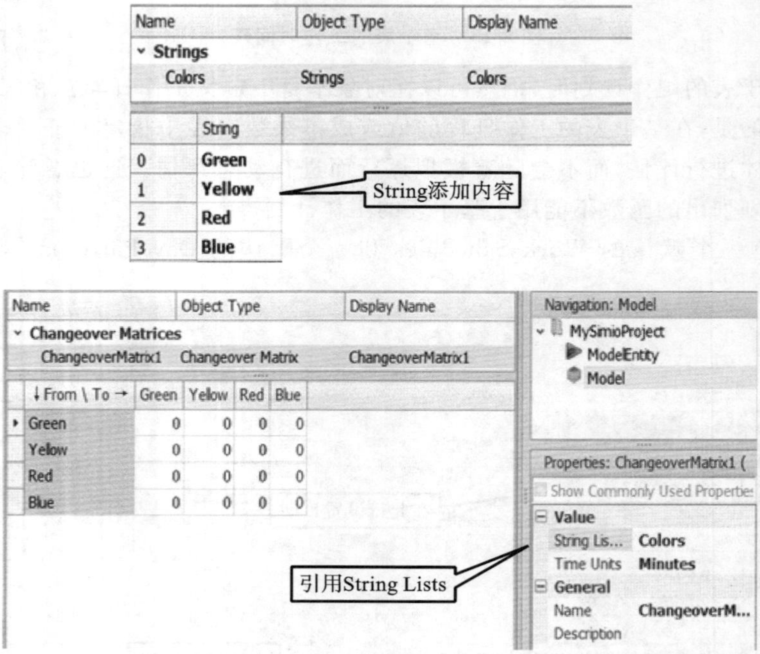

图 8-15 **Changerovers Matrics**

8.6 Input Parameters 选项卡

Input Parameters(输入参数)通常用于定义命名参数，然后可以在模型中的任何位置引用这些参数。输入参数选项卡主要有 Distribution(分布)、Table Value(表值)和 Expression(表达式)三种编辑功能，如图 8-16 所示。可以为 InterarrivalTime 和 ProcessingTime 输入参数，然后在模型中的发生器和服务器对象上引用这些名称，使用输入参数代替直接在模型中输入这些表达式有以下几个优点。

(1) 输入参数可以跨多个对象共享。例如，若 5 个服务器共享相同的进程时间，则它们都可以引用相同的输入参数。

(2) 使用输入参数来输入分布更方便，因为分布参数单独定义为输入参数的属性，并且提供了基于 10000 个样本的直方图来显示参数的分布形状。

(3) 输入参数支持响应灵敏度和样本大小误差分析。

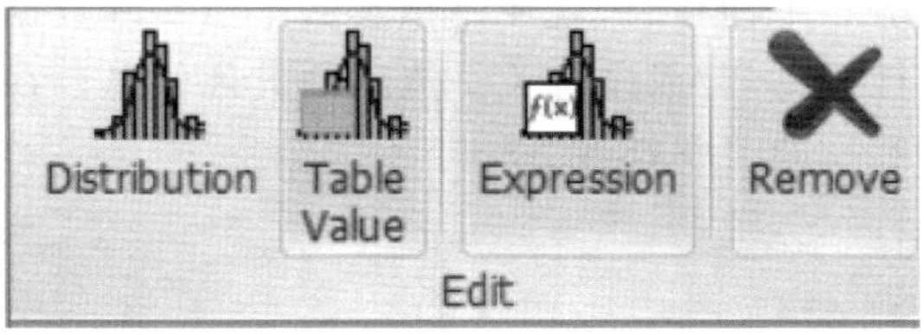

图 8-16 输入参数功能编辑栏

8.6.1 Distribution 功能

Distribution(分布)用于指定随机分布。分布的参数在属性网格中指定,基于该分布的 10000 个样本的柱状图显示在窗口的底部面板中。

除了分布参数之外,还定义了两个布尔标志,一个布尔标志用于指定此输入参数是否在响应敏感度分析中处于活动状态;第二个布尔标志用于指定输入参数是否要包含在样本量误差分析中。如果该布尔标志包含在样本量误差分析中,还可以指定在拟合此分布时使用的实际观测的数量,如图 8-17 所示。

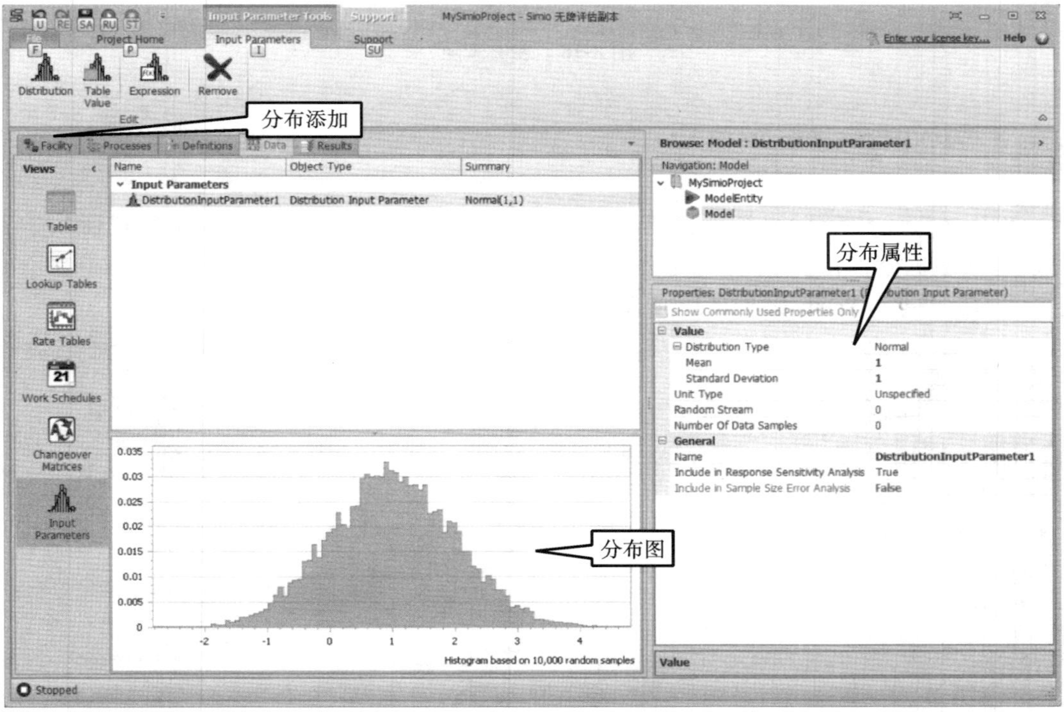

图 8-17 分布添加

8.6.2 Table Value 功能

Table Value(表值)是第二输入参数,每当实际观测数据被随机抽样,而不是将数据拟合到一个分布，然后从该分布中抽样时，就使用该参数。当实际数据可用时，这通常是首选的方法，因为有一个代表性样本和/或没有关于流程的其他信息。在这种情况下，可以指定保存实际观察结果的表列名，如图 8-18 所示。

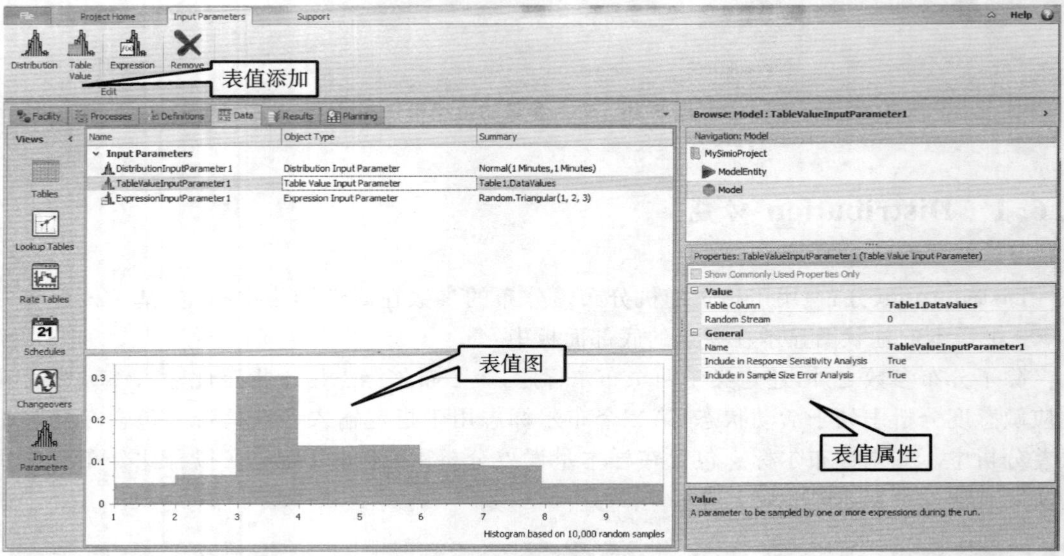

图 8-18　表值添加

8.6.3　Expression 功能

Expression(表达式)是第三种类型的输入参数。在这种情况下，可以指定任何数学表达式，包括随机分布和模型属性。虽然这是输入参数的最一般形式，但有一个限制是它不能用于样本量误差分析的，如图 8-19 所示。

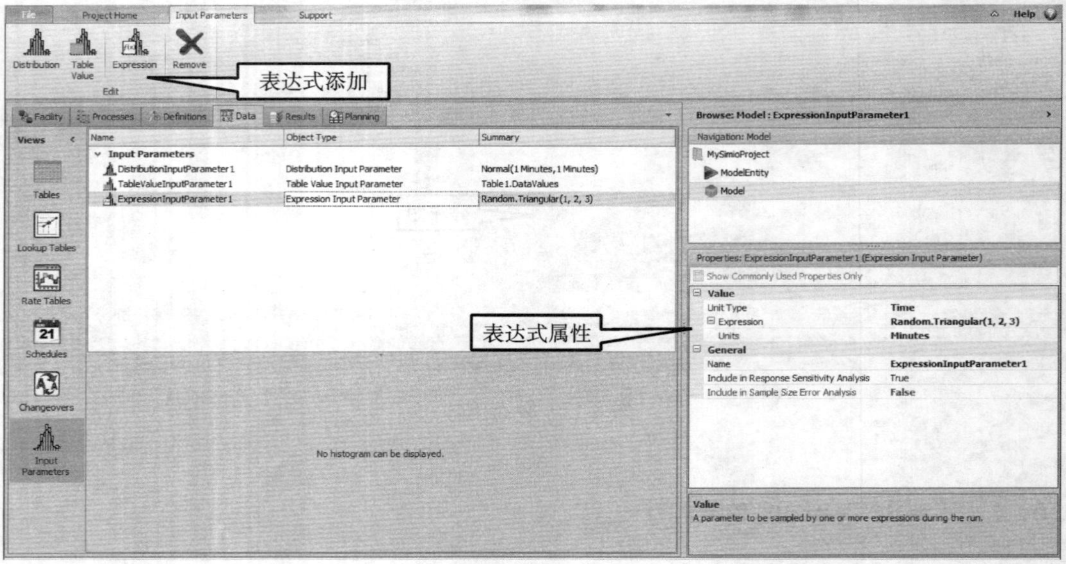

图 8-19　表达式添加

在模型中的对象属性字段中引用输入参数名称，这类似于使用状态和属性值的方式。在 Facility 视窗中右键单击对象的属性值也允许用户创建新的输入参数或从已有的输入参数中选择。或者，输入参数名称可以由它自己使用，也可以在接受表达式的任何对象的属性字段中的表达式中使用。

输入参数是唯一的，因为其也用于为模型定义的实验中。实验中的“输入分析”选项卡将显示所有输入参数和关联的场景结果。

第9章 Results 视窗

无论用什么方法进行模拟仿真，查看、整理并分析其模拟仿真的结果都是必须的，不然进行模拟仿真就毫无意义。因此，Simio 为用户提供了功能极为强大的结果分析与编辑视窗——Results(报告)视窗。

Results 视窗的布局同样与前面几个编辑器的类似，界面中间的空白区域是显示模型系统仿真运行后整理、分析过的结果，在它的左边显示着五种可选的整理、分析工具，它们分别是 Pivot Grid(透视表)、Reports(报告)、Dashboad Reports(统计报告)、Table Reports(报表)和 Logs(日志)。界面上方是菜单栏，每种分析工具均有专属的菜单栏。而界面右边则是 Navigation 窗口和 Properties 面板，如图 9-1 所示。

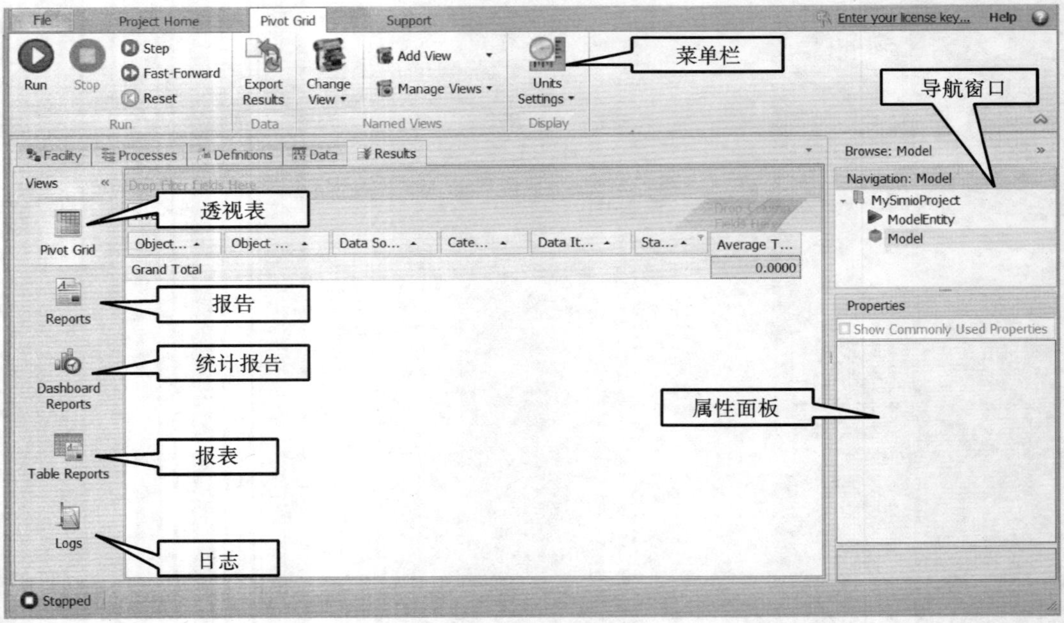

图 9-1 Results 视窗

Results 视窗显示了模型运行后的结果，这些结果分别能够以 Pivot Grid、Reports、Dashboad Reports 和 Logs 等形式整理、分析。其中，Pivot Grid 和 Reports 整理的结果，均能够以后缀名为“.csv”的文件导出。

9.1 Pivot Grid

Pivot Grid 显示了模型系统仿真运行的结果数据。Pivot Grid 表分为 7 列和 N 行，其中列中显示的是数据的一般类型，包括 Object Type（设备或实体类型）、Object Name（装备或实体名称）、Data Source（数据源）、Category（种类）、Data Item（数据项）、Statistic（统计值）及 Average Total（总体平均）；行中显示的是数据的统计内容，包含模型中的实体、固定类装备、连接及自定义统计项，如图 9-2 所示。

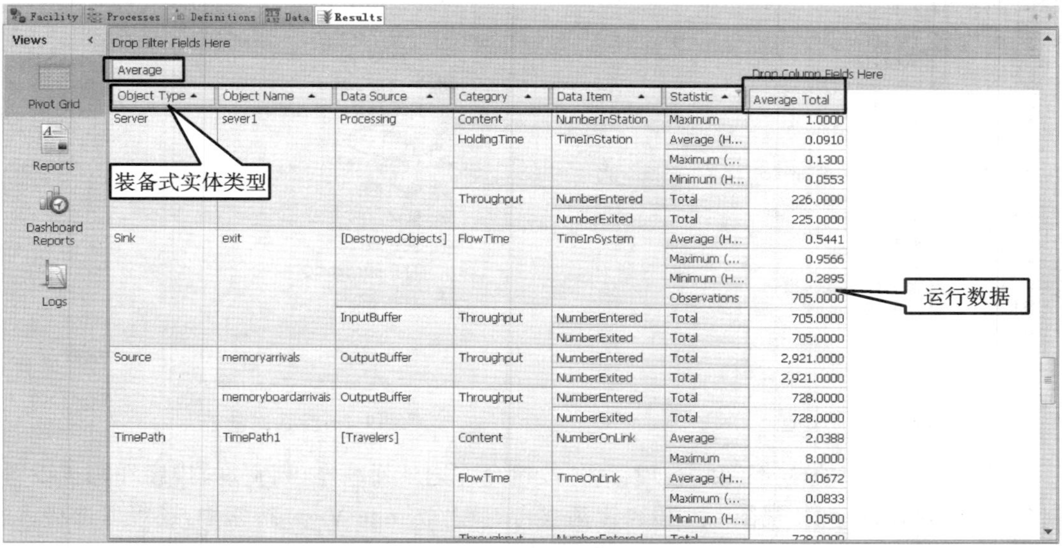

图 9-2　Pivot Grid

在 Pivot Grid 中，具有与 Excel 类似的功能，可以对数据进行搜索、汇总和显示/隐藏等操作。

图 9-2 所示的 3 个矩形代表筛选项目，为项目分行与分列（从左到右）。数据项目可能会在这些区域移动来重新配置表。可以根据需要对存在的表进行隐藏。

（1）分组：第一次打开 Pivot Grid 时，结果数据统计的内容会默认地按 Object Type 进行全部分组统计。当需要按其他列的类型进行分组统计数据时，用左键单击该列标题并拖曳至最左边第一列，即可按该列内容分组。

例如，单击鼠标左键并把最左边 Object Type 的列拖曳到最上面一行（紧挨 Data Source），就会看到数据不再根据对象类型分组，而是根据对象名称分组。也可以拖曳这些列到不同的位置就能产生不同的分组情况。例如，如果想一起显示全部的数据项目，可以拖曳 Data Item 列到左边，即 Object Name 之前。

（2）排序：每列中标题的小三角形上下指向决定了该列的升降顺序。单击列中的小三角形，该列的内容将会按首字母顺序排列。

（3）过滤：每列标题的右上角“漏斗”图标 中包含该列的全部内容项。单击该图标，在其下拉菜单中可以勾选需要显示的内容项，如图 9-3 所示。

如果单击该“漏斗”图标，那么就会看到一个装有所有可能值的菜单，并且 Minimum 没有选中。这意味着任何带有最小值标签的项目都已经被取消了（这是我们默认的设置）。如果勾选了 Minimum 或 Show All，那么所有的最小值都会被添加到报告中了。

筛选区域的所有列的首格和选项都有筛选的容量。例如，如果将鼠标悬停在对象类型的右上角（筛选区域），就会发现“漏斗”图标。单击“漏斗”图标就能显示报告中所有的对象种类。举例说明，如果对路径上的统计值没什么兴趣，就不要检查路径项目，所有和路径有关的统计数据就会被隐藏起来，如图 9-4 所示。

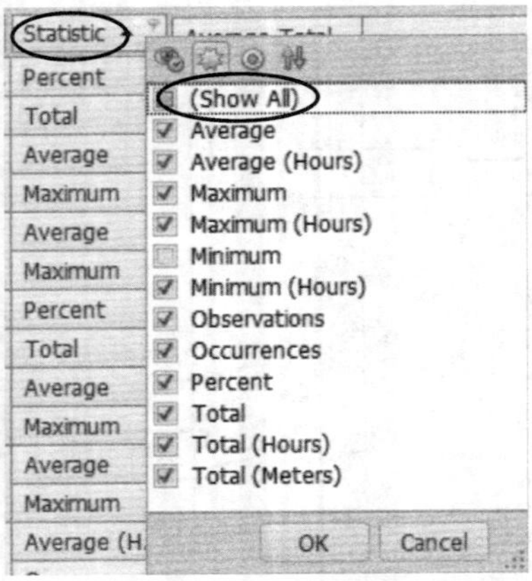

图 9-3　Category

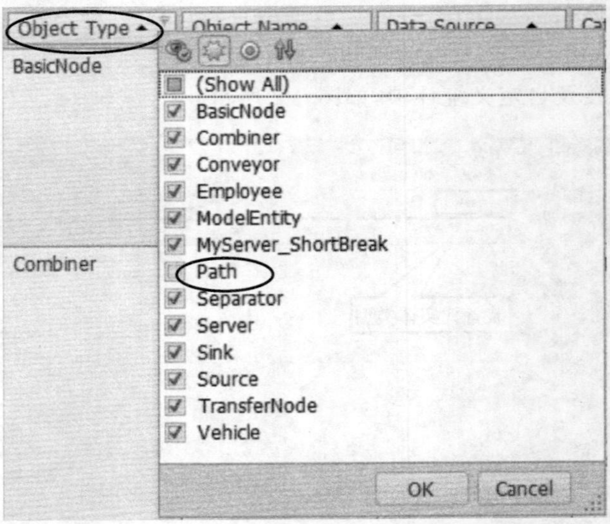

图 9-4　筛选对象

“更改视图”、“添加视图”和“管理视图”按钮允许记录列顺序、列宽度、排序和筛选设置，并将它们保存到特定的“视图”中，以备以后参考。在 Change View 按钮中，还可以选择将透视表网格重置为原始默认视图。当打开“命名”视图时，将看到在网格顶部显示命名视图 ViewName，如图 9-5 所示。

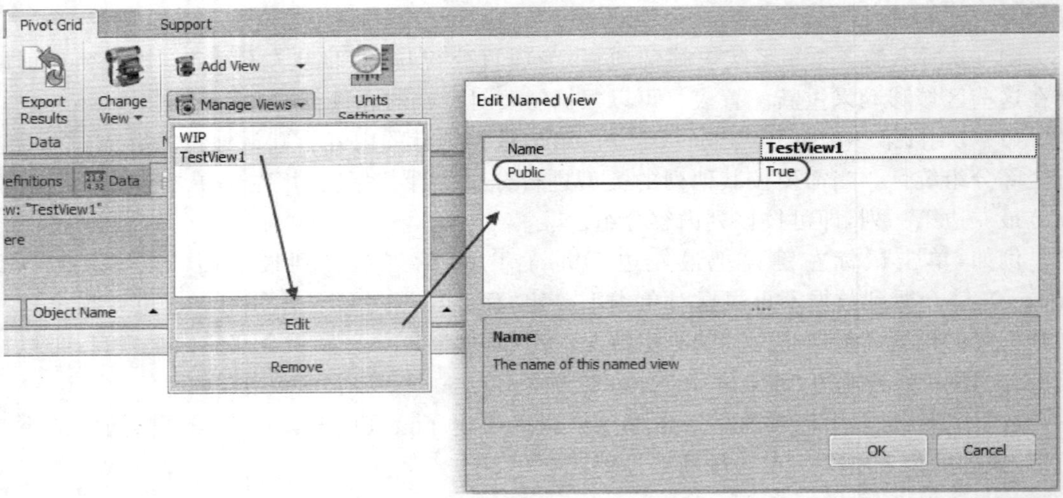

图 9-5　命名视图

默认情况下，各种主网格中的命名视图是“公共的”，允许模型中的任何其他主网格或其任何实验使用它们。

如图 9-6 所示，在透视表网格中使用命名视图时，与相同模型关联的其他透视表网格的公共视图是可见的。例如，在查看模型的结果透视表网格时，首先注意它自己的命名视图，然后注意来自其他透视表网格的公共命名视图。

图 9-6　透视表

9.2　Reports

模型在运行结束后，单击 Reports 图标，Simio 将自动生成一份报告。报告的形式可以分三种，分别是 Interactive Detail（交互详情式报告）、Scenario Comparison（方案比较式报告）和 Scenario Detail（方案详情式报告），第一次打开 Reports 时，系统会默认地生成 Interactive Detail Reports，单击标题栏 Reports 中 Data 项的 Current Report 的小三角图标，在下拉菜单中可以选择三种报告形式任意一种，如图 9-7 所示。

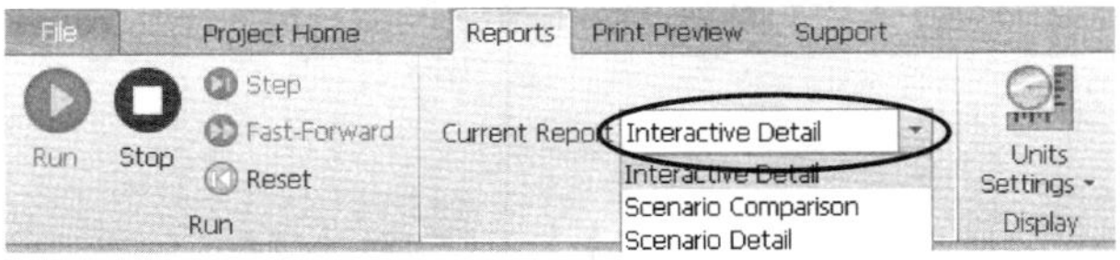

图 9-7　Current Report

9.3　Dashboard Reports

对于模型仿真运行的结果数据，可以将 Dashboard Reports 功能转换成图表的形式，以便更容易和直观地分析结果数据。在 Simio 中，常用的图表有 Grids、Chart 和 Gauges 等，还可以通过添加 Image、Text Box 和 Range Filter 等来自定义新的图表。

单击 Dashboard Reports 图标，进入其编辑窗口，创建 Dashboard Report。单击工具栏

Dashboards 的 Create 中的 Dashboard Reports，将会跳出 Add Dashboard 对话框，在 Dashboard name 中输入图表名，单击 OK 按钮，此时，Dashboard Reports 界面将会跳出图表的编辑窗口，在该窗口中进行图表的编辑和设置，如图 9-8 和图 9-9 所示。

图 9-8　Add Dashboard

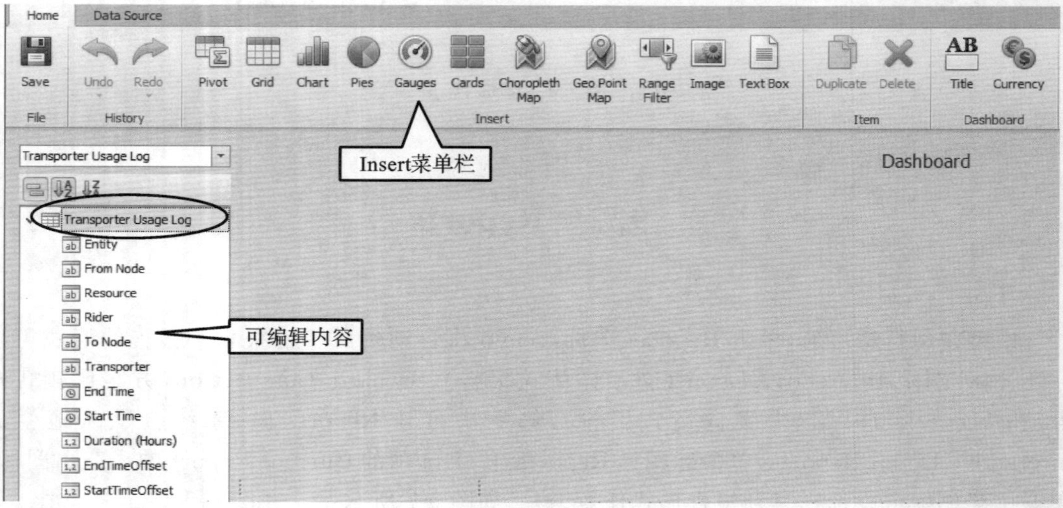

图 9-9　Dashboard Reports 图表编辑

9.4　Table Reports

Table Reports 窗口提供了对报表设置器的访问，以便使用 Simio 中的各种数据表中的数据以创建报表。所有用户都允许访问以前开发的报表（选择下拉列表），但是，Create 的 Table Report 按钮（见图 9-10）仅对企业用户开放。

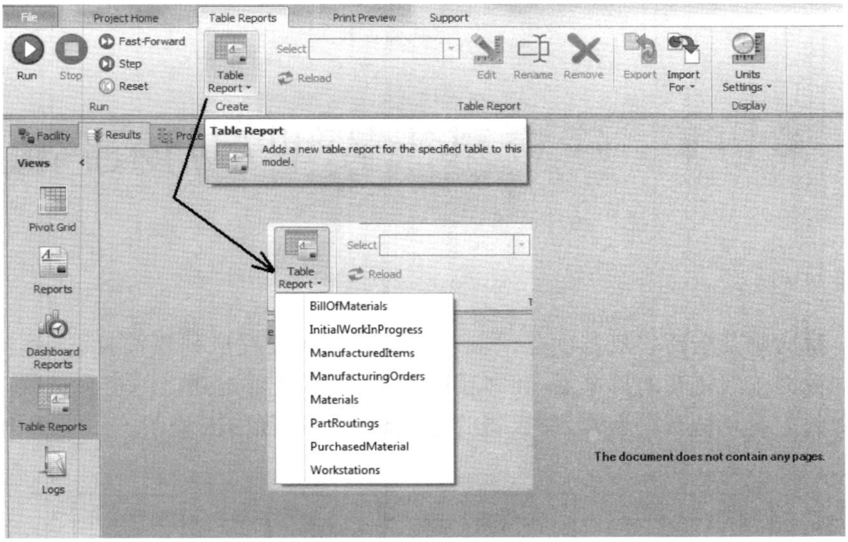

图 9-10　创建报表

9.5　Logs

若使用的 Simio 版本被激活，则 Logs 将会显示 State Observation Logs(状态查看日志)和 Tally Observation Logs(统计查看日志)两个窗口。在这些窗口中，可以查看到 Simio 模型运行中的一些相关数据。大学设计版本暂不支持使用，对于 Simio 企业版的客户，还包括资源使用日志、资源状态日志、资源容量日志、约束日志、传输器使用日志、物料使用日志和任务日志，如图 9-11 所示。

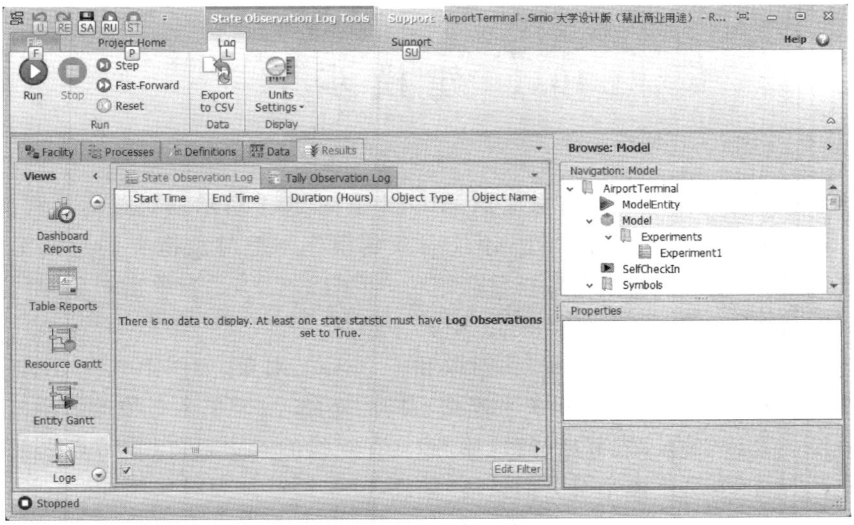

图 9-11　日志界面

第10章 建立基本模型（奶茶店模型）

一个小型的奶茶店销售奶茶饮品。顾客到达奶茶店后在队列里面排队，等待服务员服务。这些服务员接到奶茶的订单后，顾客获取奶茶，顾客接着走到出纳柜台付款，付款之后，顾客离开店铺。建立仿真模型时，最重要的是能够画出过程的流程图。图 10-1 所示的是奶茶店的四个过程的流程图。

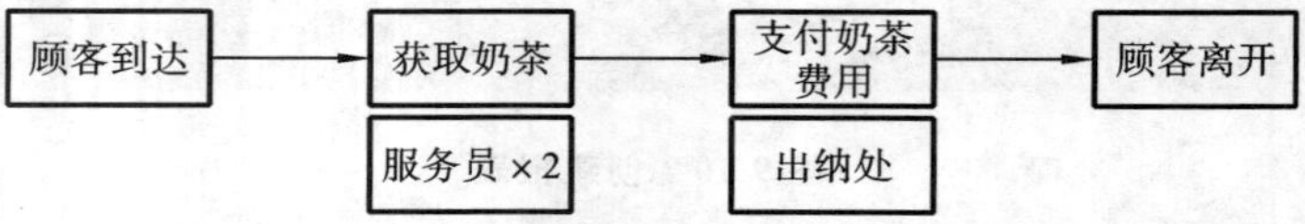

图 10-1　奶茶店的四个过程的流程图

假定我们知道以下情况：

(1) 顾客按照指数分布到达奶茶店，平均到达间隔为 0.5 min；

(2) 服务员满足顾客的需求并给顾客拿奶茶的时间用三角分布来模拟，最短时间是 0.3 min，最可能的时间是 1 min，最长时间是 1.5 min；

(3) 出纳员接受订单支付的时间也服从三角分布，最短时间是 0.4 min，最可能的时间是 0.5 min，最长时间是 0.7 min；

(4) 在每个流程之间的移动时间是 15 s。

顾客会在一条等待线上等待，基于先到先服务的规则。同样在出纳前面也有一条单一的等待线。我们还做一个假设，就是等待队列的长度不限。

10.1　建模步骤

(1) 顾客必须用 ModelEntity 来模拟，Model 由图 10-1 所示的奶茶店流程图组成。在 StandardLibrary 面板上单击对象类型，添加对象到模型。把对象拖曳到建模工作区，并放到合适位置（可以四处拖曳对象以进行重新定位，或删除对象）。当单击对象时，它的属性就会显示在属性观察器（在右下角的面板上）中。

添加 Source 对象，包括两个 Server 对象和一个 Sink 对象，如图 10-2 所示。

(2) 用 TimePath（时间路径）对象来连接不同的对象，只需单击对象的输出节点（蓝色菱形），连到另外一个对象的输入节点（灰色菱形）。在连接的途中，可以在节点之间进行单击，产生多个分段的路径，使路径变得更加灵活，如图 10-3 所示。为对象添加“名字”，可以在对象下面直接改变名字，或者在 Source 属性的 General 属性项的 Name 中定义，各项命名如图 10-3 所示。

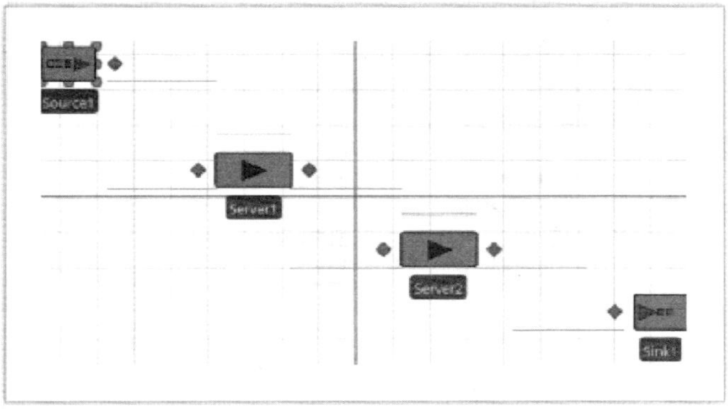

图 10-2　添加对象

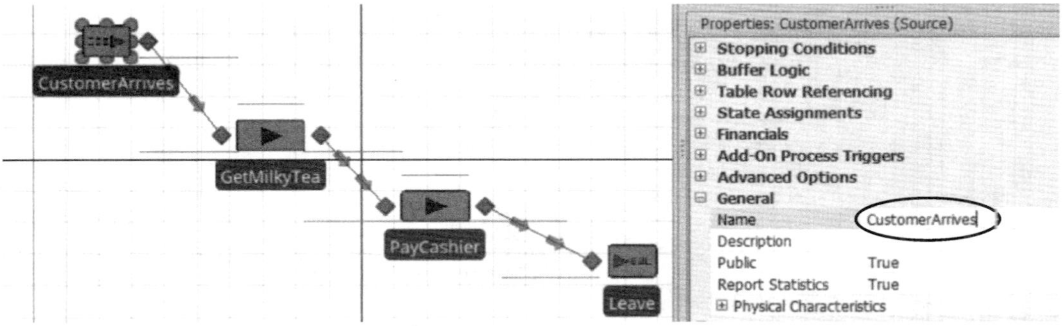

图 10-3　添加路径

(3) 由于顾客按照指数分布到达奶茶店，平均到达间隔为 0.5 min，即选中之前创建的 CustomerArrives 图标，在右边属性面板的 Interarrival Time 项的右边输入 Random. Exponential(0.5)，注意 Units 设置为 Minutes。其中，Exponential 是指数分布函数，如图 10-4 所示。

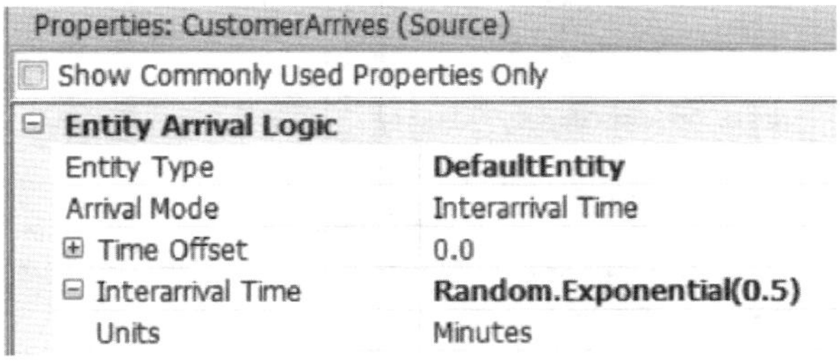

图 10-4　设置 CustomerArrives 属性

(4) 已知服务员满足顾客的需求并给顾客拿奶茶的时间用三角分布来模拟，最短时间是 0.3 min，最可能的时间是 1 min，最长时间是 1.5 min。接下来设置 GetMilkyTea，选中 GetMilkyTea 后，在 Process Logic 的 Processing Time 处输入 Random. Triangular(0.3,1,1.5)，Units 选择 Minutes，其中 Triangular 表示三角函数。其次，在 Initial Capacity 处输入 2，如图 10-5 所示。

(5) 由已知出纳员接受订单支付的时间服从三角分布，最短时间是 0.4 min，最可能的

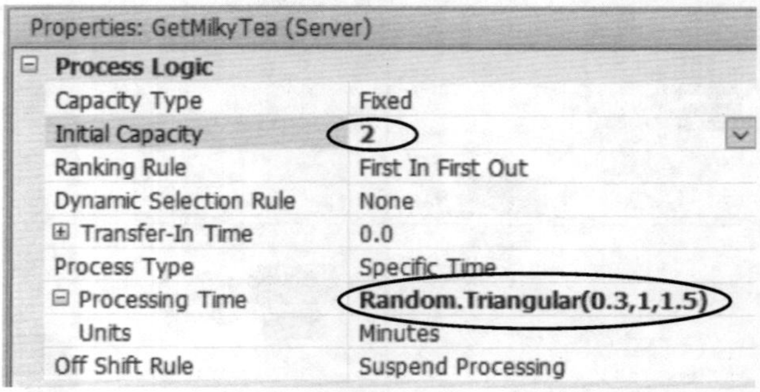

图 10-5　设置 GetMilkyTea 属性

时间是 0.5 min，最长时间是 0.7 min。选中 PayCashier 后，在 Process Logic 的 Processing Time 处输入 Random. Triangular(0.4,0.5,0.7)，如图 10-6 所示。

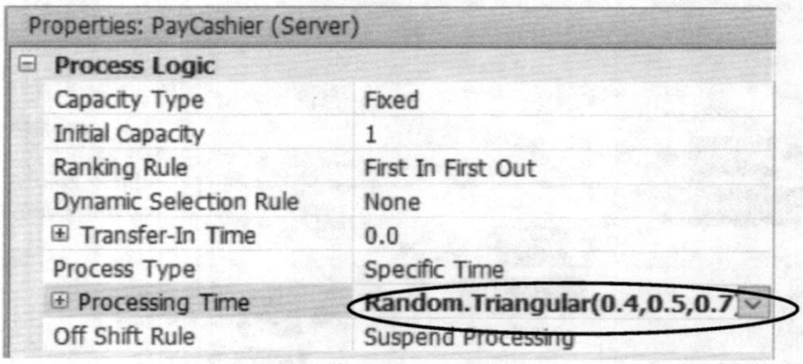

图 10-6　设置 PayCashier 属性

非常重要的一点是，时间单位一定要正确，能够正确表达时间和距离。还需要设置属性对话框的一些细节内容，可以通过单击“+”图标展开。

(6) 接下来设置 TimePath，按住 Ctrl 键，同时选中三条时间路径，在右边的属性栏设置 Travel Time 为 15，其 Units 为 Seconds。如图 10-7 所示。

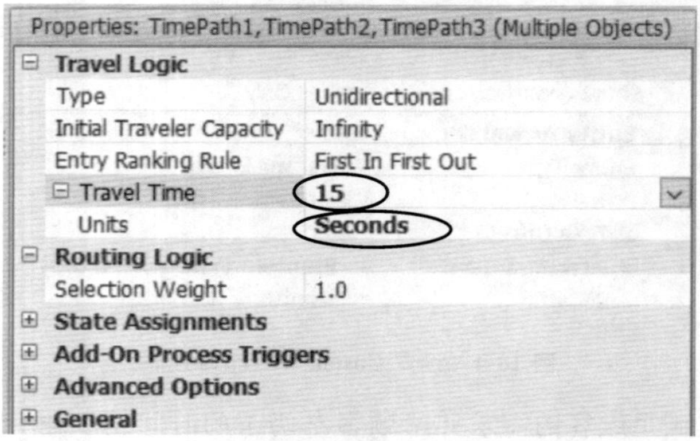

图 10-7　设置 TimePath

(7) 运行模型。在我们开始运行模型前，将 Ending Type 修改为 Unspecified(Infinite)，在 Run 菜单下的 RunSetup 部分可以找到，如图 10-8 所示。

(8) 让仿真模型运行一段时间，单击运行按钮“ ”开始仿真的运行。注意 ModelEnity

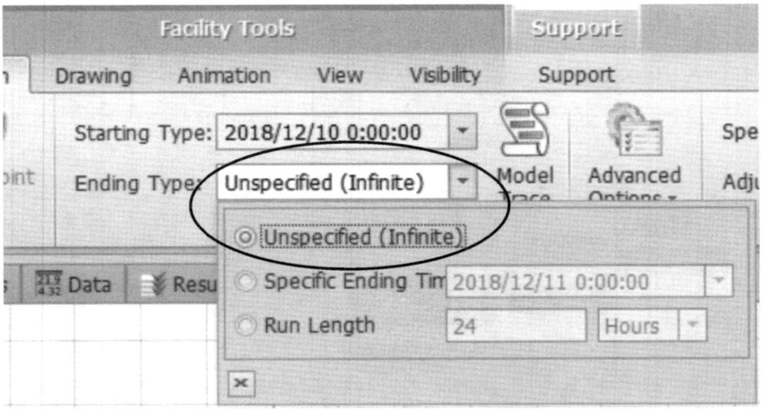

图 10-8　运行模型

会在时间路径上移动，在实体缓冲队列里等待(Inputbuffer. Contents)，在服务器的加工队列被服务(Processing. Contents)，这两个队列显示为围绕 Server 对象的绿色的“线条”。当模型运行时，还能够重新安排对象的位置，运行过程如图 10-9 所示。

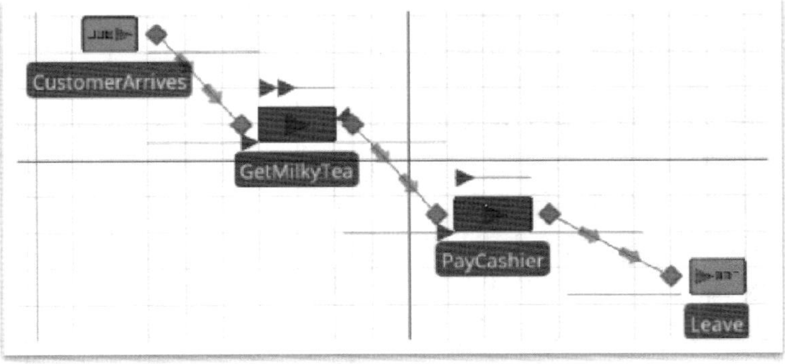

图 10-9　运行过程

(9) 调整运行速度，右上角 Run 菜单中的 Animation Speed 选项通过设置不同的数值，观察运行情况，如图 10-10 所示。

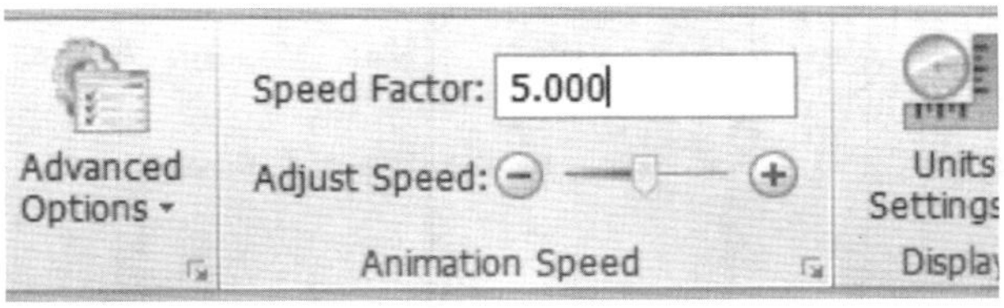

图 10-10　调整运行速度

(10) 切换 3D 视图。选择 View→“3D”，也可以利用数字键 2 和 3，作为热键在 2D 和 3D 视图间切换。通过鼠标右键在模型空白区域滑动来切换视角，如图 10-11 所示。

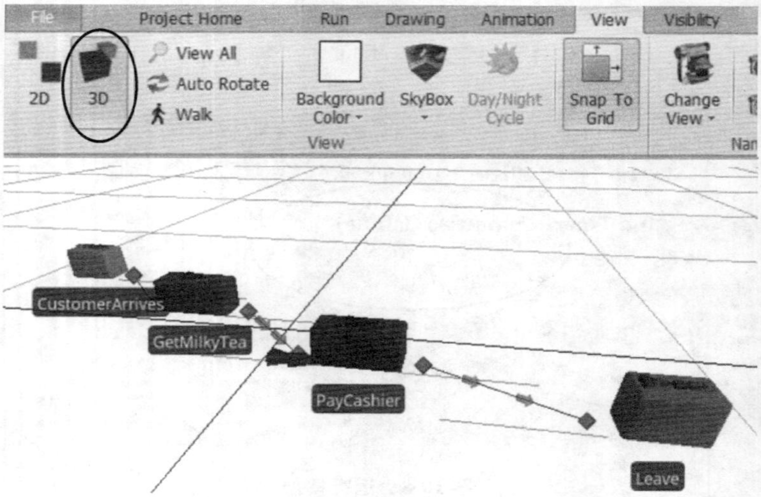

图 10-11　3D 视图

10.2　增强动画效果

在模型中动画部分通常是最吸引人的。Simio 的三维模型，虽然确实要花费一定的精力，但是常常会吸引眼球。在本节，我们会就如何创建动画效果给予一定的指导。注意模型需要停止运行后才能继续对其进行编辑。

(1) 让奶茶店的客户图标看上去更像人，而不是绿色三角。单击左下角 ProjectLibrary 中的 ModelEntity 对象，将其拖曳到建模工作区。选中绿色三角，在 Symbols→Apply Symbol，看好所有的分组，然后从 Library→People 里选择一个人的图像，以替换原来的绿色三角。从 3D 视图来察看图片，然后通过拖曳图形的边上绿点，放大图形，如图 10-12 所示。

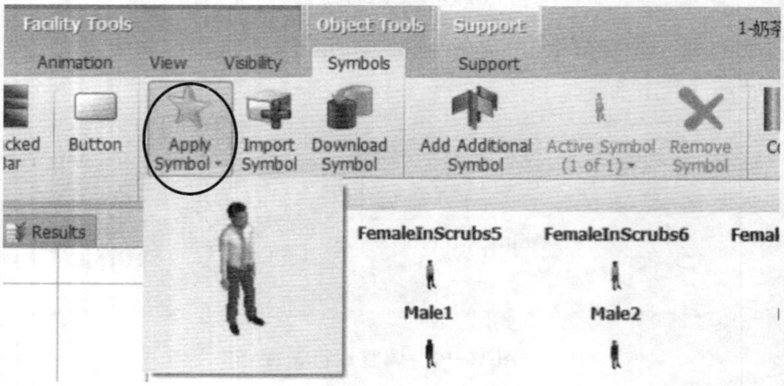

图 10-12　添加人物

(2) 选择 GetIceMilkyTea 服务器对象，然后将服务器的图形替换成“工作台”。对 PayCashier 服务器对象重复以上同样的选择。调整服务器对象的大小，与人的大小成比例。如图 10-13 所示。

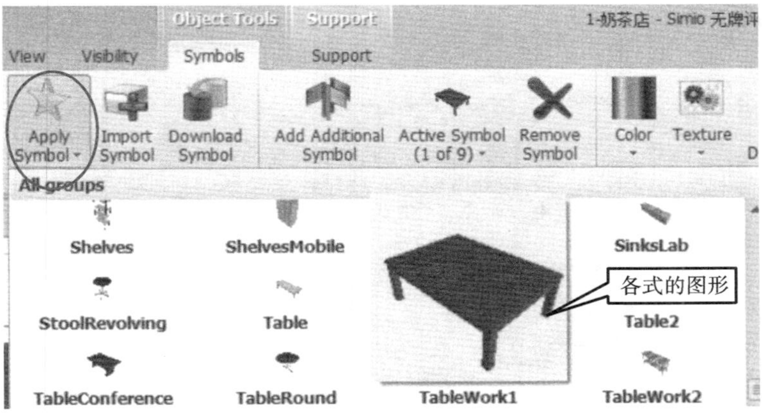

图 10-13　添加工作台

(3) 我们在工作台后面放置几个静态的人。要实现这样的效果，先切换到 3D 视图，选择 Drawing 页面，单击 PlaceSymbol 按钮，选择一个人的图形代表服务员。当人的图形放好时，单击图形底边绿色圆点的一角，按住 Ctrl 键转动图像。把人的图形放到工作台的后面。通过 Ctrl+C 和 Ctrl+V 组合键复制和粘贴服务员。对于 PayCashier 工作站的出纳员来说，采用同样的操作，如图 10-14 所示。

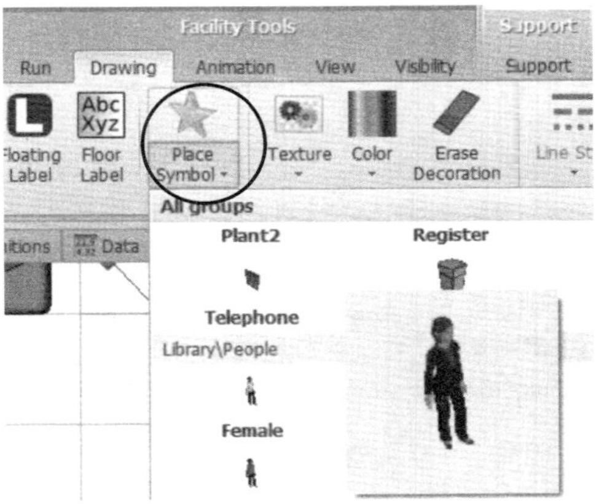

图 10-14　添加服务员

(4) 在建模工作区移动图形，得到奶茶店的最佳效果。可以给商店增加墙壁，使用 Drawing 菜单栏下 Polyline 工具，右击鼠标以结束画线，如图 10-15 所示。在 Drawing 菜单栏下 Object 的 Object Height 处设定墙体的高度为 3，线宽为 0.5，如图 10-15 所示。注意高度的基本单位是 m，也可以另外指定单位。在某些场合下，也可以修改对象的高度，以保持一致。

(5) 在前面的动画中，从 PayCashier 对象到 Leave 对象间的路径要添加 Path Decorator，如图 10-16 所示。单击需要修改的路径，选择 Path Decorator 来增加路径的修饰效果，路径拐点可以通过单击 AddVertex 来添加，如图 10-16 所示。为了能看到路径上的人像，将 Travel Time 改成 300、Units 改为 Seconds，并通过拖曳对象，将对象移动到如图10-16 所示位置。

(6) 现在开始运行仿真，并欣赏 3D 效果。设置运行时间如图 10-17 所示，运行结果如图 10-18 所示。当运行仿真时，可在 2D 和 3D 视图中调整它的效果。可能还要延长不同的队列图像(绿色线条)。例如，等待奶茶的人的排队队列太短，也许需要延长。当然，处理队列(Processing. Contents)也需要延长。动画的队列长度并不影响在队列中排队的实际人数。

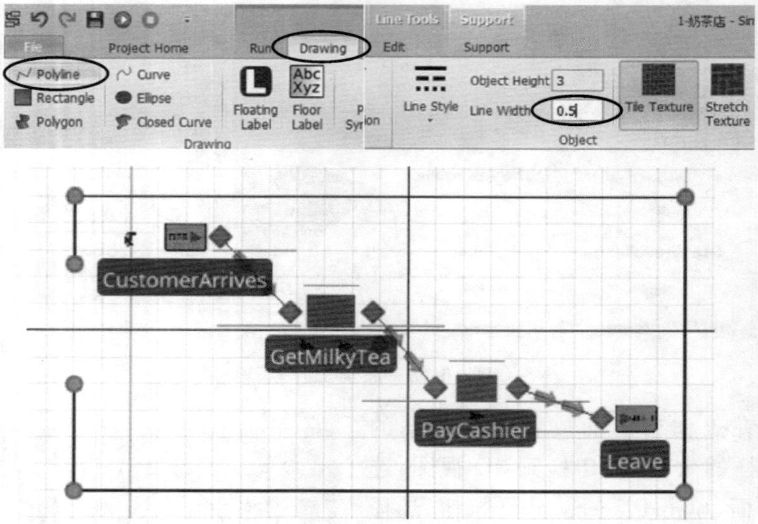

图 10-15　添加围墙

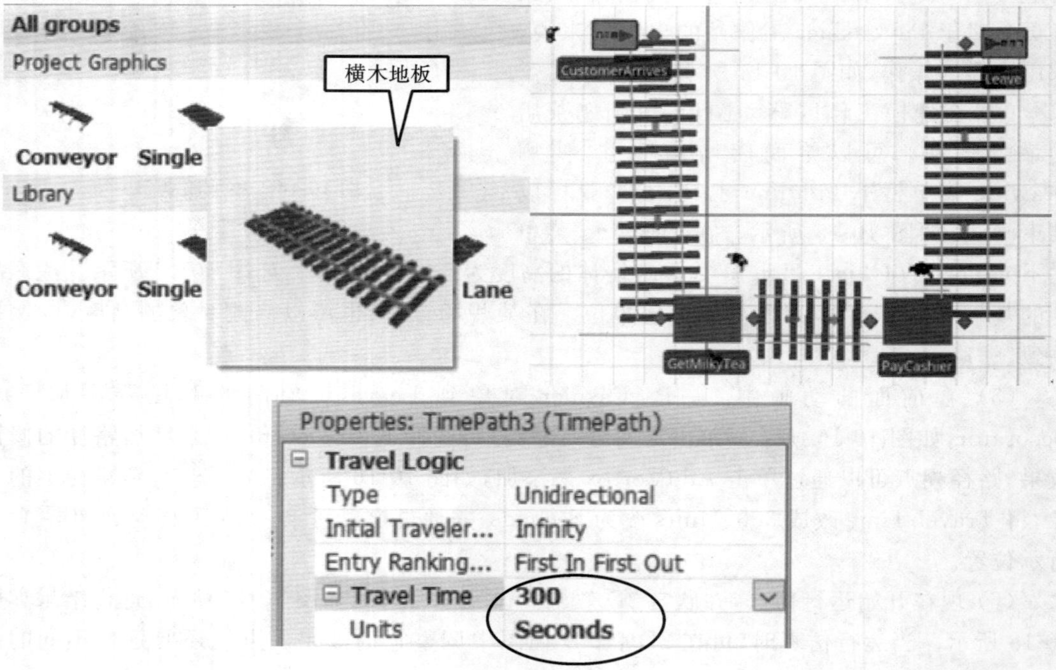

图 10-16　添加装饰效果

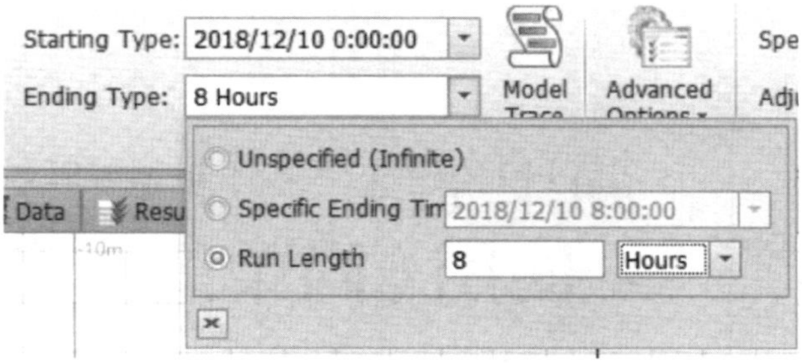

图 10-17 设置运行时间

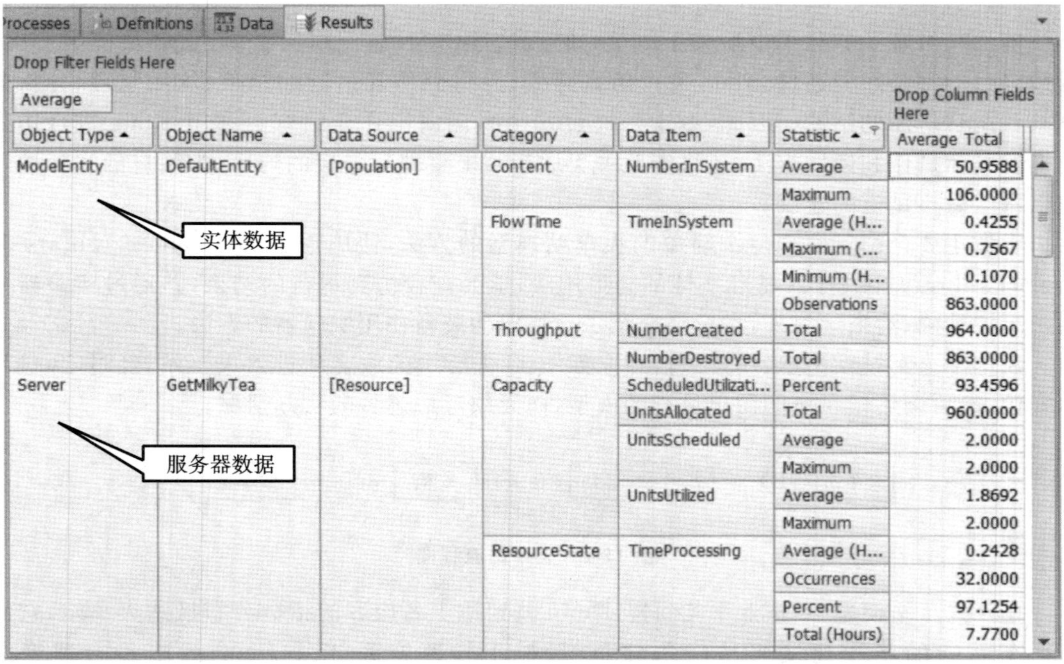

Object Type	Object Name	Data Source	Category	Data Item	Statistic	Average Total
ModelEntity	DefaultEntity	[Population]	Content	NumberInSystem	Average	50.9588
					Maximum	106.0000
			FlowTime	TimeInSystem	Average (H...	0.4255
					Maximum (...	0.7567
					Minimum (H...	0.1070
					Observations	863.0000
			Throughput	NumberCreated	Total	964.0000
				NumberDestroyed	Total	863.0000
Server	GetMilkyTea	[Resource]	Capacity	ScheduledUtilizati...	Percent	93.4596
				UnitsAllocated	Total	960.0000
				UnitsScheduled	Average	2.0000
					Maximum	2.0000
				UnitsUtilized	Average	1.8692
					Maximum	2.0000
			ResourceState	TimeProcessing	Average (H...	0.2428
					Occurrences	32.0000
					Percent	97.1254
					Total (Hours)	7.7700

图 10-18 运行结果

第11章 简单结果与New Experiment使用（简单的火车站模型）

前面几个章节叙述了很多关于 Simio 的理论性内容，然而用户学习、了解及使用 Simio 的最终目的都是想要通过 Simio 进行仿真建模，并得到仿真运行的结果，从而整理、分析得到某些用户所需的结论。因此，本章将通过几个案例向用户介绍有关利用 Simio 进行仿真建模的具体操作和使用方法，还将涉及关于运行结果整理与分析的内容，为用户的实际运用提供一些微不足道的建议。

本章主要介绍了建立一个简单的火车站模型的方法，让用户了解 Standard Library 和 Project Library 中几个装备和实体的简单用法，学会查看仿真运行的结果，并通过实验器使结果更加精确、清晰。另外，本章还介绍了对指定的装备使用实验器的方法。

在这个火车站模型中，用户只需建立如图 11-1 所示的旅客从进入火车站，经过CheckIn和安检，最后到达候车室的简单过程的模型，而无须考虑过多的实际情况。

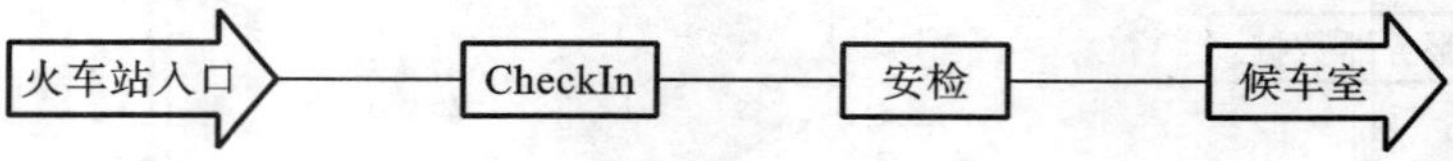

图 11-1　火车站流程图

在该火车站模型中，按照平均每隔 1 min 就到达 1 名旅客的指数分布抵达火车站，它们在火车站中的步行速度服从三角分布，最慢步行速度为 35 m/min，最快步行速度为 100 m/min，大多数人是以 50 m/min 的速度前行的。

CheckIn 中有 4 个服务台，可以同时接待 4 名旅客。一般情况下，每个服务台为旅客办理上车手续时间服从三角分布，最长时间为 10 min，最短时间为 3 min，5 min 为最常出现的情况。

安检同样有 4 个通道，可以同时为 4 名旅客进行安检。一般情况下，旅客通过安检的时间服从均匀分布，为 2～5 min。

旅客从火车站入口到 CheckIn 的距离为 60 m，从 CheckIn 到安检的距离为 40 m，从安检到候车室的距离为 100 m。

最后，火车站模型需要仿真运行 24 h。

11.1　建模步骤

（1）单击 Facility 视窗，在右上角的 Navigation 窗口中，右键单击 MySimioProject，将它

重命名为 EasyAirport；右键单击 ModelEntity，将它重命名为 Passengers；右键单击 Model，将它重命名为 Airport。从 Standard Library 中拖曳 1 个 Source、2 个 Server 和 1 个 Sink 至建模区，用 Path 将它们连接起来，并分别重命名为 Entrance、CheckIn、Security 和 StationLounge。再直接从左下角的 Project Library 导航窗口中拖曳一个 Passengers 至建模区，由于第一次拖曳 Passengers 的名称为 DefaultEntity(没有更改)，把 DefaultEntity 重命名为 Passenger 以方便稍后设置，如图 11-2 所示。

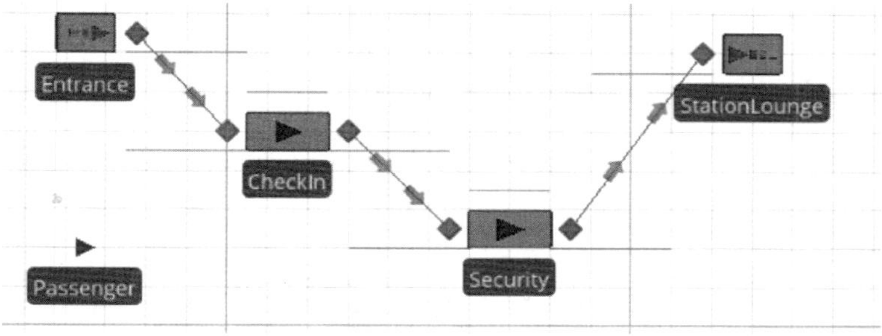

图 11-2　基本模型

(2) 单击建模区中的 Passenger，在建模区右边的属性面板中将旅客的 Initial Desired Speed 设置为 Random. Triangular(35,50,100)，再单击 Initial Desired Speed 左边的下拉按钮 ⊞，将 Units 设置为 Meters per Minute，如图 11-3 所示。单击 Entrance，在它的属性面板中将 Interarrival Time 设置为 Random. Exponential(1)，其 Units 设置为 Minutes。单击 CheckIn，在它的属性面板中将 Initial Capacity 设置为 4，Processing Time 设置为 Random. Triangular(3,5,10)，其 Units 设置为 Minutes，如图 11-4 所示。单击 Security，在它的属性面板中将 Initial Capacity 设置为 4，Processing Time 设置为 Random. Uniform(2,5)，其 Units 设置为 Minutes。

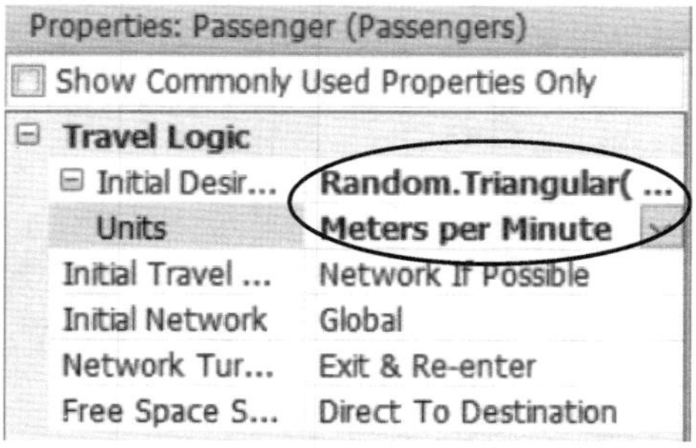

图 11-3　旅客属性

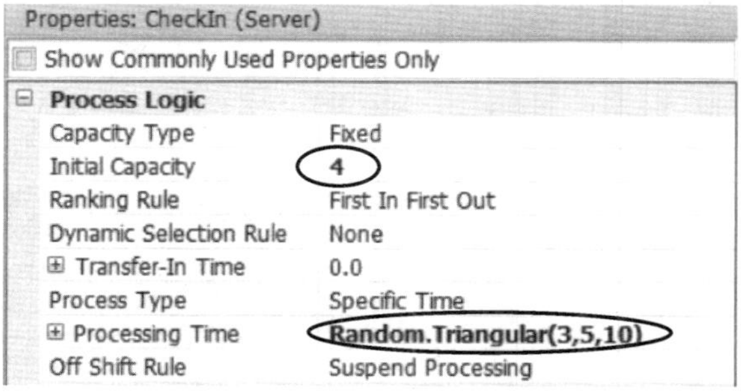

图 11-4　路径属性

(3) 按住 Ctrl 键的同时选取三条路径，将它们的 Drawn To Scale 属性都改为 False，如图 11-5 所示。接着把连接 Entrance 和 CheckIn 之间的 Path1 的 Logical Length 属性改为 60，其 Units 设置为 Meters，连接着 CheckIn 和 Security 的 Path2 的距离改为 40，其 Units 设置为 Meters，而 Security 和 StationLounge 之间的距离则为 100，其 Units 设置为 Meters。

(4) 选择菜单栏 Run 选项卡中的 Run 选项以运行模型，可以看到 Simio 开始仿真模拟 Passenger 从 Entrance 发出，经过 CheckIn 和 Security，最后抵达 StationLounge 的整个过程，单击 Stop 即可停止运行。至此，一个简单的火车站模型就建立完成了。

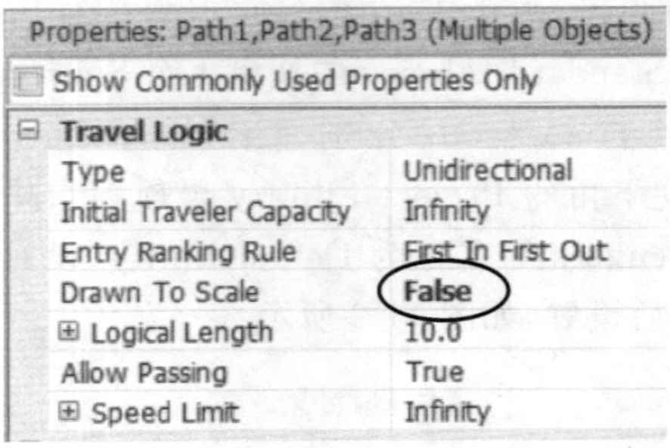

图 11-5　旅客上车属性

注意：Facility 视窗中的命名不能出现空格或标号，只能使用字母、数字或下划线。

11.2　查看仿真结果

建立仿真模型的主要目的就是为了通过计算机技术得到模拟运行的结果，并整理分析这些结果，形成报告。用户在建立完成简单的火车站模型后，可以进入 Simio 中 Results 视窗以查看相关的仿真结果和报告。值得一提的是，由于 Simio 中用户所建立的模型的整个运行过程是随机的，所以模型的单次运行只能提供一套样本值。这个样本值并不精确，为了提高仿真结果的精确度，用户需要通过 Simio 中的实验器来多次运行模型，得出多套样本值，并整理这些结果。

(1) 如图 11-6 所示，在 Run 选项卡处的 Ending Type 的下拉列表中选择 24 Hours，并单击 Run 选项以运行模型，还可单击 Fast-Forward 选项以快速运行模型。运行结束后，进入 Results 视窗以查看结果。

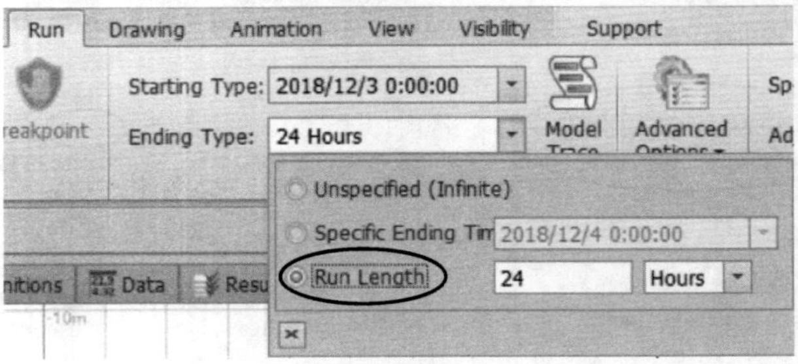

图 11-6　时间设置

在 Results 视窗的 Pivot Grid 处，可以在该表格看到 Passengers、Path、Server、Source 及 Sink 的相关模拟运行结果。图 11-7 所示的是 CheckIn 的相关模拟运行结果，例如，Holding Time 即为 CheckIn 的服务时间统计结果，此次运行 CheckIn 的平均服务时间为 0.0991 h，最长服务时间为 0.1655 h，最短服务时间为 0.0529 h。

图 11-8 所示的是 Path1 的相关统计结果，Flow Time 表示的是 24 h 的运行过程中旅客从火车站入口步行至 CheckIn 的时间，其中平均步行时间为 0.0171 h，最长步行时间为 0.0281 h，最短步行时间为 0.0101 h。而 Throughput 表示的是 24 h 的运行过程中通过这

Object Type	Object Name	Data Source	Category	Data Item	Statistic	Average Total
Server	CheckIn	Processing	Content	NumberInStation	Maximum	4.0000
			HoldingTime	TimeInStation	Average (Hours)	0.0991
					Maximum (Hours)	0.1655
					Minimum (Hours)	0.0529
			Throughput	NumberExited	Total	964.0000
				NumberEntered	Total	968.0000

图 11-7　服务器透视表

段路的旅客数，NumberEntered 表示的是开始踏上这段路的旅客数为 1443 名，NumberExited 表示的是已离开这段路的旅客数为 1441 名，而剩下的 2 名旅客还在这段路上。

Path	Path1	[Travelers]	Content	NumberOnLink	Average	1.0261
					Maximum	7.0000
			FlowTime	TimeOnLink	Average (Hours)	0.0171
					Maximum (Hours)	0.0281
					Minimum (Hours)	0.0101
			Throughput	NumberExited	Total	1,441.0000
				NumberEntered	Total	1,443.0000

图 11-8　路径透视表

(2) 为了使运行结果更加精确，用户可以选择 Project Home 选项卡中的 New Experiment 选项以创建一个新的实验器 Experiment1，如图 11-9 所示，在 Design 视窗中将模型的运行次数设为 10 次并运行仿真。模型运行完毕后，用户即可在当前实验器界面的 Pivot Grid 和 Reports 处查看实验器整理后的运行结果。如图 11-10 所示，此时的运行结果增加了 4 列新的统计量，即为安检的 10 次运行的 Average、Minimun、Maximum 和 Half Width。这些新的统计量使得运行结果更加精确、清晰。半宽度是 95% 置信区间的一半范围，置信水平可以在 Design 视窗的属性面板中设置。

图 11-9　添加试验器

Object Type	Object Name	Data Source	Category	Data Item	Statistic	Average	Minimum	Maximum	Half Width
Server	Security	InputBuffer	HoldingTime	TimeInStation	Average (Hours)	0.0001	0.0001	0.0002	0.0000
					Maximum (Hours)	0.0187	0.0123	0.0260	0.0034
					Minimum (Hours)	0.0000	0.0000	0.0000	0.0000
			Throughput	NumberEntered	Total	954.3000	940.0000	975.0000	7.6897
				NumberExited	Total	954.3000	940.0000	975.0000	7.6897

图 11-10　安检 10 次运行结果的透视表

(3) 除上述新增统计量外，用户还可以自行添加新的统计量，如标准差。用户只需在 Pivot Grid 视窗中，右键单击 Filter Fields 中任意一项，如 Half Width，选择 Show Field List，如图 11-11 所示，即会弹出 Pivot Grid Field List 窗口，双击 Std. Dev 即可添加标准差，结果如图 11-12 所示。

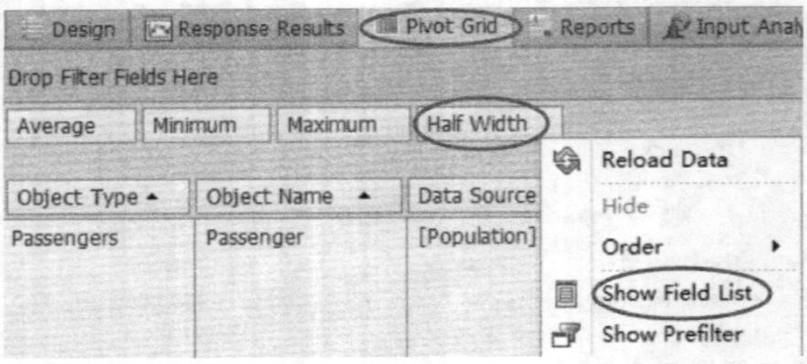

图 11-11　添加统计量

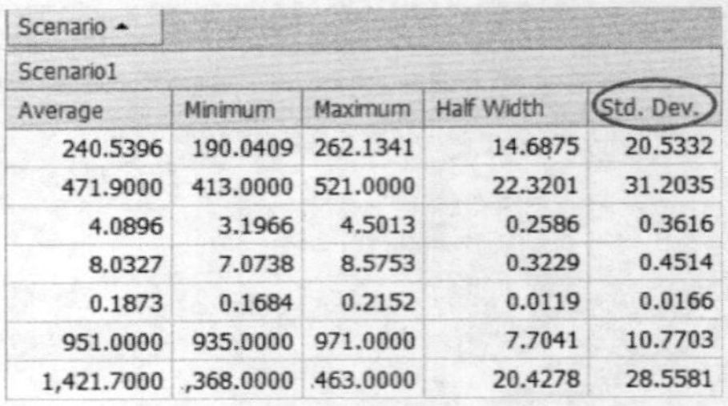

Scenario				
Scenario1				
Average	Minimum	Maximum	Half Width	Std. Dev.
240.5396	190.0409	262.1341	14.6875	20.5332
471.9000	413.0000	521.0000	22.3201	31.2035
4.0896	3.1966	4.5013	0.2586	0.3616
8.0327	7.0738	8.5753	0.3229	0.4514
0.1873	0.1684	0.2152	0.0119	0.0166
951.0000	935.0000	971.0000	7.7041	10.7703
1,421.7000	,368.0000	463.0000	20.4278	28.5581

图 11-12　标准差结果

11.3　对指定 Server 使用实验器

在 Simio 中，实验器不仅能够用于整个模型的仿真运行，还能够用于指定的装备。下文将介绍利用实验器设置一组 CheckIn 的接待能力属性，设定一系列的实验，仿真运行后整理、对比、分析所得到的结果。

(1) 首先，选择 Project Home 选项卡中的 New Experiment 选项以创建一个新的实验器 Experiment2。

(2) 再回到在 Facility 视窗，在建模区中单击 CheckIn，右键单击其属性面板的 Initial Capacity 属性，选择 Set Referenced Property，如图 11-13 所示，再单击 Create New Referenced Property，并将这个自定义属性命名为 CheckInCapacity。此时单击 Navigation 窗口中的 Experiment2，即可回到实验器界面，在 Design 视窗中可以看到实验表格中新增了一列 Controls 即 CheckInCapacity，结果如图 11-14 所示。

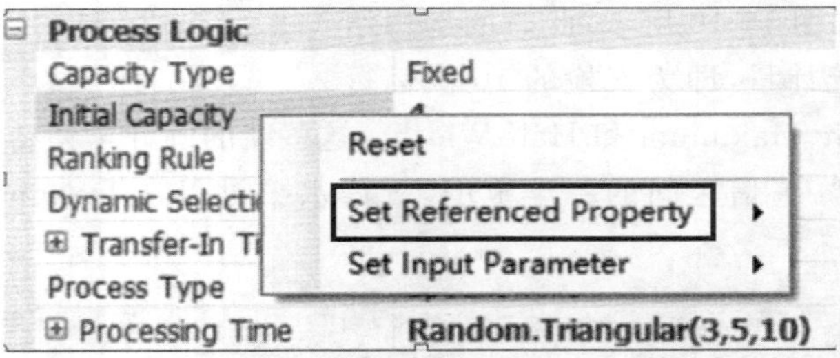

图 11-13　设定引用属性

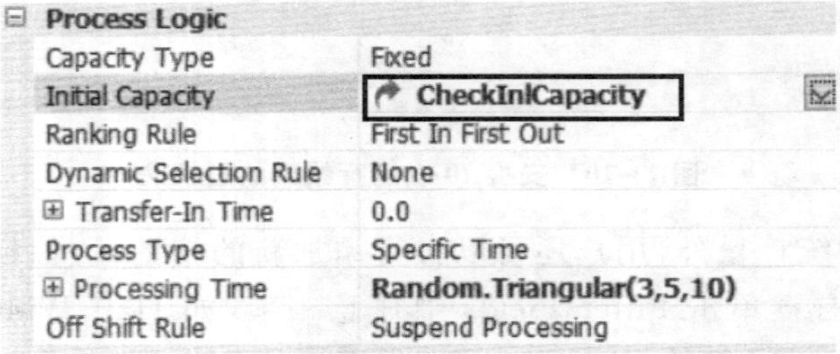

图 11-14　引用设定结果

(3) 单击 Experiment2 以回到 Design 视窗，增加 Scenario 的行数，并将控制变量 CheckInCapacity 的值按从上至下的顺序分别设置为 2、3、4、5，最后设置每个 Scenario 都运行 10 次，如图 11-15 所示，然后开始运行。

Design | Response Results | Pivot Grid | Reports | Input Analysis

Scenario			Replications		Controls
☑	Name	Status	Required	Completed	CheckInCapacity
☑	Scenario1	Idle	10	0 of 10	2
☑	Scenario2	Idle	10	0 of 10	3
☑	Scenario3	Idle	10	0 of 10	4
☑	Scenario4	Idle	10	0 of 10	5
☐					

图 11-15　实验方案

(4) 如图 11-16 所示，在实验器界面的 Pivot Grid 视窗中，可以看到此处已经显示了 4 个实验方案的运行结果，用户可以通过对比这一系列实验方案的运行结果，分析 CheckIn 不同的接待能力对整个模型系统的影响。另外，用户还可以进入 Reports 视窗，这里的方案对比报告更清晰直观。

Scenario ▲

Scenario1				Scenario2			
Average	Mini...	Maxi...	Half ...	Average	Mini...	Maxi...	Half ...
476.4844	4.2399	0.0124	16.5861	365.5619	4.2736	0.6048	18.4731
948.2000	8.0000	8.0000	22.5414	710.4000	6.0000	0.0000	29.9010
8.0144	7.5317	8.3117	0.1605	6.1936	5.8198	6.7838	0.2234
15.9636	5.4648	6.4193	0.2380	12.0768	1.4676	3.0581	0.3775
0.2126	0.1731	0.2505	0.0187	0.1958	0.1729	0.2365	0.0143
478.1000	2.0000	7.0000	2.7071	717.3000	9.0000	0.0000	4.7931

Scenario3				Scenario4			
Average	Mini...	Maxi...	Half ...	Average	Mini...	Maxi...	Half ...
240.5396	0.0409	2.1341	14.6875	127.3889	0.0354	9.6146	16.0975
471.9000	3.0000	1.0000	22.3201	242.0000	6.0000	4.0000	28.6401
4.0896	3.1966	4.5013	0.2586	2.1654	1.7580	2.7246	0.2563
8.0327	7.0738	8.5753	0.3229	4.1132	3.2869	4.9531	0.4300
0.1873	0.1684	0.2152	0.0119	0.1694	0.1453	0.1962	0.0118
951.0000	5.0000	1.0000	7.7041	1,186.1000	9.0000	4.0000	7.6258

图 11-16　实验方案对比

(5) 除上述功能外，用户还可以在 Design 视窗中给实验表格添加 Responses，如图11-17 和图 11-18 所示，选择上方 Design 选项卡中的 Add Response 选项，添加两列响应变量，在它们的属性面板中将其命名为 WaitingTime 和 CheckInNumberExited，并分别在它们的 Expression 属性中输入

Passenger. TimeInSystem. Average

表示全部旅客在火车站模型中总等待时间的平均值；输入

CheckIn. Processing. NumberExited

表示通过 CheckIn 的总人数。

(6) 重置模型后再次运行，在 Design 视窗中可以看到如图 11-19 所示的结果。

进入实验器界面的 Response Results 视窗，可以选择查看两个响应变量的响应图，图 11-20 所示的是 WaitingTime 的响应图。

从运行结果可以清晰地看出，当 CheckIn 的接待能力增强时，旅客的等待时间就会减少，同时接待旅客的数量也会增多。当然，用户还可以根据 Expression 的编写规则，按照上文介绍的方法，根据自身需要自行设置 Expression 进行实验并整理、分析运行结果。

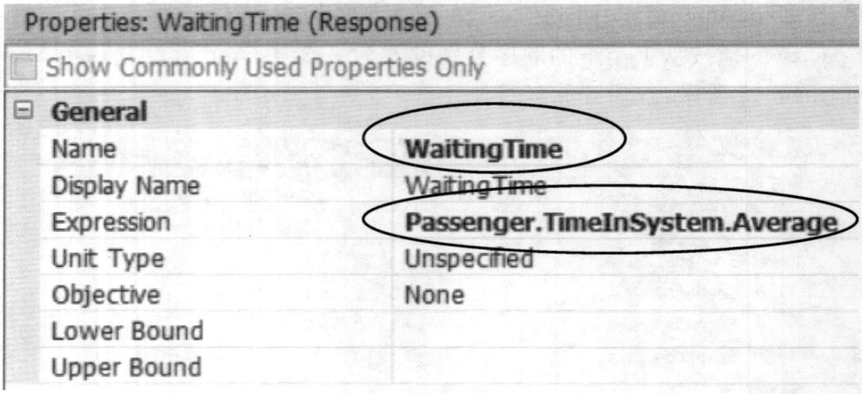

图 11-17　等待时间属性

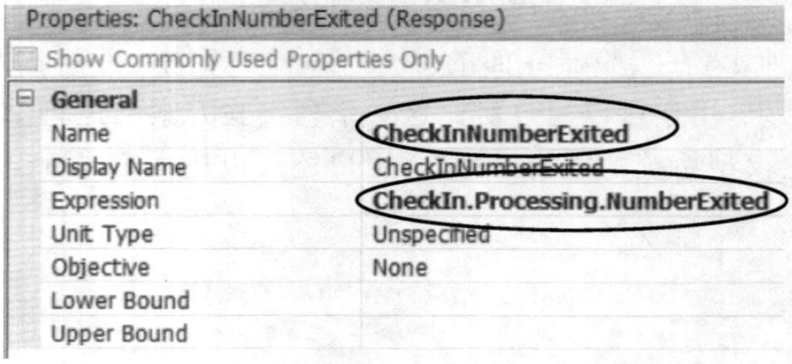

图 11-18　上车手续属性

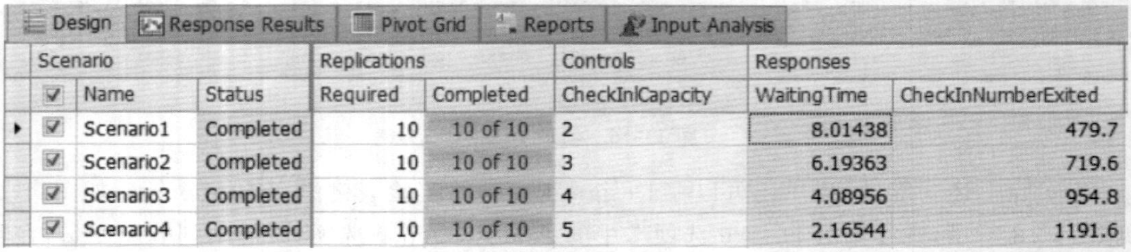

Scenario			Replications		Controls	Responses	
☑	Name	Status	Required	Completed	CheckInlCapacity	WaitingTime	CheckInNumberExited
☑	Scenario1	Completed	10	10 of 10	2	8.01438	479.7
☑	Scenario2	Completed	10	10 of 10	3	6.19363	719.6
☑	Scenario3	Completed	10	10 of 10	4	4.08956	954.8
☑	Scenario4	Completed	10	10 of 10	5	2.16544	1191.6

图 11-19　方案结果

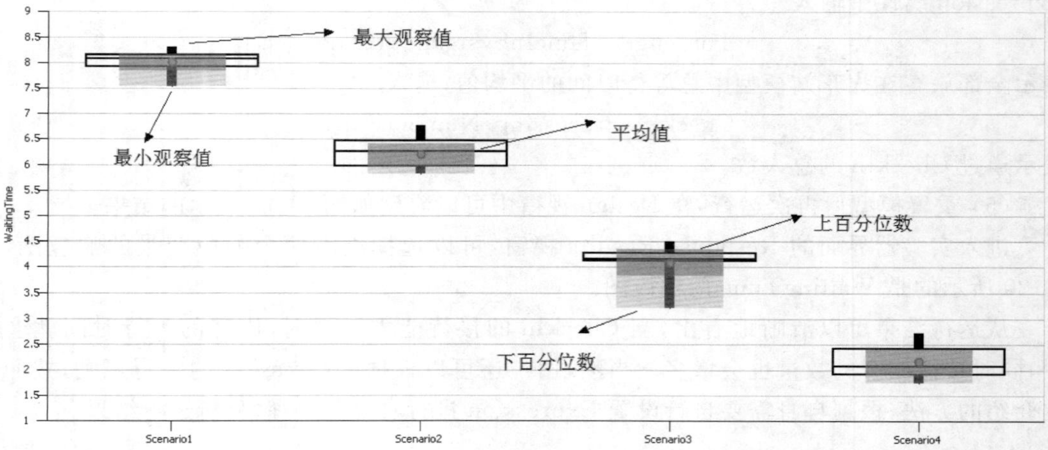

图 11-20　响应图

第12章 路径与计划表应用（顾客到达系统模型）

第 11 章简单介绍了简单的火车站模型，主要介绍的是旅客从进入火车站，经过 CheckIn 和安检，最后到达候车室这个简单过程，而没有过多地考虑实际情况。在本章中，更多的实际情况将被纳入仿真建模的范围。

在火车站内通常不止一种 CheckIn 服务，如人工 CheckIn、网络 CheckIn 和使用 CUSS（自助值机）自助 CheckIn。同时也会有很多不同类型的旅客，如常规旅客（国内旅客和国际旅客）和残障旅客。因此，本章的目的就是对第 11 章的模型进行拓展和优化，增加不同的 CheckIn 服务，设置不同的旅客到达率、不同的旅客类型及旅客步行的速度，并引入路径选择、Rate Tables、Tables 及 Work Schedule 等功能。图 12-1 所示的是更契合实际旅客从进入火车站，经过 CheckIn 和安检，最后抵达候车室的过程。

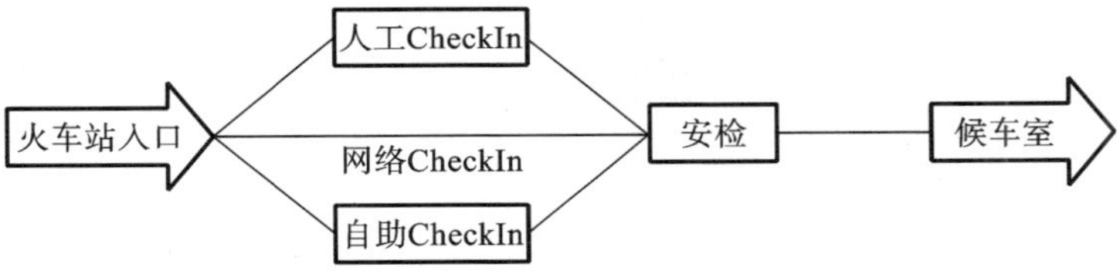

图 12-1　火车站优化流程

在这个过程中，用户可能会遇到各种各样的问题，如每种 CheckIn 服务处的排队问题，火车站旅客的到达率问题，火车站“忙时”和“闲时”如何制订工作计划才能提高效率的问题等。在本章中，均会对这些问题进行一定程度的研究。

一个真实的火车站中，至少都会设置两排人工 CheckIn 服务台和两处自助 CheckIn 区域。

路线 1 是需要托运行李的旅客所经过的人工 CheckIn 服务台，每排人工 CheckIn 处有 4 个服务台，可以同时接待 4 名旅客，此模型有两排人工 CheckIn 处共 8 个服务台。一般情况下，每个服务台为旅客办理上车手续时间服从三角分布，最长时间为 10 min，最短时间为 3 min，5 min 为最常出现的情况。火车站入口至人工 CheckIn 服务台的距离为 60 m，该服务台至安检的距离为 40 m，安检至候车室的距离为 100 m。

路线 2 是无须托运行李且已经通过网络 CheckIn 并自行打印好车票的旅客所经过的通道。这条通道从火车站入口开始至安检的长度为 70 m。

路线 3 是无须托运行李的旅客使用 CUSS 自助 CheckIn，每个自助 CheckIn 处有 4 台 CUSS，可以同时接待 4 名旅客，此模型有两处自助 CheckIn 区域共 8 个旅客自助 CUSS。旅客自助 CheckIn 的时间服从均匀分布，为 3～6 min。火车站入口至 CUSS 的距离为 30 m，

CUSS 至安检的距离为 70 m。

一般情况下，旅客通过安检的时间服从均匀分布，为 2～5 min。

另外据统计数据得知，通常 10%的旅客会采用网络 CheckIn 的方式上车，30%的旅客会使用 CUSS 进行自助 CheckIn 的方式上车，而 60%的旅客仍旧会选择到人工服务台进行人工 CheckIn 的方式上车。

最后，建立好的火车站模型需要仿真运行 24 h。

12.1 建模步骤

(1) 因此，用户应从 Standard Library 中拖曳 1 个 Source、5 个 Server、1 个 Sink 至建模区并将它们用 Path 连接，再从 Project Library 中拖动 1 个 Passenger 至建模区，基本模型布置与命名如图 12-2 所示。

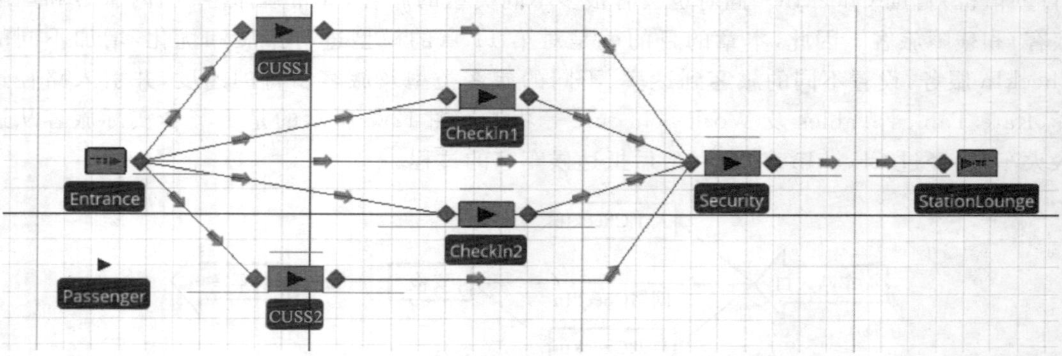

图 12-2 基本模型

(2) 单击建模区中的 Passenger，将 Passenger 左边属性面板的 Initial Desired Speed 设置为 Random. Triangular(35,50,100)，再将 Units 设置为 Meters per Minute，如图 12-3 所示。

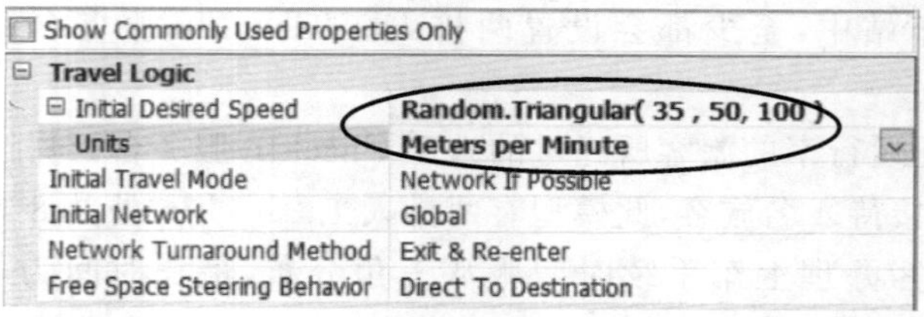

图 12-3 旅客属性

(3) 单击 Entrance，在它的属性面板中将 Interarrival Time 设置为 Random. Exponential(0.5)，其 Units 为 Meters per Minute。按住 Ctrl 键，同时选取 CheckIn1 和 CheckIn2，在它们的属性面板中将 Initial Capacity 设置为 4，Processing Time 设置为 Random. Triangular(3,5,10)，其 Units 为 Minutes，如图 12-4 所示。按住 Ctrl 键，同时选取 CUSS1 和 CUSS2，在它们的属性面板中将 Initial Capacity 设置为 4，Processing Time 设置为 Random. Uniform(3,6)，

其 Units 为 Minutes,如图 12-5 所示。单击 Security,在它的属性面板中将 Initial Capacity 设置为 4,Processing Time 设置为 Random. Uniform(2,5),其 Units 为 Minutes,如图 12-6 所示。

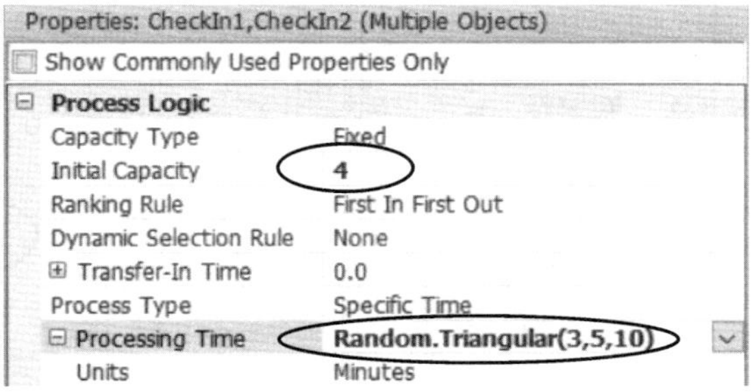

图 12-4　CheckIn 属性

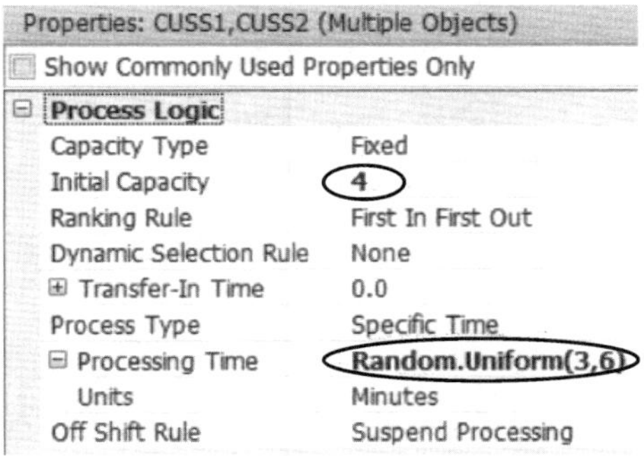

图 12-5　CUSS 属性

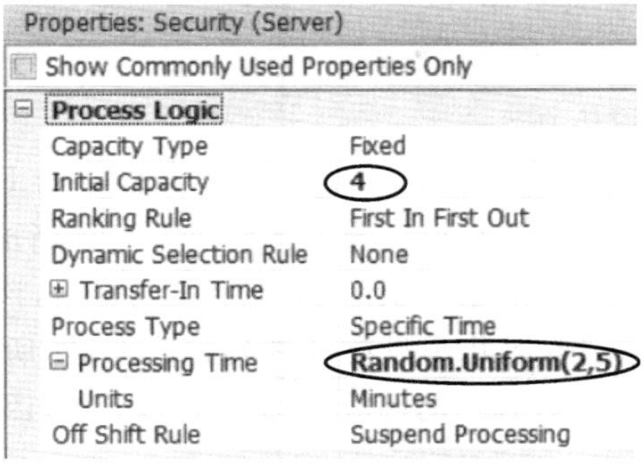

图 12-6　Security 属性

(4) 同时选取 Entrance 至 CUSS1 与 Entrance 至 CUSS2 的路线,将它们的 Drawn to Scale 属性都改为 False,将 Logical Length 属性改为 30 m;同时选取 CUSS1 至 Security 路线与 CUSS2 至 Security 路线,设置它们的长度都为 70 m;同时选取 Entrance 至 CheckIn1 与 Entrance 至 CheckIn2 路线,设置它们的长度都为 60 m,同时选取 CheckIn1 至 Security 与 CheckIn2 至 Security 路线,设置它们的长度都为 40 m。

(5) 为了模拟旅客选择不同方式 CheckIn 的情况,如图 12-7 所示,用户可以先将修改 Output@Entrance 这个转移节点的 Outbound Link Rule 属性修改为 By Link Weight。假设旅客选择不同区域，同种 CheckIn 方式的概率是相等的，则分别点击 5 条 Path，从上至下将它们的 Selection Weight 设为 15、30、10、30、15。

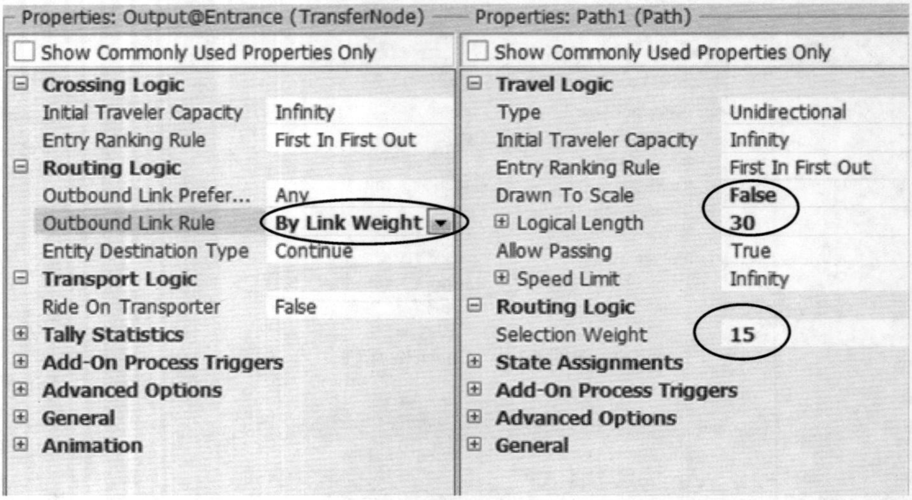

图 12-7　转节点属性

(6) 将模型的运行时间设置为 24 h 仿真运行 1 次，即可查看仿真运行的结果。

12.2　模拟旅客变化的到达率

在真实的火车站中，旅客不可能全天都以固定的速率到达火车站。为了让本模型更贴近实际，就必须让模型能够模拟旅客变化的到达率。为了适应这样的变化，Simio 为用户提供了 Rate Table 来进行模拟仿真。

(1) 在 Data 视窗中，首先单击制表区右边的表格面板中的 Rate Tables，接着选择上方 Rate Tables 选项卡中的 Rate Table 选项，建立一个新的比率表，将其命名为 PassengerArrivalRate，如图 12-8 所示。从图 12-9 中可以看出，该比率表每行记录的是一个小时内旅客的到达数。考虑到凌晨几乎没有旅客到达火车站，所以凌晨时段的旅客到达数设为 0，而一般情况下火车站旅客到达的高峰期为早上和下午，因此将早上和下午的旅客到

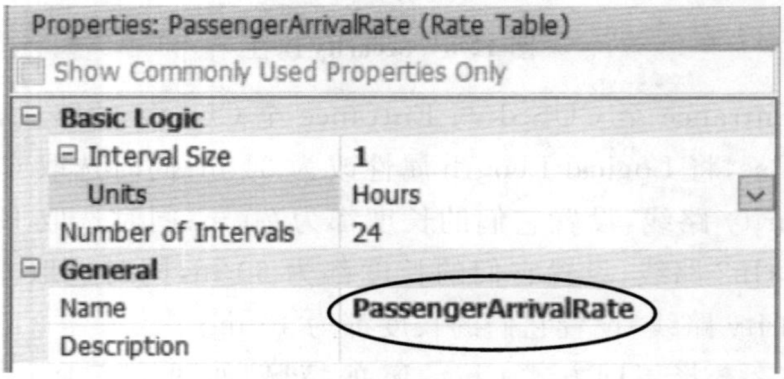

图 12-8　比率表属性

时间段　　人数统计

	Starting Offset	Ending Offset	Rate (events per hour)
	Day 1, 00:00:00	Day 1, 01:00:00	0
	Day 1, 01:00:00	Day 1, 02:00:00	0
	Day 1, 02:00:00	Day 1, 03:00:00	0
	Day 1, 03:00:00	Day 1, 04:00:00	
	Day 1, 04:00:00	Day 1, 05:00:00	0
	Day 1, 05:00:00	Day 1, 06:00:00	30
	Day 1, 06:00:00	Day 1, 07:00:00	50
	Day 1, 07:00:00	Day 1, 08:00:00	50
	Day 1, 08:00:00	Day 1, 09:00:00	70
	Day 1, 09:00:00	Day 1, 10:00:00	120
	Day 1, 10:00:00	Day 1, 11:00:00	120
	Day 1, 11:00:00	Day 1, 12:00:00	100
▸	Day 1, 12:00:00	Day 1, 13:00:00	60
	Day 1, 13:00:00	Day 1, 14:00:00	50
	Day 1, 14:00:00	Day 1, 15:00:00	70
	Day 1, 15:00:00	Day 1, 16:00:00	70
	Day 1, 16:00:00	Day 1, 17:00:00	120
	Day 1, 17:00:00	Day 1, 18:00:00	100
	Day 1, 18:00:00	Day 1, 19:00:00	80
	Day 1, 19:00:00	Day 1, 20:00:00	50
	Day 1, 20:00:00	Day 1, 21:00:00	30
	Day 1, 21:00:00	Day 1, 22:00:00	30
	Day 1, 22:00:00	Day 1, 23:00:00	20
	Day 1, 23:00:00	Day 2, 00:00:00	0

图 12-9　旅客到达率

达数设置得偏高。

(2) 回到 Facility 视窗,点击建模区中的 Entrance,将其 Arrival Mode 属性改为 Time Varying Arrival Rate,并在 Rate Table 属性中引用刚刚建立的名为 PassengerArrivalRate 的比率表,如图 12-10 所示。

Properties: Entrance (Source)

☐ Show Commonly Used Properties Only

⊟ **Entity Arrival Logic**	
Entity Type	**Passenger**
Arrival Mode	**Time Varying Arrival Rate**
Rate Table	**PassengerArrivalRate**
Rate Scale Factor	1.0
Entities Per Arrival	1
⊞ **Stopping Conditions**	
⊞ **Buffer Logic**	
⊞ **Table Row Referencing**	

图 12-10　入口到达方式

(3) 重新运行模型,观察其运行时的变化,待模型运行完毕后即可查看其仿真结果。

12.3 设置不同的旅客类型

真实的火车站中旅客类型往往也不止一种，一般情况下有常规旅客（国内旅客和国际旅客）和残障旅客。因此，不同类型旅客的服务时间也必然会有一定的区别。为了模拟这三种情况，Simio 中提供的 Data Tables 将会给用户提供非常大的帮助。

(1) 在 Data 视窗中，首先单击制表区左边的表格面板中的 Tables，接着选择上方 Table 选项卡中 Add Data Table 选项（而不是其下拉选项），以建立一个新的数据表，并将其右边属性命名为 Passenger Table。选择 Table 选项卡中 Standard Property 选项卡，选取 1 个 Integer 属性、3 个 Expression 属性，为制表区中的 Passenger Table 创建 4 列，并分别将其更名为 Passenger Type、CUSS Time、Normal Check In Time、Security Time，如图 12-11 和图 12-12 所示。

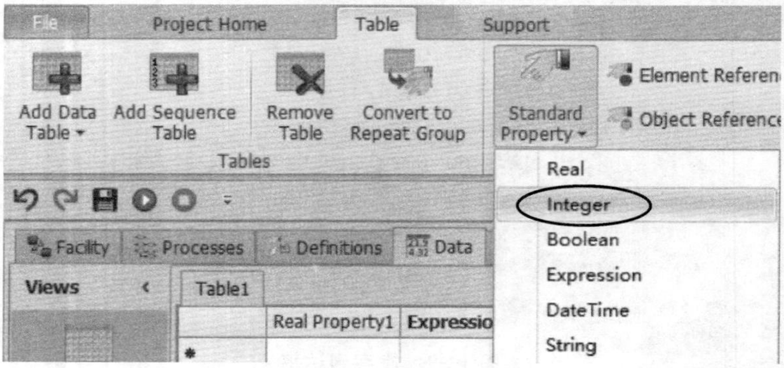

图 12-11 添加表格属性

随后在 Passenger Type 列中从上至下输入 1、2、3，分别代表国内旅客、国际旅客及残障旅客，最后即可在剩下的 3 列中输入使用 CUSS Time、Normal Check In Time 和 Security Time，以表示对这三种旅客的服务时间，如图 12-12 所示。注意：服务时间的默认单位为 Minutes。

Paseenger Table

	Passenger Type	CUSS Time	Normal Check In Time	Security Time
▸1	1	Random.Uniform(3,5)	Random.Triangular(3,5,7)	Random.Uniform(2,4)
2	2	Random.Uniform(3,6)	Random.Triangular(5,7,10)	Random.Uniform(4,7)
3	3	Random.Uniform(4,7)	Random.Triangular(4,6,9)	Random.Uniform(3,5)
*				

图 12-12 服务时间数据表

(2) 为了使 Passenger 能够代表不同的旅客类型，用户必须回到 Facility 视窗，使用 Discrete 分布（以累积分布函数的形式输入），在 Passenger 的属性面板中设置 Initial Priority 属性。如图 12-13 所示，设置的 Initial Priority 使得国内旅客的到达率为 60%，国际旅客的到达率为 35%(95%－60%＝35%),而残障旅客的到达率为 5%(1－95%＝5%),当然,用户也可以根据自身需要设置不同旅客类型的到达率。

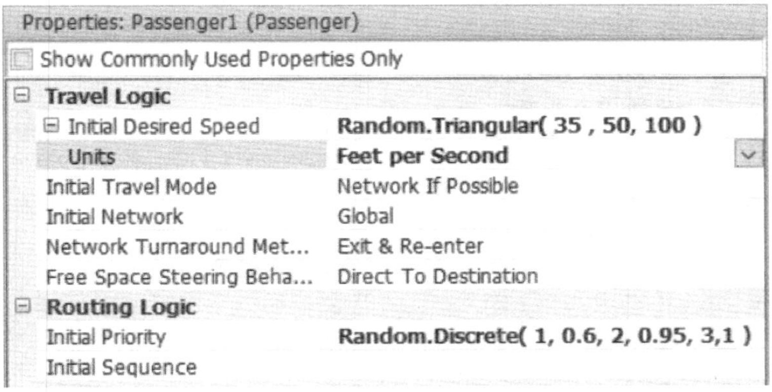

图 12-13　不同旅客类型到达率

(3) 在设置完成不同类型旅客的到达率之后,还需要为各 Server 设置不同类型旅客的服务时间。

如图 12-14 所示,在 CUSS1 和 CUSS2 的 Processing Time 属性中输入

PassengerTable[Passenger. Priority]. CUSSTime

该语句表示引用 PassengerTable 中 CUSS 服务时间的相关行。

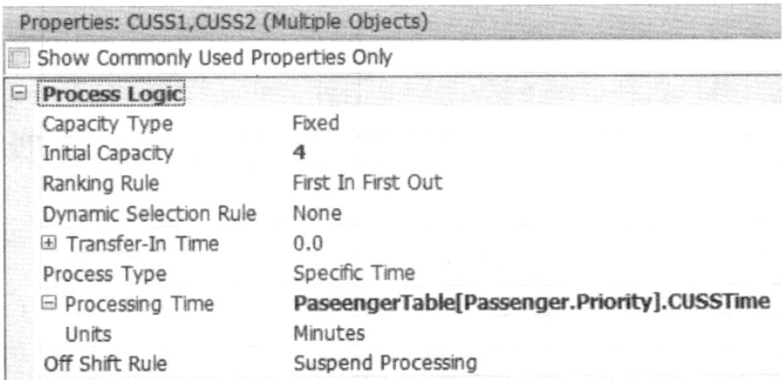

图 12-14　自助值机服务时间

如图 12-15 所示,在 CheckIn1 和 CheckIn2 的 Processing Time 属性中输入

PassengerTable[Passenger. Priority]. NormalCheckInTime

该语句表示引用 PassengerTable 中 CheckIn 服务时间的相关行。

如图 12-16 所示,在 Security 的 Processing Time 属性中输入

PassengerTable[Passenger. Priority]. SecurityTime

该语句表示引用 PassengerTable 中 Security 服务时间的相关行。

值得一提的是,[ ]中的内容是用于引用表格中的某行,与编程语言中的数组概念类似。另外,还需确保各 Server 中服务时间的单位为 Minutes。

(4) 再次运行模型。运行完毕后即可在 Results 视窗查看添加不同旅客类型后的运行结果。

Show Commonly Used Properties Only	
Process Logic	
Capacity Type	Fixed
Initial Capacity	**4**
Ranking Rule	First In First Out
Dynamic Selection ...	None
⊞ Transfer-In Time	0.0
Process Type	Specific Time
⊟ Processing Time	**PaseengerTable[Passenger.Priority].NormalCheckInTime**
Units	Minutes
Off Shift Rule	Suspend Processing

图 12-15　人工 CheckIn 服务时间

Properties: Security (Server)	
Show Commonly Used Properties Only	
Process Logic	
Capacity Type	Fixed
Initial Capacity	**4**
Ranking Rule	First In First Out
Dynamic Selection Rule	None
⊞ Transfer-In Time	0.0
Process Type	Specific Time
⊟ Processing Time	**PaseengerTable[Passenger.Priority].SecurityTime**
Units	Minutes

图 12-16　安检服务时间

12.4　工作计划表的使用与路径选择拓展

在本章的 12.1 节中曾提到过关于路径选择的较为简单的内容。

正如 12.2 节中设置的旅客到达率，在真实的火车站中，旅客不可能全天都以固定的速率到达火车站，因此火车站的各人工 CheckIn 必然会出现“忙时”和“闲时”。为了在既能保证火车站人工 CheckIn 不过于拥堵，不过多地浪费人力与物力资源，用户可以选择在“闲时”关闭其中一个区域人工 CheckIn，“忙时”再重新将其开启。而服务区域的关闭和开启，就需要用到 Simio 中的 Work Schedule。

(1) 为了便于实现相关功能和用户观看模型运行，将原模型的布置方式修改为图 12-17 所示方式。注意，修改后各 Path 的长度需要重新设置。

从图 12-17 中可以看出，模型中新增加了两个 TransferNode 及连接它们的路径。TransferNode1 是充当一扇“门”，只有 CheckIn2 工作时“门”才会打开，允许旅客通过；TransferNode2 则为旅客的路径选择添加了一项新条件——选择排队人数最少的服务台。实现这些功能的方法在后文中均会相继介绍，首先将 Entrance 连接至 TransferNode1 的 Path 的长度设为 60，其 Units 为 Meters，其余 4 条新增 Path 的长度全都设为 0，其 Units 为 Meters。由于原本从 Entrance 连接至 CheckIn1 和 CheckIn2 的两条 Path 现在被合为一条，故此时该 Path 的 Logical Length 属性应设为 60，其 Units 为 Meters，如图 12-18 所示。

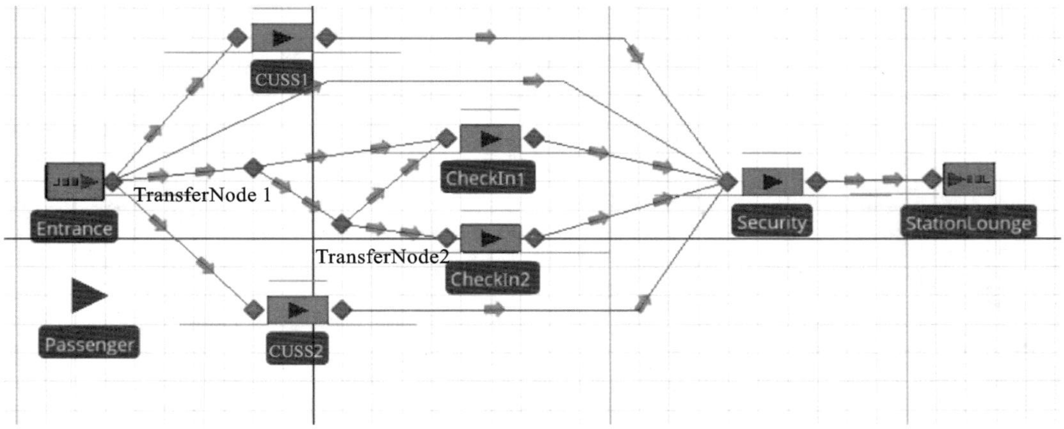

图 12-17　模型布置

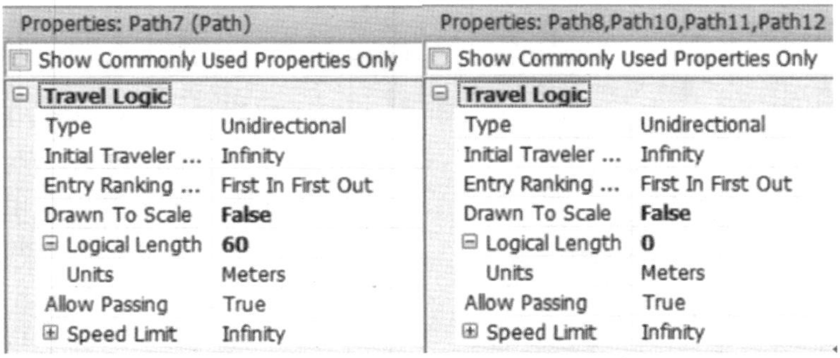

图 12-18　路径设置

(2) 为了实现 TransferNode1 的功能,用户应到 Data 视窗中先单击制表区左边的 Work Schedules,再选择上方 Schedule 选项卡中的 Work Schedule 以添加一个工作计划表(Pattern Based Work Schedule),并把它命名为 CheckIn2Schedule,随后将该工作计划表 Days 列的数值改成 1,表示这个计划每天重复,如图 12-19 所示。

Pattern Based　Table Based

Work Schedules

Name	Start Date	Description	Days	Day 1
⊞ StandardWeek	2011/1/3	Standard Work Week Schedule	7	CheckIn2DayPattern
⊞ CheckIn2Schedule	2018/12/3		1	

图 12-19　工作计划表

(3) 在 Day Patterns 页面中,选择上方的 Day Pattern 以新增一个日工作模式,并将其命名为 CheckIn2DayPattern,单击 CheckIn2DayPattern 左边下拉按钮 ⊞,在 Start Time 列输入 8:00,End Time 列输入 18:00,表示 CheckIn2 的工作时间为 8 点至 18 点。接着在 Value 列输入 4,表示 CheckIn2 可以同时接待 4 名旅客。最后回到刚才新建的工作计划表,在 Day 1 列中引用 CheckIn2DayPattern,如图 12-20 所示。

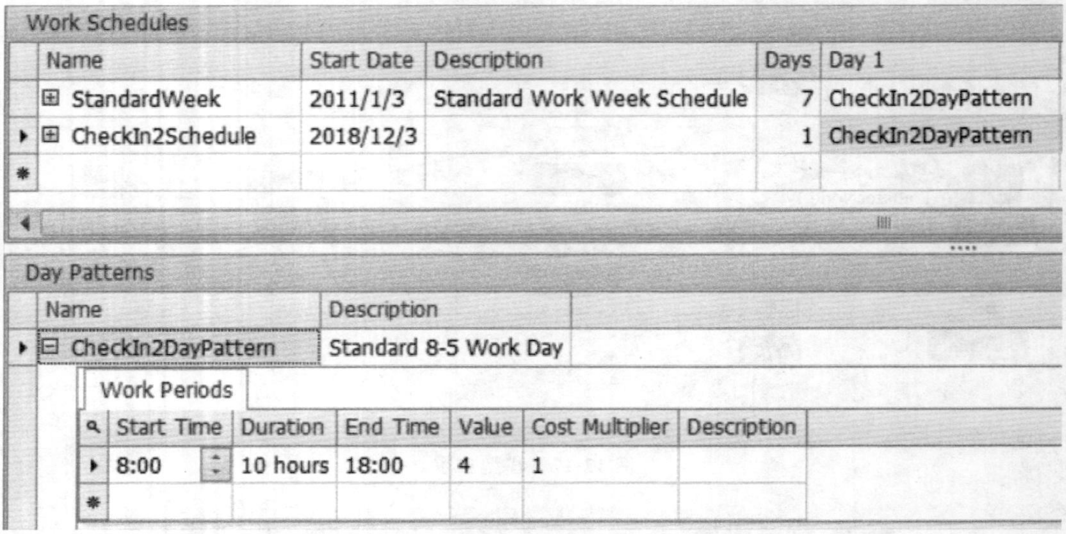

图 12-20　日工作模式

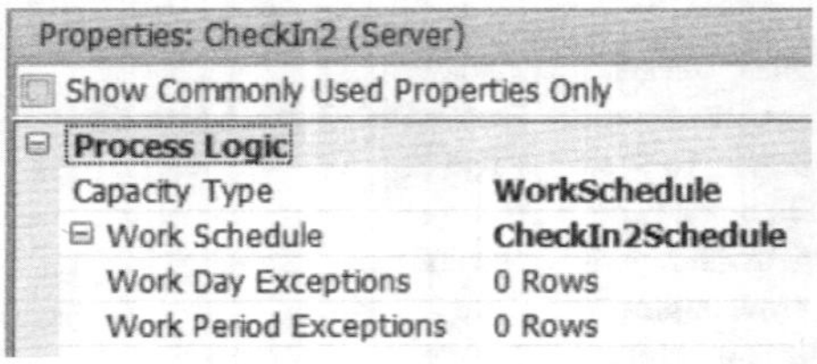

图 12-21　更改 CheckIn2 属性

（4）回到 Facility 视窗，将 CheckIn2 的 Capacity Type 属性改为 WorkSchedule，并在 Work Schedule 属性中引用刚刚新建的工作计划表，即 CheckIn2Schedule，如图 12-21 所示。

（5）设置 TransferNode1，使它具备“门”的功能。

将 TransferNode1 的 Outbound Link Rule 属性设为 By Link Weight。

如图 12-22 所示，将 TransferNode1 至 Input@CheckIn1 路径的 Speed Limit 的单位设置为 Meter per Minute，再将 Selection Weight 属性设为

TimeNow<=8||TimeNow>=18

表示旅客在 8 点前和 18 点后将选择该路径。

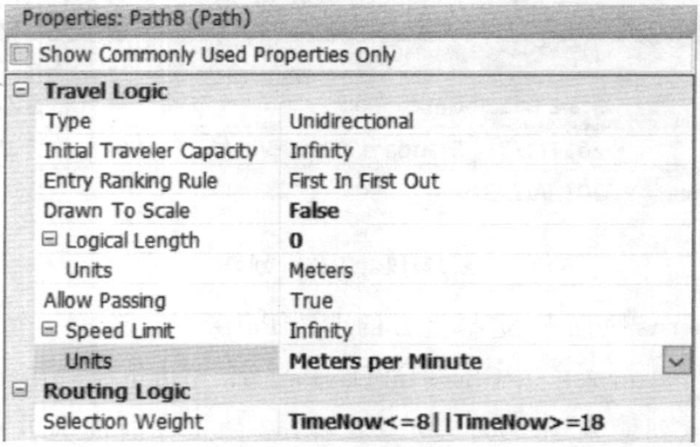

图 12-22　TransferNode1 至 CheckIn1 路径选择比重

如图 12-23 所示，将 TransferNode1 至 TransferNode2 路径的单位设置为 Meters per

Minute,Selection Weight 属性设为

TimeNow>8 && TimeNow<18

表示旅客在 8 点至 18 点这段时间,将选择该路径。

Properties: Path10 (Path)

Show Commonly Used Properties Only

Travel Logic	
Type	Unidirectional
Initial Traveler Capacity	Infinity
Entry Ranking Rule	First In First Out
Drawn To Scale	**False**
Logical Length	**0**
Units	Meters
Allow Passing	True
Speed Limit	Infinity
Units	**Meters per Minute**
Routing Logic	
Selection Weight	**TimeNow>8&&TimeNow<18**

图 12-23　TransferNode1 至 TransferNode2 路径选择比重

(6) 设置 TransferNode2,以实现它的功能。

将 TransferNode2 的 Outbound Link Rule 属性设为 By Link Weight。

如图 12-24 所示,将 TransferNode2 至 Input@CheckIn1 路径的 Speed Limit 的单位设置为 Meters per Minute,再将 Selection Weight 属性设为

CheckIn1. InputBuffer. Contents. NumberWaiting

<=CheckIn2. InputBuffer. Contents. NumberWaiting

表示当 CheckIn2 的等待旅客数不小于 CheckIn1 时,旅客将选择 CheckIn1。

Properties: Path11 (Path)

Show Commonly Used Properties Only

Travel Logic	
Type	Unidirectional
Initial Traveler Capacity	Infinity
Entry Ranking Rule	First In First Out
Drawn To Scale	**False**
Logical Length	**0**
Units	Meters
Allow Passing	True
Speed Limit	Infinity
Units	**Meters per Minute**
Routing Logic	
Selection Weight	**CheckIn1.InputBuffer.Contents.NumberWaiting<=CheckIn2.InputBuffer.Contents.NumberWaiting**

图 12-24　TransferNode2 至 CheckIn1 路径选择比重

如图 12-25 所示,将 TransferNode2 至 Input@CheckIn2 路径的 Selection Weight 属性设为

CheckIn1. InputBuffer. Contents. NumberWaiting

>CheckIn2. InputBuffer. Contents. NumberWaiting

表示当 CheckIn2 的等待旅客数小于 CheckIn1 时,旅客将选择 CheckIn2。

(7) 保存并运行模型,观察其运行变化,运行完毕后在 Results 视窗查看统计结果,如图 12-26 所示。

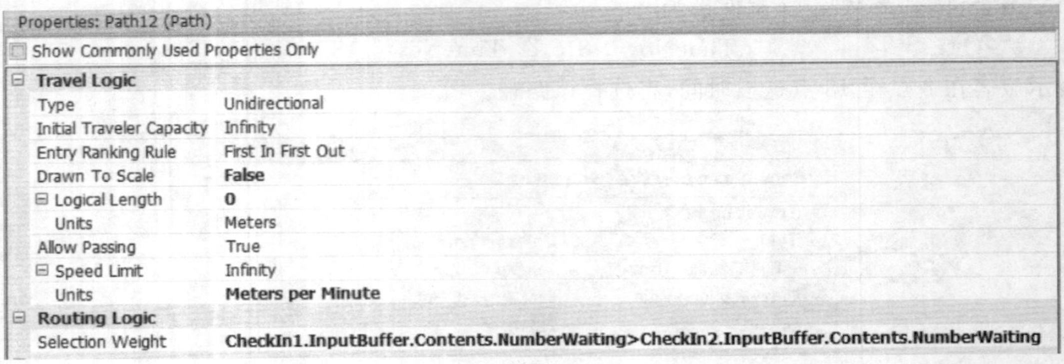

Properties: Path12 (Path)

Show Commonly Used Properties Only

Travel Logic	
Type	Unidirectional
Initial Traveler Capacity	Infinity
Entry Ranking Rule	First In First Out
Drawn To Scale	**False**
Logical Length	**0**
Units	Meters
Allow Passing	True
Speed Limit	Infinity
Units	**Meters per Minute**
Routing Logic	
Selection Weight	**CheckIn1.InputBuffer.Contents.NumberWaiting>CheckIn2.InputBuffer.Contents.NumberWaiting**

图 12-25　TransferNode2 至 CheckIn2 路径选择比重

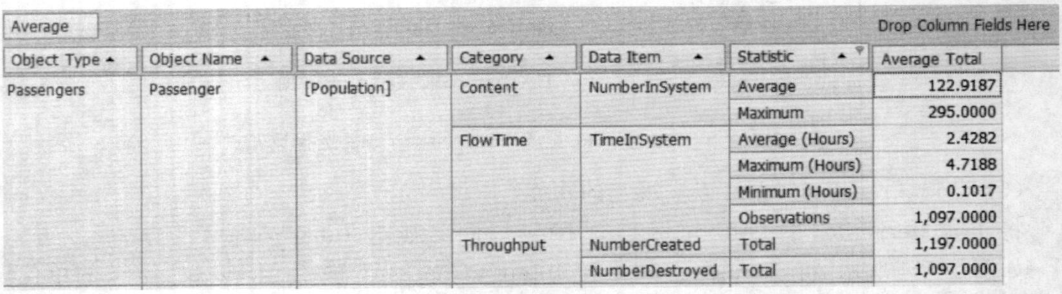

Average　　Drop Column Fields Here

Object Type	Object Name	Data Source	Category	Data Item	Statistic	Average Total
Passengers	Passenger	[Population]	Content	NumberInSystem	Average	122.9187
					Maximum	295.0000
			FlowTime	TimeInSystem	Average (Hours)	2.4282
					Maximum (Hours)	4.7188
					Minimum (Hours)	0.1017
					Observations	1,097.0000
			Throughput	NumberCreated	Total	1,197.0000
				NumberDestroyed	Total	1,097.0000

图 12-26　运行结果

第13章 多品种生产模型（环形流水线模型）

本章将为用户介绍建立一个简单的单向环形流水线模型的方法，并通过这个模型对简单的制造加工流水线的零件配送、工作计划的制订及加工完毕后的零件的转移问题进行研究。

如图 13-1 所示，假设在这个小型制造加工流水线中有 3 个工作台，4 种类型的零件需要被加工。这 3 个工作台都是按照一定的顺序布置的，零件的加工也是有特定顺序的，例如，在工作台 3 加工一个零件，这个零件在工作台 3 加工完之后必须再经过工作台 1 和工作台 2 才能下线。

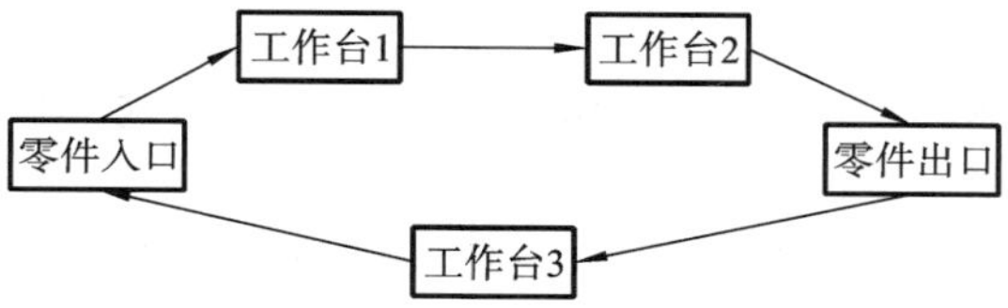

图 13-1　流水线循环图

在本模型中，零件入口到工作台 1 的距离是 5 m，工作台 1 到工作台 2 的距离是 3 m，工作台 2 到零件出口的距离是 10 m，零件出口到工作台 3 的距离是 5 m，工作台 3 到零件入口的距离是 15 m。用户可以改变工作台之间的距离，对比改变前后运行结果的变化。

零件从零件入口进入生产加工流水线，按照顺时针的方向流动，不是所有的零件都要经过 3 个加工台，不同类型的零件所要加工的工序不同，零件加工完就可以下线。假设要加工 4 种不同类型的零件，零件 1 经过工作台 1 和工作台 3；零件 2 经过工作台 1、工作台 2 和工作台 3；零件 3 经过工作台 1 和工作台 2；零件 4 经过工作台 2 和工作台 3，如表 13-1 所示。

表 13-1　零件与工作台的对应关系

零件	工作台号	工作台号	工作台号
零件 1	1	—	3
零件 2	1	2	3
零件 3	1	2	—
零件 4	—	2	3

零件 1 随机到达零件入口，到达时间间隔服从指数分布，平均时间间隔为 15 min。

零件 2 到达时间间隔服从正态分布，平均时间间隔为 17 min，标准差为 3 min。

零件 3 到达时间间隔服从均匀分布，14～18 min 的任意值。

零件 4 是每 70 min 固定到达一个批次，每批次到达的数量为 5 个。

另外，每个工作台的设备类型和数量是不相同的，每台设备加工零件的时间也不相同，存在着一定的时间误差。

工作台 1 中有一台设备，该设备加工时间一般为 2～8 min，最可能的加工时间是 5 min；工作台 2 中有 2 台设备，每台设备加工时间一般为 5～11 min，最可能的加工时间是 9 min；工作台 3 中有 2 台设备，如果以 8 h 工作制为标准，一台设备在前 4 h 运行，另一台设备在后 4 h 运行，每台设备的加工时间一般为 2～11 min，最可能的加工时间是 6 min。

在建立模型的过程中往往需要用到数学函数来设定零件的加工时间和到达时间。

13.1 建模步骤

（1）直接选择 Facility 视窗中 Project Home 选项卡下的 New Model 选项（而不是它的下拉选项），以创建一个新的模型。在 Navigation 窗口中的 Model 上右键单击鼠标，选择 Rename，为模型进行重命名。

（2）从 Standard Library 中拖曳 4 个 Source、4 个 ModelEntity、3 个 Server 和 1 个 Sink 至建模区。

（3）需要 5 个 BasicNode 作为每个工作台的入口和出口，这主要是为了让零件能够按照一定的顺序进入工作台加工。

（4）每个 BasicNode 之间用 Path 按顺时针连接，而 BasicNode 和 Source、BasicNode 和 Server、BasicNode 和 Sink 之间都是用 Connector 连接的。用户在连接路径时一定要注意连接的方向，特别是 Server3 的进、出节点，如图 13-2 所示。

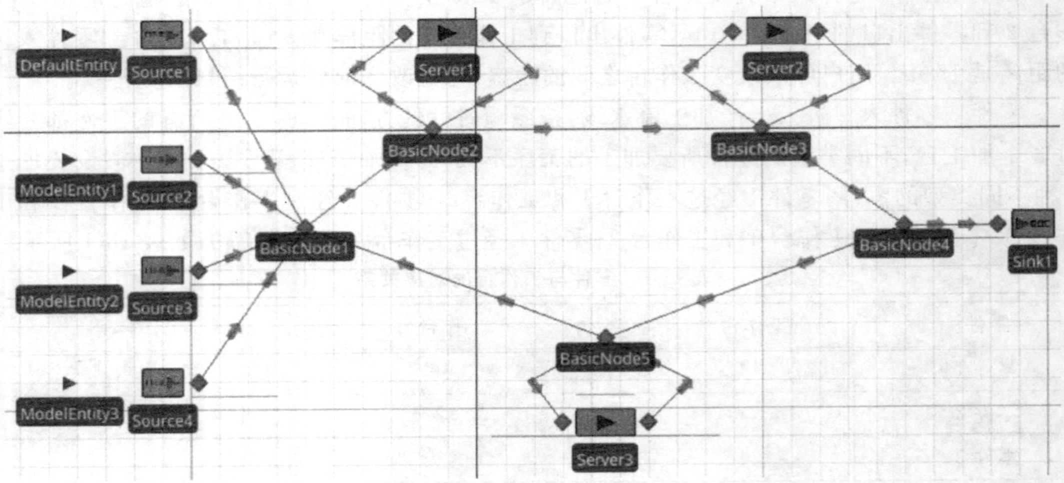

图 13-2　初始模型

（5）4 个 ModelEntity 分别代表 4 种不同的零件，按住 Ctrl 键选择 4 个 ModelEntity，把它们的属性面板中的 Initial Desired Speed 都设为 2，其 Units 设为 Meters per Minute，如图 13-3 所示。

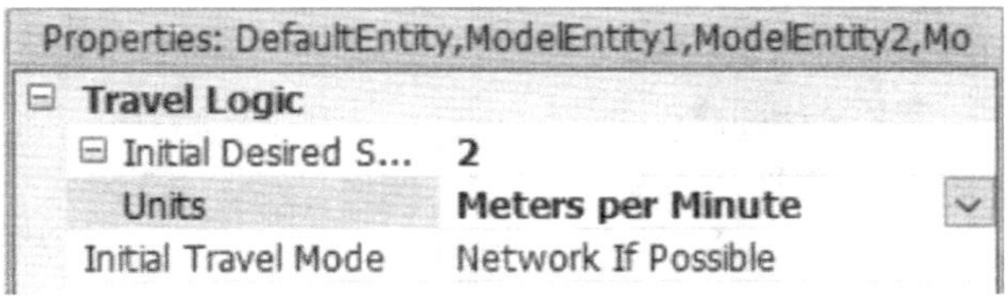

图 13-3　设置移动速度

(6) 每种零件的到达时间间隔和规律都是不相同的，下面我们来使用数学函数分布来设置零件的到达时间。

零件 1 的到达时间服从指数分布，在其对应的 Source 属性面板相应的属性中输入 Random. Exponential(15)，其 Units 设为 Minutes。

零件 2 的到达时间服从正态分布，在其对应的 Source 属性面板相应的属性中输入 Random. Normal(17,3)，其 Units 设为 Minutes。

零件 3 的到达时间服从均匀分布，在其对应的 Source 属性面板相应的属性中输入 Random. Uniform(14,18)，其 Units 设为 Minutes。

零件 4 设置的时间是常数，为 70 min。另外，为了使零件 4 每批次到达 5 个，则将其属性面板中的 Entities Per Arrival 属性改为 5。各输入结果如图 13-4 所示。

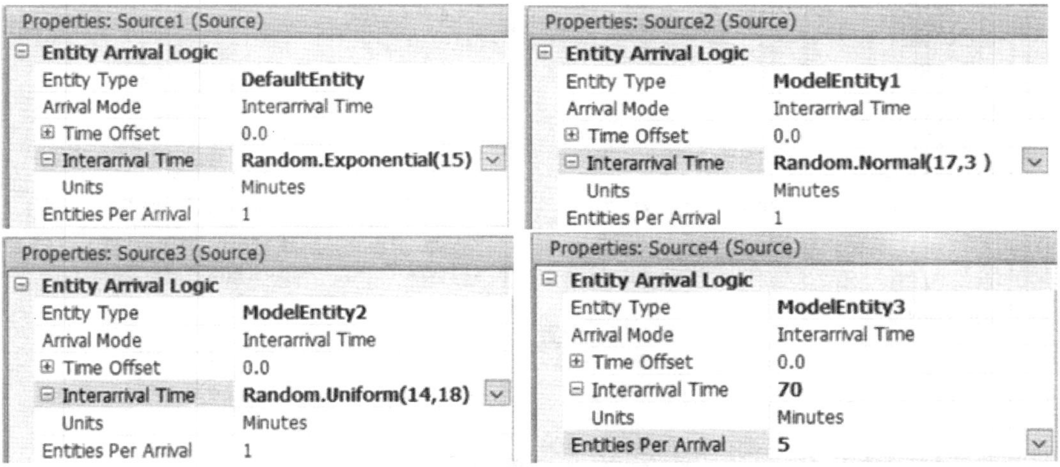

图 13-4　设置到达时间

(7) 根据前面给出的参考数据给 5 条路径设置距离，按住 Ctrl 键同时选中 5 条路径，然后将 Logical Length 设置为对应的参数，结果如图 13-5 所示。

(8) 根据前文给出的参考数据，利用 Pert 分布给工作台 1 和工作台 2 的设备设定工作时间，注意将工作台 2 的处理能力改为 2，结果如图 13-6 所示。

(9) 为了区分不同的零件，用户可以通过修改零件的颜色来区分。前文已经描述过修改 ModelEntity 颜色的方法，此处就不再赘述。

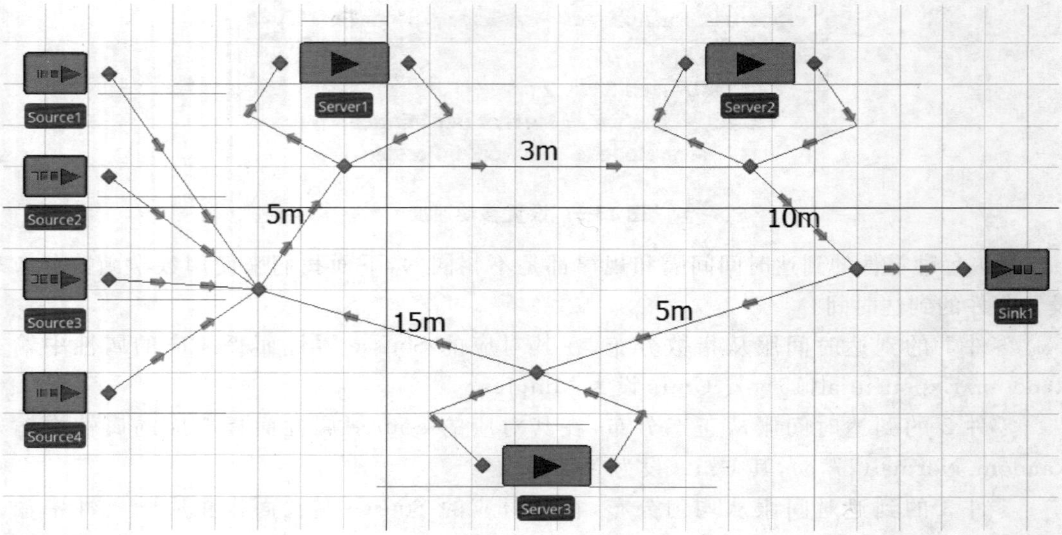

图 13-5　设置路线长度

Process Logic	
Capacity Type	Fixed
Initial Capacity	1
Ranking Rule	First In First Out
Dynamic Selectio...	None
⊞ Transfer-In Ti...	0.0
Process Type	Specific Time
⊟ Processing Time	**Random.Pert(2 , 5 , 8)**
Units	Minutes
Off Shift Rule	Suspend Processing

Process Logic	
Capacity Type	Fixed
Initial Capacity	**2**
Ranking Rule	First In First Out
Dynamic Selectio...	None
⊞ Transfer-In Ti...	0.0
Process Type	Specific Time
⊟ Processing Time	**Random.Pert(5 , 9 , 11)**
Units	Minutes
Off Shift Rule	Suspend Processing

图 13-6　设置工作台处理时间

13.2　为制造单元制定 Work Schedules

在制造加工的过程中，零件 3 的加工通常都是周期性的，同时，工作台 3 中的两台设备的运行时间不一样。为了能够实现这些功能，用户需要对 Data 视窗里的 Work Schedules 进行设置。

(1) 进入 Data 视窗，在制表区左边的区域选择 Work Schedules，单击菜单栏的 Work Schedules 以添加一个工作计划表，修改工作计划表的名称为 ScheduleFor3，并将工作计划表中 Days 列的值改为 1，表示工作台 3 每日都按照该工作计划表运行。

(2) 单击菜单栏中的 Day Pattern，以添加一个日工作模式 DayPattern1，单击 DayPattern1 左边的“＋”以展开 Work Periods，按照前文所述工作台 3 的相关参考数据修改表内数值，然后单击 ScheduleFor3 对应的 Day 1 列，并将其引用，如图 13-7 所示。

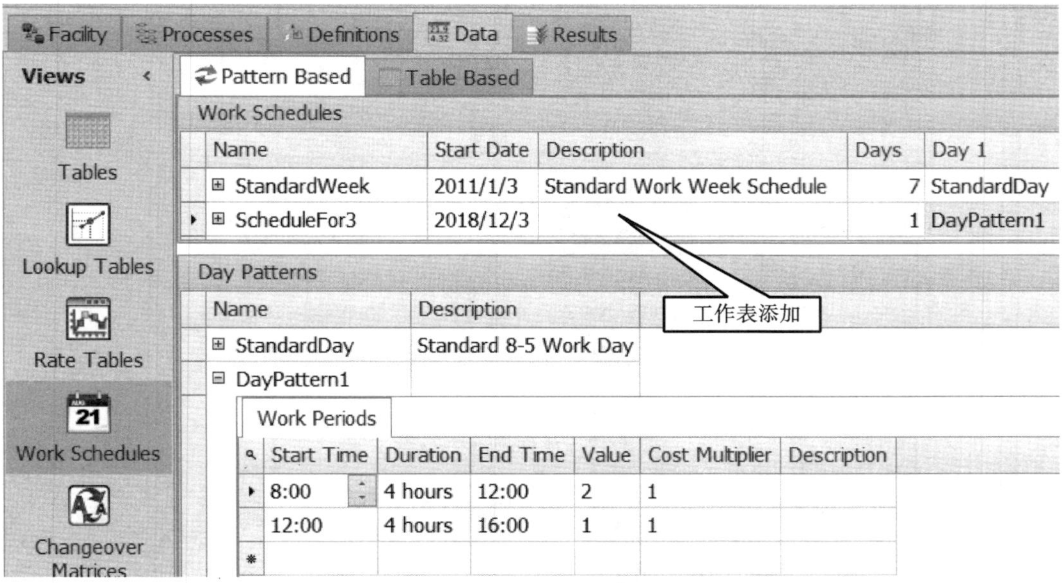

图 13-7　工作台 3 的时间表

(3) 回到 Facility 视窗中,将工作台 3 的 Capacity Type 的属性设置为 Work Schedule,并在 Work Schedule 属性中引用刚刚新建的工作计划表 ScheduleFor3。这一步的操作到此完成,用户还可以根据实际情况自行修改数据。

13.3　Sequence Tables 的应用

在系统的运行中,要确保零件能够按照一定的顺序到达指定的工作台,且保持在环形的路线上移动。通过设置序列表(Sequence Tables)以达到此目的。

(1) 进入 Data 视窗,在制表区左边的区域选择 Tables,然后选择其左上方菜单栏中的 Add Sequence Table,以添加一个序列表,并将其命名为 SequencePart1,表示的是零件 1 序列,其他的零件也按照同样的方法添加序列表。

(2) 添加序列表,其实就是要零件按照指定的顺序路线进入工作台,然后从零件出口出去。根据前面给出的零件加工工序要求设置零件 1 的序列。

(3) 同样的,其他零件也按照指定的顺序路线设定好序列表。这里需要注意的是,不同的工作台的名字不相同,所以序列表的名称也不相同。设置好的各零件对应的序列表如图 13-8 所示。

(4) 设置完序列表后,再回到 Facility 视窗,在建模区选中零件 1,设定 Initial Sequence 属性为 SequencePart1,同样的,设置其他 3 个零件以选择其相应的序列表,如图 13-9 所示。

(5) 本模型中包括 Source 及 Server 的输出节点在内有 7 个蓝色的 TransferNode,按住 Ctrl 键以选择 7 个蓝色的 TransferNode,将它们的 Entity Destination Type 的属性全部改成 By Sequence。这样设置主要是为了让零件能够按照一定的顺序到达指定的工作台。当

	Sequence Part1
1	Input@Server1
2	Input@Server3
3	Input@Sink1
▸	

	Sequence Part2
1	Input@Server1
2	Input@Server2
3	Input@Server3
4	Input@Sink1
▸	

	Sequence Part3
1	Input@Server1
2	Input@Server2
3	Input@Sink1
▸	

	Sequence Part4
1	Input@Server2
2	Input@Server3
3	Input@Sink1
▸	

图 13-8　零件加工序列表

Properties: DefaultEntity (ModelEntity)	
⊞ **Travel Logic**	
⊟ **Routing Logic**	
Initial Priority	1.0
Initial Sequence	**SequencePart1**

图 13-9　引用序列表

零件第一次到达节点时，节点会把序列表的第一行的索引值设置为零件的目的地。然后零件每次通过目的地类型为 By Sequence 的转移节点时，序列表的行索引值就会自动加 1，零件的目的地被设成序列表中下一个节点，如图 13-10 所示。

Properties: Output@Source1,Output@Source2,Output@Sou	
⊞ **Crossing Logic**	
⊟ **Routing Logic**	
Outbound Travel Mode	Continue
Outbound Link Preference	Any
Outbound Link Rule	Shortest Path
Entity Destination Type	**By Sequence**

图 13-10　设置输出节点

(6) 设定好后，运行模型 40 h，观察零件的移动线路。

13.4　成品零件的运输

(1) 首先，删除 Sink 和与其相连的路径，然后在两者之间加入一个 TransferNode，将其重命名为 TransferCart，用 Path 连接 BasicNode 和 TransferNode，将它们的距离设置为 50 m。同样，用 Path 连接 TransferNode 和 Sink，它们的距离用户可以自行设置。这里要注意的是 TransferNode 和 Sink 之间的路径 Type 要设置为 Bidirectional 以确保 Cart 能够来回移动，如图 13-11 所示。

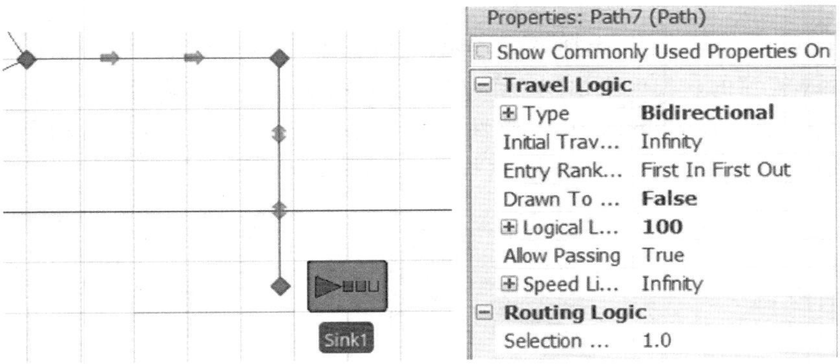

图 13-11　添加路径

(2) 回到 Facility 视窗中,从 Standard Library 中选择一个 Vechile 到建模区,并命名为 Cart。

(3) 接着将 TransferCart 的 Ride On Transporter 属性改为 True,修改 Transporter Name 属性为 Cart,如图 13-12 所示。每次当零件到达转移节点时就会对 Cart 产生一个装载请求,此时,零件在转移节点等待 Cart 的装载。

Transport Logic	
Ride On Transporter	**True**
Transporter Type	Specific
Transporter Name	**Cart**
Reservation Method	Reserve Closest
Selection Goal	Preferred Order

图 13-12　运输器选择

(4) 设置 Cart 的速度为 4 m/s,当然用户可以根据需要自己设置速度。把 Cart 的 Initial Desired Speed 属性改为 4,把 Cart 的装载能力(Ride Capacity)改为 3。

(5) 把 Initial Node(Home)的属性改为 TransferCart,这是 Cart 的开始节点,把 Idle Action 的属性改为 Park At Home,这个是为了让 Cart 运输完货物后再回到开始节点以等待下一个运输指令,如图 13-13 所示。

Transport Logic	
Initial Ride Capacity	**3**
Task Selection Strategy	First In Queue
Load Time	0.0
Unload Time	0.0
Park to Load/Unload	False
Minimum Dwell Time Type	No Requirement
Travel Logic	
Initial Desired Speed	**4**
Initial Travel Mode	Network If Possible
Initial Network	Global
Network Turnaround Method	Exit & Re-enter
Free Space Steering Behavior	Direct To Destination
Routing Logic	
Initial Priority	1.0
Initial Node (Home)	**TransferCart**
Routing Type	On Demand
Idle Action	**Park At Home**
Off Shift Action	Park At Node

图 13-13　设置参数

(6) 运行模型可以看到 Cart 移动,但是,当 Cart 停止时,我们是看不到运载工具的。为了不让 Cart 在停止时消失不见,下面来给 Cart 设置一个停泊点,这样 Cart 在停车时,就不会消失。

单击 TransferCart 节点，选择 Appearance→Draw Queue→ParkingStation. Contents，此时，在 Facility 视窗的建模区中出现一个十字光标，用鼠标画一条队列线，单击右键则结束画线。然后单击队列，将 Queue State 属性改为 ParkingStation. Contents，如图 13-14 所示。设置完后，Cart 就可以停泊在队列中，这样 Cart 停车时，就不会消失了。

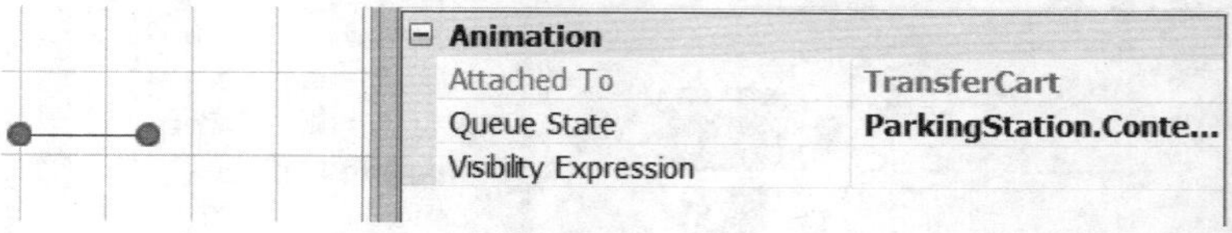

图 13-14　Queue State 属性

（7）为了显示有多少零件在转移节点等待 Cart 的装载，就必须使用分离队列（Detached Queue）来设置。在菜单栏上选中 Animation，单击 Detached Queue，此时，在工作区出现一个光标点，用鼠标画一条队列线，单击右键则结束画线。如图 13-15 所示，把分离队列调整成“L”形，零件就会显示在队列上进行等待。最后，单击队列，将 Queue State 属性改为 TransferCart. RidePickupQueue。

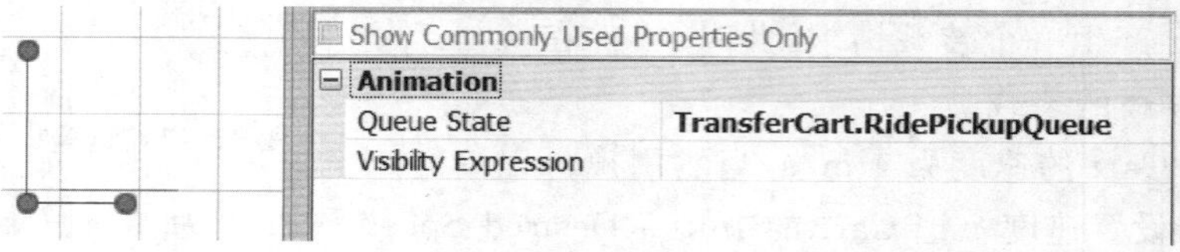

图 13-15　显示载体

（8）保存并运行模型，最后模型的运行情况如图 13-16 所示。

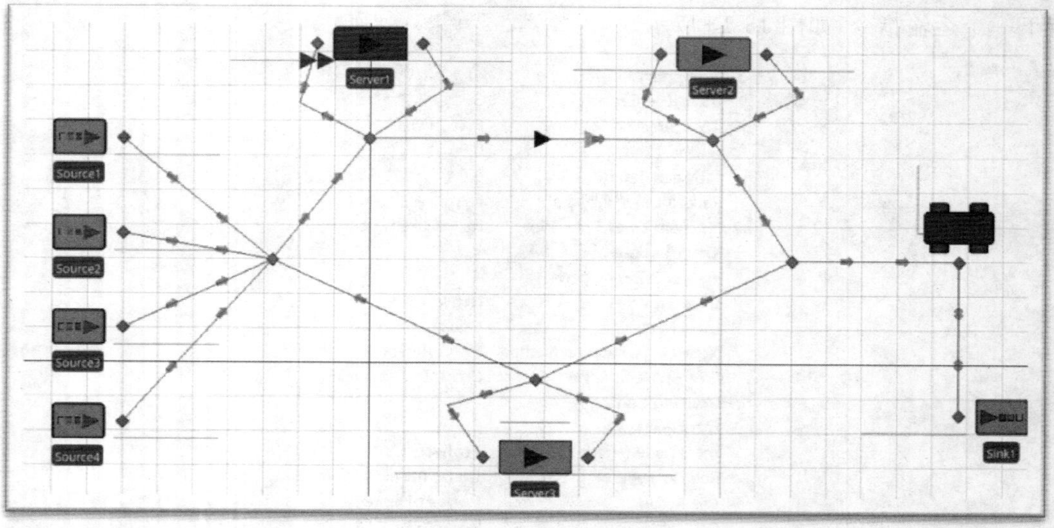

图 13-16　完整模型

第14章 组装合成生产模型（易拉罐饮料包装线模型）

本章主要研究的是易拉罐饮料包装线的分配与包装问题，本章将为用户展现建立一个简单的易拉罐饮料包装线模型进行仿真运行的方法。

通常市面上的一排易拉罐饮料是由 1 个固定支架和 4 个易拉罐组装而成的，每个固定支架上有 4 个易拉罐，固定支架和易拉罐到达组装设备都是随机的。一台组装设备的能力为 4，组装工人必须等待 4 个同类型的易拉罐和 1 个固定支架同时具备时才能开始组装。装配完成后的待包装品，会在 3 个包装站中选择被分配数量最少的包装站进行包装，每个包装站有 1 名操作工人，包装完成后，将统一送往仓库。

易拉罐饮料装配过程的流程图，如图 14-1 所示。

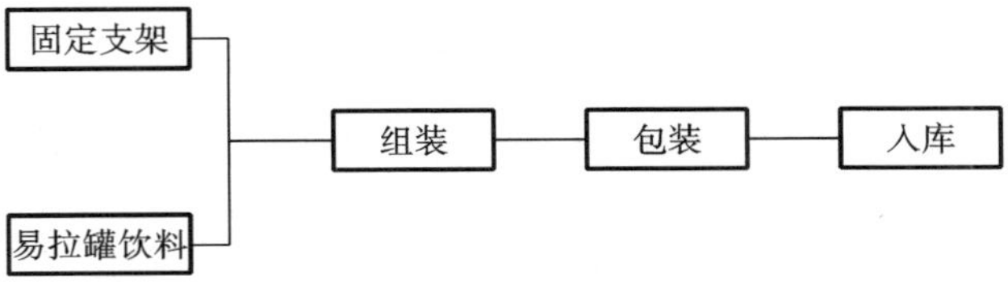

图 14-1　易拉罐饮料装配的流程图

表 14-1 所示的是包装线的基本数据。

表 14-1　包装线的基本数据

分　　类	过　　程	时间/min
移动距离	从固定支架产出至组装设备	Uniform(3,5)
	从易拉罐饮料产出至组装设备	Uniform(4,6)
	从组装设备至包装站 1	Pert(10,12,15)
	从组装设备至包装站 2	Pert(5,7,10)
	从组装设备至包装站 3	Pert(4,5,7)
	从任意包装站至仓库	3.5
产品产出	固定支架的产出间隔	Exponential(2)
	易拉罐饮料的产出间隔	Exponential(0.5)
	50%的饮料口味是草莓，50%的饮料口味是葡萄	Discrete(1,0.5,2,1.0)
处理时间	易拉罐饮料组装时间	Uniform(2,4)
	每个包装站的包装时间	Triangular(3,5,8)

14.1 建模步骤

（1）在 Facility 视窗的建模区中，添加 2 个 Source，分别命名为 FixedSupportArrivals（代表生产固定支架）、CanArrivals（代表生产易拉罐）；添加 2 个 ModelEntity，分别命名为 FixedSupport（代表固定支架）、Can（代表易拉罐饮料），如图 14-2 所示。

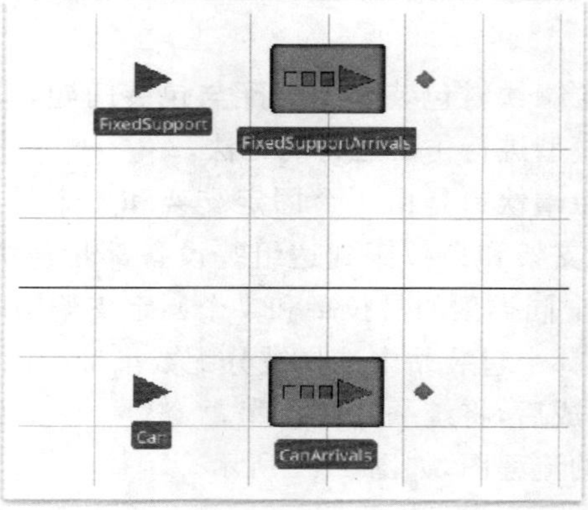

图 14-2　建模基本模型

（2）分别单击 FixedSupportArrivals 和 CanArrivals，在属性面板中 Entity Arrival Logic 中，修改 EntityType，使它们分别对应 FixedSupport 和 Can，另外，Interarrival Time 分别输入 Random. Exponential(2)、Random. Exponential(.5)，如图 14-3 所示。

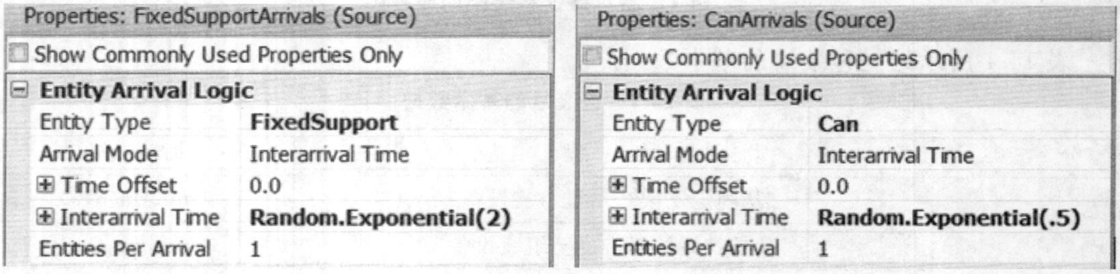

图 14-3　EntityType 选项

（3）为了识别固定支架和易拉罐，就需要修改它们的外型。由于易拉罐是装载固定支架上的，因此用户只需创建固定支架的外型即可。在 Project Home 选项卡的 Create 功能区单击 New Symbol 按钮，在下拉菜单中选择 Create New Symbol，如图 14-4 所示。

在跳出的 Design 窗口中，在 Drawing 选项卡的 Drawing 功能区单击 Rectangle，如图 14-5 所示。

然后，在 Obeject 功能区的 Obeject Height 中输入 0.02，表示创建一个高为 0.02 m 的柱方形，如图 14-6 所示。

创建新图形后，单击右边 Navigation 中的 Model 就回到 Facility 视窗。单击

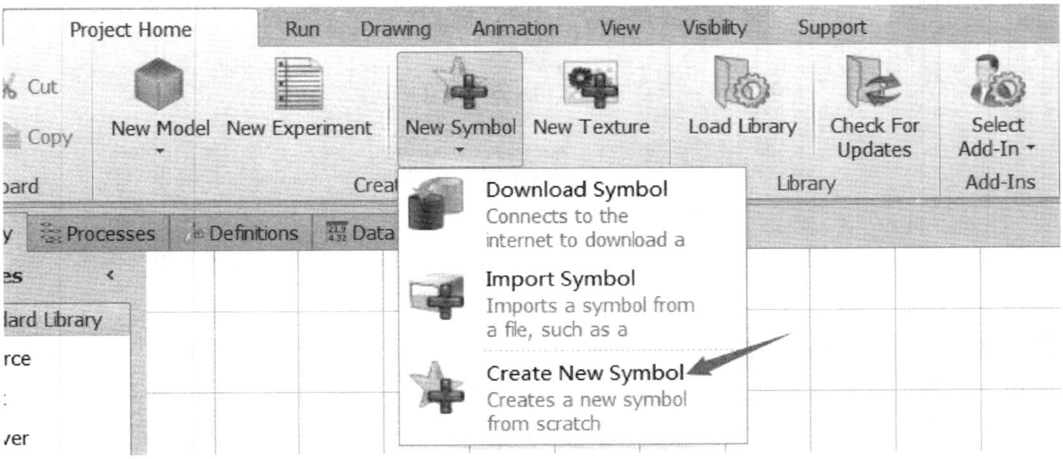

图 14-4　创建 New Symbol

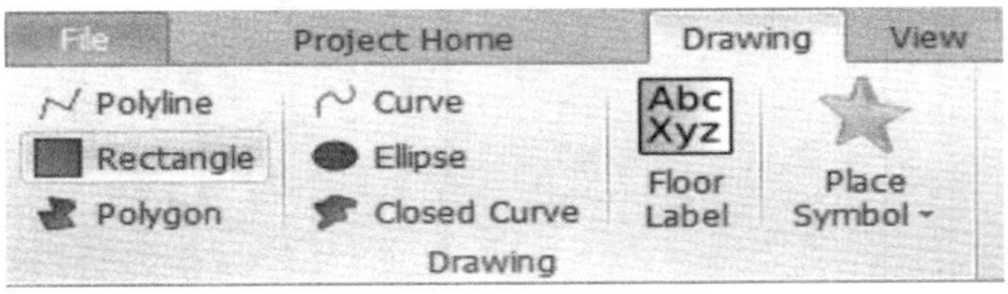

图 14-5　创建长方形

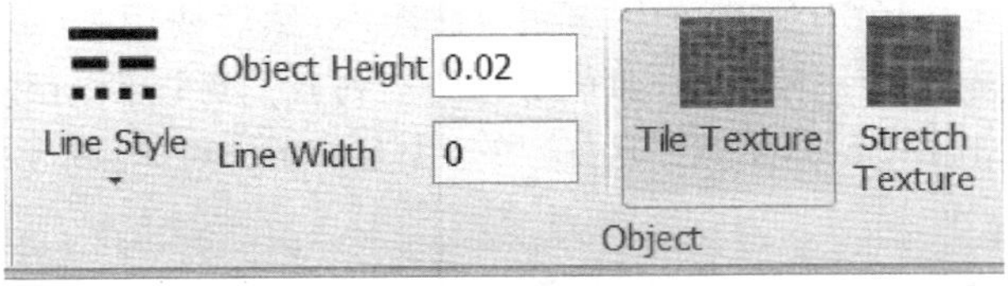

图 14-6　设置高度

FixedSupport，在菜单栏中 Symbols 选项卡的 Project Symbol 库中选择新创建的长方形构件，如图 14-7 所示。

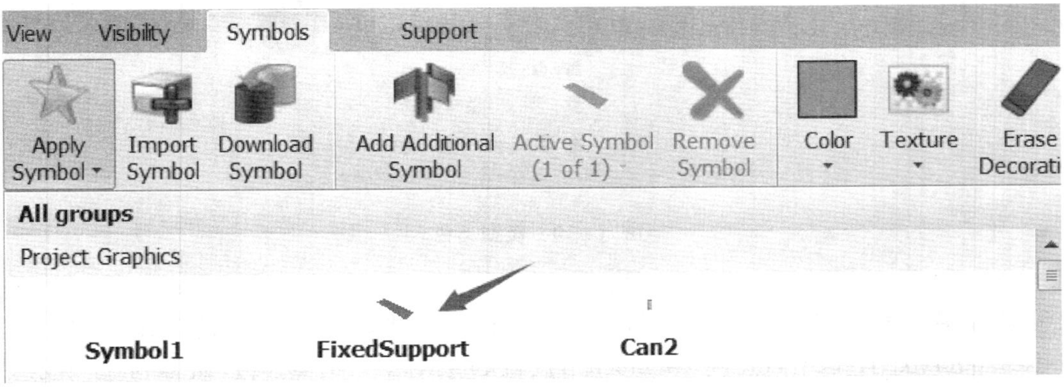

图 14-7　运用标识

应用新图形后，可以选中 MemoryBoard 后手工调整图形的大小，如图 14-8 所示。

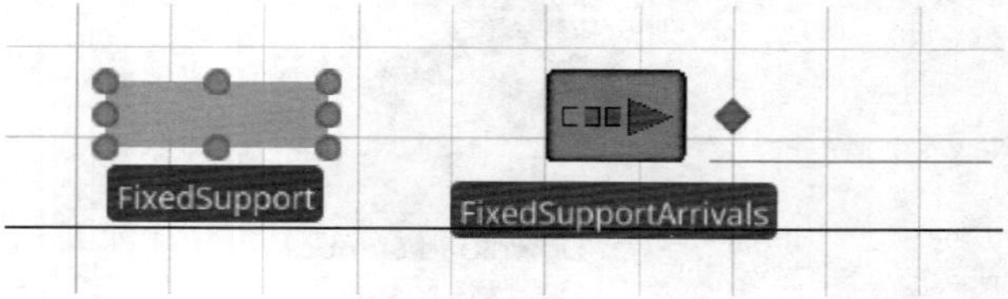

图 14-8　调整大小

(4) 实现输出两种不同类型的易拉罐，需要增加额外的图形，并给其中一个图形着色，以便于区分。选中 Can，在菜单栏 Symbols 选项卡的 Apply Symbol 的功能区中，找到并单击 Can2，这样 Can 就变成了一个易拉罐的形状；然后在菜单栏 Symbols 选项卡的 Additional Symbols 功能区中，单击 Add Additionnal Symbol，此时会在 Active Symbol 中自动生产新图形，如图 14-9 所示。

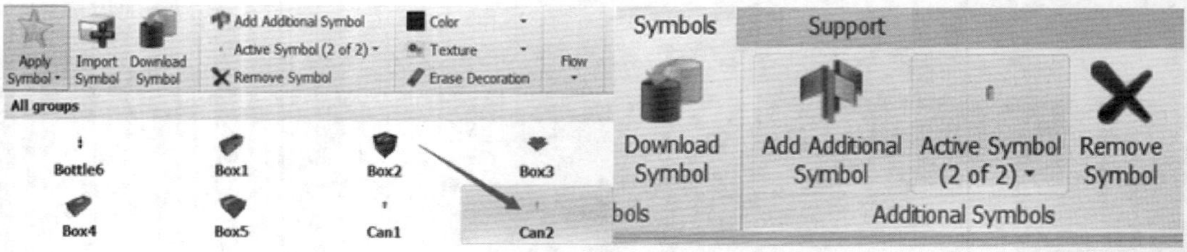

图 14-9　添加额外标识

单击 Active Symbol，在下拉菜单中，选中“1”图形，然后使用 Decoration 的 Color 为新图形上不同的颜色。先选择一种颜色，如草莓味的饮料我们可以使用红色为其上色，当鼠标变成“＋”字形时再单击 Memory 模型即可给模型上色，如图 14-10 所示。

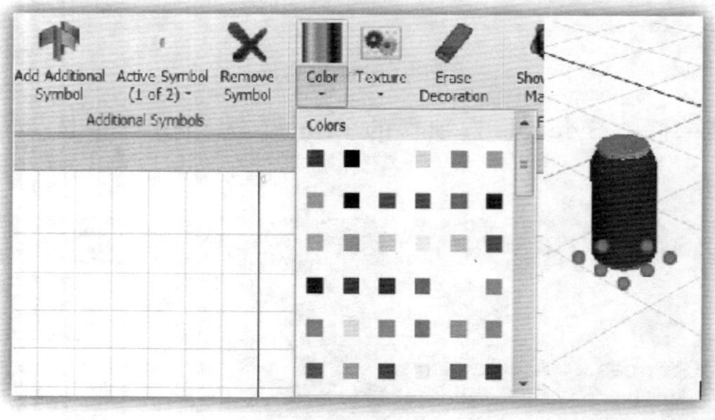

图 14-10　模型上色

(5) 在 Facility 视窗的建模区中，插入一个 Combiner，并将其命名为 Assembly，用于模拟组装工序，再用 TimePaths 连接 2 个 Source 节点，即合成器的 Parent 节点与 FixedSupportArrivals 节点连接，Member 节点与 CanArrivals 节点连接，如图 14-11 所示。

选中 Combiner，将其属性面板 Process Logic 的 Initial Capacity 属性设为 4；Process Logic 的 Processing Time 属性设为 Random. Uniform(2,4)，如图 14-12 所示。

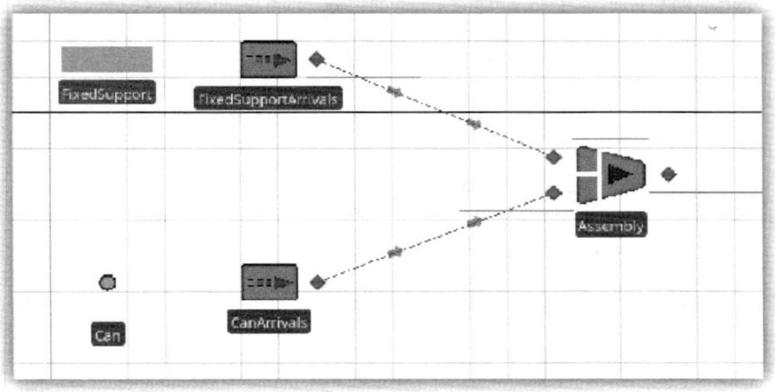

图 14-11　创建合成器

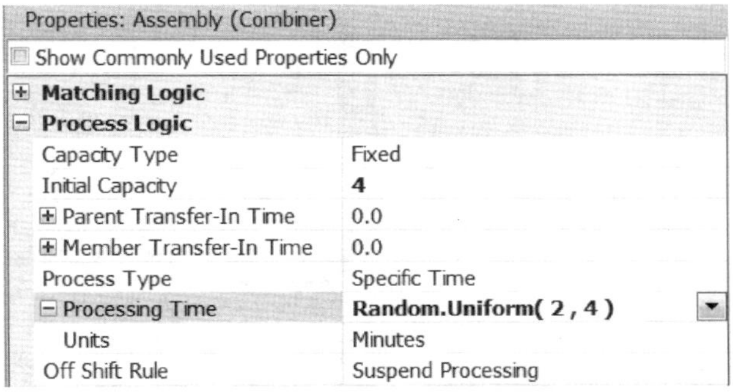

图 14-12　设置合成器参数

说明：在模型运行时，合成器会合并父实体和子实体，在该实例中，固定支架是父实体，易拉罐是子实体。

(6) 由于存在两种类型不同的易拉罐，所以需要添加一个实体的状态变量，以满足一个固定支架需要 4 个类型相同的易拉罐的要求，即 Combiner 必须要合并 4 个同类型的子实体。在 Navigation 窗口中，选中右边的 ModelEntity，然后再进入 Definitions 视窗，如图 14-13所示。

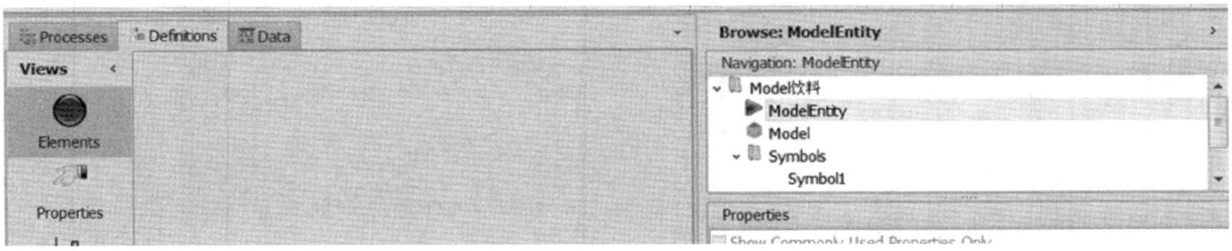

图 14-13　进入 Definitions 视窗

选中 States 后，在其菜单栏 States 选项卡的 Discrete 功能区选择 Integer，作为一个离散状态变量，并将其命名为 ChipType，如图 14-14 所示。

(7) 回到 Facility 视窗，单击 CanArrivals 属性面板 State Assignments 的 Before Exiting 属性右边的 ... 按钮，会弹出 Repeating Property Editor 窗口，如图 14-15 所示。

在 Repeating Property Editor 窗口中，单击 Add 按钮，用离散分布来指定 ChipType 的

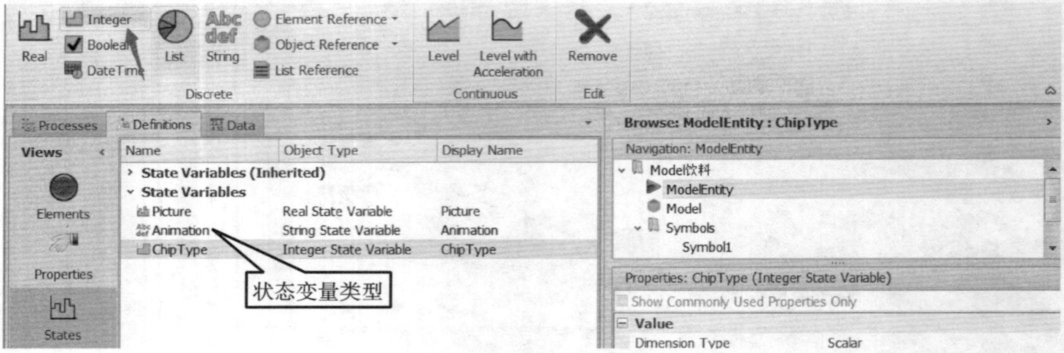

图 14-14　添加离散状态变量

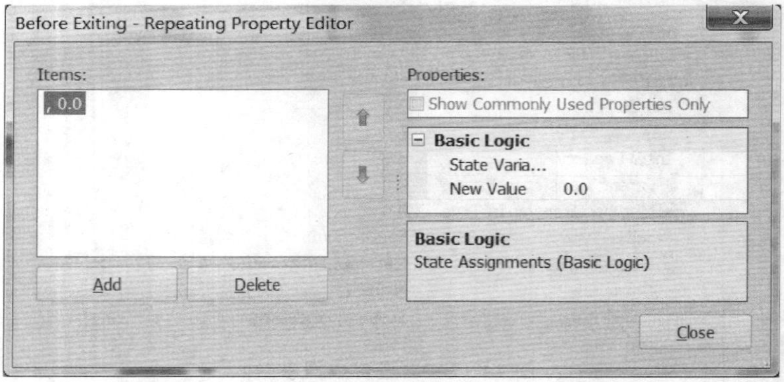

图 14-15　设置属性

值，来实现易拉罐类型 1 和类型 2 等概率到达，即各按 50％概率生产，如图14-16所示。

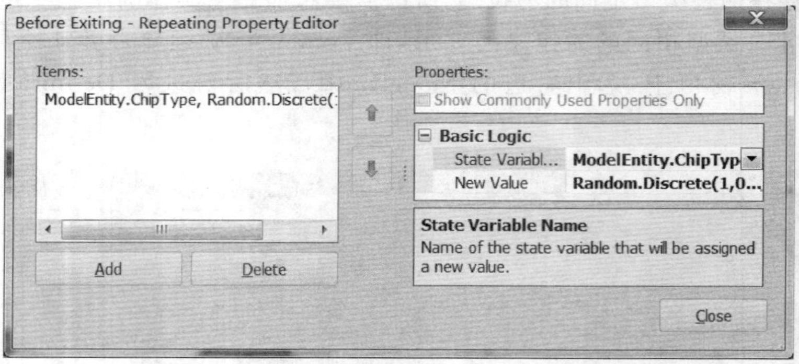

图 14-16　指定 ChipType 的值

然后，添加属性，即在 State Variable Name 中输入 ModelEntity. ChipType，在 New Value 中输入 Random. Discrete(1,0.5,2,1)。

(8) 在 Combiner 上实现合并 4 个子实体。单击合成器，修改其属性面板 Matching Logic 中 Batch Quantity、Matching Rule 及 Member Match Expression，如图 14-17 所示。

(9) 插入 3 个服务站代表不同的包装设备，并依次命名为 Packer1、Packer2 和 Packer3，并用 TimePath 连接 Assembly 到 3 个服务站的路径，如图 14-18 所示。可通过双击 Source

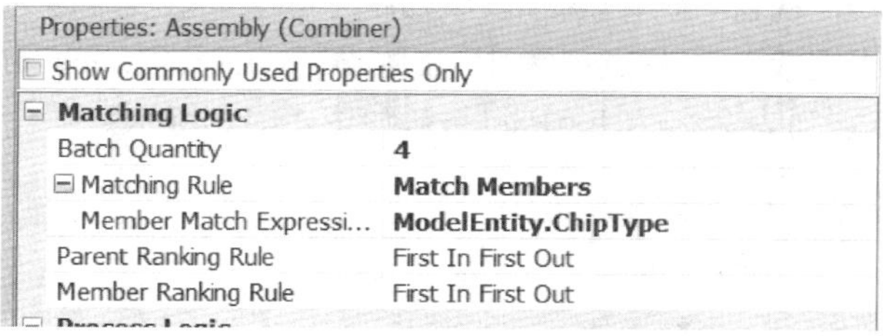

图 14-17　指定 Combiner 的匹配逻辑

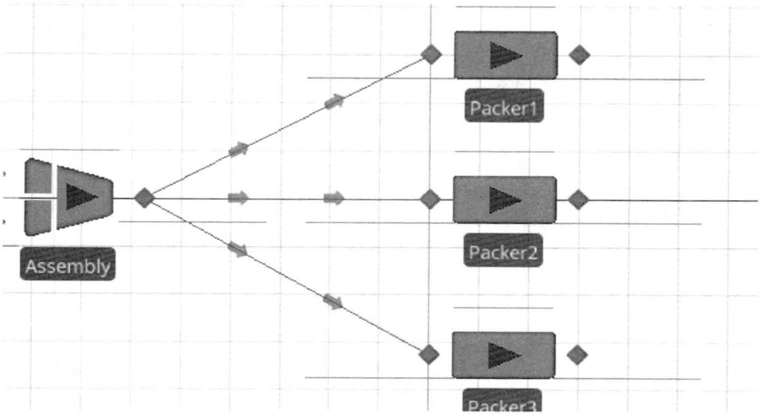

图 14-18　创建服务站

或 Path 连续创建模型，按 Esc 键完成创建。

根据表 14-1 数据，设定 3 个服务站的加工时间，按住 Ctrl 键可同时选中 3 个服务站，设置 Processing Time 为 Triangular(3,5,8)；3 条路径的 Travel Time 分别为 Pert(10,12,15)、Pert(5,7,10)和 Pert(4,5,7)。注意在公式前添加“Random.”，如图 14-19 所示。

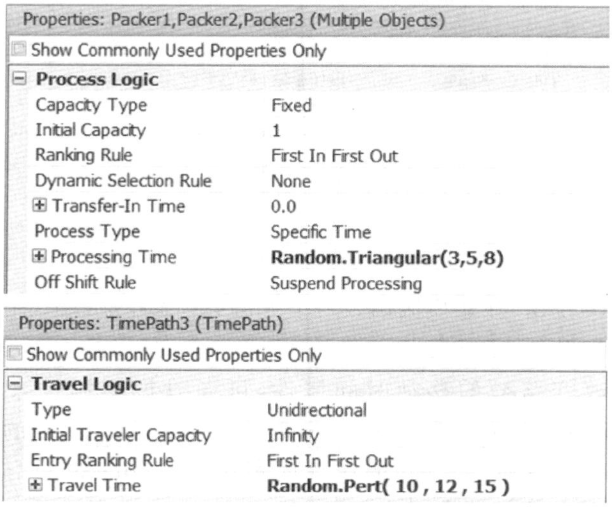

图 14-19　设置参数

(10) 组装完成后的易拉罐，需选择被分配数量最少那个包装站进行包装。创建新的节点列表,进入 Definitions 视窗,选择 Lists 以添加一个列表。在菜单栏中 Create 功能区选择 Node,以添加一个节点列表。在节点列表中,添加节点 Input@Packer1、Input@Packer2 和 Input@Packer3,给节点列表命名为 LstPackers,如图 14-20 所示。

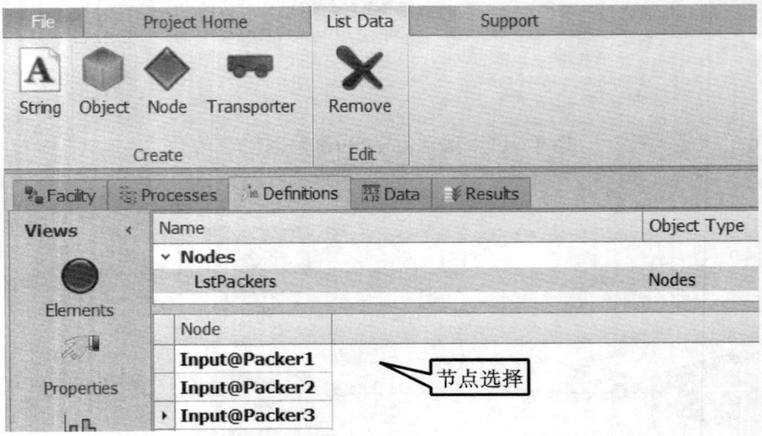

图 14-20　包装设备的节点列表

(11) 为了指定组装完成后的易拉罐到达要去的目的地,需要设置 Assembly 的输出转移节点的属性。回到 Facility 视窗,单击 Assembly 右边蓝色输出节点 Output@Assembly,在其属性面板 Routing Logic 中输入如下属性,即在 Entity Destination Type 中输入 Select From List,在 Node List Name 中输入 LstPackers,在 Selection Goal 中输入 Smallest Value,在 Selection Expression 中输入 Candidate. Node. NumberRoutingIn + Candidate. Server. Inputbuffer. Contents. NumberWaiting + Candidate. Server. Processing. Contents. NumberWaiting,如图 14-21 所示。

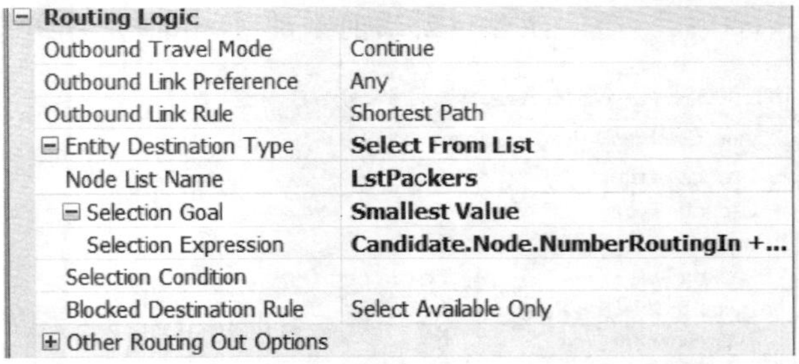

图 14-21　节点的参数设置

(12) 回到 Facility 视窗,在建模区插入一个 Sink,并命名为 Exit,用 TimePath 路径分别连接到 3 个包装站,如图 14-22 所示。

(13) 为了便于改变路径的移动时间属性,可通过模型属性来定义其属性值。在 Definitions 视窗中,选中其菜单栏 Properties 选项卡下 Add 功能区中的 Standard Property,在下拉菜单中选中 Real,然后在 Real 的属性面板中把 Value 的 Default Value 属性改为 3.5,把 Unit Type 改为 Time,把 Default Units 改为 Minutes,把 Display Name 改为 TimeToExit,如图 14-23 所示。

(14) 回到 Facility 视窗,按住 Ctrl 键,依次选中 Exit 到 3 个包装站的 TimePath 路径,

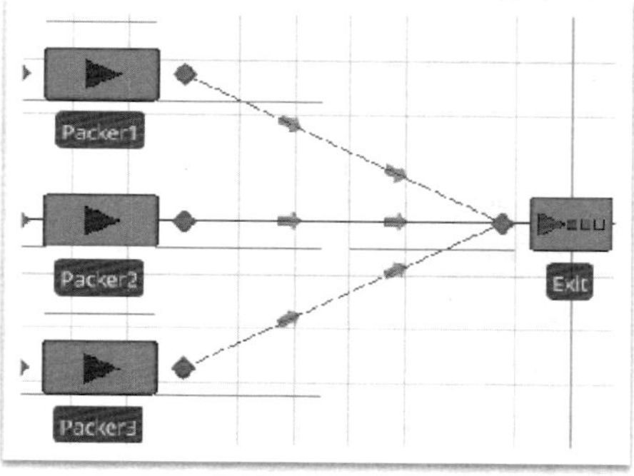

图 14-22　添加 Sink

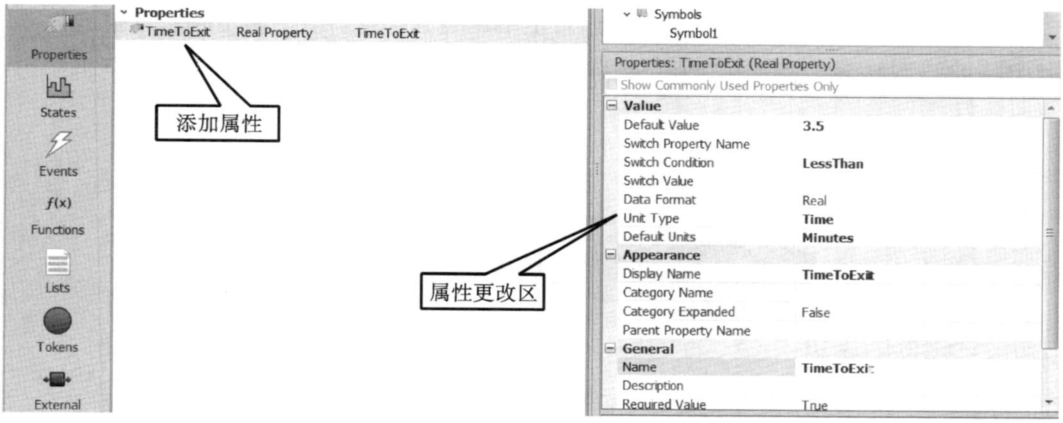

图 14-23　添加 Standard Property

然后在属性面板的 Travel Logic 中的 Traval Time 输入 TimeToExit，如图 14-24 所示。如果需要同时改变 3 条路径上的移动时间，只需在 Definitions 中修改新建立模型属性。

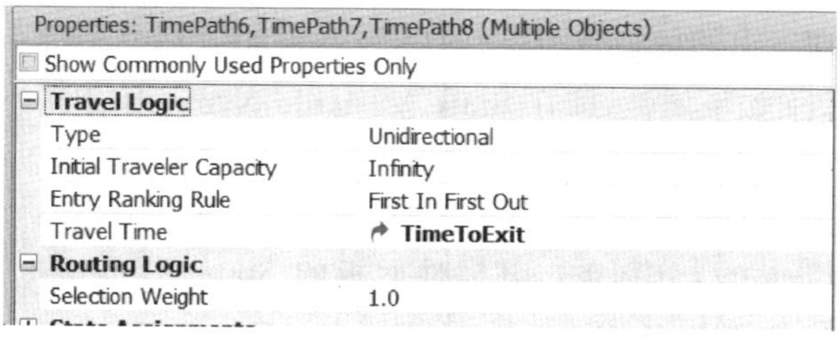

图 14-24　应用模型属性

14.2　增加动画效果

(1) 为了让易拉罐看上去和固定支架固定，可通过新建的 BatchMembers 队列来实现。在 Facility 视窗的建模区中，选中 FixedSupport，在工具栏 Symbols 的 Attached Animation

中，单击 Draw Queue，在其下拉菜单中选择 BatchMembers，然后将队列（一条绿色线）放置在 MemoryBoard 上，如图 14-25 所示。

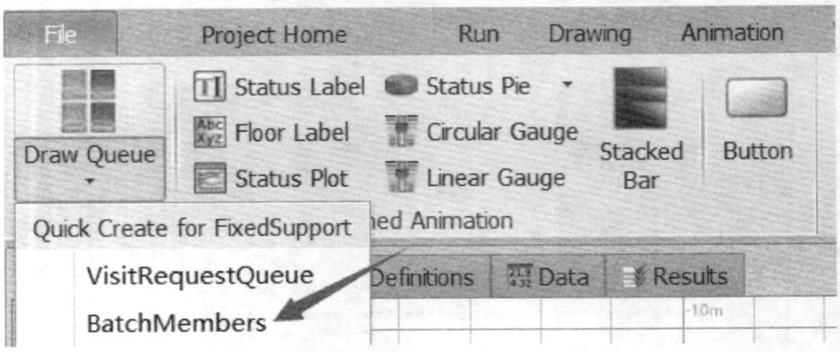

图 14-25　添加队列

创建队列后，选中队列，按下 Shift 键，可上下调整其位置高度。调整时通过按键盘上的数字键 2 或 3 可以在 2D 或 3D 间进行切换，以获得更好的调整效果，如图 14-26 所示。

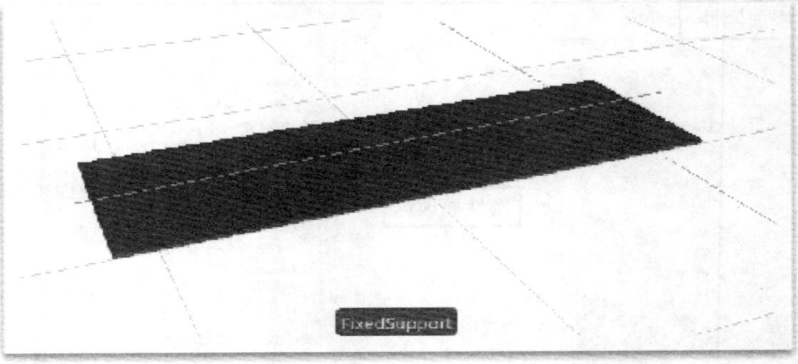

图 14-26　调整位置和大小

（2）将上文中创建的易拉罐颜色分别指定至两种不同类型的易拉罐，即在易拉罐离开 CanArrvals 之前给它们分配颜色。选中 CanArrvals，单击其属性面板的 State Assignments 的 Before Exiting 属性右边的 ... 按钮，会弹出 Repeating Property Editor 窗口，如图 14-27 所示。在该窗口中，添加如下属性，即在 State Variable Name 中输入 ModelEntity. Picture，在 New Value 中输入 ModelEntity. ChipType－1。

（3）让包装好的易拉罐离开包装设备时，显示“包装”图形。分别单击包装设备 Packer1、Packer2 和 Packer3，分别单击其属性面板的 State Assignments 的 Before Exiting 属性右边的 ... 按钮，在弹出的 Repeating Property Editor 窗口中，添加如下属性，即在 State Variable Name 中输入 ModelEntity. Size. Height，在 New Value 中输入 0.1，其 Units 为 Meters，如图 14-28 所示。

（4）运行模型，调整“包装”形状的高度和大小，使得易拉罐离开包装站时显示“包装”的形状。

（5）保存模型，在 3D 模型下运行模型 10 h，了解模型的变化，如图 14-29 所示。

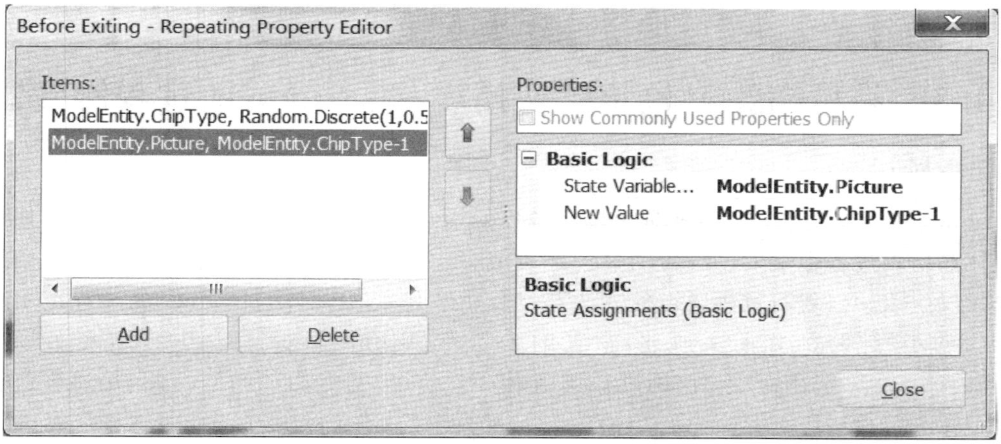

图 14-27　指定易拉罐的颜色

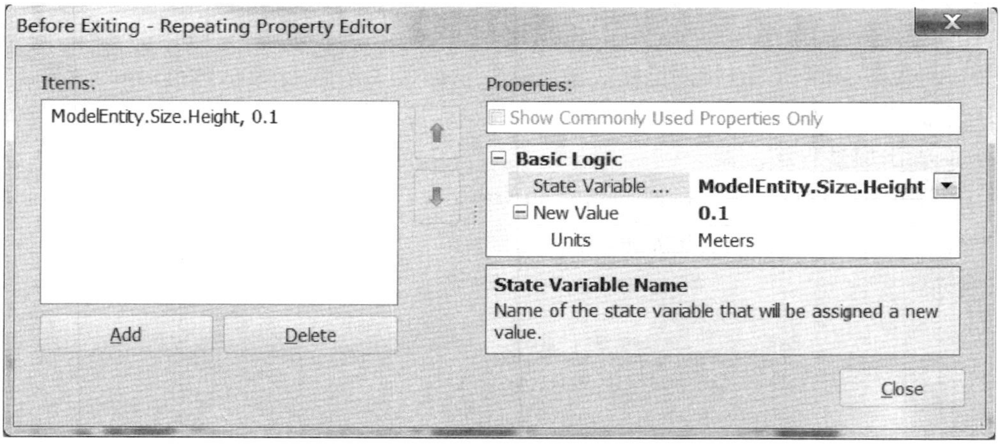

图 14-28　包装属性赋值

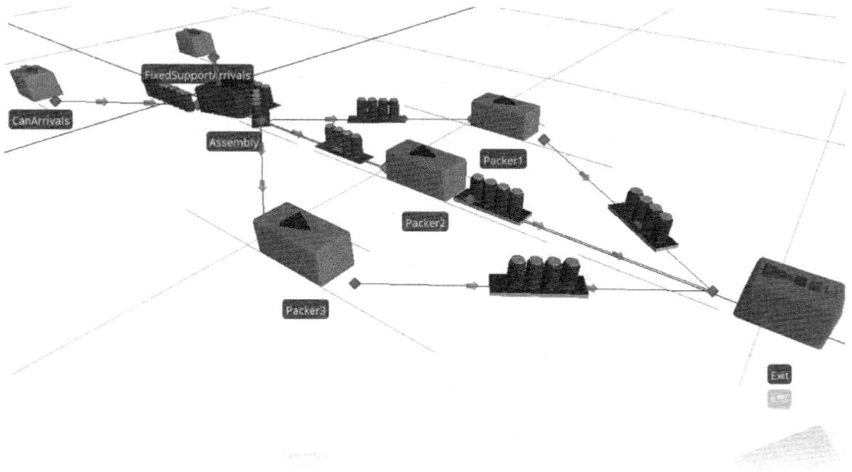

图 14-29　运行 10 h 后的模型

14.3 易拉罐饮料包装模型拓展——Simio 的过程触发器

Simio 的一个关键创新点就是对模型过程的描述能力，利用 Processes 视窗能够使装备或实体在仿真过程中触发已设置的过程逻辑或自定义事件，从而使得装备或实体的内部运行逻辑发生改变。编写过程逻辑的方法与制作流程图类似，只不过 Simio 的过程逻辑是由一系列的步骤构成，如前文所述，常见的步骤有 Assign、Decide、Tally、Transfer、Seize、Delay、Release 等。在创建和使用过程逻辑时，需要考虑两方面的问题，首先是过程逻辑何时被触发和执行，其次是如何建立能产生想要行为或事件的过程逻辑，即过程逻辑的步骤分析。

在此实例中，我们发现模型中移动实体的特征值在仿真运行过程中被改变，如易拉罐被指定不同的颜色、固定支架的“包装”高度发生改变等。这些特征值的改变，是由于在属性面板中 State Assignments 的属性里修改了状态变量的值。然而，State Assignments 只能指定状态变量的值，而 Processes 过程编辑器则可以实现包括状态指定以外的复杂过程逻辑。

下面将添加过程触发器。

(1) 打开易拉罐饮料装配模型，选中 CanArrivals，单击其属性面板的 State Assignments 的 Before Exiting 属性右边的 ... 按钮，删除 Repeating Property Editor 窗口中的内容，如图 14-30所示。

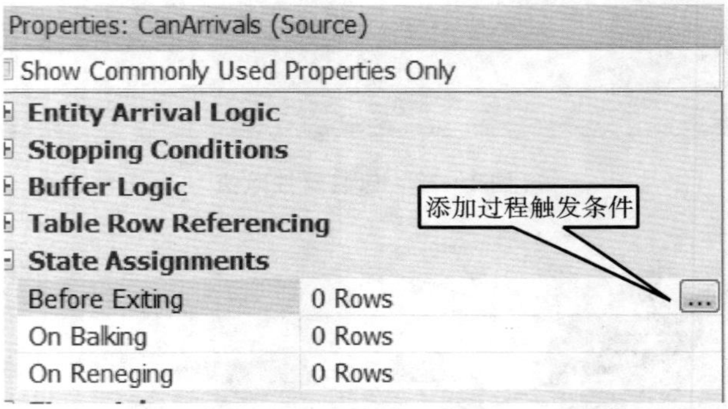

图 14-30 删除内容

在 Add-On Process Triggers 中，单击 Exited 的右边下拉按钮，在下拉菜单中选择 Create New，此时在 Processes 视窗中会自动创建一个带有 Begin 和 End 标记的基础过程逻辑，如图 14-31 所示。

(2) 进入 Processes 视窗，在过程编辑区左边 Common Step 中，将 Assign 步骤插入到 CanArrivals_Exited 过程逻辑中，如图 14-32 所示。

(3) 选中 Assign 步骤，在其属性面板 Basic Logic 类中可以对 State Variable Name 和 New Value 输入状态变量名及其新的数值，或单击 Assignments(More)右边的 ... 按钮，如图 14-33 所示。

在弹出的 Repeating Property Editor 窗口中输入更多的状态变量。在此实例中，如图

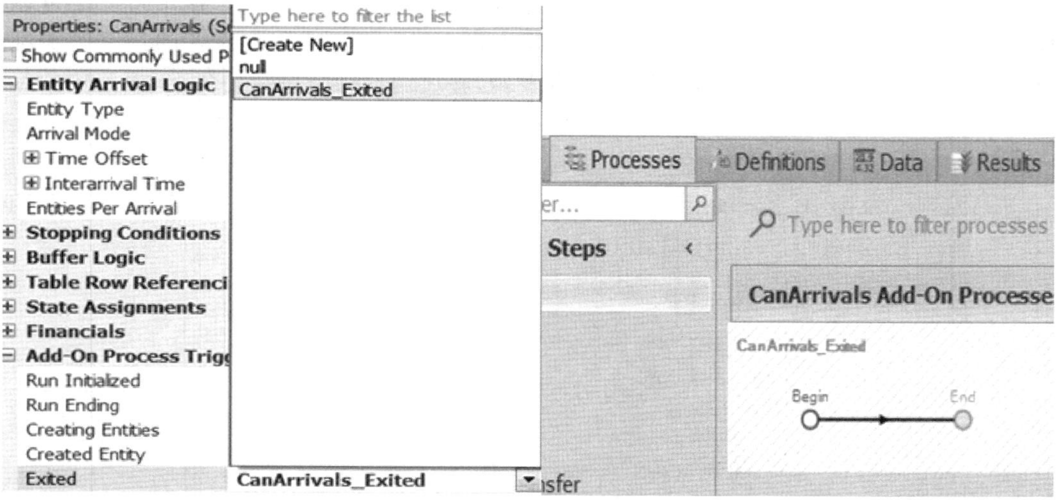

图 14-31　添加过程触发器

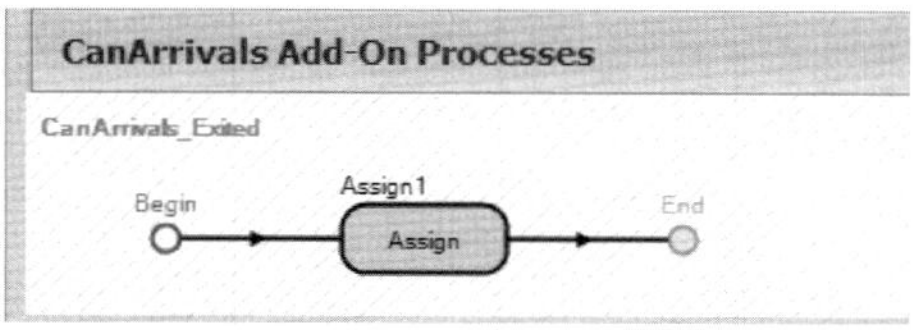

图 14-32　插入 Assign(赋值)

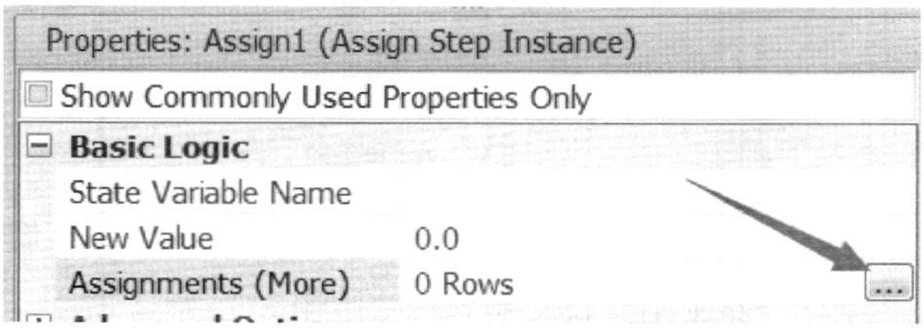

图 14-33　打开设置

14-34 所示，需在 Repeating Property Editor 窗口输入以下状态变量，即在 State Variable Name 中输入 ModelEntity. ChipType－1，在 New Value 中输入 Random. Discrete(1,. 5,2,1)，在 State Variable Name 中输入 ModelEntity. Picture，在 New Value 中输入 ModelEntity. ChipType－1。

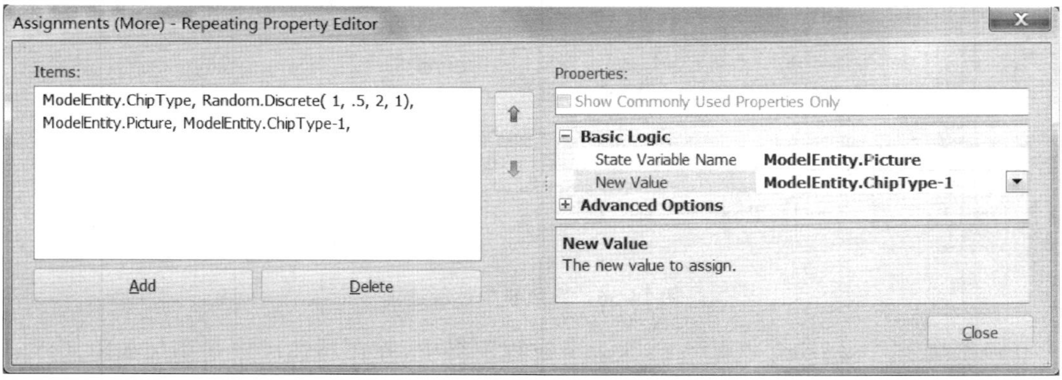

图 14-34　添加属性

(4) 创建可重复使用的过程逻辑。

建立的易拉罐饮料装配模型在每个包装设备上通过使用状态变量赋值的方法，让固定支架的高度在模型仿真运行时发生改变，使其看上去像"包装"的形状。这个过程也可以通过在每个包装设备上添加 Exited 过程触发器来完成。由于每个包装设备的过程逻辑都是一样的，所以，可以通过创建一个公用的过程逻辑，并应用到每个包装设备上，而不用给每个 Packer 创建同样的过程逻辑，此类过程称为可重复使用的过程逻辑，这类过程逻辑只需修改一次就能把变化应用到所有设备上。

在 Facility 视窗中，在每个 Packer 的属性面板 State Assignments 类的 Before Exiting 属性中，删除 Repeating Property Editor 窗口的内容，如图 14-35 所示。

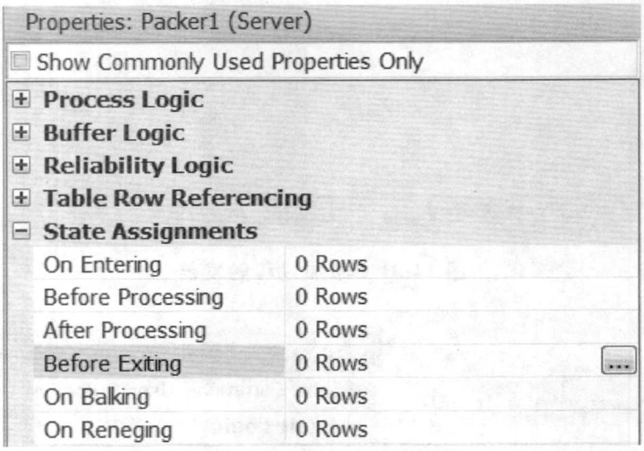

图 14-35　分别删除属性

(5) 在 Processes 视窗中，单击菜单栏 Process 选项卡中的 Create Process 选项，以创建新的过程逻辑，并为其属性面板 General 的 Name 命名为 Packaged，如图 14-36 所示。

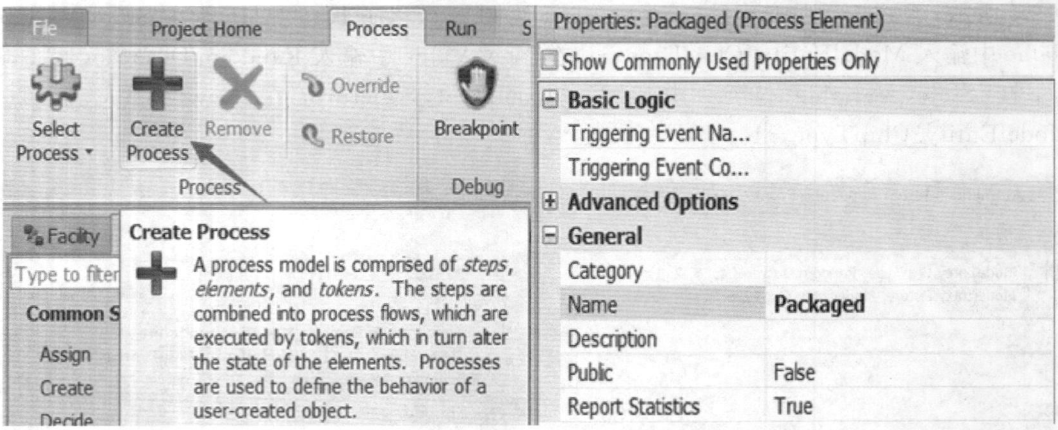

图 14-36　添加新的过程逻辑

(6) 添加一个 Assign 步骤到 Packaged 过程逻辑中，并在属性面板中添加如下属性，即在 State Variable Name 中输入 ModelEntity. Size. Heigth，在 New Value 中输入 0.1，结果如图 14-37 所示。

(7) 回到 Facility 视窗中，在每个 Packer 的属性面板 Add-On Process Triggers 类的 Exited 属性中，选择名为 Packaged 的过程逻辑，如图 14-38 所示。

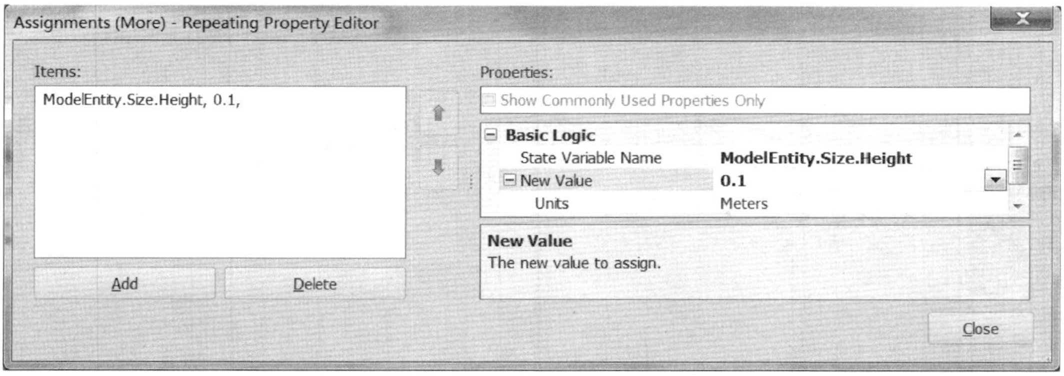

图 14-37　添加属性

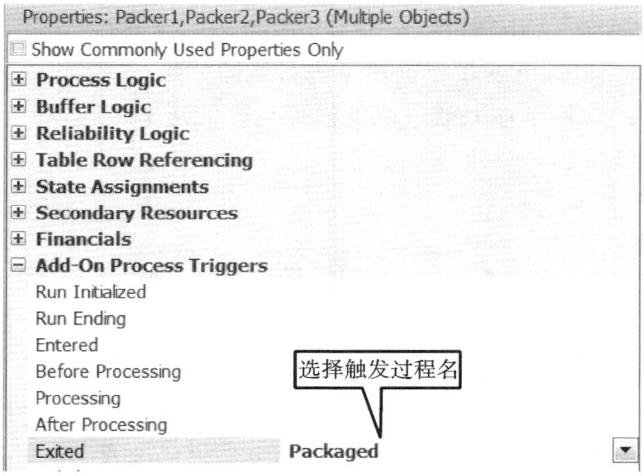

图 14-38　选择属性

（8）运行模型，观察新模型与原模型的运行状况是否相同，如图 14-39 所示。

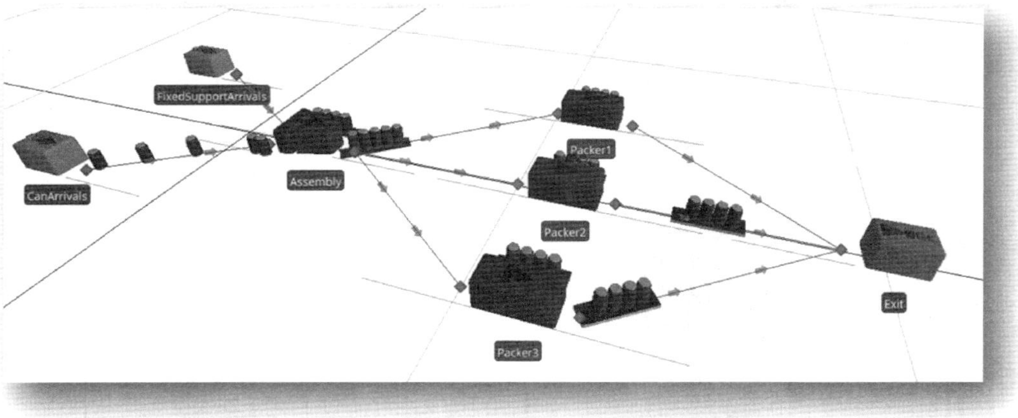

图 14-39　模型运行效果

第15章 监视器元素应用（蓄水池模型）

和离散变量不同，连续变量是在仿真过程中其数值连续变化的变量。在 Simio 里，连续变量又称为 LevelState 变量，即在 Definitions 视窗下的“States”。当 LevelState 变量被建立时，还要指定变化率（称为 InitialRateValue 属性）和初始状态（称为 InitialStateValue）。不同于离散状态变量，LevelState 变量根据速率进行连续变化。

创建一个新模型。我们下面要通过改变模型运行的速率来管理一个蓄水池。假设蓄水池蓄水的高度是为 0～15 m。

15.1 建模步骤

（1）创建水体，单击 Project Home 菜单的 Create 选项卡中的 New Symbol，弹出 Create New Symbol 对话框以创建一个新图标，用纹理填充模型并设置其高度为 10 m，如图 15-1 所示。

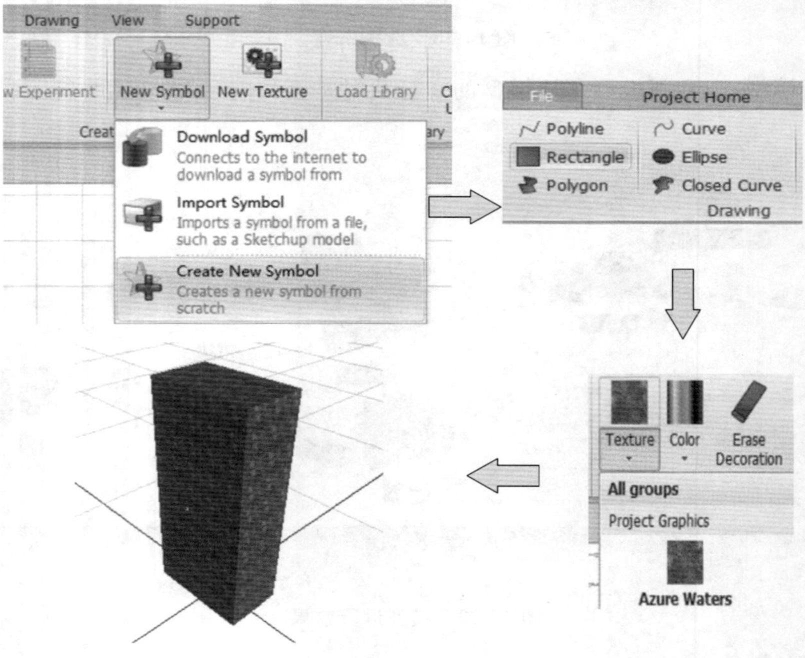

图 15-1 水体模型

(2) 在 Facility 视窗下,从 Standard Library 中拖曳一个 Resource 到建模区域,命名为 Pool,然后应用刚才创建的水体模型,如图 15-2 所示。

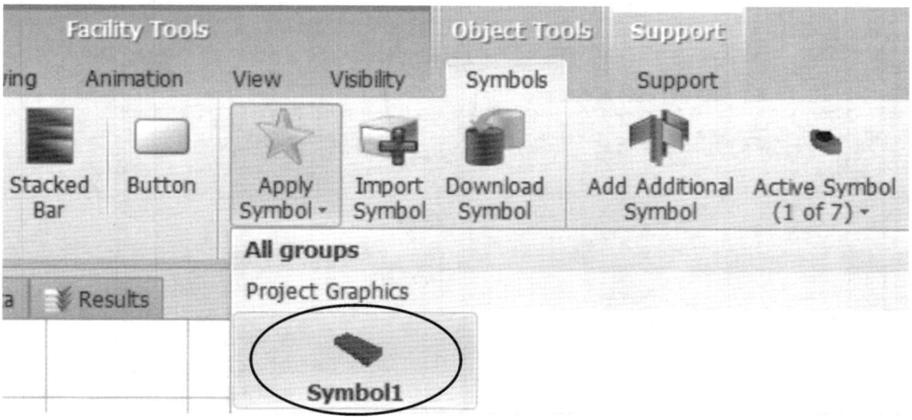

图 15-2　更换模型

(3) 用粗线条的多线(Polyline)画出蓄水池的围墙,在围墙前面开出一个口子,可以看到蓄水池的水平面,如图 15-3 所示。同时这个围墙需要 10 m 的高度,宽度设置为 0.5 m,最后再用矩形绘图工具在地面创建一块地平面,设置地平面高度为 0.5 m,装饰以后用 Shift 键对其进行向上向下移动以自由调整蓄水池高度,如图 15-4 所示。

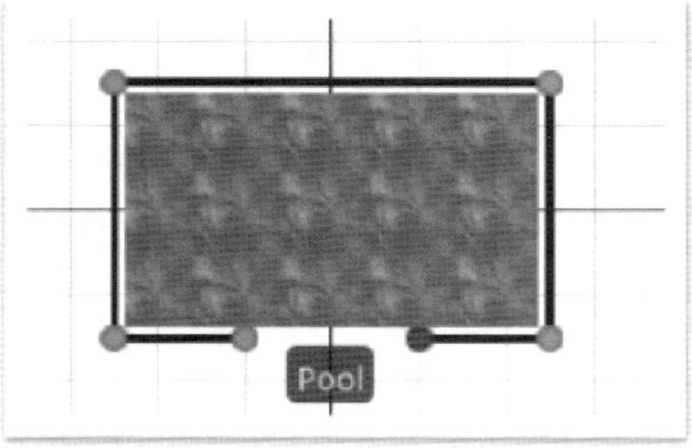

图 15-3　围墙绘画

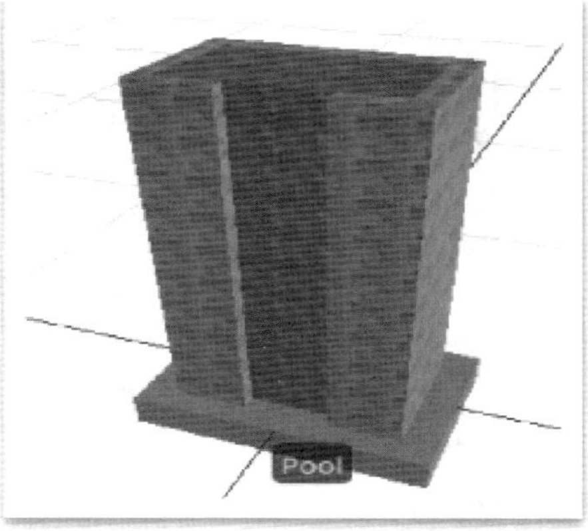

图 15-4　自由调整水池高度

(4) 现在添加一个 LevelState 变量。如图 15-5 所示,在 Definitions 中选择 States,命名为 PoolLevel. 我们把 InitialStateValue 设为 0,InitialRateValue 设为 0,负数表示正在向蓄水池抽水,正数表示正给蓄水池加水。

在 Processes 视图中,添加两个空的 Process,名字分别为 PoolEmptyProcess 和 PoolFullProcess,如图 15-6 所示。

(5) 再在 Elements 中添加 2 个监视器元素(Monitor Elements),名称为 PoolEmpty 和 PoolFull,如图 15-7 所示。监视器元素会监控 PoolLevel,其范围为 0～100。

对于 PoolEmpty 监视器元素,设定其属性,Triggered Process Name 为 PoolEmptyProcess,如图 15-8 所示。

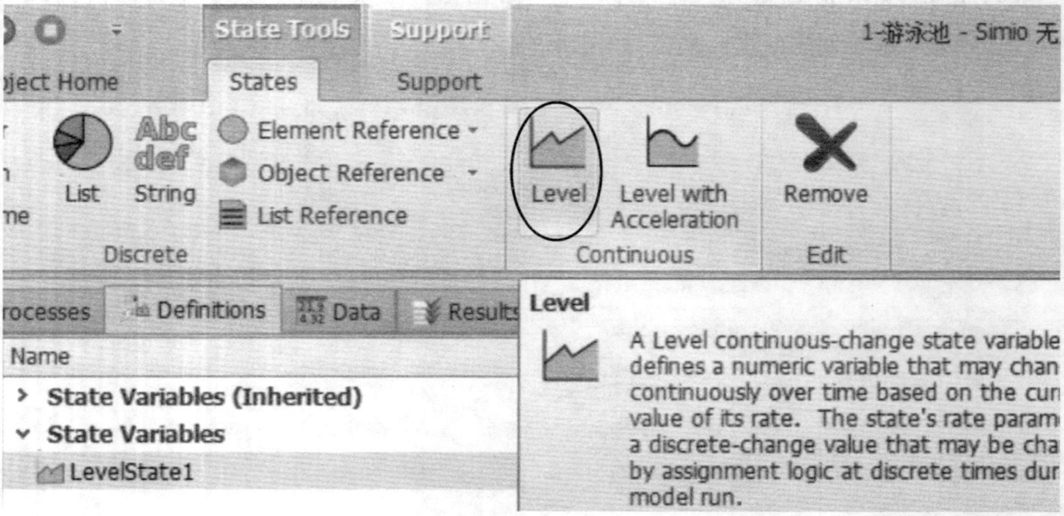

图 15-5　添加水平状态表

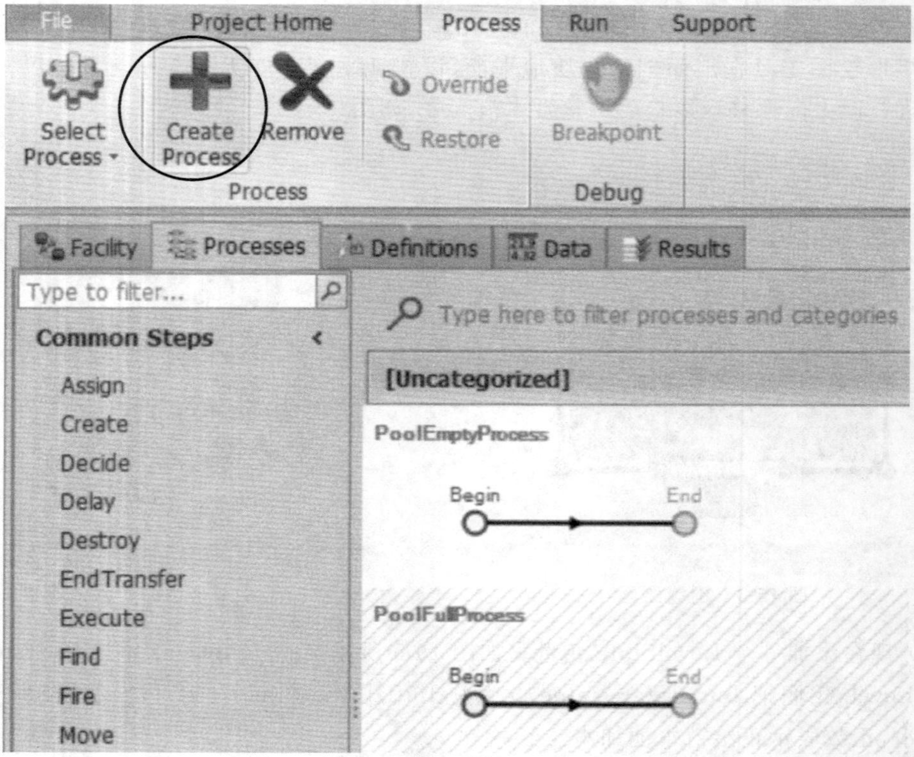

图 15-6　添加过程触发器

对于 PoolFull 这个监视器元素，设定其属性，注意设置 Initial Threshold Value 为 100，如图 15-9 所示。

(6) 为两个 Triggered Process Name 设置过程触发器。在 Processes 视窗中，对刚才创建的两个过程触发器进行设置，如图 15-10 所示。当蓄水池快要变空时就会触发(PoolLevel

变成 0.1)PoolEmptyProcess 过程,此时我们需要停止对蓄水池的清空。这就要求我们在开始加一个延迟,然后再开始加水。

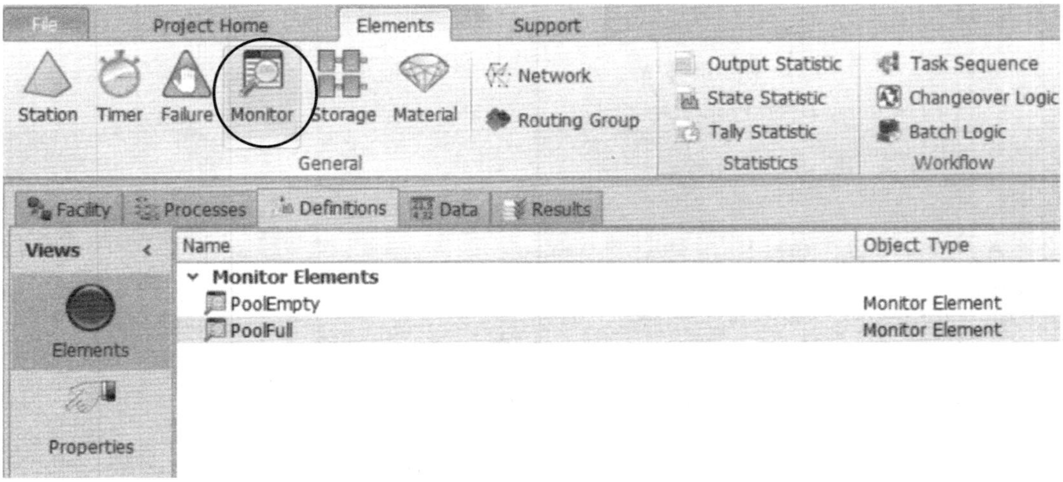

图 15-7　添加监视器元素

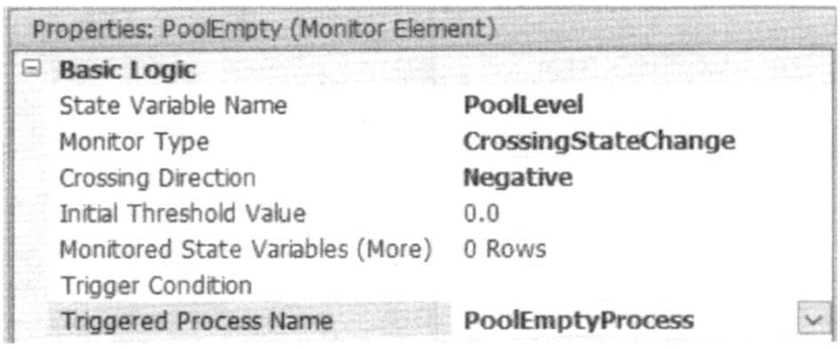

图 15-8　PoolEmpty 监视器元素的属性

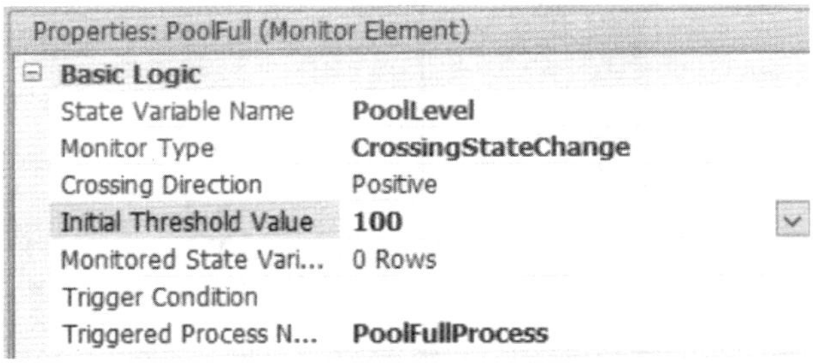

图 15-9　PoolFull 监视器元素的属性

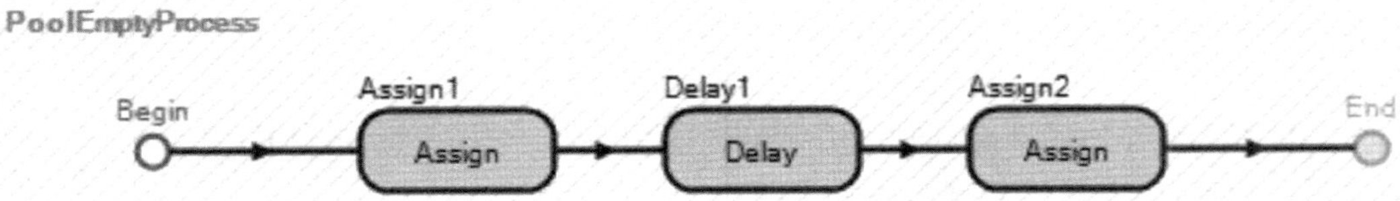

图 15-10　设置过程触发器

在 Assign1 步骤中设定 PoolLevel. Rate 为 0.1(阻止 LevelState 变量的继续改变)。还需要设定 Pool. Size. Height 为 0.0。单击 Assignments(More)按钮 ，添加第二个设置，如图 15-11 所示。

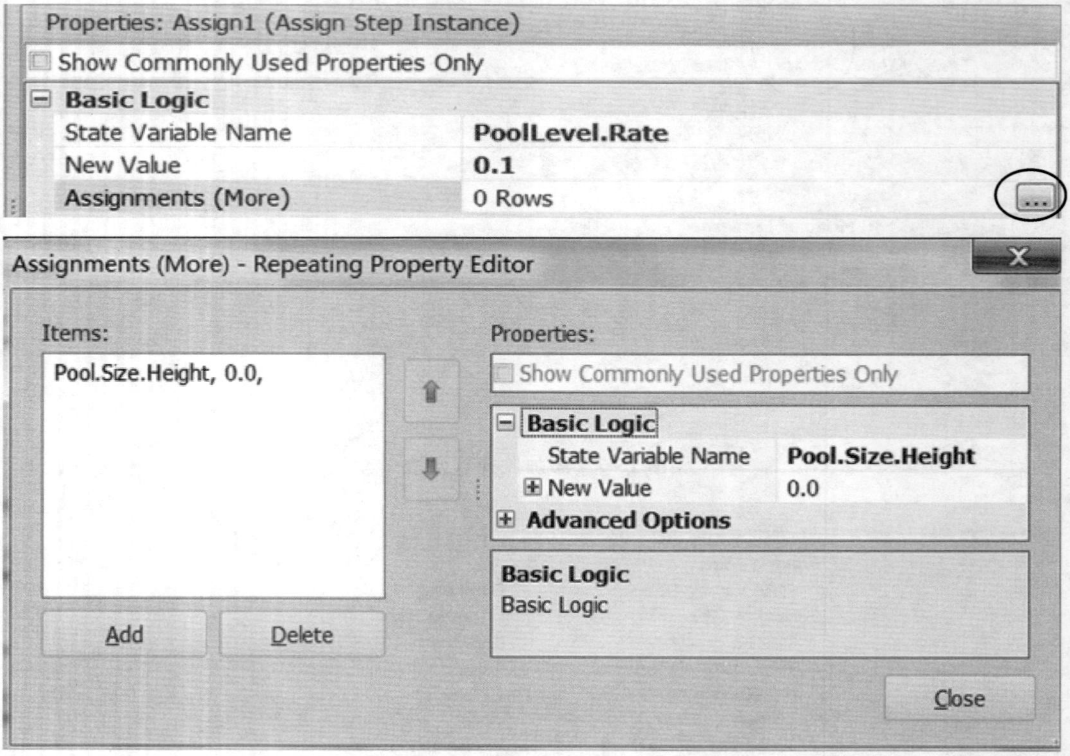

图 15-11　Assign1 的属性

在 Delay1 步骤中设置延迟时间为 0.2 h，如图 15-12 所示。

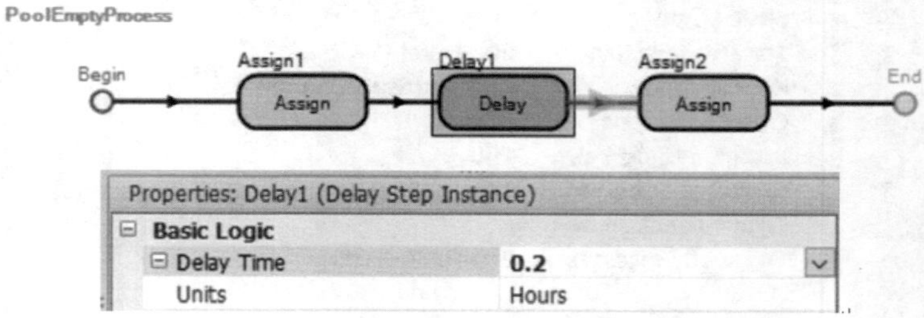

图 15-12　Delay1 的属性

在 Assign2 步骤中将 PoolLevel. Rate 设成最大值 100，允许蓄水池开始注水，如图15-13 所示。

(7) 当蓄水池被加到最高点时调用 PoolFullProcess。一旦到达最高位，停止注水，强制性地延迟一段时间，然后才允许消耗水量，如图 15-14 所示。

在 Assign3 步骤中设定 PoolLevel. Rate 为 0.0，还需要设定 Pool. Size. Height 为 10。单击 Assignments(More)按钮 ，添加第二个设置，如图 15-15 所示。

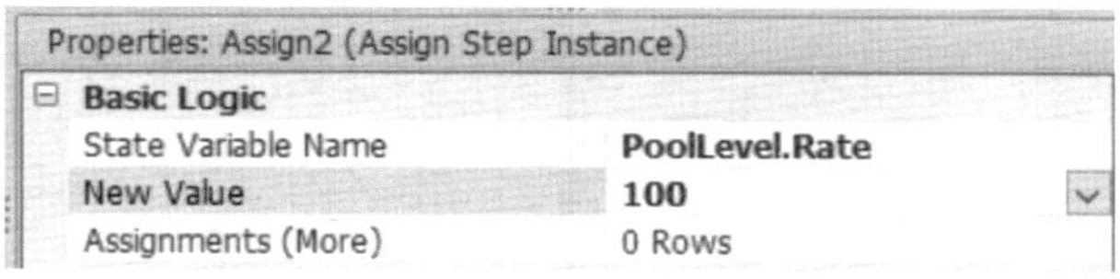

图 15-13　Assgin2 的属性

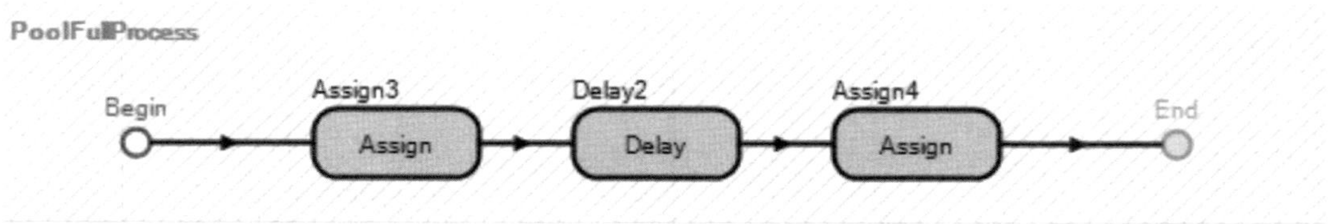

图 15-14　PoolFullProcess 的过程触发器

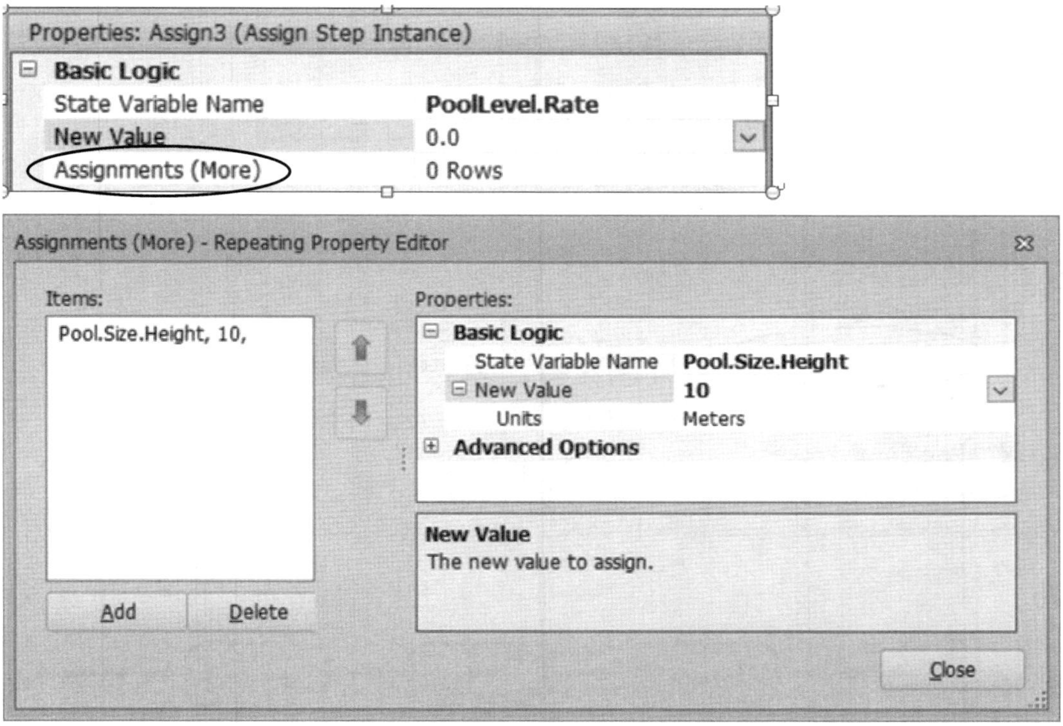

图 15-15　Assign3 的属性

在 Delay2 步骤中设置延迟时间为 0.1 h，表示蓄水池在开始清空前，有一个 0.1 h 的延迟，Delay2 的属性如图 15-16 所示。

在 Assign4 步骤中将变化率设成负数，允许蓄水池慢慢清空，设定 PoolLevel. Rate 为 −200，如图 15-17 所示。

(8) 最终，我们要注意蓄水池高度变化的动画效果。我们在模型的 OnRunInitialized 过程中定义，会在仿真开始运行时就初始化。在 Process 选项卡中的 Select Process 的下拉列表里选择 OnRunInitialized 过程，这个流程将会执行 PoolEmptyProcess 过程，初始化蓄水池以准备注水，如图 15-18 所示。

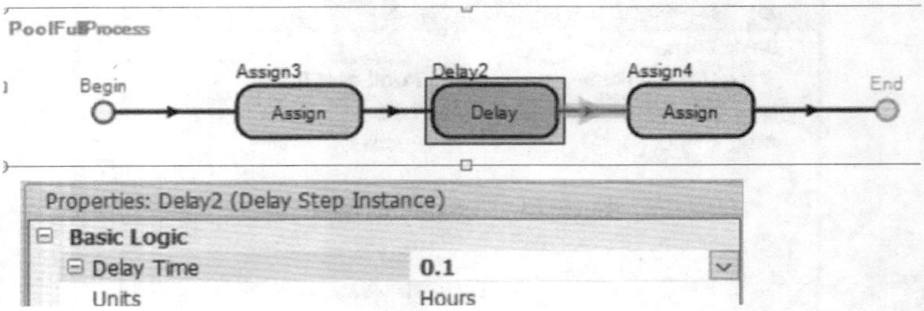

图 15-16　Delay 的属性

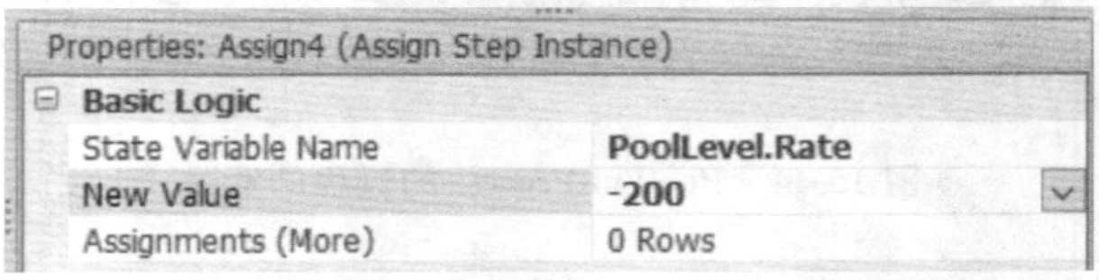

图 15-17　Assgin4 的属性

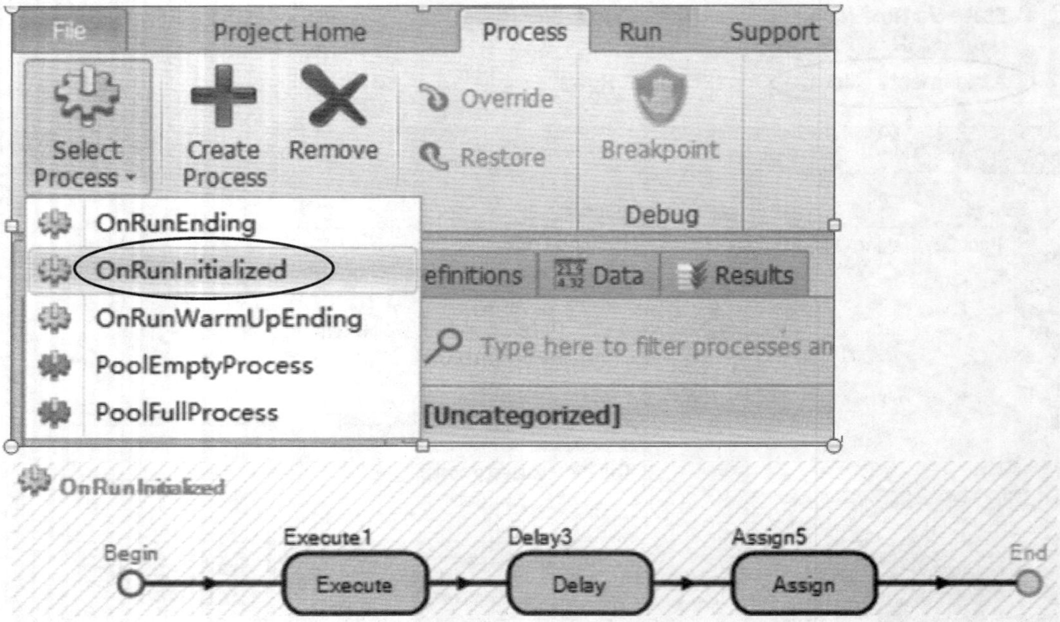

图 15-18　创建 OnRunInitialized 过程

选择 Execute1，在其属性中添加 PoolEmptyProcess 过程，如图 15-19 所示。

再选择 Delay3，设置延迟时间为 1 min，如图 15-20 所示。

在 Assign5 步骤中，设置蓄水池的高度 Pool. Size. Height 为 PoolLevel/10，表示蓄水池的水量每分钟下降十分之一，如图 15-21 所示。

系统每分钟更新水位的高度，这实现了注水和清空的动画过程，我们抓住过程的 End 节点，拖曳到 Delay 步骤的前面，如图 15-22 所示。

(9) 如图 15-23 所示，为了让蓄水池的高度以动画形式显示，必须在 Pool 资源对象的 Animation 属性内将 Current Symbol Index 设成 0，OnRunInitialized 过程是唯一能够改变

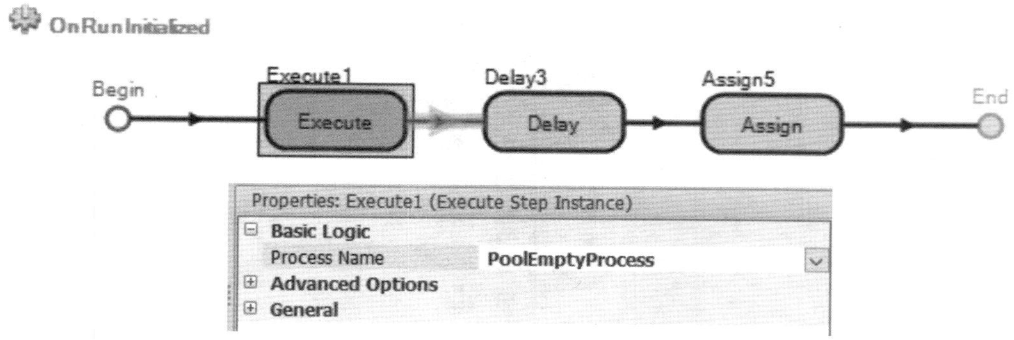

图 15-19 Execute1 的属性

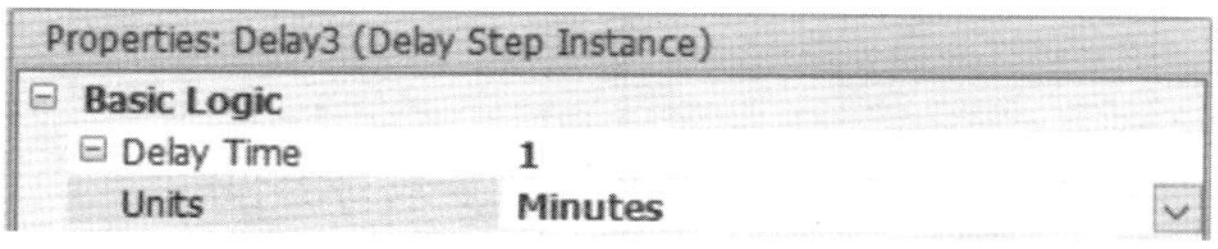

图 15-20 延迟时间的设置

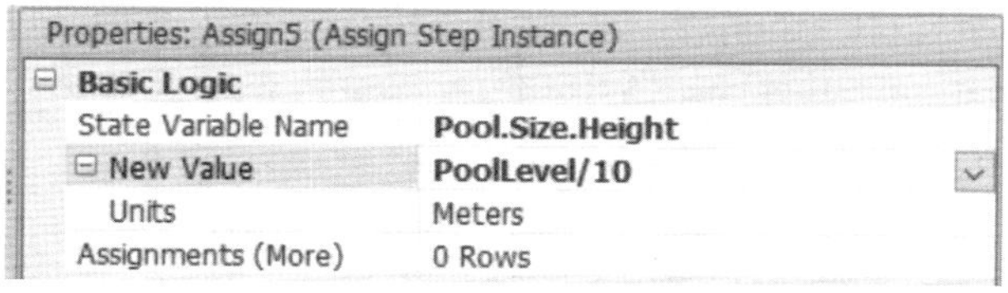

图 15-21 蓄水池高度的设置

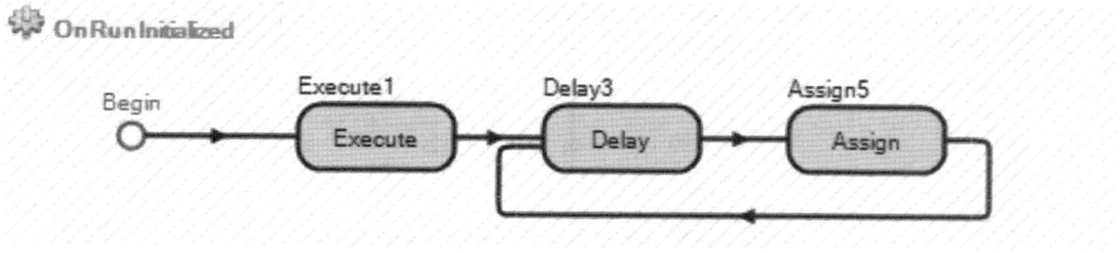

图 15-22 过程触发器的调整

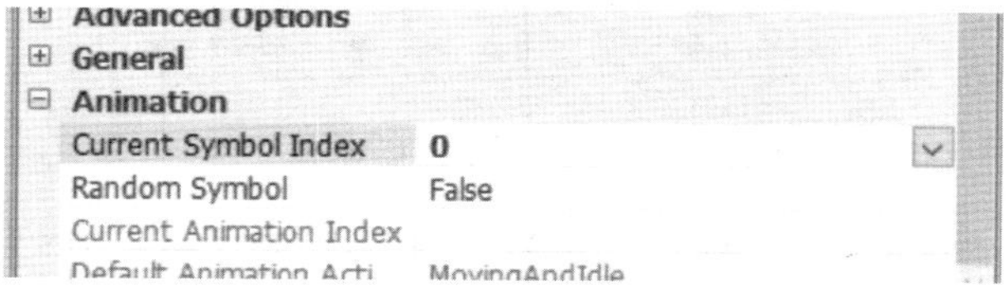

图 15-23 更改水池的动画属性

高度的位置。

回到运行界面,单击"运行"按钮以运行模型,将运行速度调整为原速度的 50 倍,若模型不能正常运行,请停止运行并检查前序步骤,结果如图 15-24 所示。

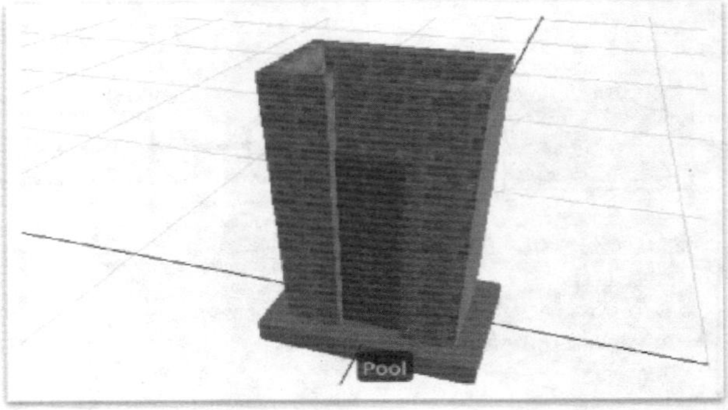

图 15-24 运行结果

15.2 添加标签和动画

(1) 让动画更加完美，在 Animation 菜单栏下添加 3 个状态标签（Status Label）和 3 个对应的地面标签（Floating Label），如图 15-25 所示。状态标签的 Expression 分别为 Pool Rate、Pool Level 和 Pool. Height，结果如图 15-26 所示。

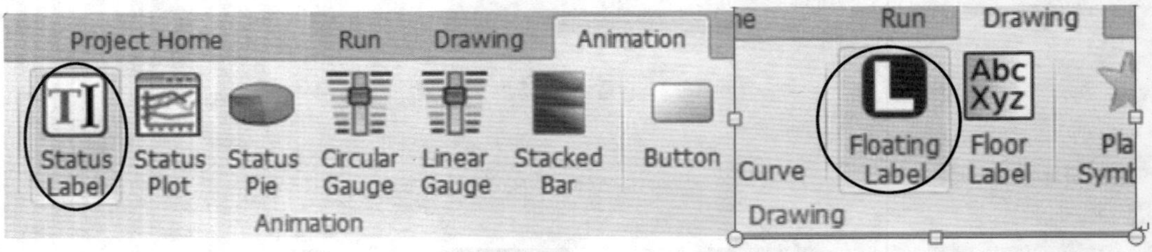

图 15-25 添加状态标签

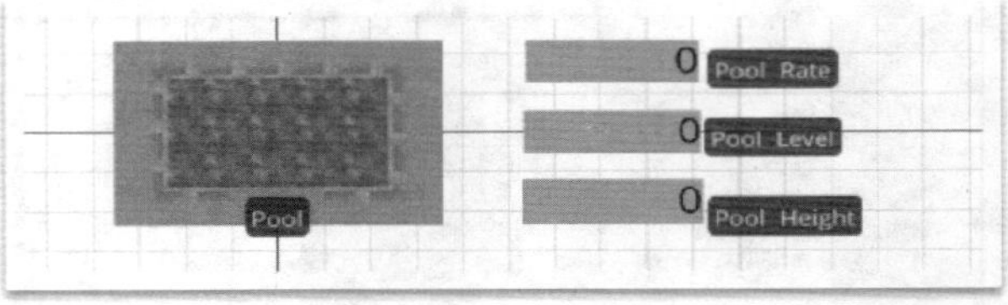

图 15-26 状态标签

(2) 然后，增加一个绘图工具（Status Plot），用于表示 PoolLevel 和时间，如图 15-27 所示。

(3) 使用一个环状的仪表（Circular Gauge）。添加了仪表盘后，在它的刻度部分，设定 Minimum 为 0，Maximum 为 100，Ticks 为 11。仪表的 Expression 属性指定为水平状态变量 PoolLevel，也可用同样的方法添加垂直温度表（Linear Gauge），如图 15-28 所示。

(4) 保存并运行模型，观察状态标签和绘图。切换到 3D 环境，观察蓄水池高度的升降，最终结果如图 15-29 所示。

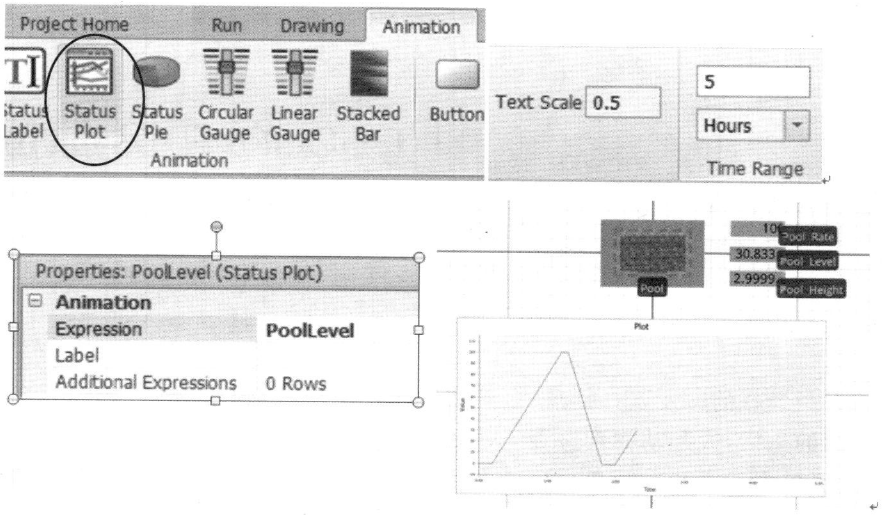

图 15-27　添加并设置 Status Plot

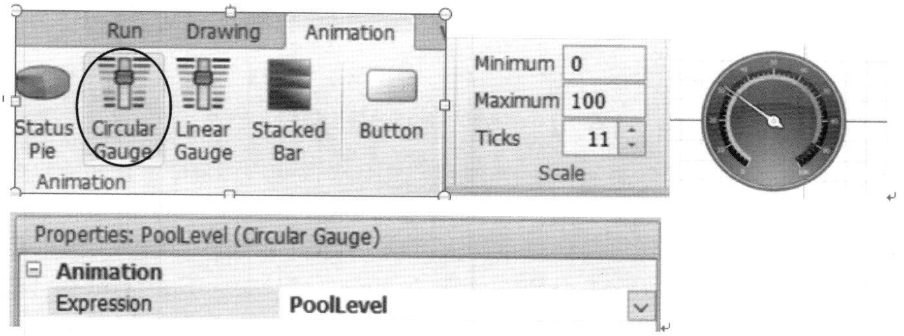

图 15-28　添加并设置 Circular Gauge

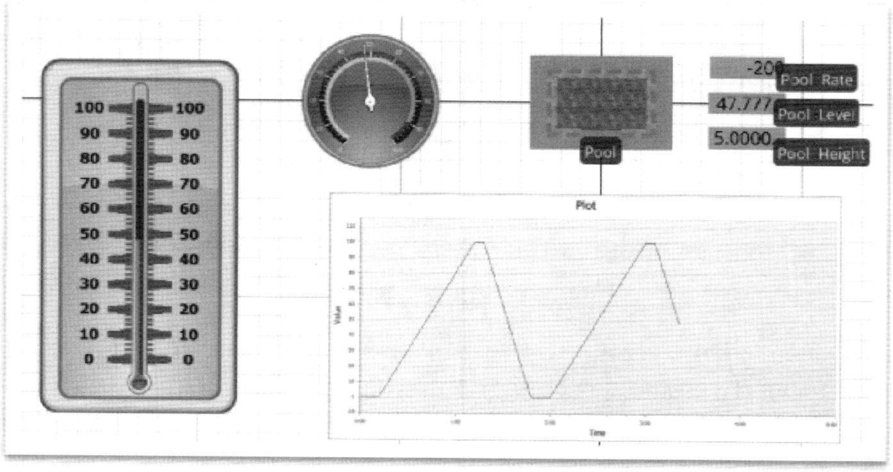

图 15-29　运行结果数据图

第16章 Resource资源应用（动物医院模型）

动物是人类最好的朋友，生活中很多动物的存在为人们的生活增添了乐趣，越来越多的动物贴近人们的生活，人和动物都避免不了病害的影响。动物医院可以帮助动物减少伤病带来的困扰，医院中的资源也需要合理的利用才能为人和动物提供最大的效益和保障。设定模型是一个小型的动物医院，有四个动物医生，分别叫 Aimy、Beity、Canry 和 Dancy。此处对医院进行模拟仿真实验，其目的是为了更好地合理使用医院的资源，有助于医院的合理规划。

16.1 建模步骤

（1）创建一个新的固定模型，选择菜单栏上方的 Project Home→New Model 选项，在左边固定功能区中拖曳 1 个 Source、1 个 Server、1 个 Sink、1 个 ModelEntity 和 1 个 Resource，分别命名为 Entrance、Diagnosis、Exit、Patients 和 Aimy，使用 Path 连接，如图16-1所示。

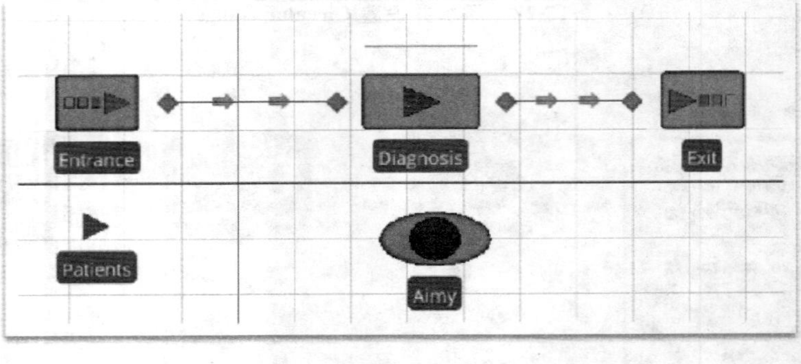

图 16-1 动物医院基本模型

单击第一条路线 Path1，按住 Ctrl 键再次单击第二条路线 Path2，同时设置两条路线的属性。先将 Drawn To Scale 属性修改为 False，再设置 Logical Length 为 30，Units 为 Meters，如图 16-2 所示。

（2）设置病员开始进入动物医院的间隔分布时间服从指数分布，时间为 6.5 min，Entrance 的 Entity Arrival Logic 属性如图 16-3 所示。

设置为每个病员诊断服务时间服从三角分布，最短时间为 10 min，平均时间为 15 min，

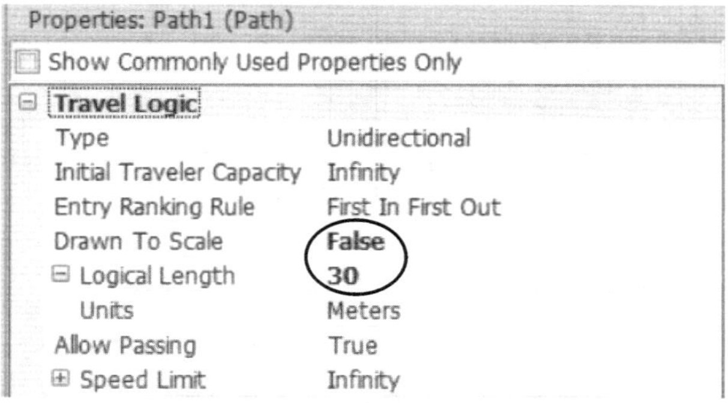

图 16-2　路径设置

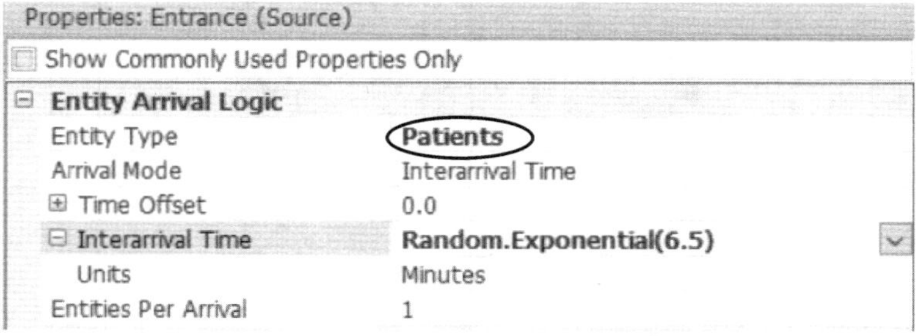

图 16-3　入院时间的属性

最长时间为 30 min,Diagnosis 的 Process Logic 属性如图 16-4 所示。

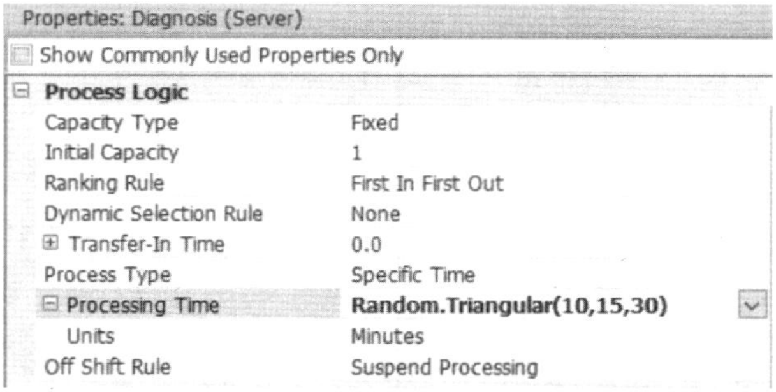

图 16-4　诊断服务时间的属性

(3) 由于 Resource 和 Server 有同样的稳定逻辑,在发生故障过程中设置宠物店的紧急电话,单击 Aimy 以设置 Reliability Logic 属性,设置 Failure Type 为 Calendar Time Based,Uptime Between Failures 服从指数分布,均值为 6 h,Time To Repair 的表达式为 Random.Pert(40,55,60),其 Units 为 Minutes,如图 16-5 所示。

(4) 给 Resource 设定多种颜色以便于观察。利用 Additional Symbols 功能区为 Resource 增加两个额外的图形,单击 Aimy,再单击 Additional Symbols 功能区中的 Remove Symbol,把多余的图形全部删除,再单击 Add Additional Symbol 以增加两个图形,如图 16-6 所示。

利用 Decoration 功能区的 Color 选项把 1 号图形的中心圆染成绿色(表示正常工作),把 2 号图形的中心圆染成红色(表示故障暂停工作),0 号图形的中心圆保持蓝色(表示空闲状态),如图 16-7 所示。

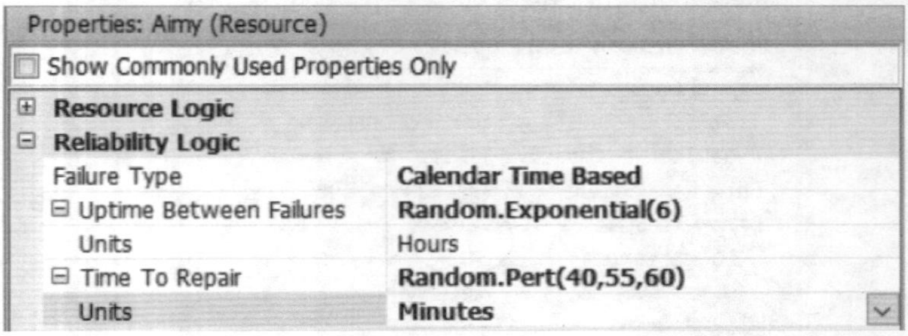

图 16-5　突发事件的预设时间

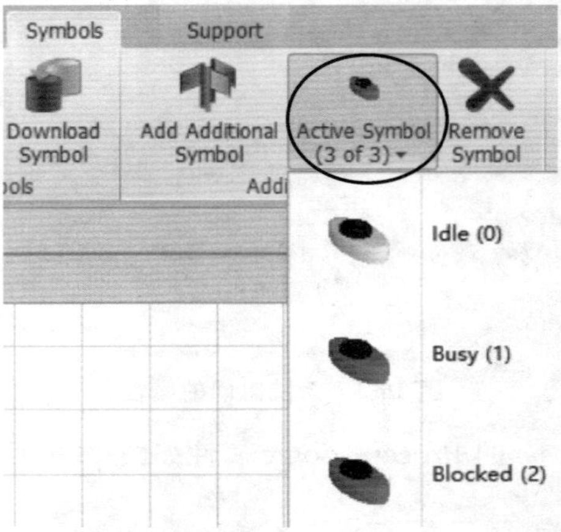

图 16-6　增加实体图形

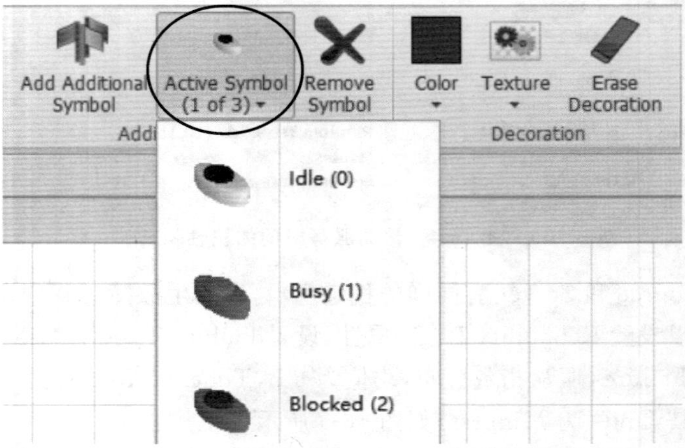

图 16-7　颜色观察实时动态

为了显示不同状态的不同颜色，需要改变 Resource 中的 Animation 属性。单击 Aimy，在其右边属性中找到 Animation 属性，单击下拉按钮，以改变 Current Symbol Index 的属性内容为

Math. If(Aimy. Failure. Active，2，Aimy. Capacity. Allocated>0)

如图 16-8 所示。

图 16-8　Animation 属性

(5) 单击 Aimy 同时按住 Ctrl+C 键，把 Aimy 资源实例复制三次，再按住 Ctrl+V 键以粘贴三个 Aimy，再将它们命名为 Beity、Canry 和 Dancy，表示医院中其他的三位医生。注意修改每一位医生的 Animation 中 Current Symbol Index 的属性内容分别对应每一位医生的名字，如 Beity 对应的属性改为

Math. If(Beity. Failure. Active，2，Beity. Capacity. Allocated>0)

依此类推，设置其他两位医生的属性，如图 16-9 所示。

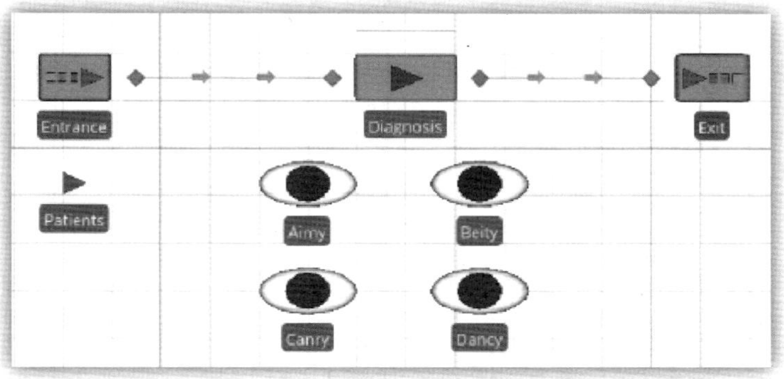

图 16-9　医生分布图

(6) 单击 Diagnosis 以修改服务器的接收能力为 Infinity，使得服务器的接收能力不会影响到整个系统，方便利用新建的资源对象成为约束要求，如图 16-10 所示。

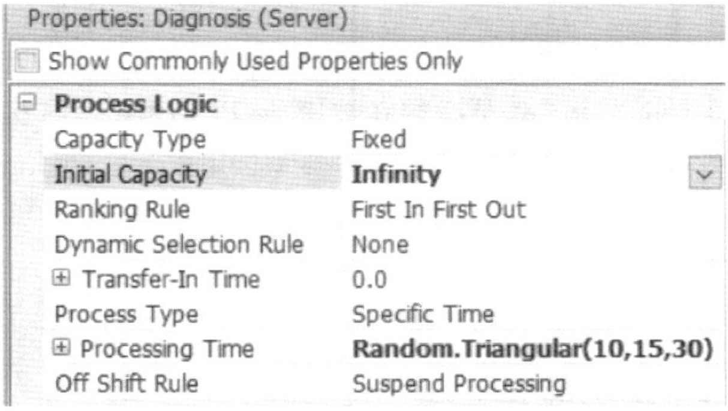

图 16-10　设置服务器的接收能力

(7) 我们可以选择其中的一个 Resource 对象进行仿真，但实际要求能够从医生中任意使用一个或几个，为此我们可以在 Definitions 视窗中创建新的列表对象，将其命名为 ListResource。单击 Definitions 视窗，单击左边功能区中的 Lists，再单击上方 Creat 菜单栏中的 Object 按钮，如图 16-11 所示。

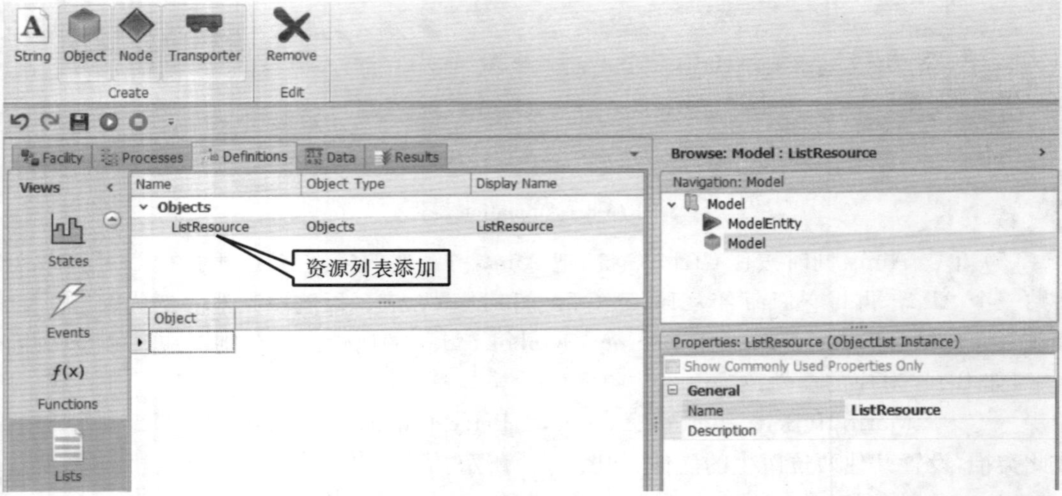

图 16-11　列表对象

在列表对象中添加 4 个资源对象，可以让病员从可用的医生中进行选择，如图 16-12 所示。

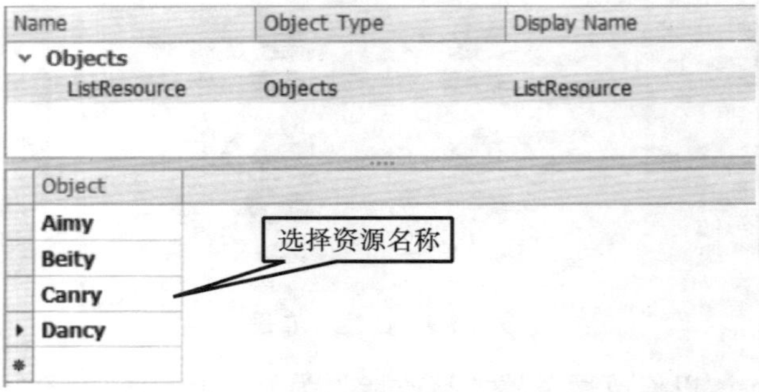

图 16-12　资源对象的设置

(8) 基础模型设定了固定的资源对象，病员需要请求可用的医生(Seize 逻辑功能)，当服务结束时，需要释放医生使得他能为下一个病员提供服务和帮助。这里使用到了 Server 对象中 12 个附加触发器中的 2 个。病员必须在被服务(Processing)前获得可用的资源，即在 Before Processing 触发器中。使用过程如下：回到 Facility 视窗，单击服务器 Diagnosis，在其右边属性中选择 Add-On Process Triggers，单击下拉按钮，双击 Before Processing 属性得到如图 16-13 所示。

图 16-13　逻辑添加

在逻辑编辑中选择 Seize 步骤，单击 Seize，将其拖曳到 Begin 和 End 两个节点之间，表示从开始到结束，在 General 字段中将其改名为 SeizeStaff，如图 16-14 所示。

图 16-14 Seize 逻辑属性

在 Basic Logic 字段中设置要获取的指定资源，在 Resource Seizes 属性中单击 ... 按钮，弹出编辑视窗，单击 Add 按钮以添加资源对象，允许病员在实体被服务前指定获取的多种资源。在此我们将字段 Object Type 设置为 FromList，指可以从资源表中选择任意资源；为字段 Object List Name 选择资源名称为 ListResource；为 Selection Condition 字段中设置为！Candidate. Resource. Failure. Active，表示不想选择失败的资源对象，其他选项默认，如图 16-15 所示。

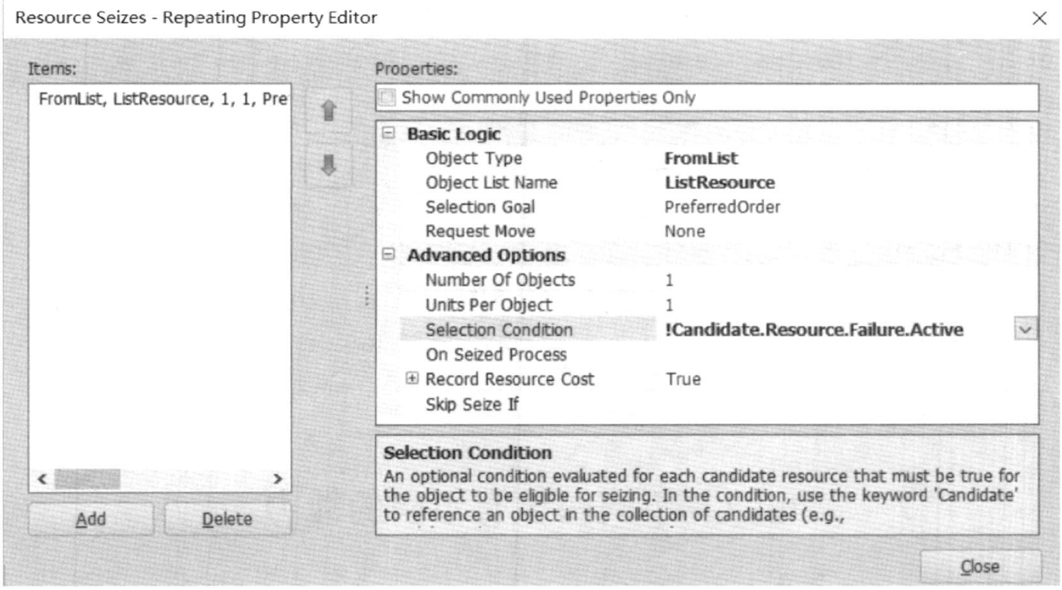

图 16-15 添加资源属性

(9) 病员现在可以获得医生的服务了，但是在医生的服务结束后，实体(病员)需要释放医生的服务资源，以便医生服务下一位病员。这个可以在两个过程触发器中设置，即 After Processing 或 Exited 触发器。在此我们插入 After Processing 逻辑过程。

单击服务器 Diagnosis，在其右边属性中选择 Add-On Process Triggers，单击下拉按钮，双击 After Processing 属性，在弹出的逻辑编辑中把 Release 步骤拖曳到 Begin 和 End 节点中间，更改步骤名字为 ReleaseStaff，如图 16-16 所示。

在 Resource Seizes 属性中单击 ... 按钮，弹出编辑视窗，单击 Add 按钮以添加资源对

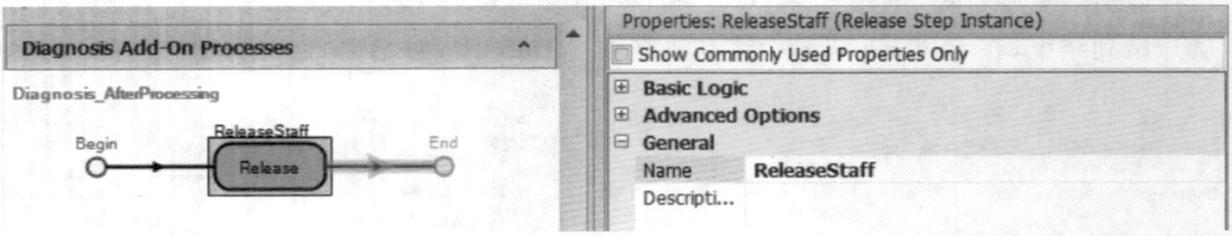

图 16-16　Release 逻辑属性

象，与 Seize 属性编辑类似，指定释放资源，Releases-Repeating Property Editor 允许我们根据资源来释放资源，逻辑编辑如图 16-17 所示。

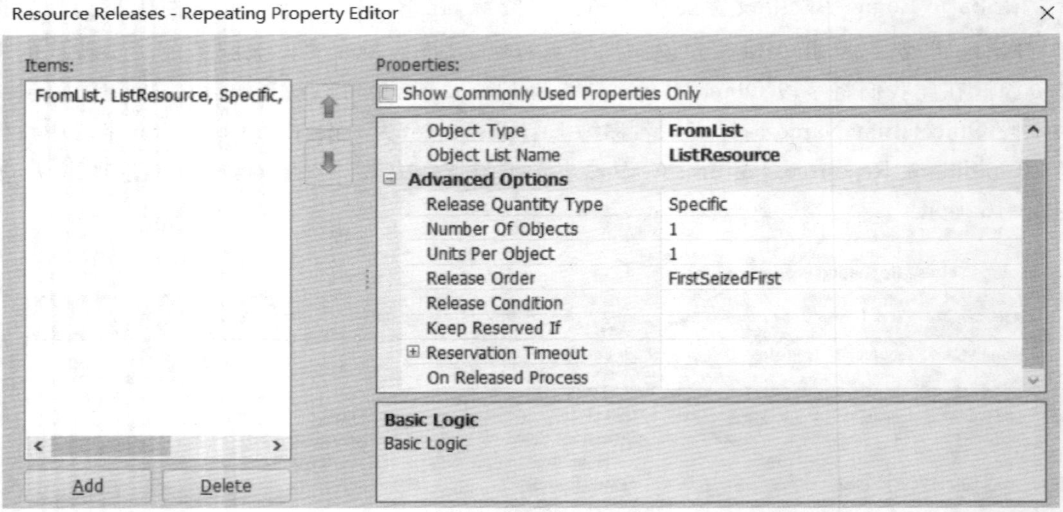

图 16-17　资源属性的释放

保存模型，单击 Fast-Forward 以快速运行模型，通过 Results 视窗查看模型是否正常，各项数据和利用率是否达到预期状态。

16.2　不同医生有不同的能力

16.1 节的模型中设定每一位医生都可以服务任意的病员，假设 Aimy 和 Dancy 具有治疗松鼠类的专业知识，Canry 具有治疗金鱼类的专业知识，Beity 也具有治疗金鱼类的知识，若 Canry 繁忙，则 Beity 能够帮忙做一些金鱼类的服务。马和牛由于体形较大不好控制，需要两个医生一起配合服务。猫和狗等小型动物可以由任意一位医生服务。

(1) 创建新的数据表，使用 3 列属性以表示动物的名字(其类型为 String)、动物类型(其类型为 Integer)和达到医院的时间比例(其类型为 Real)。

在 Data 视窗中，单击 Tables→Add Data Table 按钮以添加一个数据表，在其右边属性的 General 字段中改 Name 为 TableAnimals，如图 16-18 所示。

单击 Add Column 功能区 Standard Property 的下拉按钮，在其中找到并按顺序添加

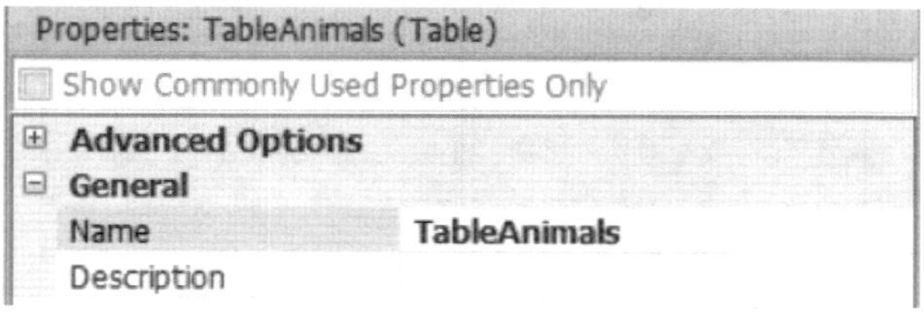

图 16-18　创建数据表

String、Integer 和 Real,如图 16-19 所示。这三个列表分别命名为 Animal(名称),Type(动物类型)和 PercentType(时间比例),各项数据的输入如图 16-20 所示。

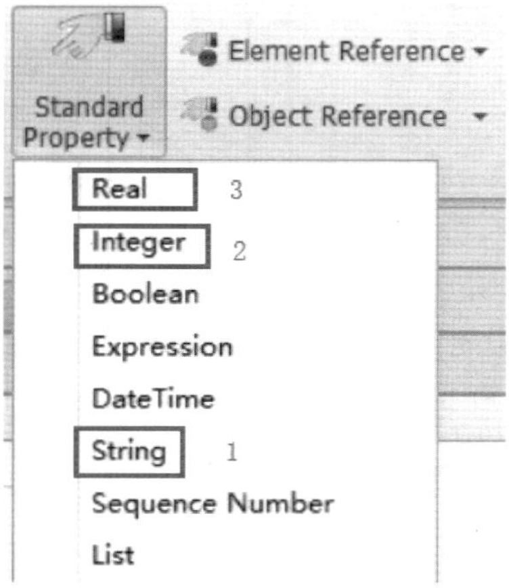

图 16-19　选择数据表类型

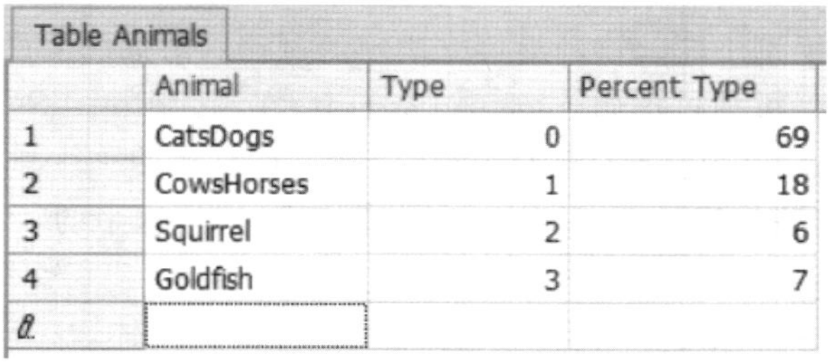
Table Animals

	Animal	Type	Percent Type
1	CatsDogs	0	69
2	CowsHorses	1	18
3	Squirrel	2	6
4	Goldfish	3	7

图 16-20　填充数据表

(2) 创建 2 个新的对象列表,表示服务鸟类和蜥蜴类所需要特殊的专业技能,包含了能够为这两种类型动物服务的医生。

在 Definitions 视窗中,单击左边功能区中的 Lists 选项,再对上方 Create 功能区中的 Object 选项单击两次,以添加两个对象列表,如图 16-21 所示。

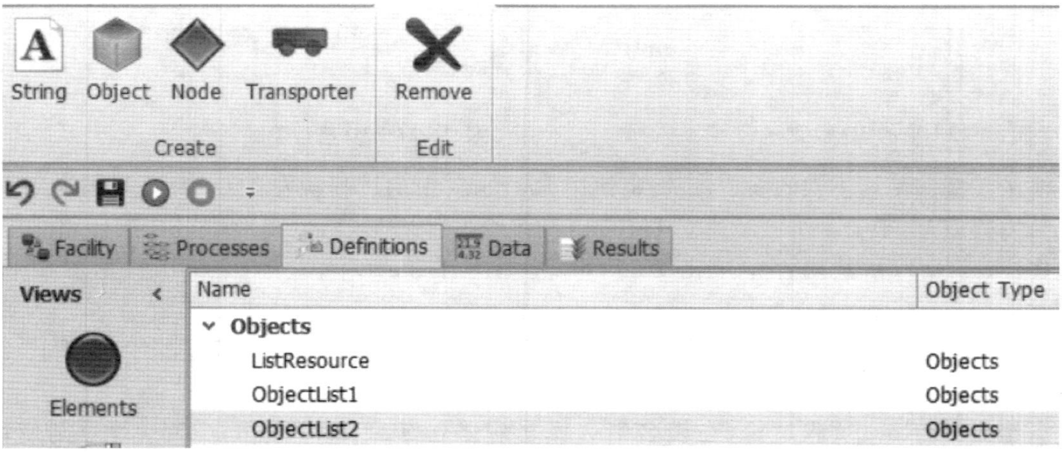

图 16-21　对象列表

模仿上一个资源列表 ListResources 设置，包含了能够提供特殊医疗服务的医生，如图 16-22 所示。

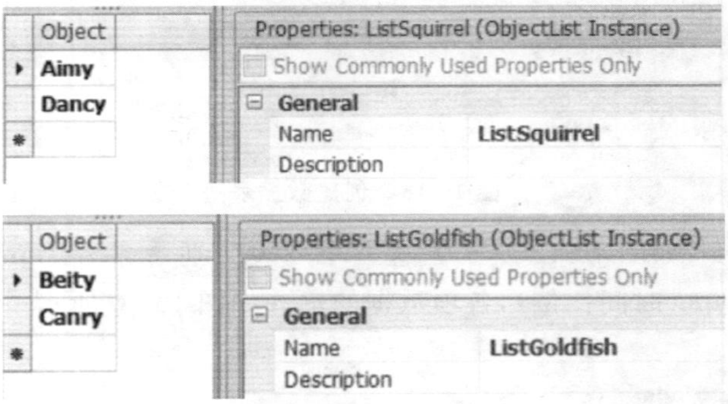

图 16-22　列表对应

（3）回到 Facility 视窗，选中 Patients，在上方 Additional Symbols 功能区单击 Add Additional Symbols，为实体 Patients 添加 3 个额外的图形，分别使用不同的颜色或者图形来区别不同动物种类接受治疗的过程。添加的图形可以从 3D 仓库下载。

添加过程如下：选中 Patients，在 Additional Symbols 功能区选择 0 号实体，单击 Project Symbols 功能区的 Download Symbol，在搜索中输入猫或者狗的英文名字，单击“下载”图标，调整视觉角度即可。注意图形必须是水平的，不是垂直的，否则观测不到图形带来的视觉效果，如图 16-23 所示。

再次选中 Patients，另外的 1、2、3 号实体，与上一步骤相似，在 3D 仓库中下载相对应的图形进行更换即可，图形的大小和颜色可以在下载后对其进行调整，如图 16-24 所示。注意 0 号实体对应猫狗类，1 号实体对应马牛类，2 号实体对应松鼠类，3 号实体对应金鱼类。

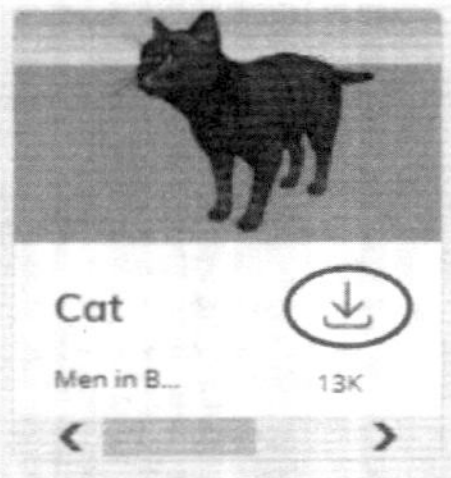

图 16-23　猫的 3D 模型

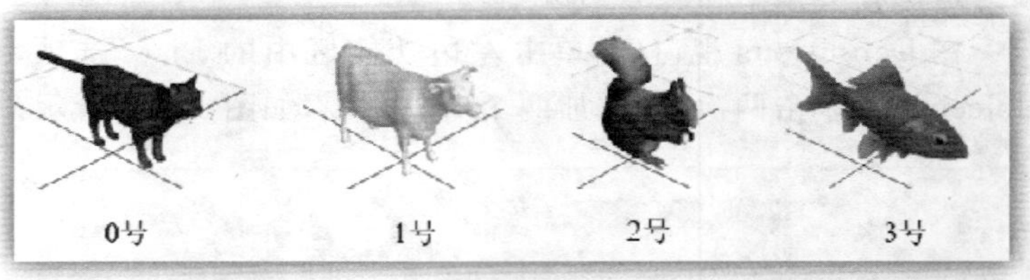

图 16-24　3D 模型下载

为了能够使用下载的模型，下面将使用 Entrance 中的过程触发器 Created Entity，在插入触发器后，由于上一步已经建立 Patients 的多个实体图形，所以图形可以被执行和使用。选中 Entrance，在其属性中单击 Add-On Process Triggers→Created Entity，如图 16-25 所示。

在 Processes 视窗中编辑过程逻辑，把 SetRow 和 Assign 步骤添加至逻辑中，如图16-26 所示。

编辑 SetRow 过程逻辑，在表名中选择之前建立好的 TableAnimals 表，行号则使用 RandomRow 规则来指定某个特定的行内容，如图 16-27 所示。

编辑 Assign 过程逻辑，将 TableAnimals 表中动物的类型设置为同一列，把相关的动物

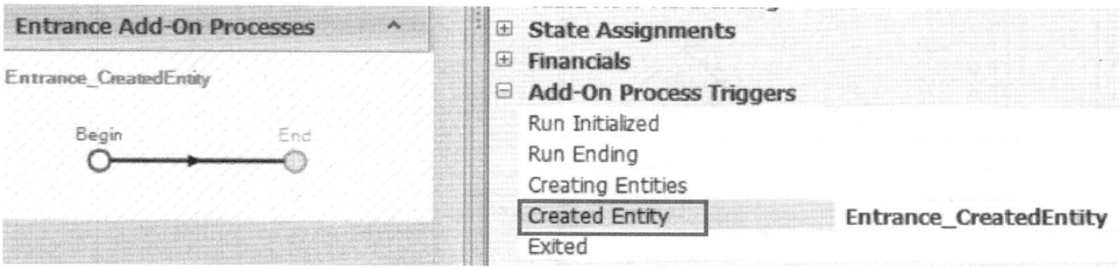

图 16-25 创建实体触发器

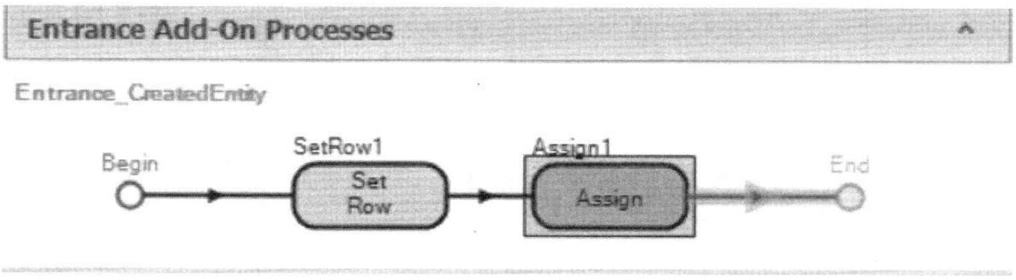

图 16-26 添加逻辑步骤

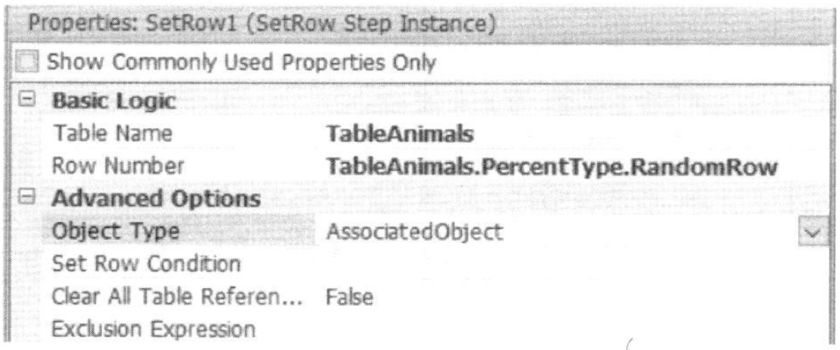

图 16-27 SetRow 过程逻辑

信息按照表中的顺序用 Type 指定图形，即可在模型中观察到不同动物进入医院的不同过程，填充内容如图 16-28 所示。

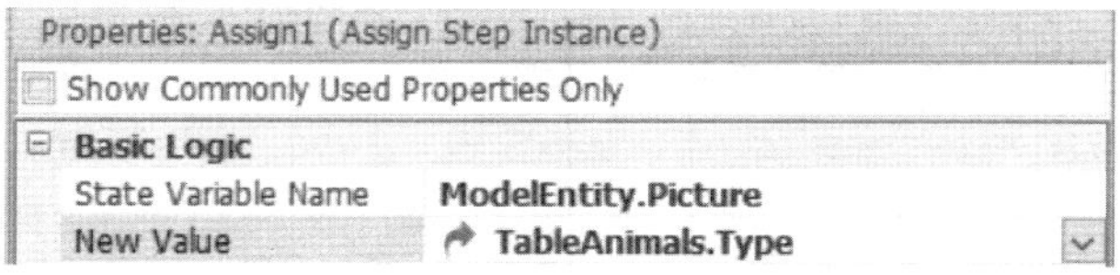

图 16-28 Assign 过程逻辑

保存模型，运行查看模型是否有误，观察是否有不同动物的图形在医疗过程中出现。如果看不见，那么可以适当调整图形的大小，以便观察。

(4) 具有不同专业知识技能的医生可以治疗不同种类的动物，目前医生治疗服务资源都可以被所有动物使用，为此需要修改资源获取和释放的触发器，完成医生资源特殊需求。前面提到了 Aimy 和 Dancy 有治疗松鼠类的知识，并且两位医生都在 ListSquirrel 列表中。Beity 和 Canry 都有治疗金鱼类的知识，两名医生也都在 ListGoldfish 列表中。对于其他的动物，这四名医生都有基本的治疗能力。为此可以引用 Decide 逻辑过程步骤来实现特殊资源的分布和使用限制，Decide 逻辑过程步骤具有 If/Else 判断功能，由两个分支来判断资源输入下一步骤的那个过程，如图 16-29 所示。

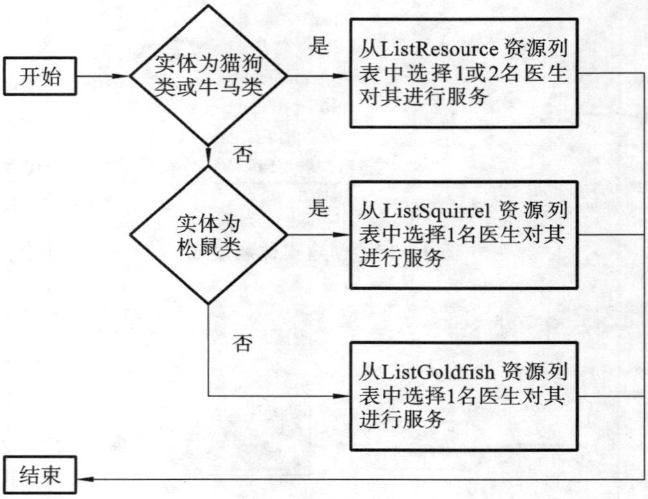

图 16-29　判断分布资源

回到 Processes 视窗，选择 Diagnosis-Before Processing 过程逻辑，把 Decide 步骤拉入过程逻辑中，如图 16-30 所示。

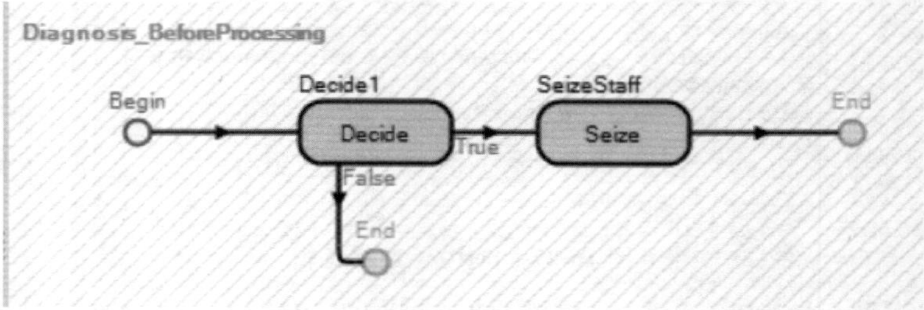

图 16-30　添加 Decide 步骤

修改 Decide 步骤的属性，第一个 Decide 步骤判断病员是否属于猫狗类或牛马类。若是，则使用 ListResource 资源列表中的医生资源，通过 0 和 1 来判断动物的类型，指定的信息填充如图 16-31 所示。

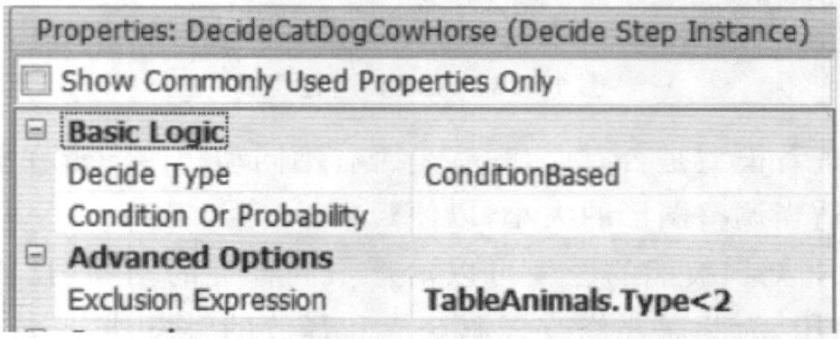

图 16-31　指定资源的获取

对 Decide 和 Seize 进行复制、粘贴，重新命名各个步骤，如图 16-32 所示。

在 DecideSquirrel 步骤中修改属性，如图 16-33 所示。

第二个 Seize 和第三个 Seize 对应的资源分别抓取松鼠类和金鱼类的资源。

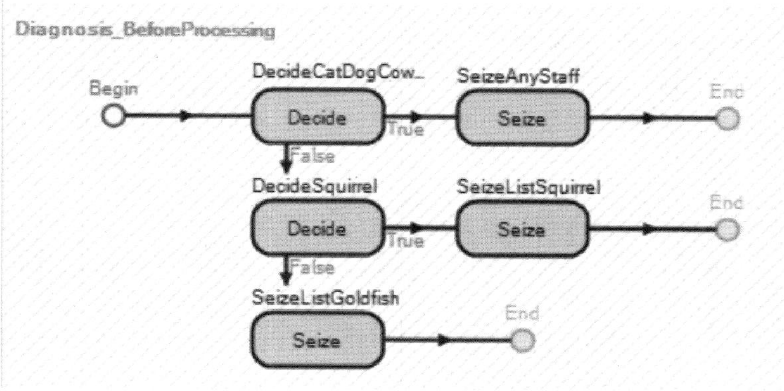

图 16-32 整体的过程逻辑

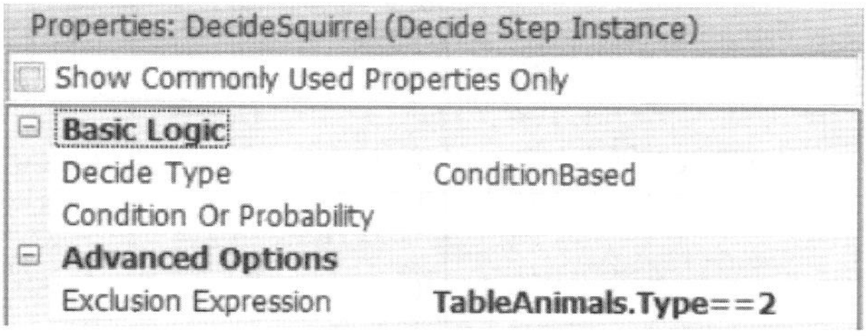

图 16-33 判断松鼠类的服务资源

设置 SeizeListSquirrel 中 Resource Seizes 的属性，如图 16-34 所示，另一个步骤 SeizeListGoldfish 只需修改资源列表来源对应的名字即可。

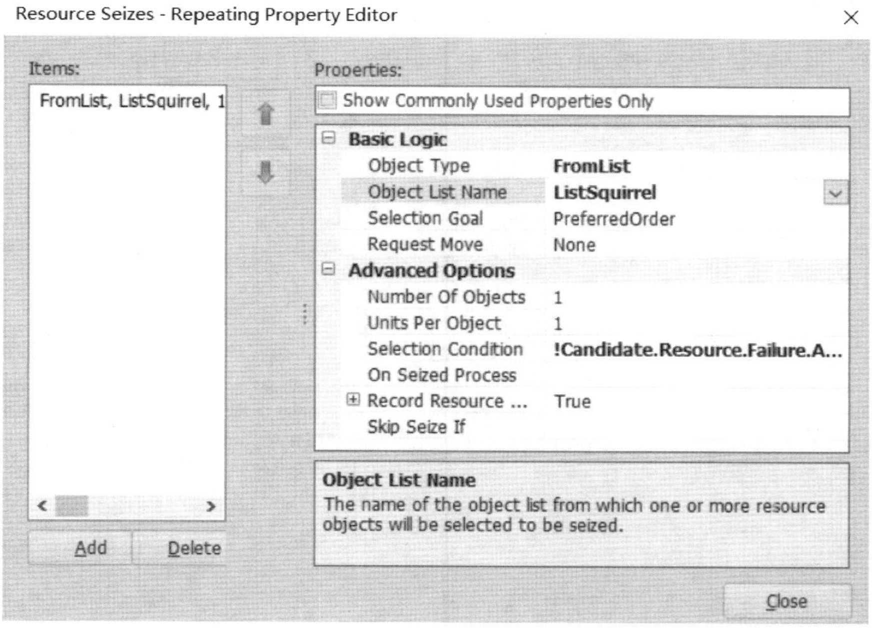

图 16-34 获取资源的途径

由于第一个 Seize 步骤能够获取医生的所有资源，但是对于大型动物（如牛马类）需要两位医生同时为其治疗和服务，默认的只有一个资源对象即只有一位医生为其服务，为此要修改资源的利用。由于猫狗类的 Type 为 0，牛马类的 Type 为 1，可以为其资源增加一个服务资源，获得一个或两个医生的资源对其进行服务。修改 SeizeAnyStaff 中 Resource Seizes 的属性，如图 16-35 所示。

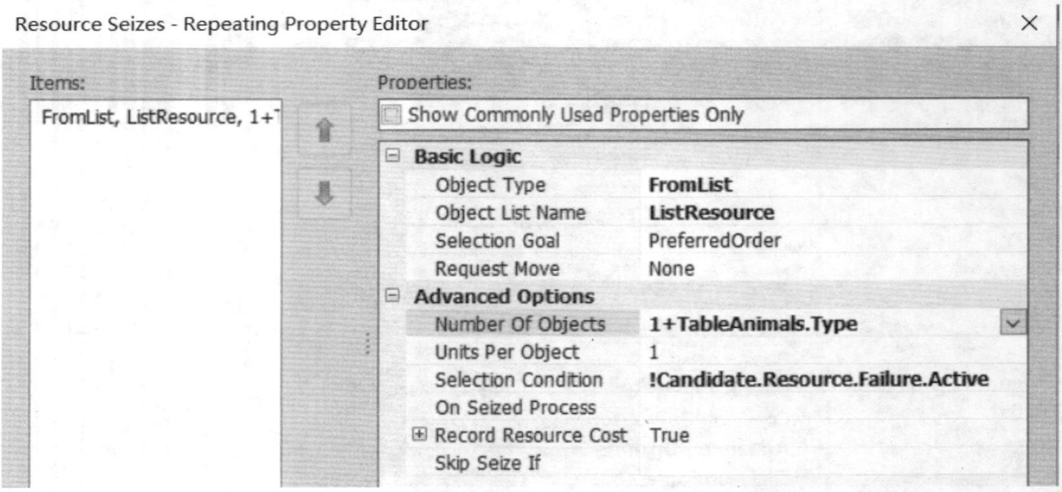

图 16-35　增加资源获取的数量

保存并运行模型。回到 Results 视窗，查看模型中发生器、服务器和接受器等发生的资源变化，如图 16-36 所示。

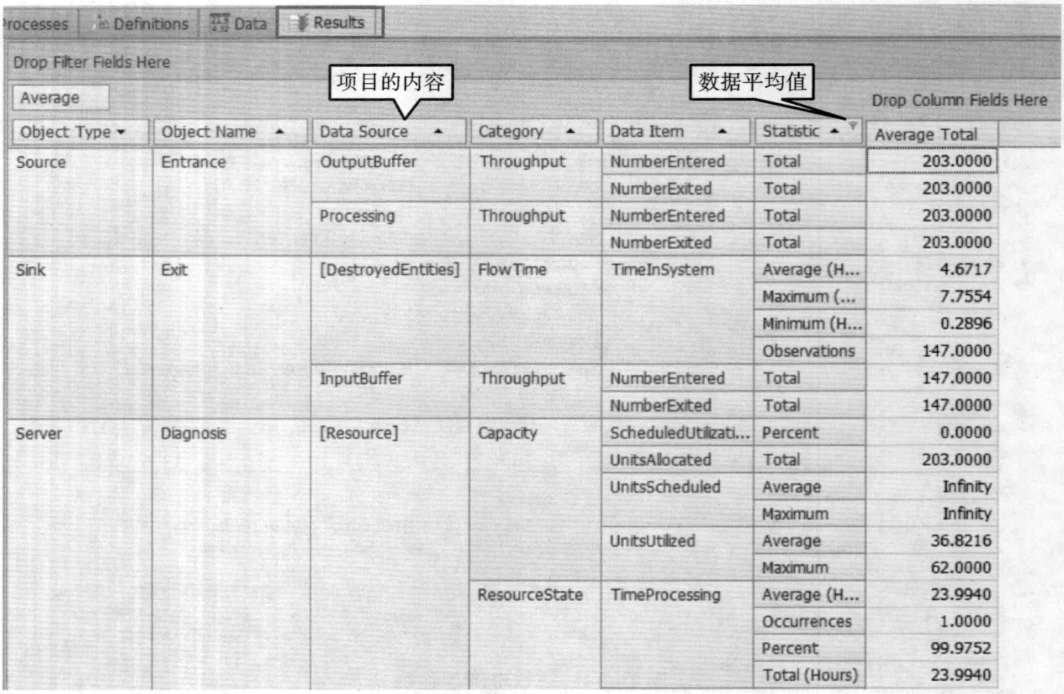

Object Type	Object Name	Data Source	Category	Data Item	Statistic	Average Total
Source	Entrance	OutputBuffer	Throughput	NumberEntered	Total	203.0000
				NumberExited	Total	203.0000
		Processing	Throughput	NumberEntered	Total	203.0000
				NumberExited	Total	203.0000
Sink	Exit	[DestroyedEntities]	FlowTime	TimeInSystem	Average (H...	4.6717
					Maximum (...	7.7554
					Minimum (H...	0.2896
					Observations	147.0000
		InputBuffer	Throughput	NumberEntered	Total	147.0000
				NumberExited	Total	147.0000
Server	Diagnosis	[Resource]	Capacity	ScheduledUtilizati...	Percent	0.0000
				UnitsAllocated	Total	203.0000
				UnitsScheduled	Average	Infinity
					Maximum	Infinity
				UnitsUtilized	Average	36.8216
					Maximum	62.0000
			ResourceState	TimeProcessing	Average (H...	23.9940
					Occurrences	1.0000
					Percent	99.9752
					Total (Hours)	23.9940

图 16-36　数据结果分析

第17章 触发器过程应用（面试流程模型）

公司为了未来的发展，特意向各个高校应届毕业生进行人才招聘，招聘过程中会有初始面试和专业面试两个流程。只有通过了初始面试才有机会进行专业面试，初始面试官只有人力资源部门人员（1号面试官），专业面试需要人力资源部门人员（1号面试官）和专业部门的人员（2号面试官）一同面试，为此人力部门的人员需要跟随二轮面试者一起到达指定地点进行专业面试。面试流程如图17-1所示。

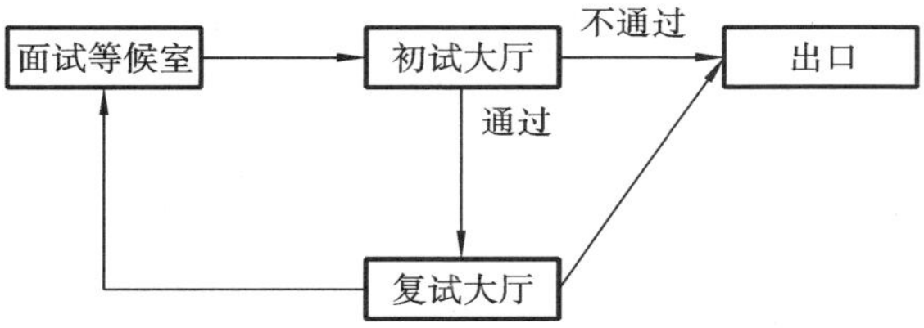

图17-1　面试流程图

由于1号面试官需要跟随毕业生一起进入两个面试地点，因此需要可移动载体作为1号面试官的模型资源对象。本章可采用Worker作为1号面试官，相当于运输机。

17.1 建模步骤

（1）打开Simio以建立一个新的模型，从左边功能区Standard Library拖曳1个Source、1个Server和1个Sink，分别命名为IWRoom（面试等候室）、PIHall（初试大厅）和Exit（出口），利用Path分别连接各路线，初始模型如图17-2所示。

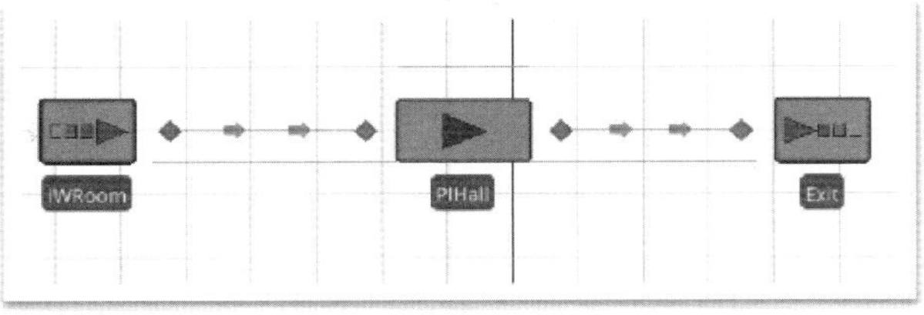

图17-2　初始模型

按住 Ctrl 键同时选中两条路线，设置 Drawn To Scale 属性为 False，路线的长度都为 30 m，以下路线长度的设置参照此步骤，如图 17-3 所示。

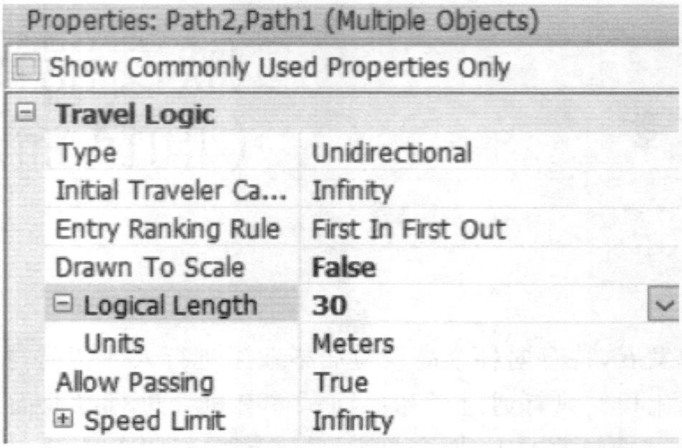

图 17-3　路线长度

(2) 设置 IWRoom 中毕业生到达时间服从均值 5 min 的指数分布，PIHall 初试时间服从三角分布，最短时间为 5 min，平均时间为 10 min，最长时间为 15 min。设置服务时间，如图 17-4 所示。

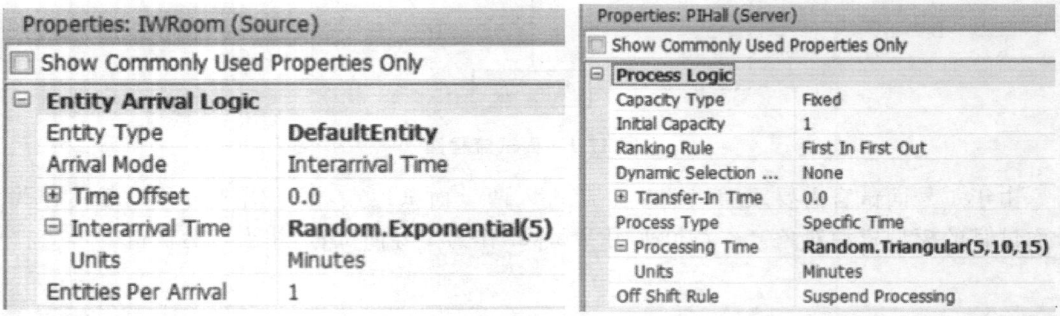

图 17-4　服务时间

在模型中拖曳 1 个 ModelEntity 和 1 个 Worker，分别命名为 Graduate 和 Interviewer，两者的步行速度都为 1 m/s，如图 17-5 所示。

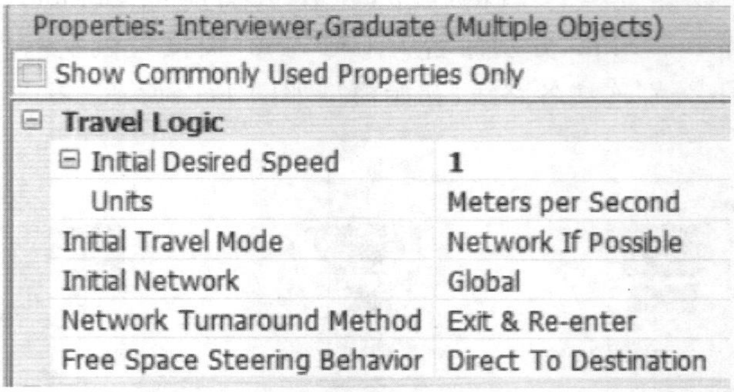

图 17-5　步行速度

改变或增加 Graduate 和 Interviewer 的形状。为 Graduate 添加 5 个额外的 Symbol,改变每一个 Symbol 的形状为身着不同服装的人形,尽可能符合现实运行方式。

选择 Graduate,选择 Additional Symbols 功能区的 Add Additional Symbols,再选择 5 次,即可得到 6 个形状,如图 17-6 所示。

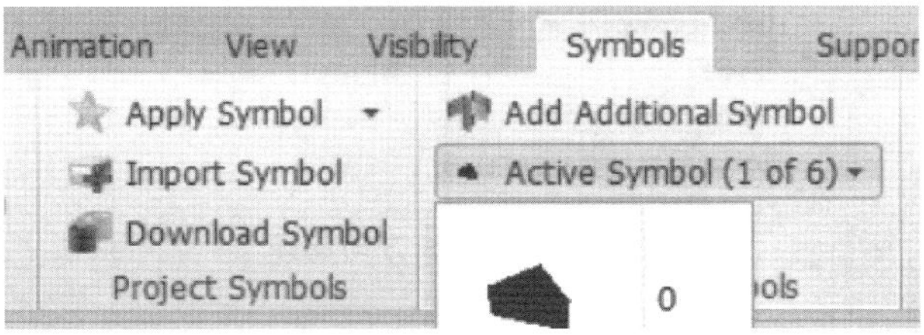

图 17-6　添加 Symbol

选择 0 号 Symbol,选择 Project Symbol 功能区中的 Apply Symbol,选择任意一个图形为人形的图案,其他 5 个 Symbol 按此修改不同着装的人形,如图 17-7 所示。

选择 Graduate,修改其右边属性 Animation 中的 Random Symbol 为 True,如图 17-8 所示。

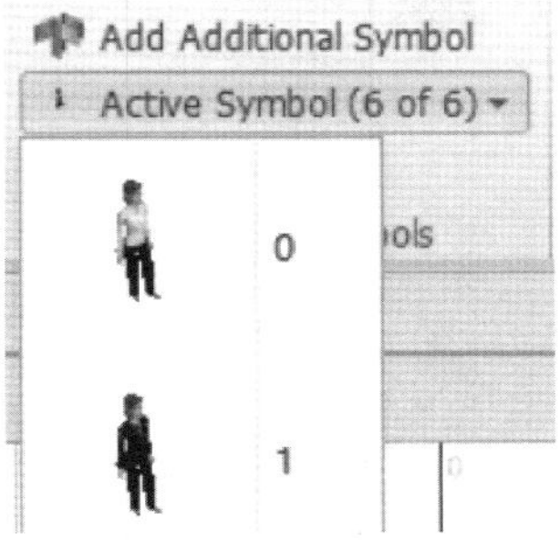

图 17-7　改变 Symbol 样式

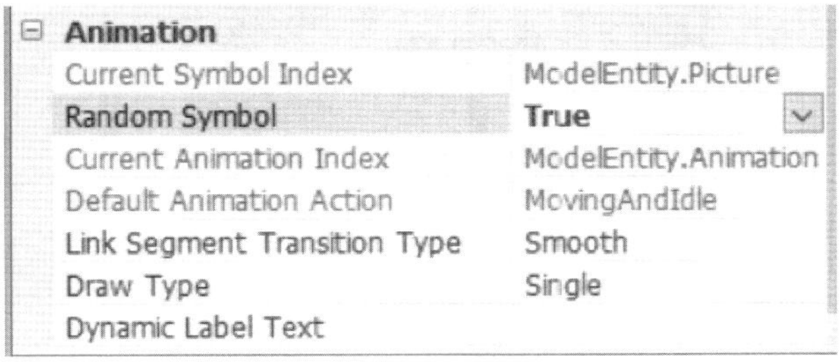

图 17-8　释放实体形状

选择 Interviewer,直接利用 Apply Symbol 更改面试官成为任意人形,最后的把 Graduate 和 Interviewer 拖曳到一侧放置。设置其属性 Routing Logic 中的 Initial Node (Home)为面试等候室的输出节点 Ouput@IWRoom,如图 17-9 所示。

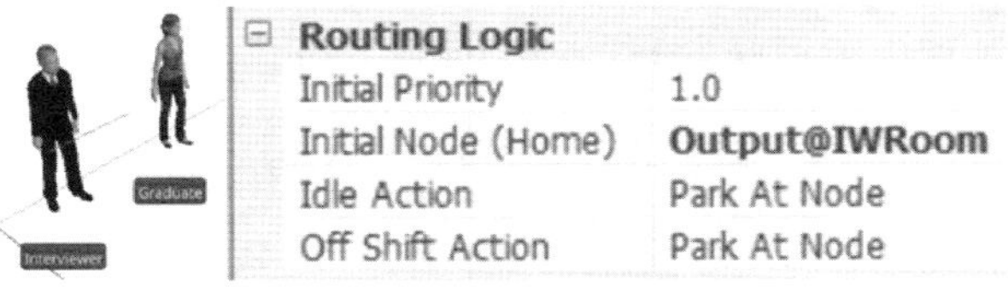

图 17-9　图形放置

(3) 面试官从面试等候室带着毕业生一起进入初试大厅,然后开始面试。为显示面试官陪同毕业生进行面试,此处增加了一个转移节点(TranserNode)。设置部分路线为双向,使得面试官能够回到面试等候室以带着另一部分人进行面试。

将一个 TranserNode 拖曳到 PIHall 上方,命名为 IRoom,使用 Path 连接 PIHall 输入节点(Input@PIHall)至 IRoom 节点,再使用 Connector 连接 IRoom 节点至 PIHall 输出节点(Ouput@PIHall),选择两条路线 IWRoom 至 PIHall 输入节点和路线 PIHall 输入节点至

IRoom 节点，在其 Travel Logic 属性中的 Type 都设置为 Bidirectional，完成路线双向设置，如图 17-10 所示。

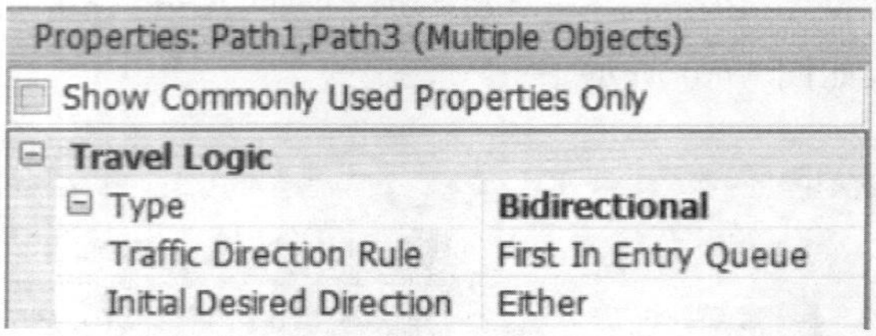

图 17-10　路线方向选择

连接模型如图 17-11 所示。

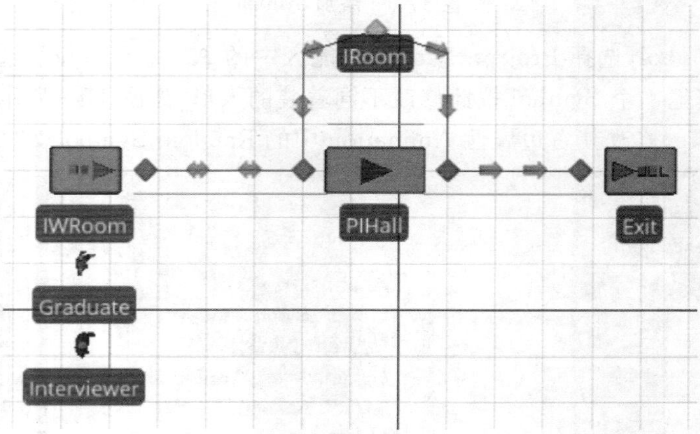

图 17-11　连接模型

17.2　触发器的逻辑使用

选择 PIHall，在其属性中双击 Add-On Process Triggers，双击 Before Processing 和 After Processing，添加两个附加触发器，如图 17-12 所示。

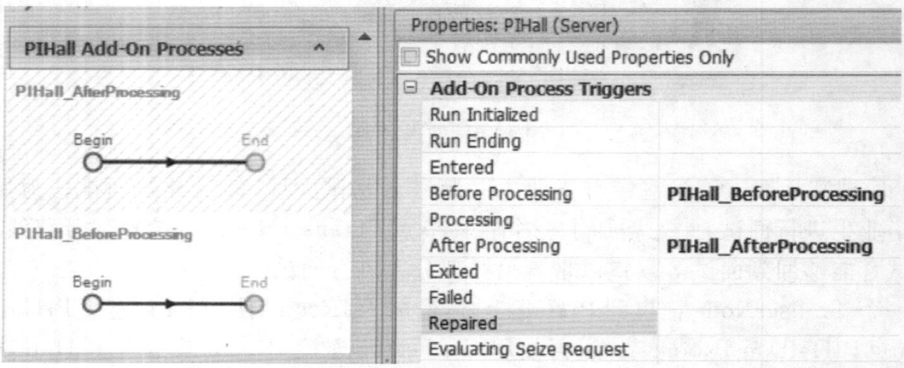

图 17-12　附加触发器

在 Before Processing 过程触发器中添加一个 Seize 步骤，用于获取面试官资源，在 After Processing 中添加一个 Release 步骤，用于释放面试官，使得面试官可以带着下一个毕业生进行面试，如图 17-13 所示。

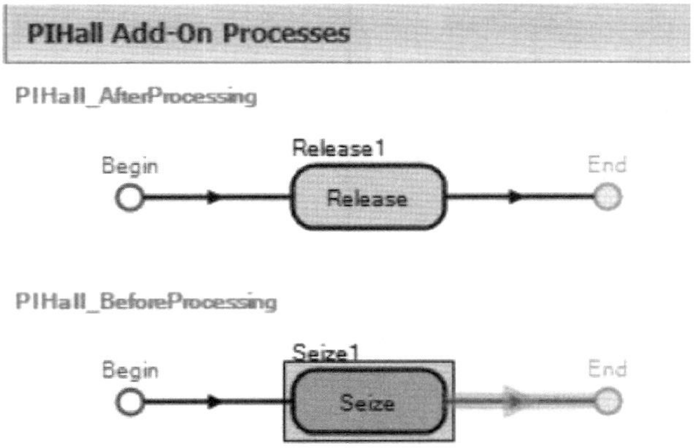

图 17-13　添加步骤

单击 Seize 步骤，单击 Basic Logic 属性中的 Resource Seizes 按钮 ，弹出项目对话框，单击 Add 按钮以添加一个项目，项目修改如图 17-14 所示。

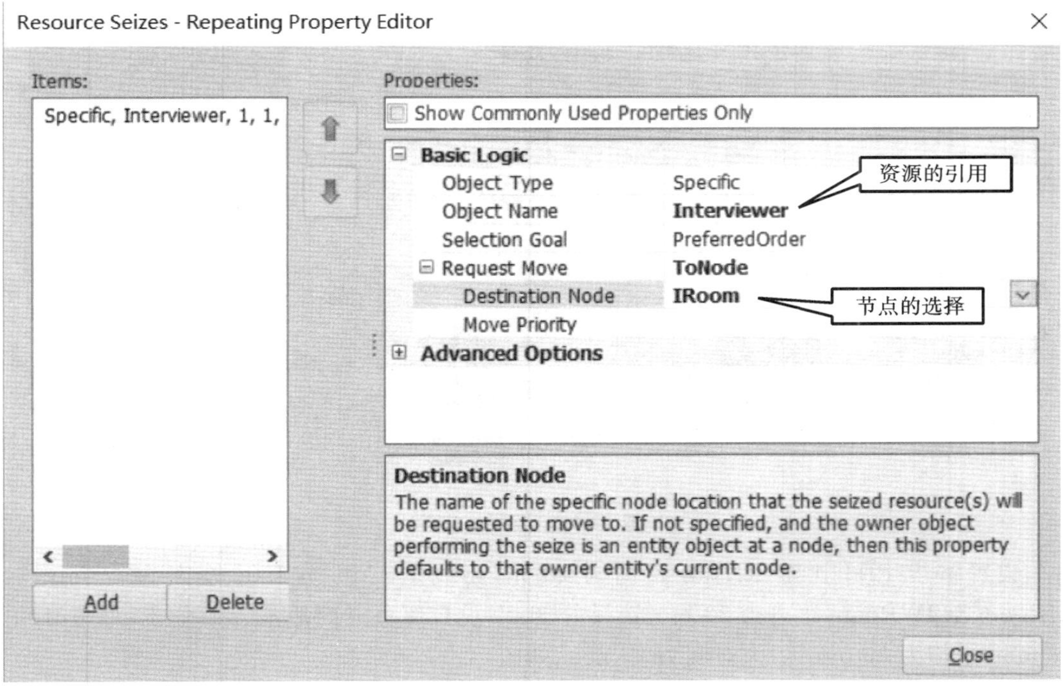

图 17-14　添加资源

单击 Release 步骤，单击 Basic Logic 属性中的 Resource Seizes 按钮 ，弹出项目对话框，单击 Add 按钮以添加一个项目，项目修改如图 17-15 所示，保存模型。

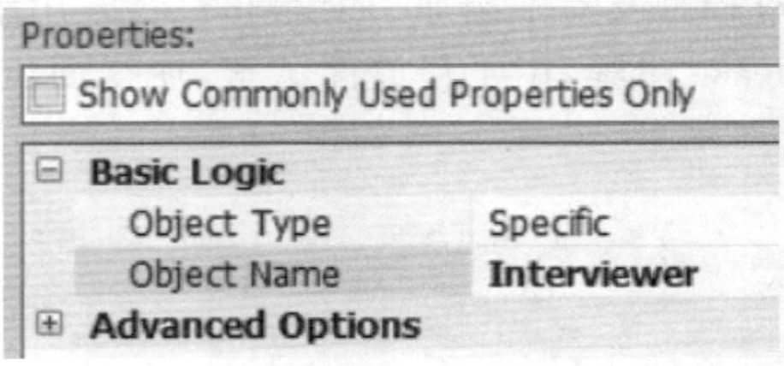

图 17-15　释放资源

17.3　通过概率模式决策使用资源

(1) 企业会选择优秀的毕业生进行复试，一般只选择 10%的毕业生才可以进入复试，再添加一个面试地点为复试的毕业生做准备。

回到 Facility 视窗，添加一个 Server，将其命名为 RIHall，添加一个 TranserNode，将其命名为 RIRoom，使用 Path 连接各路线，注意路线的连接方向不要设置成反向，如图 17-16 所示。

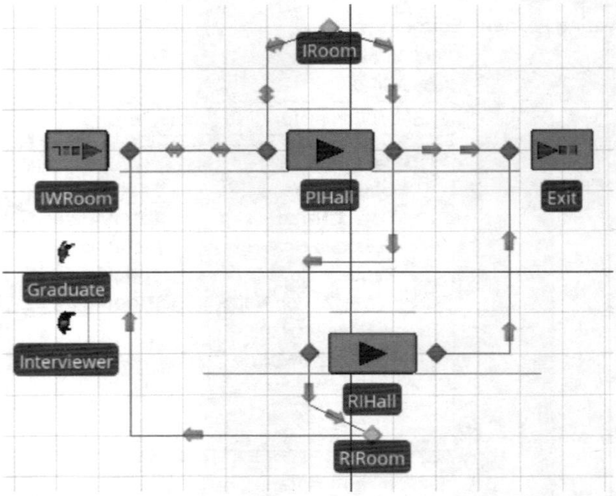

图 17-16　模型的完善

设置路线 PIHall 至 RIHall 距离为 20 m，路线 RIHall 至 Exit 距离为 40 m，路线 RIRoom 至 IWRoom 距离为 30 m。选择 RIHall，设置服务时间服从三角分布，最短时间为 15 min，平均为 20 min，最大时间为 25 min，如图 17-17 所示。

(2) 当毕业生通过初试时，面试官要带其进行复试。如果毕业生没通过初试，该毕业生将去往出口以便离开。在触发器中利用 Decide 步骤对毕业生进行初试后的路线选择。

回到 Processes 视窗，在 PIHall_AfterProcessing 触发器中添加一个 Decide 步骤，添加两个 SetNode 步骤，各过程步骤可以任意调换位置，如图 17-18 所示。

选择 Decide 步骤，修改其字段属性，如图 17-19 所示。

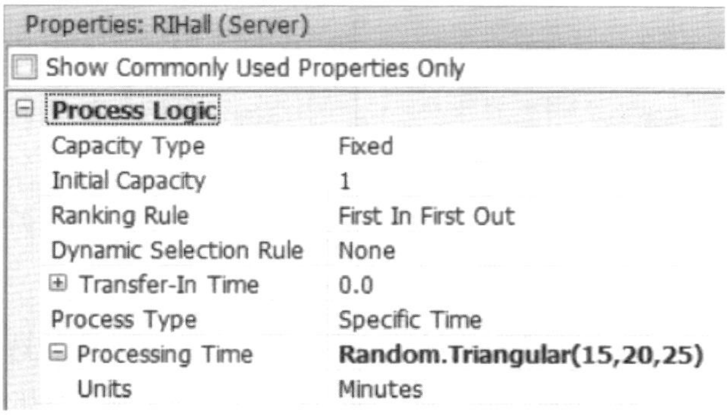

图 17-17　复试时间分布

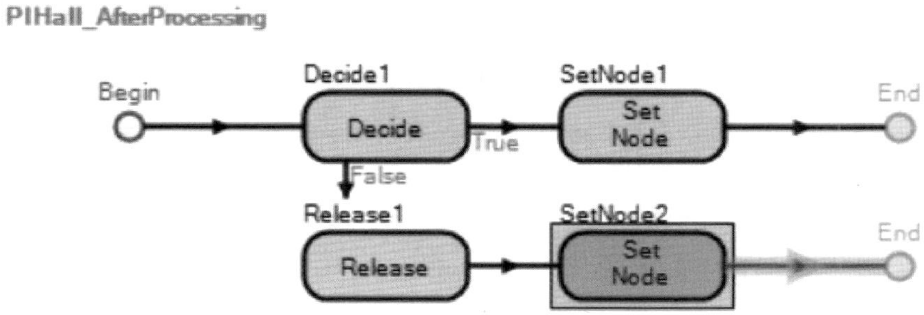

图 17-18　新增逻辑步骤

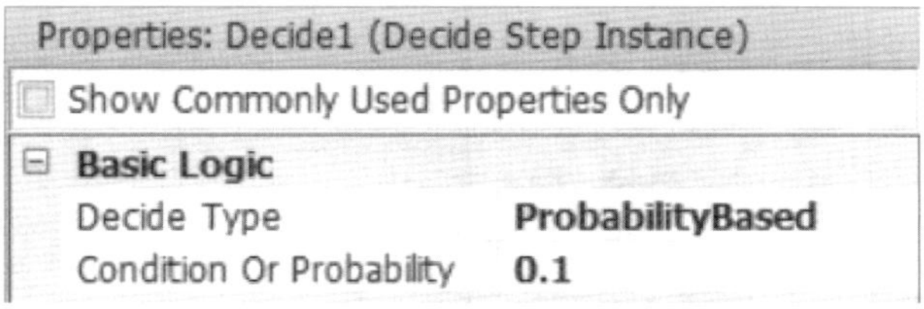

图 17-19　Decide 基于概率

在 Decide 步骤中，若其分支属性为 True，则选择 SetNode 步骤以设置字段属性，如图 17-20 所示。

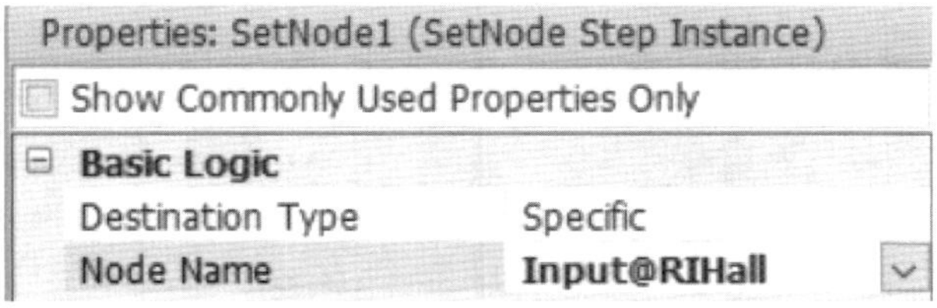

图 17-20　分支 True 节点选择

在 Decide 步骤中，若其分支属性为 False，则选择 SetNode 步骤以设置字段属性，如图 17-21 所示。

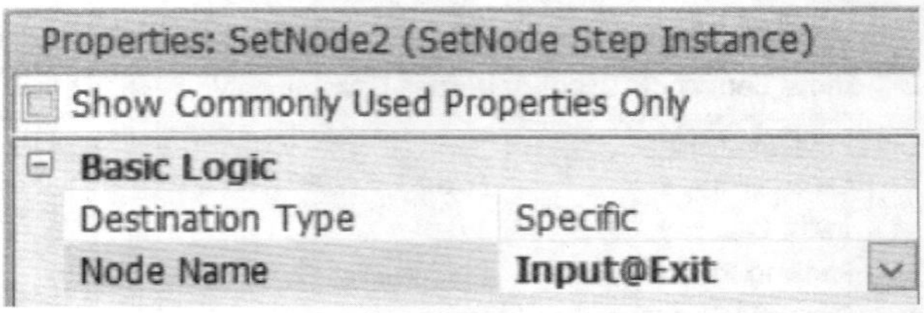

图 17-21　分支 False 节点选择

(3) 在复试大厅进行服务过程的设置，获取面试官资源和路线的选择。

回到 Facility 视窗，选择 RIHall，双击属性 Add-On Process Triggers，双击 Processing，在附加触发器中添加一个 Seize 步骤，添加 Seize 资源的获取对象 Resource Seizes 字段和输出路线，如图 17-22 所示。

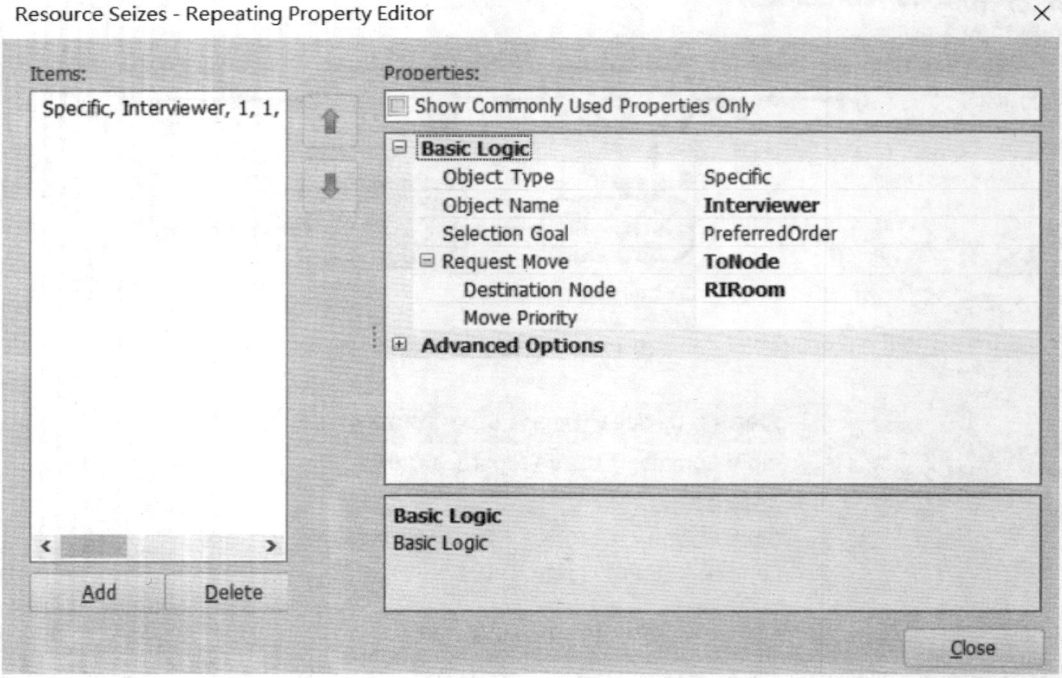

图 17-22　Seize 步骤资源选择

双击 After Processing，在附加触发器中添加一个 Release 步骤，用于释放 Interviewer，如图 17-23 所示。

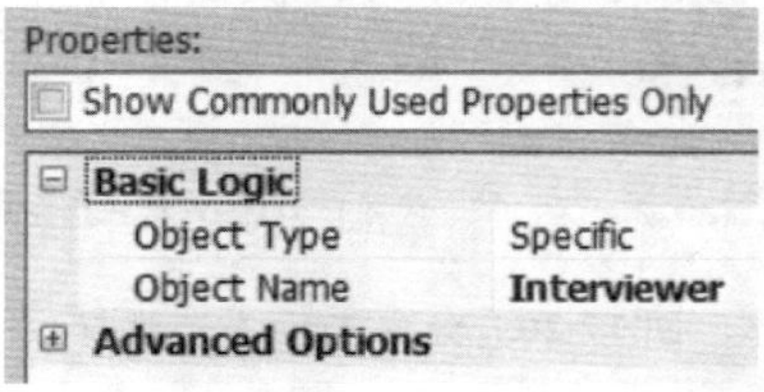

图 17-23　释放资源

17.4　使用逻辑步骤修改路线选择

(1) 在 PIHall 服务器中修改触发器过程步骤，正确引导毕业生前往正确方向，否则会发生死锁。若毕业生在初试后不知道要去往哪个方向，则模型会发生错误。

回到 Processes 视窗，修改 PIHall_AfterProcessing 触发器的过程步骤，添加一个 Search 步骤和一个 Transfer 步骤，如图 17-24 所示。

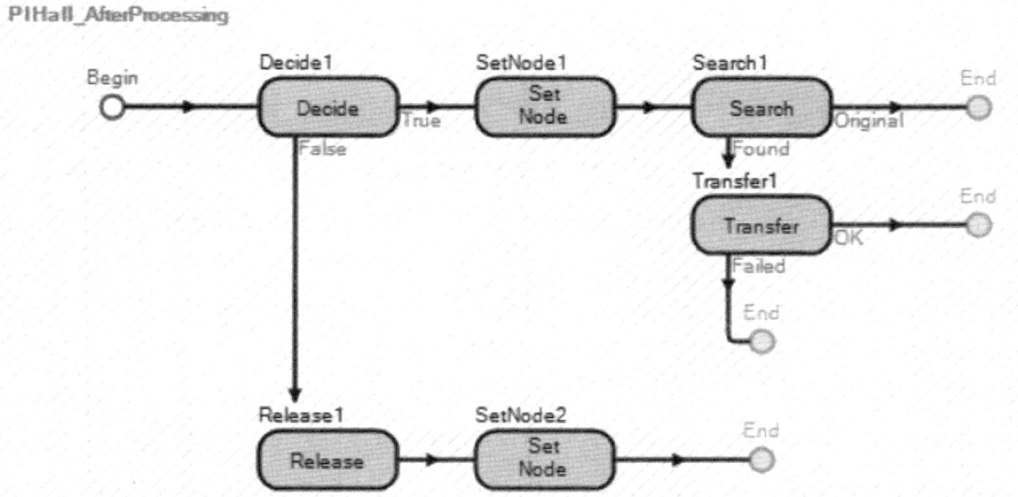

图 17-24　添加搜索和转移步骤

选择 Search 步骤，修改其属性如图 17-25 所示。

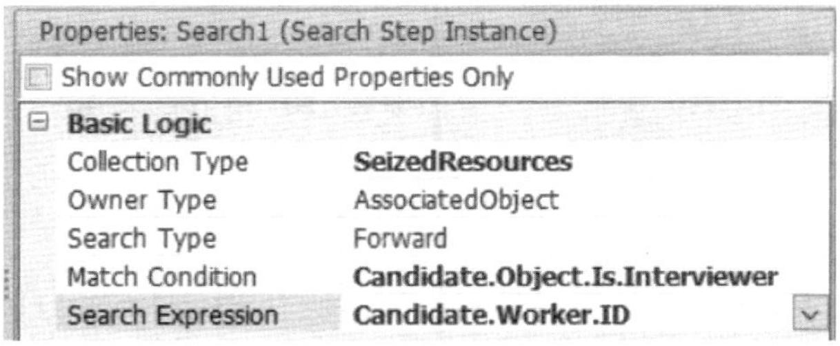

图 17-25　Search 步骤用于搜索

选择 Transfer 步骤，修改其属性，如图 17-26 所示，保存模型。

(2) 在触发器中使用 Ride 步骤可以强迫 Vehicle 运输一个实体，但是 Ride 步骤只能在 TransferNode 中使用，为此在处理结束后，将删除决定实体方向的逻辑。

回到 Facility 视窗，选择 PIHall，设置其右边属性，双击 Add-On Process Triggers 以展开内容，为属性 After Processing 选择 null，如图 17-27 所示。

选择 IWRoom 的输出节点(Ouput@IWRoom)，双击其属性 Transport Logic，修改 Ride

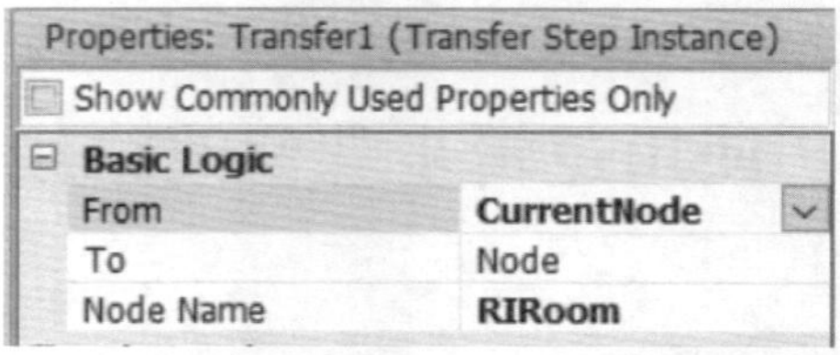

图 17-26 Transfer 步骤用于转移

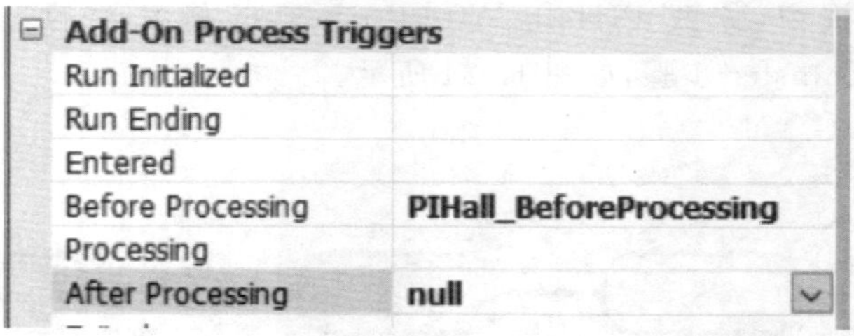

图 17-27 设置触发器空值

On Transporter 为 True，Transporter Name 为 Interviewer，如图 17-28 所示。

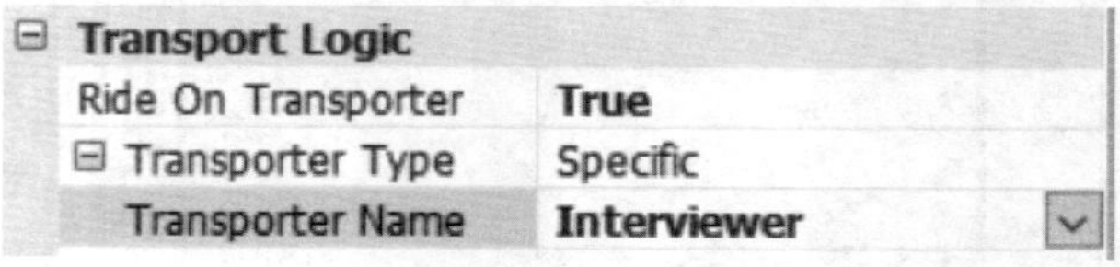

图 17-28 选择运输工具

选择 PIHall 的输出节点（Ouput@PIHall），双击其属性 Add-On Process Triggers 以展开属性内容，双击 Entered 属性，为其触发器选择 PIHall_AfterProcessing（避免同时使用 PIHall_AfterProcessing 而导致死锁），如图 17-29 所示。

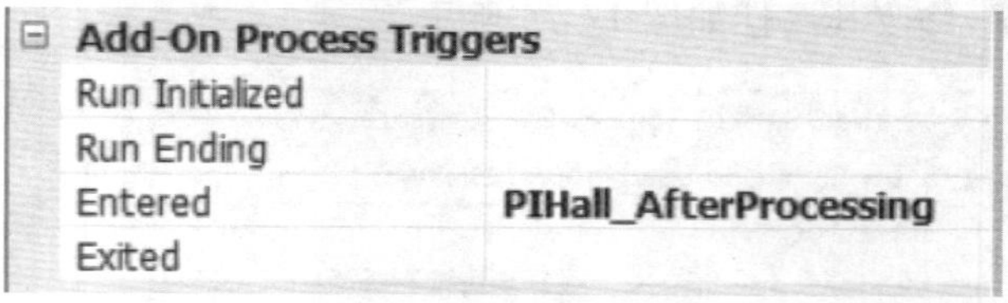

图 17-29 引用触发器

在 Output_RIHall_Entered 过程触发器中添加所有 PIHall_AfterProcessing 过程步骤，把所有的过程步骤直接复制到 Output_RIHall_Entered，如图 17-30 所示。

编辑 PIHall_AfterProcessing 触发器，删除 Search 步骤，添加一个 Ride 步骤（在 All Steps 中），把 Release 步骤放置到 Ride 步骤后面，如图 17-31 所示。

编辑 Ride 步骤，设置 Transporter Name 为 Interviewer，将 Token Wait Action 设置为 None(Continue)，如图 17-32 所示。

（3）当面试官带走毕业生到达 PIHall 输出节点时，此时两者都进入一个运行相同逻辑的节点，毕业生面临两个选择：一个跟着面试官，另一个是直接到达出口。当无法进行选择时，就会发生死锁。为此要进行判断过程以进行下一步的走向。

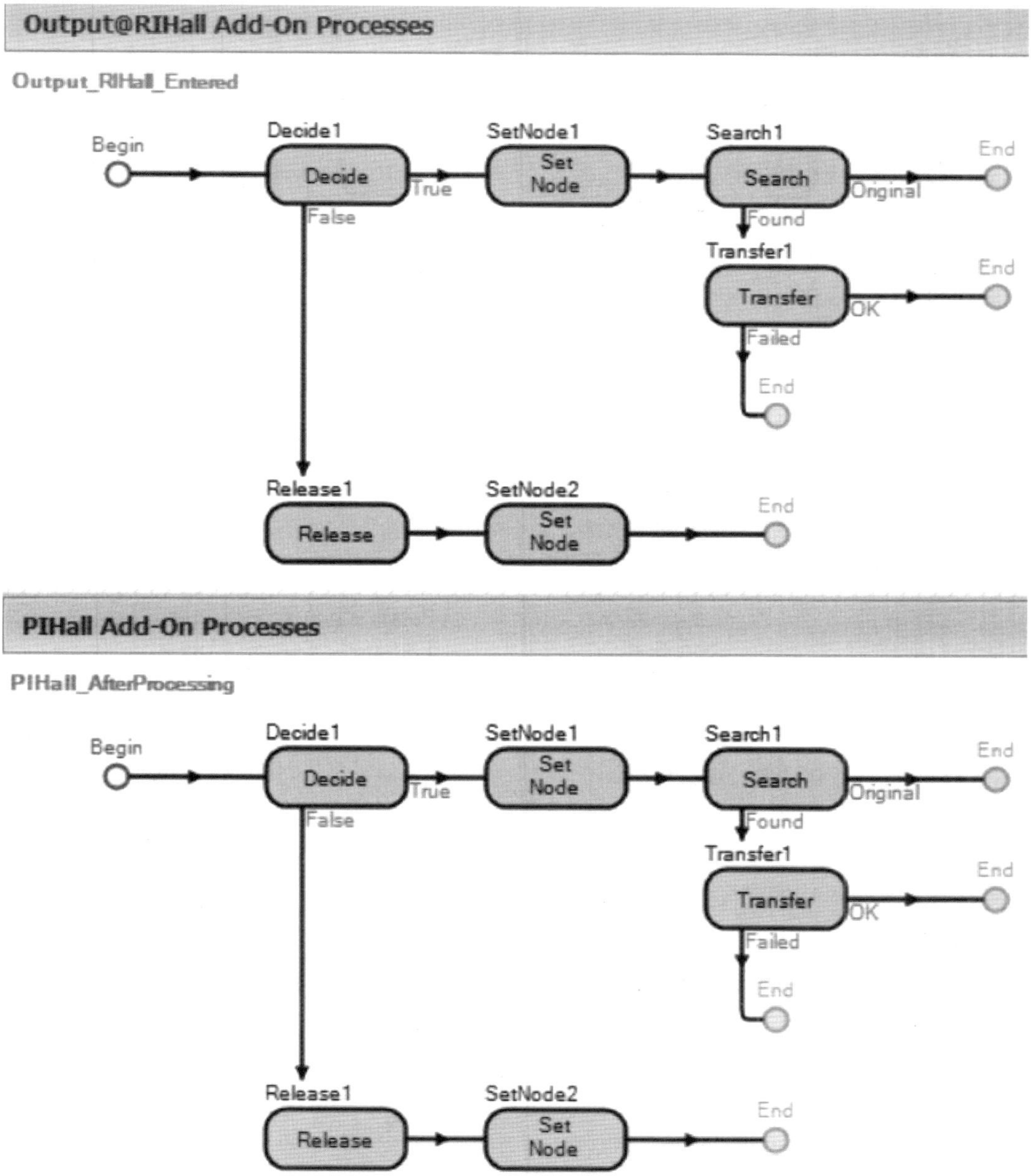

图 17-30 添加过程步骤

编辑 PIHall_AfterProcessing 触发器,将一个 Decide 步骤添加至逻辑最前端,在 Ride 步骤前添加一个 Assign 步骤,如图 17-33 所示。

选择新增的 Decide 步骤进行编辑,设置确定对象是实体,如图 17-34 所示。

选择 Assign 步骤进行编辑,确定优先原则(通过初试的毕业生优先),如图 17-35 所示。

回到 Facility 视窗,选择 Interviewer,将 Transport Logic 属性中的 Task Selection Strategy 改为最大优先原则 Largest Priority,如图 17-36 所示。

保存并运行模型,查看模型是否符合预期。

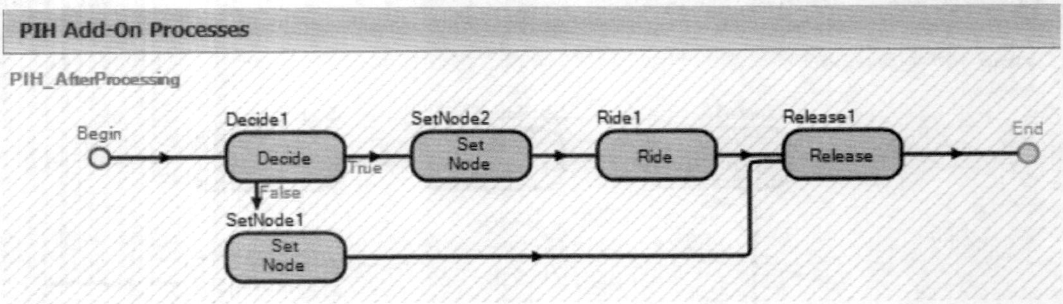

图 17-31　添加 Ride 步骤

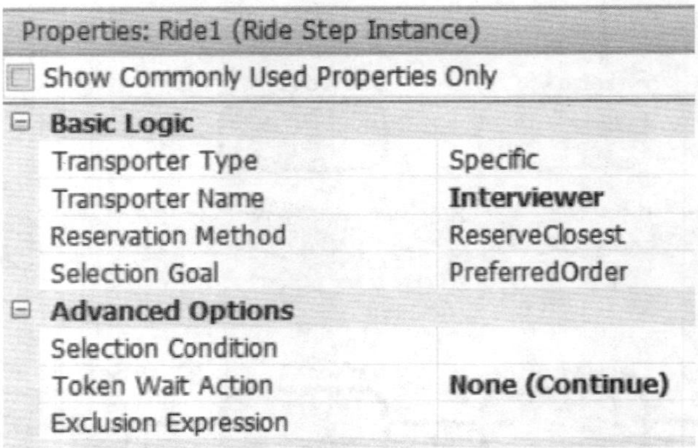

图 17-32　修改 Ride 属性字段

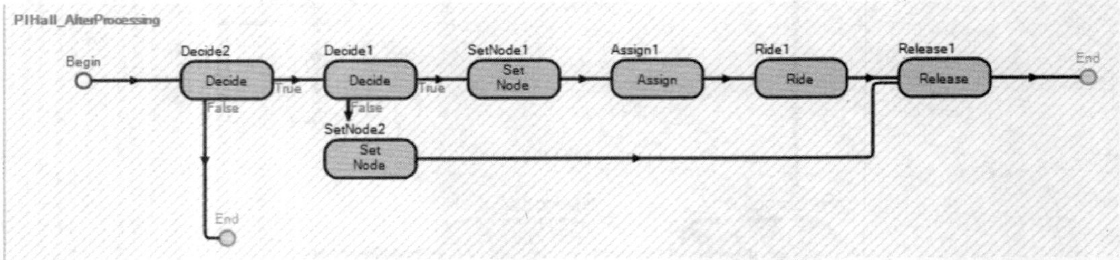

图 17-33　添加 Assign 步骤

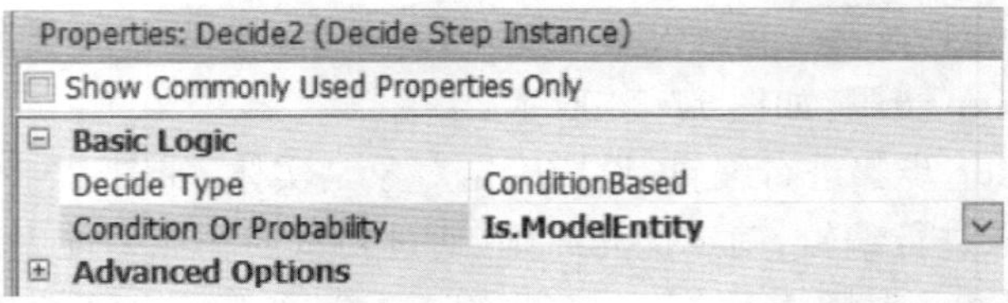

图 17-34　Assign 赋值实体

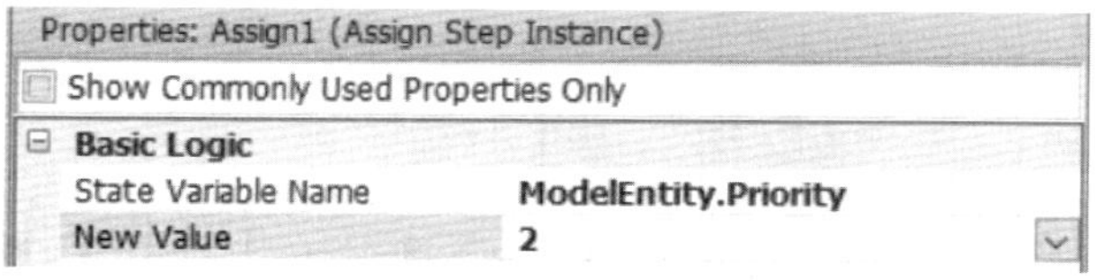

图 17-35　Assign 修改实体优先原则

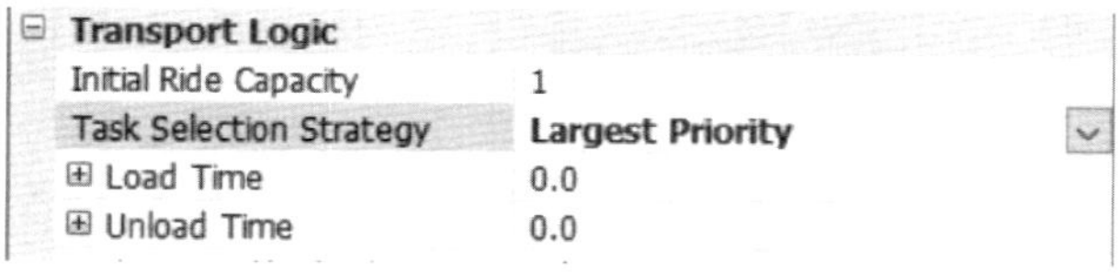

图 17-36　运输优先原则

第18章 Processes过程逻辑建模（酒店服务模型）

前几章通过几个简单的模型相继介绍了各个编辑器(如 Facility 视窗)的基础使用方法，以及它们所包含的装备、步骤、状态和表等内容能够实现的部分基础功能，而在本章将开始涉及更深层次的内容与更高级的功能。

很多用户也许能够进行基础的建模，但却不一定了解组成该模型系统的各个装备或实体内部是基于怎样的逻辑运行的。虽然一个装备或实体的内部逻辑相当复杂，但是若能理解它们的相互关系和运行原则，则在模型系统出现问题时就必然能够更轻松、更准确地找出问题所在并解决这些问题。

本章主要通过创建一个存在问题的酒店服务模型，介绍的是如何创建一个子类装备或实体，并通过这些子类装备或实体来了解组成酒店服务模型的装备或实体是基于怎样的逻辑运行的，理解装备或实体的运行逻辑后再对该模型存在的问题进行处理。

某酒店会安排一些服务员对刚到来的客人进行点餐服务，这里有一个服务员专门为客人进行点餐服务。然而由于客人并不会频繁到达，服务员仍有许多空闲时间，因此酒店领导决定，该服务员在优先为客人服务的前提下，在空闲时要帮厨师做一些其他工作，以满足酒店内部的需求。图 18-1 所示的是该酒店服务模型的流程图。

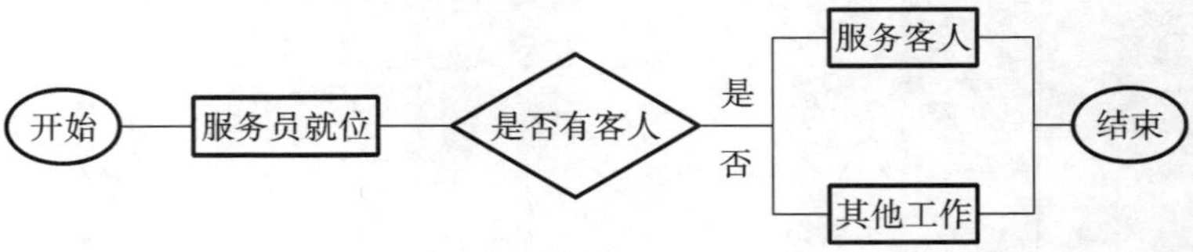

图 18-1　酒店服务模型的流程图

在酒店服务模型中，客人到达酒店入口的时间间隔服从均值为 4 min 的指数分布，而厨师到达酒店入口的时间间隔服从均值为 6 min 的指数分布，他们的步行速度均服从均匀分布，为 35～50 m/min。

服务员为客人进行点餐服务的时间服从均匀分布，为 2～4 min。服务员帮厨师做其他工作的时间服从三角分布，至少 3 min，最长不超过 6 min，一般情况下为 4.5 min。

酒店入口到餐桌的距离为 10 m，而货物存放区至酒店出口的距离为 30 m。

18.1　建模步骤

(1) 在 Facility 视窗中创建一个新的模型,从 Standard Library 中拖出 2 个 Source、2 个 Server 及 1 个 Sink,分别重命名为 CustomersEnter、ChefEnter、SrvCustomers、SrvChef 和 Exit,并用 Path 将它们连接起来。再从 Project Library 中拖出 2 个 ModelEntity,并分别重命名为 Customer 和 Chef,布置好的模型如图 18-2 所示。

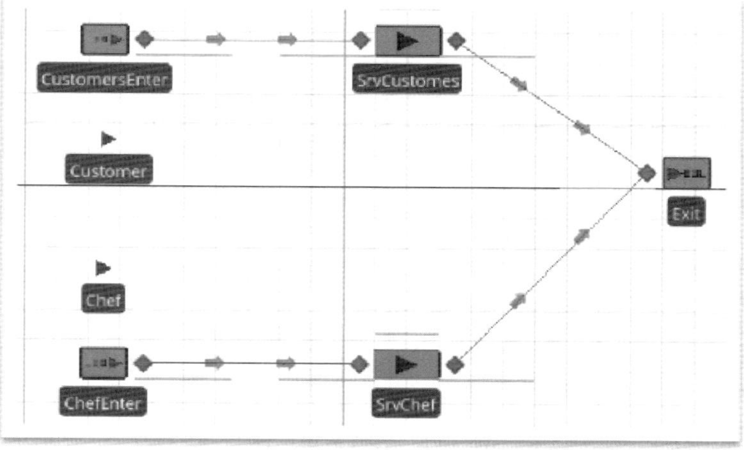

图 18-2　初始模型

(2) 将各 Source、Server、Path 和 ModelEntity 的相关属性设置为前文所述的数值。

因客人到达酒店入口的时间间隔服从均值为 4 min 的指数分布,选中 CustomersEnter,在其属性栏的 Interarrival Time 中输入 Random. Exponential(4)。同样,厨师到达酒店入口的时间间隔服从均值为 6 min 的指数分布,选中 ChefEnter,在其属性栏的 Interarrival Time 中输入 Random. Exponential(6),如图 18-3 所示。

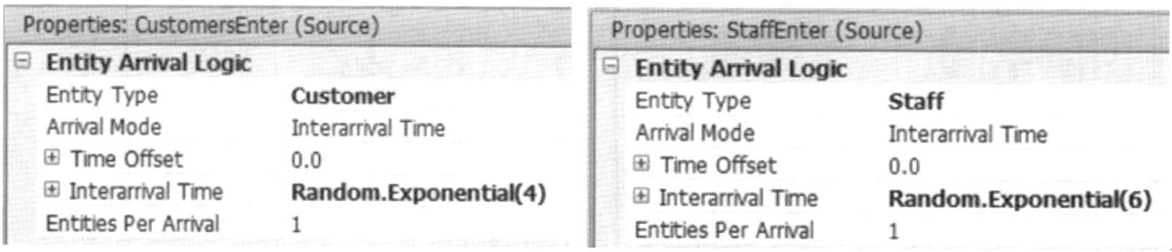

图 18-3　设置源的到达时间

由于他们的步行速度均服从均匀分布,为 35～50 m/min,则按住 Ctrl 键,选择 Customer 和 Chef,在其属性栏的 Initial Desired Speed 中输入 Random. Uniform(30,50),如图 18-4 所示。

由于服务员为客人进行点餐服务的时间服从均匀分布,为 2～4 min,选中 SrvCustomers,在其属性栏的 Processing Time 中输入 Random. Uniform(2,4)。服务员帮

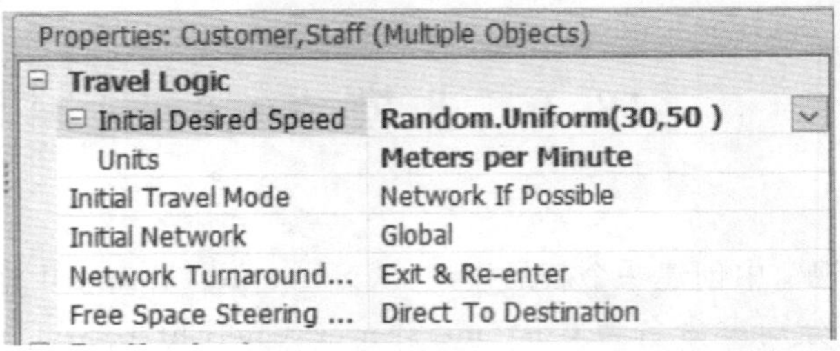

图 18-4　设置实体的速度

厨师做其他工作的时间服从三角分布，至少 3 min，最长不超过 6 min，一般情况下为 4.5 min。选中 SrvChef，在属性栏的 Processing Time 中输入 Random. Triangular(3,4.5,6)，如图 18-5 所示。

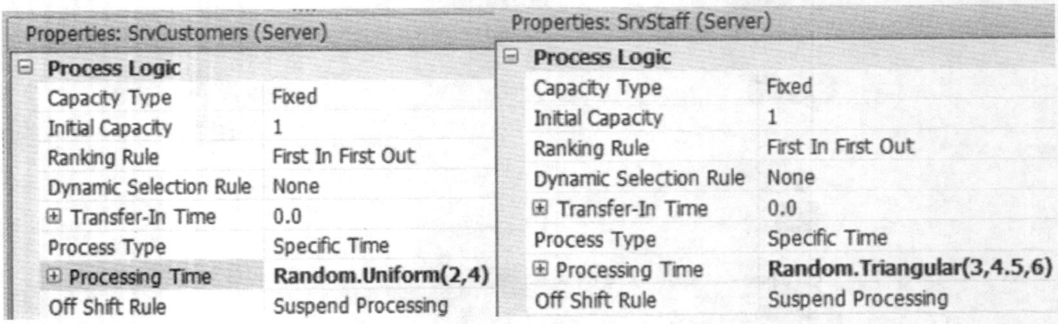

图 18-5　设置服务时间

由于酒店入口到餐桌的距离为 10 m，按住 Ctrl 键同时选择两条平行的路径，设置对应的参数为 False 和 10。货物存放区至酒店出口的距离为 30 m，按住 Ctrl 键同时选择两条平行的路径，设置对应的参数为 False 和 30，如图 18-6 所示。

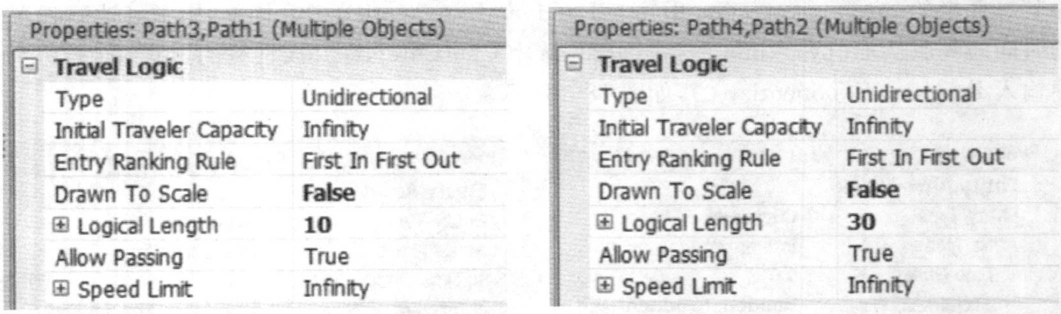

图 18-6　设置路径长度

再将 Chef 中 Initial Priority 属性改为 0，而 Customer 中该属性为 1，这步操作为设置服务员优先为客人提供服务提供了依据，结果如图 18-7 所示。

(3) 如图 18-8 所示，在两个服务员中间放入一个名为 Associate 的资源，用于限制服务员处理客人或内部员工请求的过程。

将 Associate 中 Dynamic Selection Rule 改为 Largest Value First，保留 Value Expression 的默认表达式，即 Candidate. Entity. Priority。这使得服务员会优先为客人提供

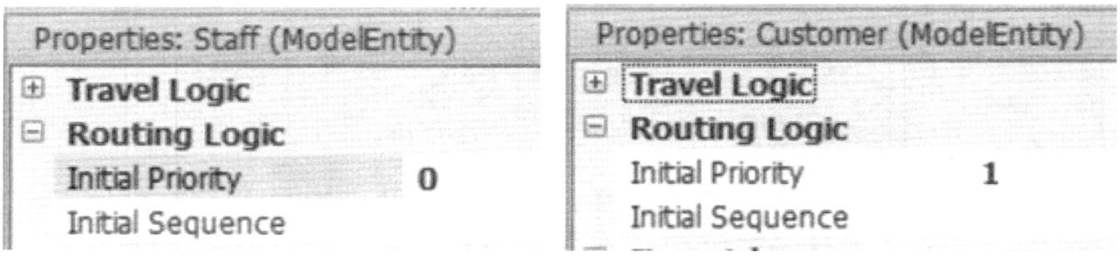

图 18-7　设置优先参数

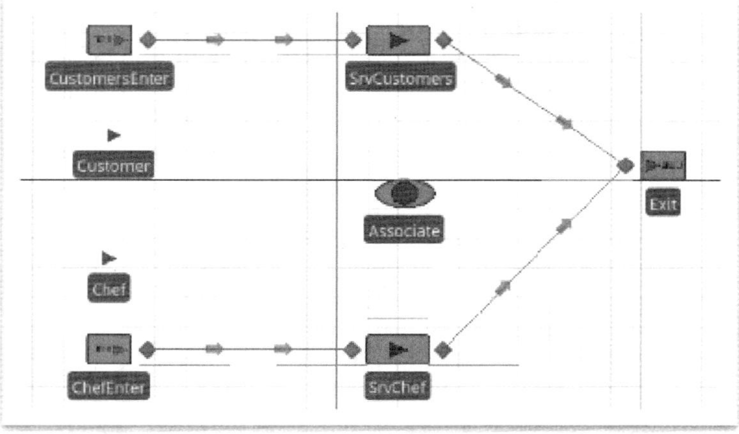

图 18-8　添加资源

服务，如图 18-9 所示。

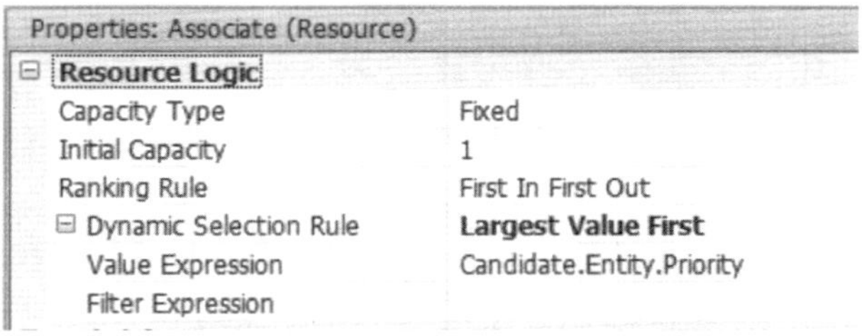

图 18-9　设置动态选择规则

单击 Associate，在 Additional Symbols 功能区中单击 Remove Symbol 按钮以移除 Associate 原有的 Active Symbol，使其剩至 1 个，如图 18-10 所示。

移除活动图标完毕后，单击 Add Additional Symbol 为 Associate 重新添加一个新的 Active Symbol，如图 18-11 所示。

具体步骤是先按照图 18-12 所示步骤选择颜色，再单击 Associate 图标中的圆形中心。

(4) 在 Definitions 视窗中，添加一个名为 AssociatePicture 的离散型状态变量，如图 18-13所示。该状态变量是用于为客人和内部员工指定不同的 Associate Symbol，即服务员为客人服务时 Associate 中心为红色，而帮厨师做其他工作时 Associate 中心为蓝色。

具体步骤是先进入 Definitions 视窗，选择 States，再选择左上角的 Real，添加离散型状态变量，如图 18-14 所示。

再在 General 下的 Name 中输入 AssociatePicture 即可，如图 18-15 所示。

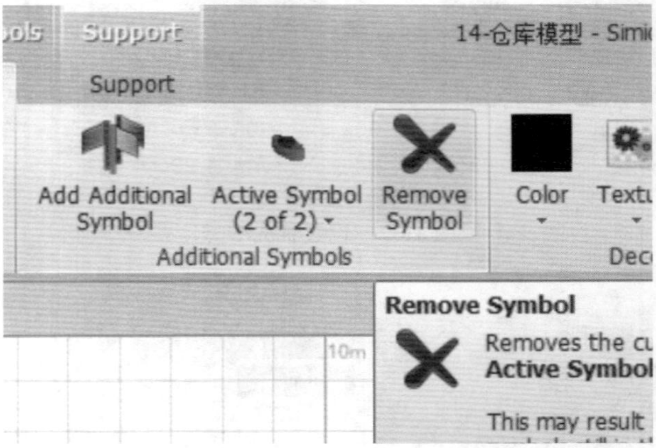

图 18-10　移除活动图标

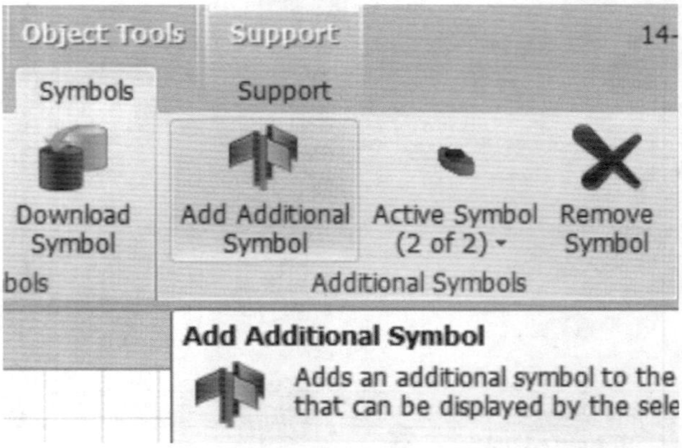

图 18-11　添加活动图标

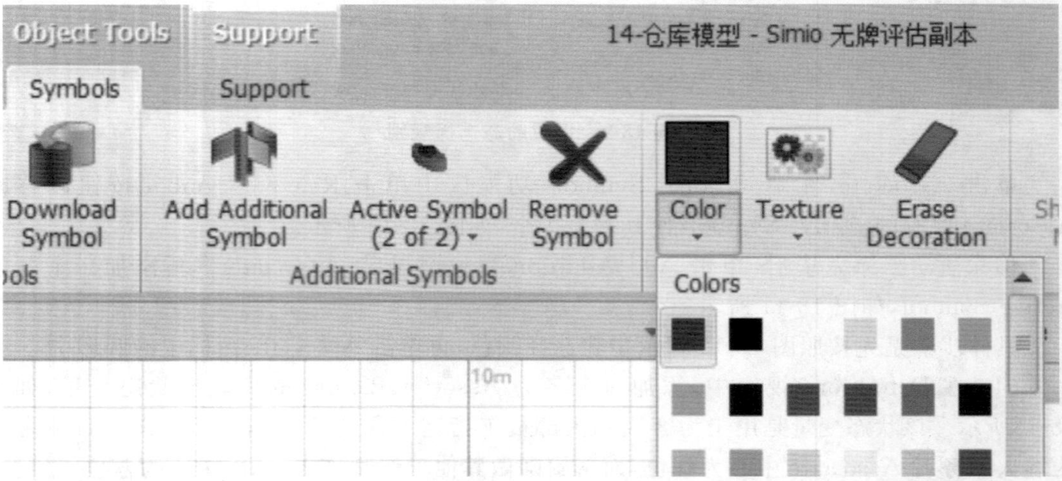

图 18-12　添加颜色

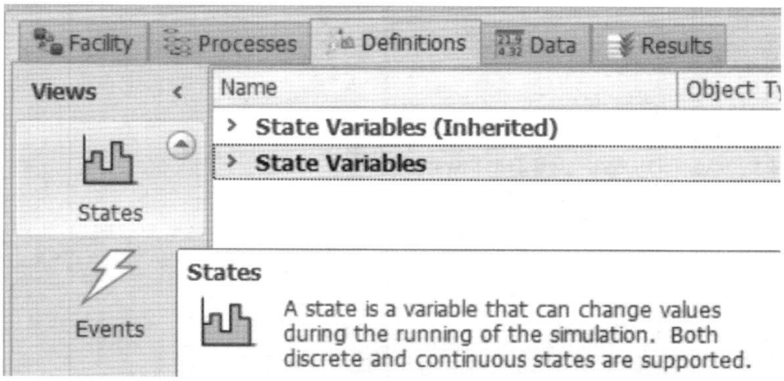

图 18-13　选择变量列表

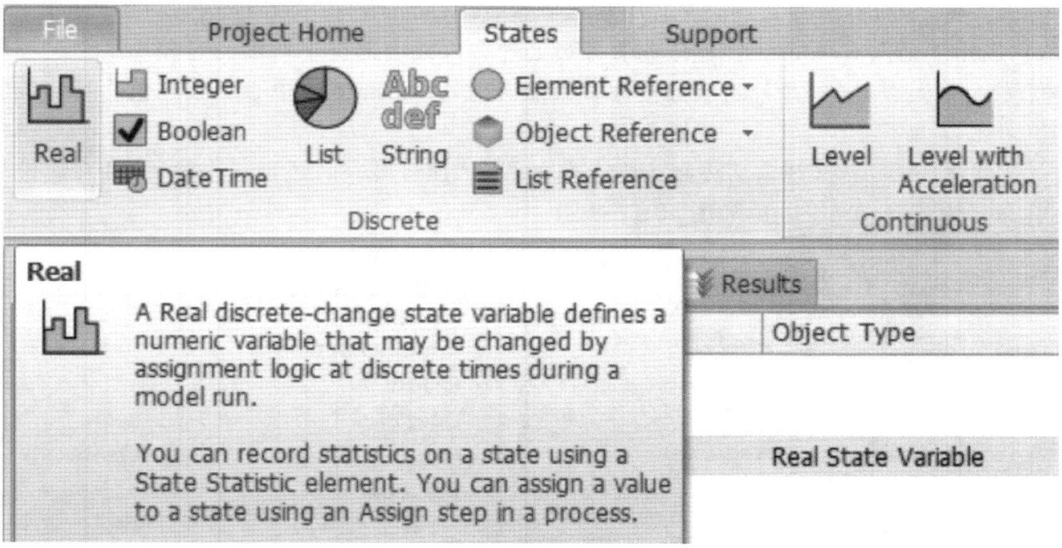

图 18-14　添加离散型状态变量

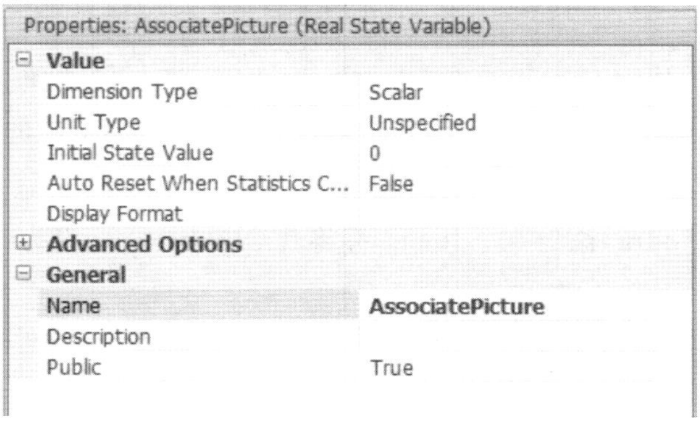

图 18-15　更改名称

(5) 回到 Facility 视窗，单击 Associate，改变其 Animation→Current Symbol Index 为 AssociatePicture，如图 18-16 所示。

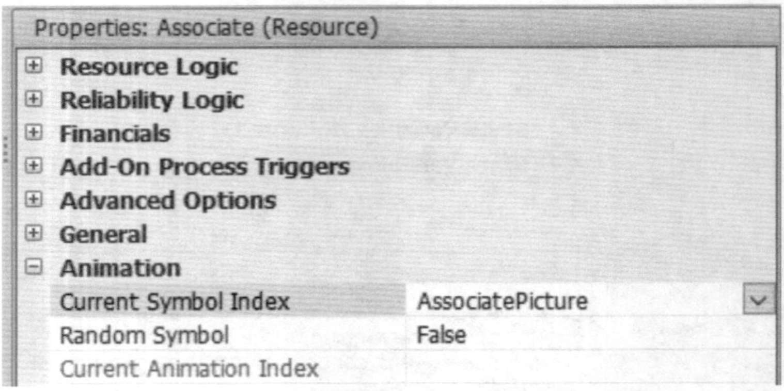

图 18-16 修改图标来源

(6) 在 Processes 视窗中，创建名为两个 SeizeAssociate 和 ReleaseAssociate 的过程逻辑，它们用于确保 Resource 能够限制服务员处理客人或内部员工请求的过程。这个过程就是优先为客人服务的，并且当服务员为客人服务时，Associate 的中心变成红色。具体步骤如下。

①进入 Processes 视窗后先单击左上角的绿色“加号”图标，添加一个过程，并在属性栏将其命名为 SeizeAssociate，如图 18-17 所示。

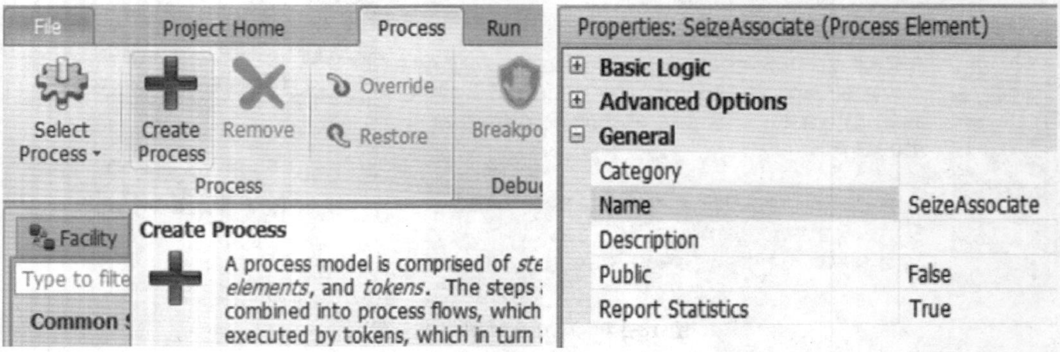

图 18-17 添加过程

②用同样的方法创建另一个过程，命名为 ReleaseAssociate，再选中左边的 Assign、Release、Seize 过程选项，并按照图 18-18 所示的位置将其添加至对应的过程位置。

③单击 Seize 步骤，单击其 Basic Logic→Resource Seizes 属性的图标 [...]，进入 Repeating Property Editor，添加一个 Items，并将其 Object Name 设为 Associate，如图 18-19 所示。

④单击 Assign 步骤，将 State Variable Name 属性设为 AssociatePicture，在 New Value 中输入 ModelEntity. Priority，如图 18-20 所示。

⑤单击 Release 步骤，重复 Seize 步骤的操作，结果如图 18-21 所示。

(7) 回到 Facility 视窗，同时选取 SrvCustomers 和 SrvChef，在它们 Add-On Process Triggers→Processing 属性中引用 SeizeAssociate 过程逻辑，在 After Processing 属性中引用 ReleaseAssociate 过程逻辑，如图 18-22 所示。

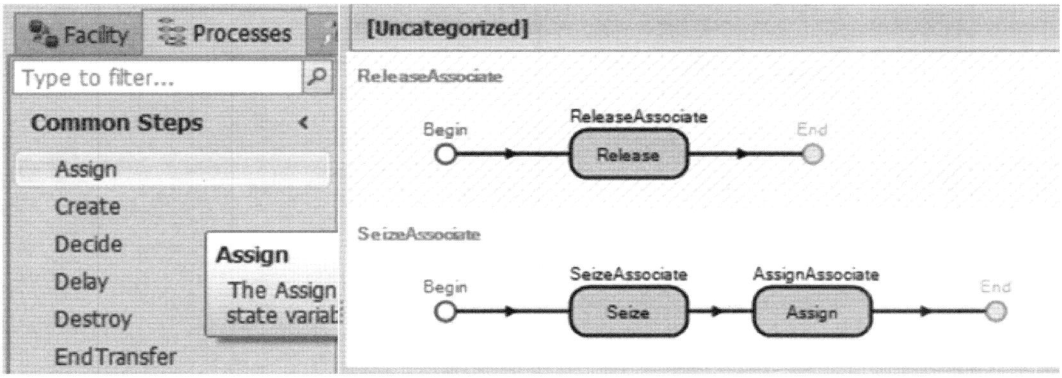

图 18-18　添加过程

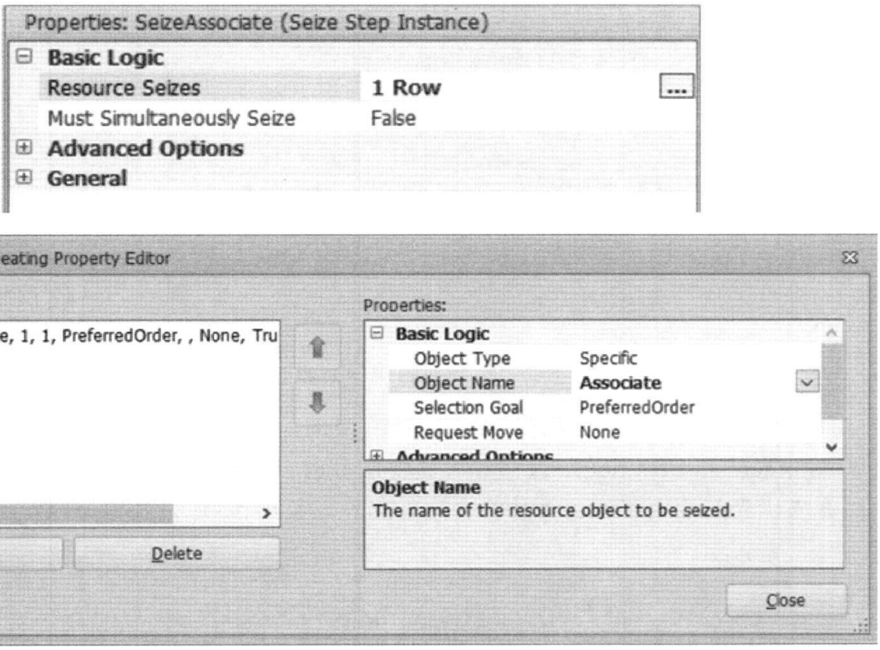

图 18-19　配置 Seize 步骤

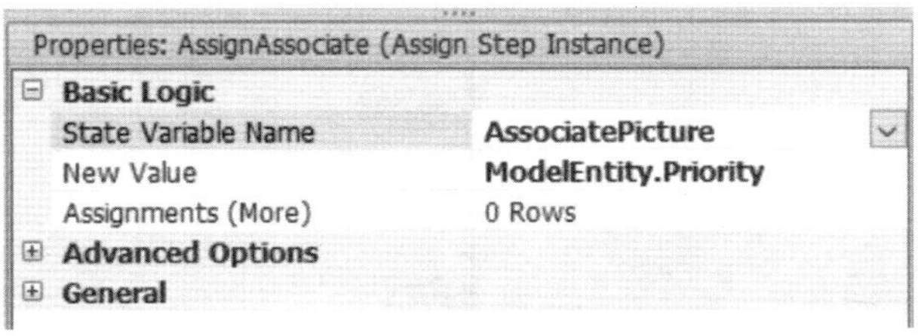

图 18-20　配置 Assign 步骤

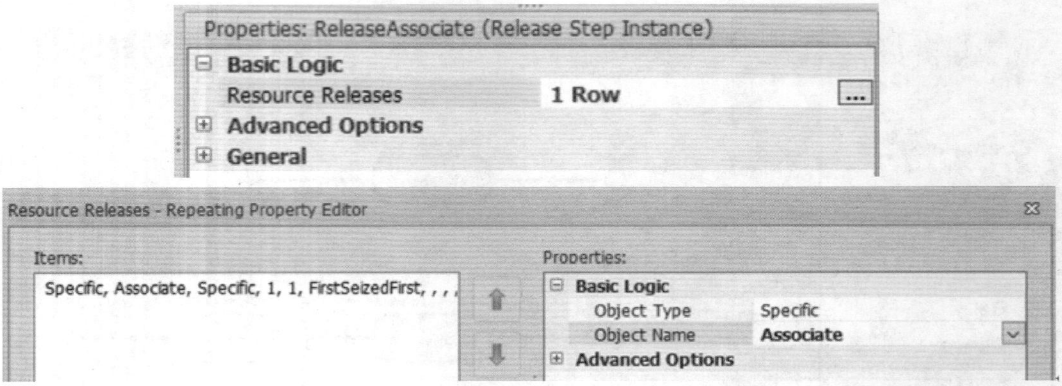

图 18-21　配置 Release 步骤

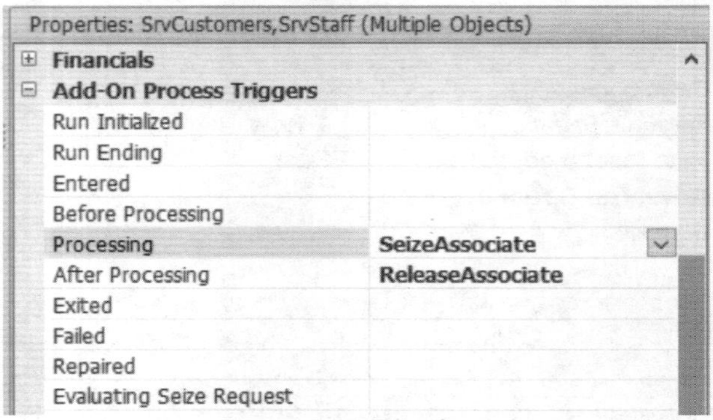

图 18-22　修改过程逻辑来源

(8) 保存并运行模型，观察一段时间模型的运行动画，如图 18-23 所示，可以发现当 SrvCustomers 和 SrvChef 两边都有人需要服务时，服务员在接待完一个客人后并不会继续按照客人优先的原则工作。为什么会这样呢？设置出错，还是其他原因？

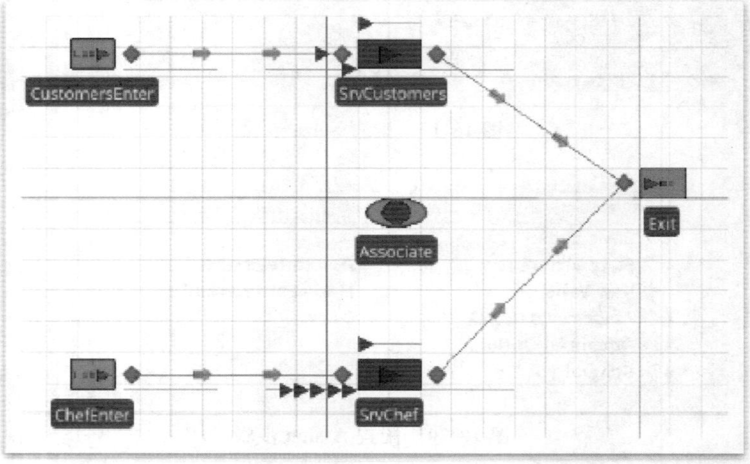

图 18-23　模型运行结果

18.2 创建并剖析子类装备,找寻问题原因

由于某种原因,当服务员为一位客人提供了服务后,并没有按客人优先原则继续为正在排队的客人服务,而是去为厨师服务。为了找出这个原因,就需要创建子类 Server 以理解它内部的运行逻辑。另外,子类化还能够改变和拓展当前的装备或实体,让用户按自身需求进行设置。

(1) 选择 Standard Library→Server→Subclass,以创建子类 Server,如图 18-24 所示。

(2) 创建子类 Server 后,选择右边的 Navigation→MyServer,查看 Processes 视窗与 Definitions 视窗,此时 Server 内部的运行逻辑一目了然,如图 18-25 所示。

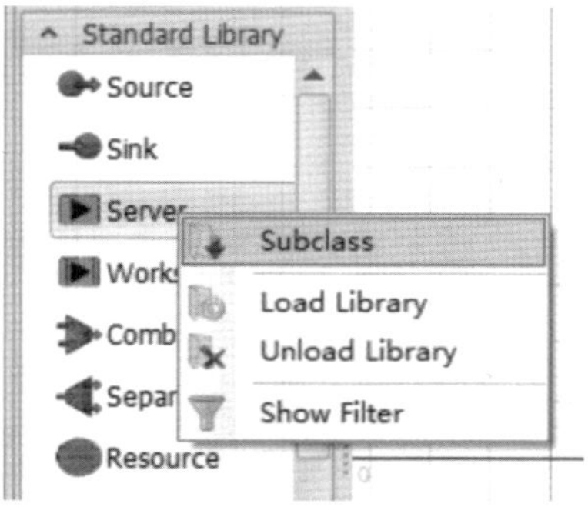

图 18-24 创建子类 Server

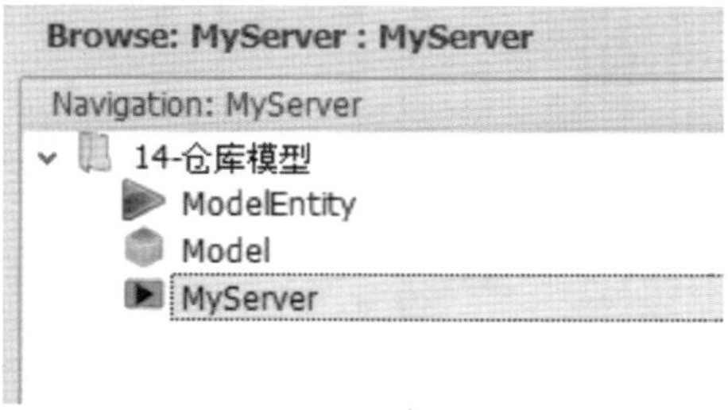

图 18-25 查看 MyServer 项

在 Definitions 视窗的 Elements 中默认定义了 9 个元素,由于前面的章节中已经详细介绍过 Elements 的相关内容,故此处就不赘述。另外,Definitions 视窗的其他编辑器中也都有已经默认定义的对象,用户可自行查看。

(3) 在 Processes 视窗中查看其内容,可以看到此处已经默认定义了 12 条过程逻辑,这些过程逻辑控制着 Server 对故障、容量变化及实体进出等的反应。

18.3 利用逻辑视窗查找错误源

(1) 如图 18-26 所示,第一条名为 OnEnteredInputBuffer 的过程逻辑是客人或厨师进入排队等待区时,即客人或厨师从输入节点进入 InputBuffer 时触发的过程逻辑。当客人或厨师通过 InputBuffer 进入 Server 内部,即客人或厨师通过排队等待区,开始寻求服务员的帮助时就会触发第二条名为 OnEnteredProcessing 的过程逻辑。

(2) 当 Customer 或 Chef 到达 SrvCustomers 或 SrvChef,客人或厨师会自动被转移至 InputBuffer,同时触发 OnEnteredInputBuffer 这一过程逻辑。仔细研究 OnEnteredInputBuffer 中每一个步骤有助于理解该过程逻辑,并找出引发问题的原因。

①Assign 步骤表示给 State Assignments 属性类型中 On Entering 下的状态变量赋值。

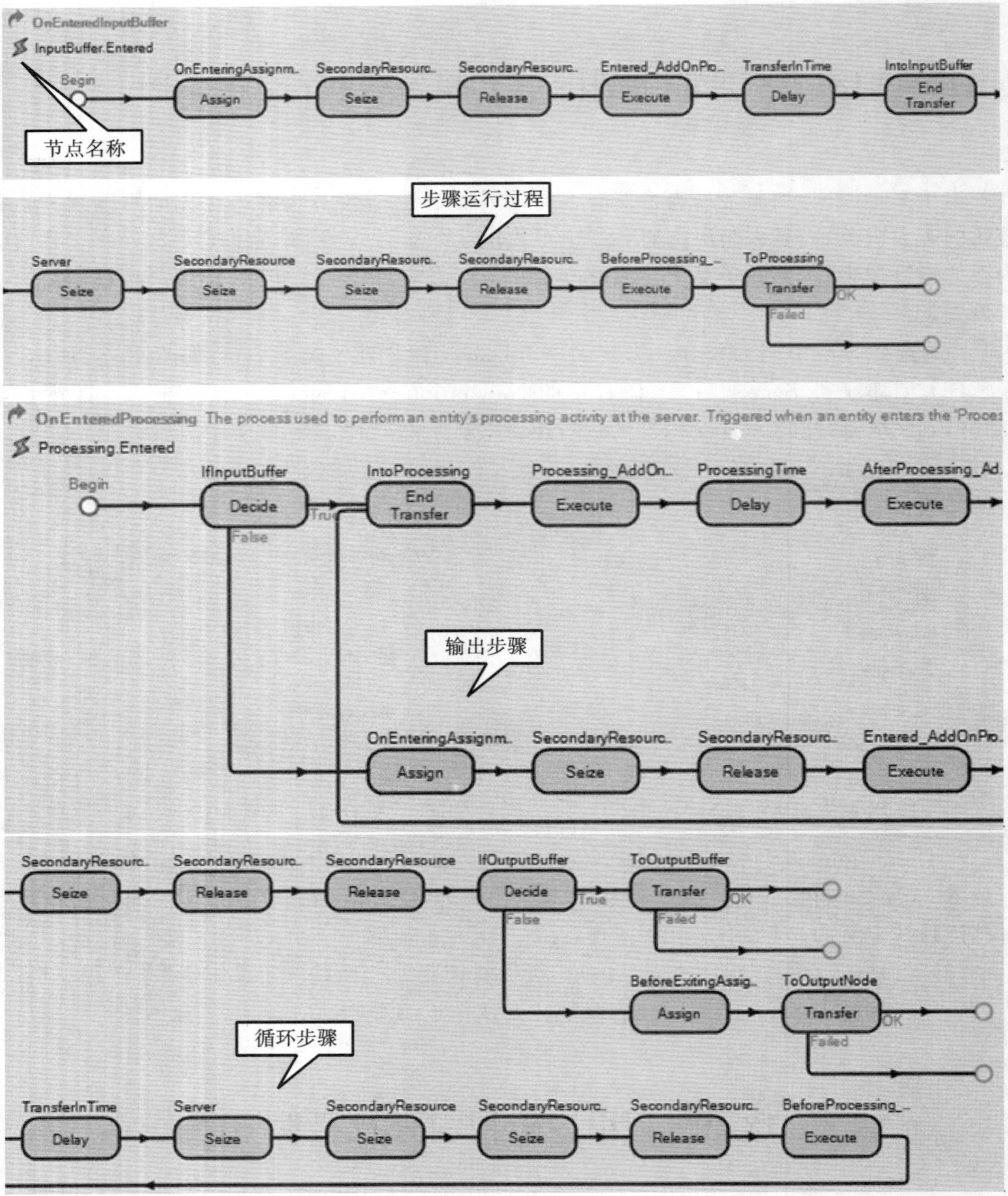

图 18-26　过程触发器

②第一个 Seize 步骤表示 Coustomer 或 Chef 进入 SrvCustomers 或 SrvChef 时，占有二级资源一个单位的容量或处理能力。

③第一个 Release 步骤表示 Coustomer 或 Chef 进入 SrvCustomers 或 SrvChef 时，释放二级资源一个单位的容量或处理能力。

④第一个 Execute 步骤表示执行 Add-On Process Triggers 属性类型中 Entered 所引用的过程逻辑。

⑤Delay 步骤表示延迟指定的转移时间。

⑥EndTransfer 步骤表示结束 Coustomer 或 Chef 的转移。

⑦第二个 Seize 步骤表示 Coustomer 或 Chef 占有 SrvCustomers 或 SrvChef 一个单位的容量或处理能力。

⑧第三个 Seize 步骤表示 Coustomer 或 Chef 正接受 SrvCustomers 或 SrvChef 服务时，占有二级资源的一个单位的容量或处理能力。

⑨第四个 Seize 步骤表示 Coustomer 或 Chef 接受 SrvCustomers 或 SrvChef 服务前，占有二级资源的一个单位的容量或处理能力。

⑩第二个 Release 步骤表示 Coustomer 或 Chef 接受 SrvCustomers 或 SrvChef 服务前，释放二级资源的一个单位的容量或处理能力。

⑪第二个 Execute 步骤表示当 Coustomer 或 Chef 占有了 SrvCustomers 或 SrvChef 的容量或处理能力时，它将执行 Add-On Process Triggers 属性类型中 Processing 所引用的过程逻辑，以此占有 Associate 的容量或处理能力。

⑫Transfer 步骤表示执行完 Processing 所引用的过程逻辑后，Coustomer 或 Chef 将转移，开始执行其他过程逻辑。

(3) 在完成 OnEnteredInputBuffer 后，Coustomer 或 Chef 将被转移至 OnEnteredProcessing 这一过程逻辑，并执行以下步骤。

①第一个 Decide 步骤决定 Coustomer 或 Chef 进入 Processing 后所要执行的过程：若 InputBuffer 的容量大于 0，则 Coustomer 或 Chef 进入一条新的过程流；若 InputBuffer 的容量为 0，则其处理过程与 OnEnteredInputBuffer 的相同。

②EndTransfer 步骤表示停止将 Coustomer 或 Chef 转移至 Processing。

③Execute 步骤表示开始执行 Add-On Process Triggers 属性类型中 Processing 所引用的过程逻辑。

④Delay 步骤表示延迟指定的处理时间。

⑤Execute 步骤表示在 Coustomer 或 Chef 的处理时间被延迟后，它将执行 Add-On Process Triggers 属性类型中 After Processing 所引用的过程逻辑，以此释放 Associate 的容量或处理能力。

⑥Seize 步骤表示在 Coustomer 或 Chef 接受 SrvCustomers 或 SrvChef 服务后，占有二级资源的一个单位的容量或处理能力。

⑦第一个 Release 步骤表示在 Coustomer 或 Chef 接受 SrvCustomers 或 SrvChef 服务后，释放二级资源的一个单位的容量或处理能力。

⑧第二个 Release 步骤表示 Coustomer 或 Chef 正接受 SrvCustomers 或 SrvChef 服务时，释放二级资源的一个单位的容量或处理能力。

⑨第二个 Decide 步骤决定 Coustomer 或 Chef 之后将被转移至何处。若 OutputBuffer 的容量大于 0，则其将转移至 OutputBuffer；若容量小于 0，则其将离开 SrvCustomers 或 SrvChef。

(4) 理解上面两条过程逻辑后可以得出一个结论：只有当 SrvCustomers 或 SrvChef 占有一个单位的容量或处理能力时，Processing 所引用的过程逻辑才会被执行，如图 18-27 所示。

接下来看 OutputBuffer 中 Entered 和 Exited 的过程逻辑。

Coustomer 或 Chef 被转移至 OutputBuffer 后将触发 OnEnteredOutput 这一过程逻辑，

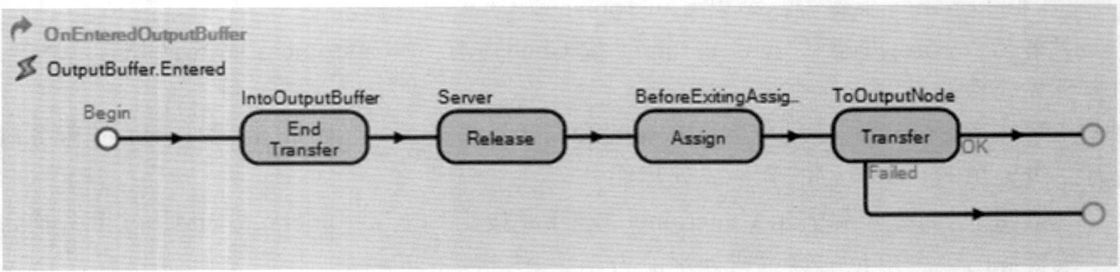

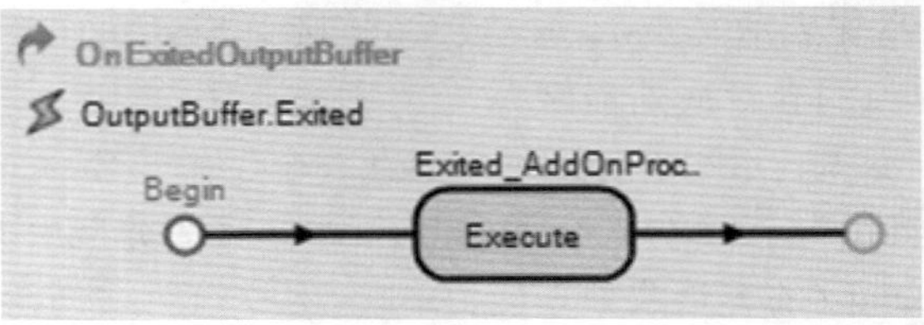

图 18-27　过程逻辑图

并执行以下步骤。

①EndTransfer 步骤表示结束 Coustomer 或 Chef 转移。

②Release 步骤表示 Coustomer 或 Chef 转移结束后，释放 SrvCustomers 或 SrvChef 一个单位的容量或处理能力。

③Assign 步骤表示给 State Assignments 属性类型中 Before Exiting 下的状态变量赋值。

④Transfer 步骤表示将 Coustomer 或 Chef 转移至输出节点并触发 Add-On Process Triggers 属性类型中 Exited 所引用的过程逻辑来执行 OnExitedOutputBuffer 这一过程逻辑。

(5) 理清上述所有过程逻辑后可以发现，After Processing 所引用的过程逻辑在释放 SrvCustomers 或 SrvChef 的容量或处理能力之前已经将 Associate 的容量或处理能力释放。用通俗的话表达就是服务员的上级领导下达“客人优先”的指示时没有考虑到服务员的自主能力，并没有设置一套有效的规章制度让服务员服从“客人优先”这一原则，此时服务员的自主能力优先于上级领导下达的指示，因此，服务员不会等到处理完成等待队列中所有客人的请求后才去处理厨师的请求。

(6) 为了使服务员遵循“客人优先”这一原则，就必须设置一套有效的规章制度，使得上级领导下达的指示优先于服务员的自主能力。回到 Facility 视窗，将 SrvCustomers 和 SrvChef 中 Add-On Process Triggers 属性类型中 After Processing 所引用的过程逻辑均清空，如图 18-28 所示。

然后在 Exited 中引用刚刚在 After Processing 中被删除的 ReleaseAssociate 这个过程逻辑。注意，这一步操作只能使上级领导下达的指示与服务员的自主能力处于同一优先级，服务员仍有可能不按照“客人优先”的原则工作，如图 18-29 所示。

(7) 为了使得上级领导下达的指示完全优先于服务员的自主能力，还需要进行其他设置。如图 18-30 所示，在 Processes 视窗，ReleaseAssociate 这一过程逻辑中，在 Release 步骤前添加一个 Delay 步骤，并命名为 DelayZeroReoder，设定 Delay Time 属性为 Math.Epsilon。这一设定即可让上级领导的指示完全优先于服务员的自主能力。

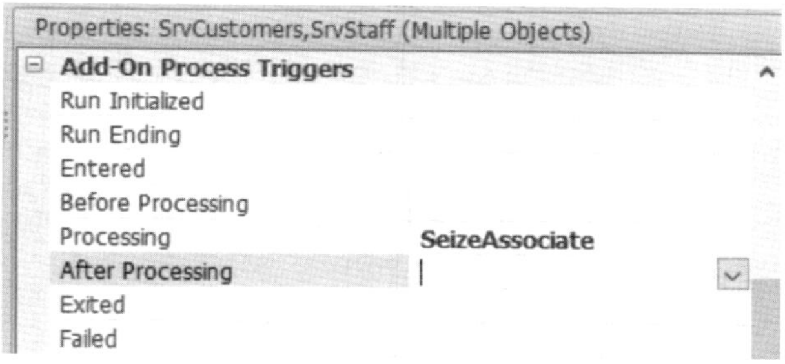

图 18-28　清空 After Processing

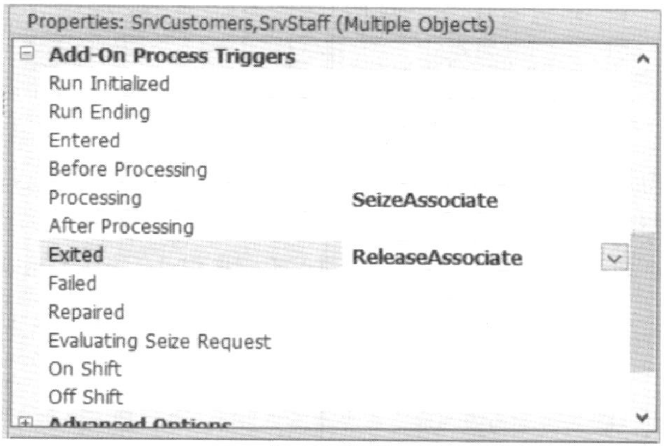

图 18-29　引用 ReleaseAssociate

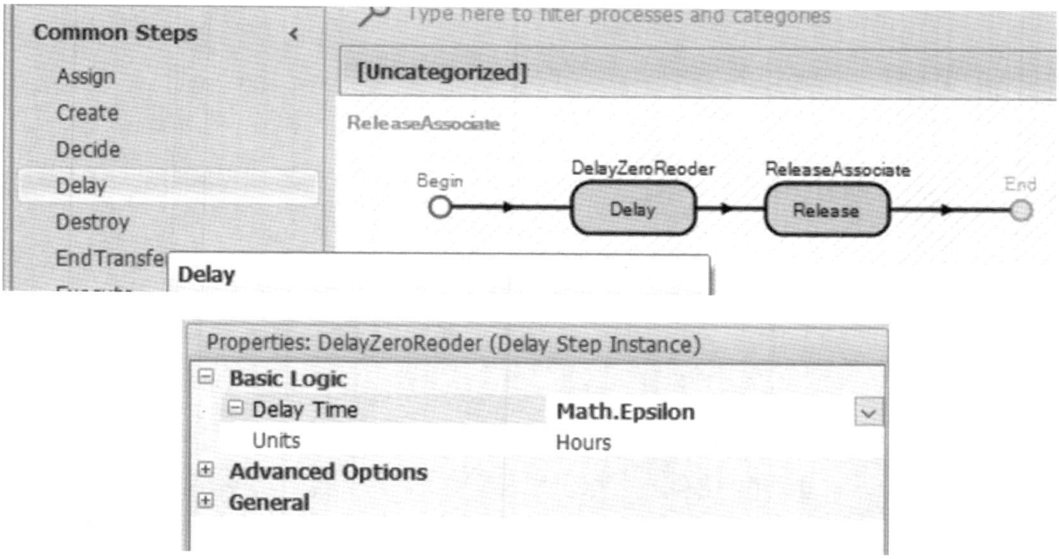

图 18-30　添加 Delay 步骤

Math. Epsilon 这一表达式代表了一个极小的数值，它仅仅是大于 0 的数值，因此它不会对模型的运算精确度产生任何影响，只是为了让 SrvCustomers 或 SrvChef 的容量或处理能力的释放稍稍提前于 Associate。

(8) 保存并运行模型，观察一段时间后可以发现原来的问题已经不复存在。

参考文献

[1] 王谦. 离散系统仿真与优化——面向工业工程的应用[M]. 北京：机械工业出版社，2016.

[2] 马向国，余佳敏，任宇佳. Flexsim 物流系统建模与仿真案例实训[M]. 北京：化学工业出版社，2018.

[3] 李文锋，张煜. 物流系统建模与仿真[M]. 2 版. 北京：科学出版社，2018.

[4] 方旭. Anylogic 建模与仿真[M]. 芜湖：安徽师范大学出版社，2018.

[5] 王健，赵国生. MATLAB 数学建模与仿真[M]. 北京：清华大学出版社，2016.